陕西出版传媒集团重大出版项目

铜川市文广局保护传统文化推介图书

陕西传统民居雕刻文化研究

陕西民居木雕集

罗哲文题

王山水 张月贤 著

陕西新华出版传媒集团
三 秦 出 版 社

图书在版编目（CIP）数据

陕西传统民居雕刻文化研究．全3册 / 王山水，张月贤，苏爱萍著．—西安 ：三秦出版社，2016.7
ISBN 978-7-5518-1272-6

Ⅰ．①陕… Ⅱ．①王… Ⅲ．①民居－建筑装饰－雕刻－研究－陕西省 Ⅳ．①TU-884

中国版本图书馆CIP数据核字（2016）第096674号

陕西传统民居雕刻文化研究（全三册）

王山水 张月贤 苏爱萍 著

出版发行 陕西新华出版传媒集团 三秦出版社
社 址 西安市北大街147号
电 话（029）87205121
邮政编码 710003
印 刷 西安天翰文化产业有限公司
开 本 787mm×1092mm 1/12
印 张 72
字 数 300千字
版 次 2016年7月第1版
2016年7月第1次印刷
标准书号 ISBN 978-7-5518-1272-6
定 价 980.00元（全三册）

网 址 http://www.sqcbs.cn

前 言

《陕西传统民居雕刻文化研究》之《木雕集》《砖雕集》《石雕集》是以陕西古民居中“三雕”的传统民俗文化作为研究方向，适用于喜爱中华传统文化、民俗文化、美学研究、雕刻艺术的学者和广大青少年朋友，有助于他们对民族、民间、民俗传统文化的了解、学习、研究和传承。

该书以图片为主，对其图案中的历史典故、传统故事，引经据典，索其渊源，予以简明诠释。

木雕：由于其载体面积所限，雕刻基本上是一图一典故。所以，在目录分类上，以图案寓意内容区分。如“龙凤”“性与生殖”“道教”“佛教”“名人掌故”等。

砖雕：多附着在墙面，面积大，一幅图中容纳了多个故事、典故。所以，在目录分类时以主要典故编目，次之则在图下标明。

石雕：因中国民居没有全用石头构筑的房屋（陕北石窑洞例外），为方便读者，在分类时，以图案所在建筑的构件划分。如“门墩石”“柱础石”“下碱石”“上马石”等。

由于传统民俗文化在学术界有不同的诠释，作者在木、砖、石雕的同一题材的引注上会略有不同。有意将较正统的、大多数学者认同的一两种表述作以诠释，以飨读者。

书中图片，全部拍自陕西民居，对宫廷、庙宇、寺观的雕刻物，无一收录。作者之所以选择陕西古民居的“三雕”图案进行编撰，为的是展现它们的多样性、灵活性、自由性，多角度、多方位地展示民间民俗传统文化的内容。

中国民间传统历史文化博大精深。民居雕刻虽为民间文化，但凡能在庭院、门楼等建筑中使用木、砖、石雕装饰者，皆为达官、富商、文人墨客或在政治、经济上有实力的名门望族。其使用之图案，既有十三朝古都皇家建筑风范之遗痕，又有民间文化大传统积淀的生机盎然的草根智慧与童年意趣。

作者虽经二十七年的搜集拍摄、内容考证与研究，但限于水平，书中难免存在缺点和不足，真诚期待方家、读者不吝赐教，予以指正。

王山水

2016 年 6 月于西安

序

RESEARCH ON CARVING ART OF TRADITIONAL DWELLINGS

罗哲文先生在认真审阅本书手稿

国家文物局古建筑专家组组长
中国文物学会会长
建设部风景名胜专家顾问
全国历史文化名城专家委员会副主任
中国长城学会副会长
ICOMOS 中国委员会副主席
国家文物局教授高级工程师

《陕西民居木雕集》一书，我认为是一本难得的好书，特别是其中不少已经拆毁不存在了，更为珍贵。

罗哲文
2004 3月16日

《陕西民居木雕集》序

罗哲文

陕西是中华民族重要发源地之一，富饶的八百里秦川孕育了中华民族丰厚的历史文化。周秦、汉唐……十多个朝代在此建都，是历代盛世建都最长的省份。其历史文化艺术宝库中，除了帝王宫殿、坛庙、陵墓、寺观等等之外，还有一份十分宝贵的民间文化遗产，民居宅第就是其中重要的一种类型。而民居建筑艺术中的木雕更是独具特色。它的价值在于它是历史文化的写照，与人们的社会生活十分密切，反映了陕西这一地区独特的文化艺术，民俗风情，审美观念。它们还是华夏传统文化艺术的重要组成部分，是中华建筑艺术中的一朵奇葩。

由于工作的关系，半个多世纪来我曾多次到陕西进行古建筑考查，在考察的时候也曾经对这一独具特色的陕西民居木雕艺术发生过浓厚的兴趣，但因未能做深入的考察而引以为憾。十分可喜的是最近看到了陕西一位热情的民俗摄影家和建筑艺术爱好者王山水先生的一本《陕西民居木雕集》的摄影和文字书稿，一见之后，真是爱不释手。据山水先生说，是他历时十二年之久，在陕西省境内由南到北，由东到西，行程数千公里，跑了64个市、县、区，爬山涉水，走村串户，不畏艰险地去寻访、发掘、搜集，拍摄了四千余幅陕西民居木、石、砖雕中精选出来的。精选的木雕图片近400幅，只是其中精品的一部分。图片中包括了元、明、清、民国各时期，跨时七八百年之久。最为值得重视的，是王山水先生这十多年拍摄过程中，已经有一些甚至不少的珍贵木雕已经被各种原因拆除了。它们既未列文物保护，又是私产，愿拆就拆，愿卖就卖，谁也管不着。山水先生这种行为实际上是在另一个方面抢救保护了民间建筑文化，值得称赞。

山水先生书成即将付梓之际，见我对他所做之事如此推重，又知我对此书如此之爱好，特属我为序，于是写了以上几句冗言，权以充之，并借此祝此书之出版。至于书中珍贵的图片和文字说明，还请读者高明去观赏和评说，不必多赘。

历史再现，使瞬间变为永恒，将行将消失的艺术瑰宝传给我们的子孙后代，犹如一部历史文化艺术纪录片。对每幅图画，作者都引经据典，用文字予以解说，便于年轻读者了解其深刻含义，也为我国建筑装潢史留下了一批珍贵的档案资料。

一个民族的生存和发展，除了政治、经济等因素外，还有一个重要因素，那就是文化。文化凝聚着一个民族的精神，文化包含着一个民族的智慧，文化浸润着一个民族的历史。中华民族是一个有着五千年灿烂文明的泱泱大国，它孕育了许许多多『优质生命』和不朽的灵魂，更积淀了丰富的民族文化遗产。这些民族文化博大精深、源远流长，如丽日经天，光芒四射，既体现了中华民族的核心价值观，影响着一代代炎黄子孙，同时也影响着世界的发展与走向。人们从历史的根基中感悟出人类的生存真谛，寻求续存的信条、准则和有利于现代发展的力量、精神与魂魄。

作为中国摄影家协会会员、中国民俗摄影协会博学会士，山水先生是我市颇有造诣的摄影艺术家。记得20世纪80年代举办的『山水眼中的铜川山水』大型摄影展，从城市建设、秀美山川、民众生活等方面热情讴歌了『换了人间』的新铜川。1998年春节，他又举办了『冬天里的春天』艺术摄影展，生动展现了国富民实、生机勃勃的铜川人形象。他还曾做客中央电视台《实话实说》栏目，用自己的亲身感悟颂扬这方可爱的山水，推介充满生机活力的故乡。《陕西民居木雕集》的出版，再次充分体现了这位伏枥老骥的社会责任与良心。

秋天是收获的季节。历史的巨臂把一个崭新的时代推向我们这一代人，我们有责任把她打扮得更漂亮。这里，恳切地希望更多的艺术家能像山水先生那样，扛起肩上的相机，拿起手中的画笔，为祖国的繁荣昌盛描金铺绣，做出自己无愧于这个伟大时代的贡献。

吴前进　中共铜川市委书记

冯新柱　铜川市人民政府市长

《陕西民居木雕集》 序二

《陕西民居木雕集》要付梓出版了，是件十分有意义的事。这是一本值得珍藏的书，可喜可贺！

众所周知，陕西是华夏民族重要的发祥地之一。三秦大地多皱的山水间，镌刻着悠远而跌宕的历史，充满着苍凉与悲壮的精神，积淀着丰厚的民族文化遗产。这些文化遗产是一笔宝贵的精神财富，亟待人们去搜寻、发掘、研究、利用。

铜川在陕西的历史文化积淀中亦有着悠久的历史和辉煌的成就。此处人杰地灵，书画大家柳公权、范宽的艺术品及药王山北魏碑石造像乃中华民族璀璨文化之珍宝，是铜川的宝贵财富和骄傲。曾几何时，现代书画艺术家石鲁、何海霞、修军等大家都把这里当作创作基地，在这片土地上获得艺术灵感，创作了独具风格的艺术精品。正是受底蕴深厚的铜川文化的熏陶，我市民俗摄影艺术家王山水先生凭着对传统民俗文化艺术品——民居木雕这一行将消失的民间宝贵文化遗产的挚爱，以铜川为基地和出发点，历时12年之久，多次往返于陕西10地市、64个县区，挖掘、搜集、拍摄了大量的民居木雕图片，以真实的拍摄手法，为读者展现了这些精美的木雕艺术品的原貌，为研究和保护民间传统文化艺术，为发展和繁荣先进文化，起到了积极的促进作用。

《陕西民居木雕集》这本图文并茂的大型画册，以传统民俗文化为主线，从作者近4000幅民居木雕艺术作品中精选而成。它将民居木雕图案从图腾，生殖崇拜，道、佛、儒以及吉祥瑞兽等方面进行分类，可谓包罗万象。这些木雕图案多取材于诗词经典、神话传说、历史典故等，每件作品背后都包含着丰富的文化内涵、艺术价值，体现出浓厚的陕西地域色彩和民族风格。这一幅幅雕刻艺术作品，不

作者简介

RESEARCH ON CARVING ART OF TRADITIONAL DWELLINGS

王山水，1944年生，山西省闻喜县人（祖籍山东省蒙阴县）。铜川市民俗摄影协会会长，铜川市摄影家协会主席，铜川市艺术摄影家协会名誉主席，陕西省摄影家协会常务理事，陕西民俗摄影协会常务理事，中国民俗摄影协会博学会士、理事、组织委员，中国摄影家协会会员。对民俗、纪实、花卉摄影情有独钟，2000余幅摄影作品发表于国家、省、市及香港等各级报纸杂志，并有30余幅（组）作品荣获各级大赛奖项，50幅民俗摄影作品被日本四国赞岐习俗研究所、习俗参考馆收藏。曾举办三次大型个人艺术摄影展：『冬天里的春天』——王山水花卉小品艺术摄影展，『王山水眼中的铜川山水』摄影展、『陕西民居木雕』摄影展。为《铜川风韵》《这方山水》等大型画册拍摄照片。事迹曾被《人民日报》、中央电视台《实话实说》栏目等媒体专访报导。2003年荣获陕西省摄影家协会『摄影四十年特别贡献奖』。入编《中国摄影家全集》《世界艺术全集·华人卷》《中国当代创业英才》等辞典。

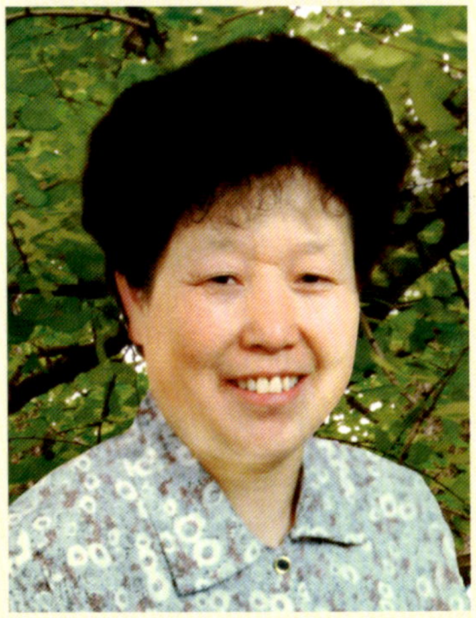

张月贤，1944年生，陕西省户县人，1968年毕业于陕西省化学工业学校分析化学专业，铜川市自来水公司高级工程师，任化验室主任，水质科科长。

1988年编著《水质检验》一书。2000年退休后开始本书的资料收集、整理和部分文字的编撰工作。

木 雕 集

目录 / Contents

孝 道
FILIAL PIETY

婴戏图
PLEASANT BABIES

名人掌故
STORIES OF FAMOUS PEOPLE

戏曲 神话
MYTH AND OPERA

吉祥图案
LUCKY PATTERN

福寿瑞兽
AUSPICIOUS ANIMALS

花卉　景观
FLOWERS AND PLANTS

杂宝博古
A LOT OF TREASURES

家具　牌匾
FURNITURE AND INSCRIBED BOARD

二十万平方千米的三秦大地
演绎了周秦汉唐千古伟业

壮士豪杰今何在
浩浩狼烟西风
卷走秦魂唐韵
黄土地上
唯见残雕断片
古屋老宅

它们饱经沧桑的身姿
展示出精美的传统雕刻工艺
承载着丰厚的历史文化信息
然而
工业文明的战车
隆隆碾过农耕文明的家园
黄土地上这一脉残存的古韵
亦无奈地失落、消逝……

作为生活在这块土地上的一介书生
怀不忍之心
奔走黄沙西风里
历十余载春秋寒暑

用镜头
以文字
打捞出祖先们留下的这一份文化
这一捧心香

书中的『三雕』艺术图片
拍自陕西境内十地市的八十四个县区的乡野农舍
遗憾的是这些珍贵的艺术品的原件
连同承载他们的古屋老宅
大都在那片土地上魂销香殒

秦风 汉韵 唐文化

“陕西”之称，是西周初年（约公元前11世纪）出现的。周武王的胞弟周公和大臣召公的封邑以陕原（今河南省陕县境内）为界，周、召二公分陕而治，后人由此称陕原以西地区为“陕西”。

陕西，简称“秦”，因春秋战国时期，陕西为秦国的治地。

陕西是中华民族的发祥地之一。早在距今五六十万年以前，“蓝田猿人”就在关中平原的灞河上游繁衍生息，以石器为工具，与大自然抗争。西安东郊的半坡遗址，原是六七千年前母系社会的一座村落。先民以渔猎和农耕为业，生活在有组织的氏族公社之中。大约又过了一两千年，西安附近的母系氏族公社逐渐发展到了父系氏族社会，沣河流域就发现有许多这个时期的遗址。这时的人类已使用木耒和新式工具，并出现了新的社会分工。我们的祖先就是这样辛勤劳动，改造自然，一步步揭开了华夏古代文明的历史序幕。

人类进入新石器时代之后，原始人由采集和狩猎经济过渡到农耕与家禽饲养经济阶段，从而由最初的“巢居”“穴居”，逐渐进化到生活上的初步定居。学会了建造茅棚屋舍，人类的居住便发展到“屋居”。屋居不但可以遮风避雨，防止野兽和敌人的侵袭，还能存放食物、财产，使人类得以生息安居。人们的生活也由靠单一劳动生产来维持生活的状态向注重居住屋舍的美化方面发展，追求房屋的造型与装饰，于是原始社会的工艺美术出现了。从河姆渡文化遗址出土的生产工具和装饰器物如陶、骨、木器等都有着艺术加工的痕迹，这些就是新石器时代具有代表性的艺术品。尽管当时雕凿工艺简单，但毋庸置疑，它们应是先祖们创造的古代文明之一。由此，我们基本可以判断木雕工艺萌生于新石器时代。

新石器时代后期，由于社会的发展进步，原始公社开始解体，人类进入了历史上第一个阶级社会——奴隶社会。

在奴隶社会里，奴隶制生产关系的基础是奴隶主占有生产资料和奴隶，尽管奴隶受到奴隶主的残酷压迫和剥削，但奴隶制生产关系却适应当时生产力的发展，因此奴隶社会能够比原始社会创造出更加丰富的物质、文化财富。在奴隶社会，奴隶主拥有大量的奴隶，掌握着对奴隶分工的权力，为了生产的需要，奴隶主把奴隶分为从事农业和从事手工业等群体。如西周的统治者把奴隶所从事的各种手工业行业称为“百工”，《周礼·考工记》中介绍得很清楚，当时木工生产行业有七种，造车的叫“舆人”，造轮的叫“轮人”，制弓的叫“弓人”，制戈戟木柄的叫“庐人”，制作古代木弯犁的叫“车人”，制作古代钟磬木架的叫“梓人”，只有盖宫室房屋及制作室内木器的才叫“匠人”。各种工奴是世代承袭的，使某些片面技巧得以发展，并精益求精。奴隶劳动的分工，促使农业、手工业、建筑业等都获得了很大的成就。奴隶主在大规模的奴隶劳动中获得了大量的财富之后，便更加追求生活上的享受，在居室建造中逐步向宏大、美观、豪华方向发展，这就促使木雕工匠的技艺由简至繁、由粗到细地不断进步。单一的直型线条演变为曲型线条，工匠们还要在木板上绘好图案，再用凿子凿去实线部分，使图案低于平面，便形成了阴刻木雕。这从《盘龙城1974年度田野考古纪要》中可以找到例证：“塌在墓坑中部的两块最大的椁顶雕花板灰，其一长2米，宽40厘米左右，另一长1.5米，宽22厘米左右，皆阴刻饕餮纹和云雷纹，每两组图案间的阴线部分涂朱，阳面涂黑，板灰则呈白色，出土时色彩斑斓。木雕中的饕餮纹作牛头形，看来很接近这种图案的祖型。”（《文物》1976年2月）

从考古发现的一些实物来看，奴隶社会的木雕技艺已具水平，木雕的兴起应该始于奴隶社会。

古民居木雕的价值在于：它是历史文化的写照，是濒临消失的文化瑰宝。它与人们的社会生活有着密切的关系，是当时人们精神追求的记录载体，反映着独有的民族意志情趣、心理祈望和一定时代的审美观念。它是神秘的民族心理密码，是中国人特有的象征语言，是中国传统文化的有机组成部分，有着强烈的民族艺术个性，是古老的民族文化和民族艺术的遗迹。

陕西古民居木雕的地方特色，主要体现在它蕴涵着深厚的陕西历史文化积淀。木雕的技巧和内在的艺术风格，都别于他处。细细地观察那一幅幅精美画面所展示的历史掌故、山水风物，便可看出它那深厚而特殊的地域和历史文化风韵。

陕西是中国历史上建都时间最长的省份（时间长达1100多年）。特别是周、秦、汉、唐四个王朝，曾经出现了我国历史上有名的“成康之治”“文景之治”“贞观之治”“开元盛世”，而“秦王扫六合”，更是奠定了中华民族大一统的万世基业。正因为如此，三秦大地上便积淀了丰厚的传统文化基础。

陕西在古代作为中国政治、经济、文化的中心，它的建设事业伴随着经济社会的发展，曾经创建了“西周丰镐”“秦都咸阳”“西汉长安”“隋唐长安”等辉煌的建筑业绩和灿烂夺目的建筑文化，成为中国乃至世界建设史上的瑰宝。

据史料记载，当时贵族的房屋，前有堂，是行礼的地方；后有室，是住人的地方；中间有过廊，室的左右为房。随着生产力和经济的发展，人们的住房规模和建筑形式逐渐地走向多样化，如“长屋”“廊院式”“四合院”“梅花院”等。不但房屋的建筑规模、形式发生变化，而且在其装饰艺术方面也有所讲究，木、砖、石雕刻等建筑装饰工艺就更显特色。

在大块的隔扇门裙板上雕刻精美图案，多以连环画的形式刻画官宦人家的士大夫生活内容，褒扬文人雅士之风，激励后人苦读进取；或雕刻以神话故事、诗词经典等有一定文化品位和思想内容的图案，宣扬孝敬父母、尊老爱幼、爱国忠义的思想品德，如“二十四孝”一组图案，展示的就是“孝道”。孝道，既是最基本的人性，也是我们中华民族的传统美德。孝，是儒家提倡的一种道德，历来被广大人民群众所推崇。陕西古民居木雕图案中展现“二十四孝”“三十六孝”等题材的画面很多，如：“大舜之孝感天地”“老莱子戏彩娱亲”“王祥卧冰求鲤”“黄香扇枕温席”“黔娄尝粪尽心”“孔子之孝为圣贤”“崔妇乳姑不怠”，等等。将历史上流传很广的孝敬老人的典型人物故事，雕刻在家中显眼的隔扇门、窗裙板、祭坛神龛门板等人们日常生活中易看见的地方，时时刻刻让人耳濡目染，潜移默化，加以效仿，也是它的一个特色。

这些木雕画面着重体现中华民族作为礼仪之邦的讲文明、懂礼貌、尊老爱幼的优良传统，启迪、警示后人学习先人的行孝之道，使子孙们品德高尚完善、行事光明磊落、尊重爱护他人，教化人们友好相处，对社会的稳定发展起到了良好的作用。

20 世纪的一段时间，社会风气发生改变，冲击了孝敬老人的优良传统，从而使孝道淡薄了。在党中央提出构建和谐社会、提倡社会文明化的今天，木雕图案中所展示的孝敬老人的传统美德仍不过时，当今的人们仍应当认真地继承和发扬。百善孝为先。乌鸦反哺，羊羔跪乳，禽兽尚知孝亲，何况人乎！民居木雕图案和内涵带给人的不仅是美感享受，而且是一种民族情感和悠久历史传统的信念教育。

古民居上的装饰，除在隔扇门、窗的上、下绦环板上雕以鱼、虫、花、鸟，文房四宝（琴、棋、书、画）及佛、道、儒家宝器外，更注重利用堂屋的木隔扇、木屏风及隔扇门、窗的中心裙板进行图案雕刻装饰。这就和江南民居木雕的装饰有了区别。以浙江民居木雕为例，江浙一带的民居木雕一般多注重于雀替（牛腿）的雕刻，且都以圆雕（立体雕）的形式雕制戏曲人物、狮、鹿、兽、鸟等图案，并以彩漆饰绘。《楚辞 • 招魂》所言：“仰观刻桷，画龙蛇些。”刻桷，就指的是雕刻龙蛇于房屋的檩、桷。在门窗件的装饰上，多位于隔扇门、窗的上下绦环板及亮格，多雕以鱼、虫、花、鸟，琴、棋、书、画文房四宝之类，却很少在门裙板这块大平板上雕刻人物图案。《楚辞 • 招魂》中有“网户朱缀，刻方连些”诗句。“网户”则是指镂空成网状棂格的门扉或窗格。朱嘉言：“网户者，以木为门扇，而刻为方目，使如罗网之状。”陕西古民居木雕在门、窗棂格的图案、造型方面和江浙的形式大同小异，这体现了我国南北文化的交融和统一性。然而陕西则用材考究，必极工巧，争夸壮丽，不惜赀费，如将一块块精细、繁缛的精美图案凿制在以上好材质制作的门、窗裙板这块显明、平整，且有利于展示画面的地方，多以浮雕的形式，雕刻有连续内容的人物故事图案，但对雀替部位顾及很少。这大概与地域、气候诸条件有关，因黄土高原的气候少雨干燥，江南潮湿而多雨。由于地域民情和生活习俗的不同，在民居建筑及装饰风格上必然带有显著的地方风韵和民俗色彩。除此之外，秦、楚文化在民居装饰木雕的表现手法上的差异，亦有可能会包含其中。

陕西古民居木雕亦有其省内的地域文化特征。陕北的木雕图案既有北方民族豁达、粗犷、奔放的文化豪情，又有山西晋文化灵巧、隽秀的缩影，具晋、蒙、秦文化融合特色。陕南的木雕图案中，巴、蜀、楚文化韵味较浓。如画面中所雕刻的房屋、栏杆、花鸟、树木、人物等都是以合理的场景写实，自然和谐、优美怡人。在东、西、中部的“八百里秦川”，木雕所展现的就是典型的秦文化。工匠们有着陕西人那彪悍、豪爽、淳厚的气质，多以浮雕、高浮雕的手法进行木雕创作。他们大胆地简化场景，大块地空缺画面，有意识地将人物放在画面中心，大块面地突出主题人物，以简练的刀笔对人物形象加以提炼，并不十分拘泥于木雕行业的程式化的口诀，如“立七、坐五、盘三半”（指人物高度）、“文胸武肚”、“男熊背女蜂腰”（指人的体态）、“三停五眼”（人头部的五官比例），而是根据核心人物内心意境的需要，以民间美术特有的表现手法，放大人物头部的比例，以展示人物脸部的表情，给人一种“变态”的美。然而，受陕西历史、文化、艺术丰厚积淀的熏陶，图案中对文化内涵、艺术品位的要求很高。又有粗中见细，非常注意线条的运用和把握，在画面中将曲线、横线、对角线及虚、实、破、补等中国画的构图技巧予以十分自如地运用，形成了陕西古民居木雕创作上的特色。

为什么陕西古民居木雕多以历史掌故、戏曲人物的图案表现在门裙板上？这大概与人们自古以来对门神的祭祀沿革、变化，不无关系。

门神，是我国民间最流行的神祇之一。其历史之久远，流传之广泛，种类之繁多，在诸神中是很突出的。门神的来历，我们可以追溯到上古时期的祀门和挂桃人的习俗。据有关资料考证，早在周朝，就有了祭门神的风俗。殷周尚鬼，人们将许多坏事和怪事都看成是鬼怪作祟，对此充满恐惧心理。房门的出现，虽可防范敌害的闯入，但是，人们还觉得缺乏安全感，需要有个降妖伏鬼的神明，来为自家“护卫”。于是，人们便造出一个“门神”来为自家性命效力。

最初的门神是两个“桃人”，是用桃木雕成的神像，人们将其悬于门上。这两个桃人，便是传说中的神荼和郁垒的化身。传说二人是奉天皇之命把守“鬼门”的。发现害人的恶鬼，就把它捆起来，扔到山后喂老虎，于是妖鬼们望风而逃。这样，人们就用桃木雕成二神模样，过年时挂在大门上，使恶鬼不敢擅入，保护全家一年平安。由于雕制桃木人比较麻烦，后来便出现了用两块桃木板，分别钉在临街大门的两侧，上面画上二神的图像，或干脆写上二神的名字，或画些符咒，此即桃符。

继捉鬼喂虎的神荼、郁垒之后，又出现了一位专门斩鬼吃鬼的门神，这便是赫赫有名的钟馗。到了唐代以后，门神又出现了帮助李世民打下李唐天下的著名武将、开国元勋秦叔宝、尉迟恭二位。

《三教源流搜神大全》有“门神二将军”之图，图下说明：“唐太宗不豫，寝门外抛砖弄瓦，鬼魅号呼，三十六宫，七十二院夜无宁静，太宗惧之，以告群臣。秦叔宝出班奏曰：‘臣平生杀人如剖瓜，积尸如聚蚁，何惧魍魉乎！愿同敬德戎装立门以伺。’太宗可其奏，夜果无警。太宗嘉之，谓：‘二人守夜无眠。’太宗命画工图二人之形象全装、手执玉斧、腰带鞭链弓箭，怒发一如平时，悬于宫掖之左右门，邪宗已息，后世沿袭，遂永为门神。”直至今日，秦叔宝、尉迟恭的画像，仍然为普通百姓过年时所贴门神年画之首选。

后来，人们的需要已不只是驱鬼镇妖的武门神能满足的了，于是，又出现了“文官门神”和“祈福门神”。文官门神和祈福门神是人们对升官发财、福寿延年的愿望和心态的一种寄托。武门神贴在街门上，阻挡邪恶鬼妖的入侵，而文官门神和祈福门神则大都贴在院内的堂屋门上，含有迎福进财、官运亨通之意。文官门神、祈福门神多为吉祥图案，取其吉利，多用谐音，以借双关之意。如：爵、鹿、蝠、喜、马、宝、瓶、鞍、戟、磬、鱼等，寓爵禄福喜，马报平安，吉庆有余。

门神年画多以纸质，有不易长久之憾。所以，一些名门望族、富绅、商贾人家为满足长期对各种祈福门神、吉祥门神的心理需求，并使其有门神年画的艺术效果，便将目光投向隔扇门、窗裙板这块显见、平整的部位，借以木雕的艺术表现力，且能有长久替代纸画的功效，从而促成了门、窗裙板的祈福、吉祥、美观大方的木雕图案替代纸质门神年画的转变。这就为陕西古民居在隔扇门、窗裙板上的历史人物、吉祥图案的雕刻起到了关键作用。

社会在发展，人们的审美情趣亦在变化，对家居房舍的装饰文化、艺术追求也在增长。由于人们的信仰崇拜、文化修养、各自喜好诸多因素的不同，所采用的木雕图案也就呈现各异。但不论如何变化，物主们对门神的崇拜心理依然存在。

在陕西古民居木雕中，儒、道、佛思想和文化占据着绝对的主导地位。画面所展现的形式、内容无不体现儒、道、佛的美学思想和以道德为主体的人文主义哲学，引导人们追求人生精神价值，培养气节情操，发奋立志，重视品德，培养人们的社会责任感和历史使命感。如书中的“杨业为国杀敌”“颜回敬师”“周敦颐爱莲”“魏徵面谏”“岳母刺字”“俞伯牙相遇钟子期”“欧阳母芦荻教子”“孙康映雪”“汪遵苦学成才”等都充满着中国传统文化的韵味，有着丰富的文化和艺术内涵，反映着独有的民族意志情趣、心理祈望和一定时代的审美观念。

古民居木雕多取材于戏曲中的神话、历史典故。如：“八仙祝寿”“唐尧访舜”“精忠报国”“杨家将”“三国演义”“封神演义”等。这主要是因为古代从事木雕艺术的工匠们大都出身于贫困农家，他们很少有上学读书的机会，大多是家族经营，世代相承。他们的构图写实技能，并没有经过正规的写生训练，更多的是以师传徒学、心记口授的方法代代相传。他们的历史知识和形象素材主要是从戏剧中获取的。当时，戏剧在乡间人们的文化生活领域中差不多是覆盖一切的。戏曲舞台，人称高台教化。工匠们从戏剧中汲取历史、文化、艺术营养，陶冶了自己的内心情感，提高了自己的审美能力，丰富了自己的创作灵感。他们以舞台戏剧形象作先导，加上戏曲音乐韵律的推动，对他们的创作艺术灵感产生了共鸣，更引发出他们强烈的创作欲望。以他们对故事人物的理解，加上他们敏锐的洞察力和高超的表现力，进而创作出情节曲折、场面惊险，又通俗易懂、容易为人们牢记和传诵的历史故事及人物形象。这些画面有的是以生活场景写实，有的则完全忠于舞台布局。所以，木雕图案中的人物故事大都源自戏剧舞台是顺理成章的。除此之外，也有他们非常熟悉的民间习俗和劳动场面，如打渔、采薪、放牧、农耕以及儿童嬉戏等人物故事图案。正因为如此，工匠们刻画的人物姿态才生动凝练、惟妙惟肖、神趣俏丽、趣味隽永。

艺术是表达精神境界的工具。看似简单的画面，却是一幅神秘的民族心理密码。这种密码不仅记录着传统文化的内涵，也展示着它的奥秘与神圣，同时在很大程度上满足了人们的信仰崇拜、心理慰藉。其中的“信息”则是用许多语言都无法表达的：它往往采取古典文献、戏剧、诗词、民间传说中一段引文、某个特别情节的形式，也就是说，这个信息只有在接受者了解这个典故的来源，以及它与什么东西有关，才能真正懂得它的含义。西方人埃米尔·普雷托尤斯（Emil Preetorius）说：“所有的东方绘画，都可以看作是象征，它们富有特色的主题——岩石、水、云、动物、树、草——不仅表现了自己本身，而且还意味着某种东西，有些东西在自然界事实上并不存在，它们既非有机物，又非无机物，也不是人造物，东方艺术家们不是看到了它们，而是以象征来隐喻它们。在某种程度上，它们能在这个人或那个人意识中再现出来，并得到解释。”（《普雷托尤斯收藏目录》，蒙里奇，1958）。

木雕作品，除从客观上美化生活外，在主观上还带有一种纳吉避凶、期盼吉祥如意的观念。从一定意义上讲，它实质上是一种心理信仰、崇拜、意念的载体符号，也是一种心理意识的外化。

木雕图案皆能用两种甚至更多的方式来“解读”。作为一个艺术品，它的确能给人带来精神上的愉悦，同时，它也可以表达对持有者（物主）的良好祝愿。图案的象征内容既能使旁人赏心悦目，又能给主人以乐趣和自慰，这是我们民族特有的象征语言。像一枚五味果，只要你细心品味，它那丰富的意味会使你回味无穷。费迪南德·莱森（Ferdinand Lessing）曾说：“中国人的象征语言，以一种语言的第二种形式，贯穿于中国人的信息交流之中；由于它是第二种交流，所以它比一般语言有更深入的效果，表达意义的细微差别以及隐含的东西更加丰富。”

陕西古民居木雕图案的象征语言内涵深邃，内容丰富，形式美观，千姿百态，寓意深奥，它是一种文化修养、道德伦理、精神面貌的综合体现。

陕西的古民居木雕和宫廷、庙宇木雕有着很大的不同。宫廷、庙宇的雕凿图像多用森严、威武、壮烈的形象图案，给人以庄严、肃穆、恐惧、威慑感。而民居木雕的画面主要与民间的风俗习惯、生活习俗及人们热爱的欢乐祥和的故事及文化思想、信仰、祈盼、愿望、向往有机地联系在一起，深得人们欢喜。如木雕图案对性爱与生殖的崇拜也是它表现的内容之一。民居木雕的故事图案中对性爱与生殖主题的隐喻，有着它的方式和地域特色。如：莲花、莲蓬、鱼、梅、竹、喜鹊登梅、鹊儿弹梅、凤凰戏牡丹、麒麟送子、开口石榴、榴开百子等画面就隐喻着性爱和生殖崇拜。

我常在采访中听到农村的老年人讲：“梅”与“媒”同音，梅的花朵、树枝都是寓意婚姻的象征物，是这类艺术命题所隐含的爱情、婚姻生活的涵义。生物界称花是植物的生殖器官。“二度梅”是人们作为再婚的代词。梅花被称作“冰肌玉骨”，人们将它比作嫩芽和天真纯洁的少女，在文人雅士心中是处女的象征。人们常说的“青梅竹马”便是纯真无邪的爱情写照。

莲与鱼的图案，人们大多会以为这是一般自然现象的写照，也都知道“连（莲）年有余（鱼）”，“连（莲）生贵子”之意。但是，在陕西民间，人们口头流传的“鱼儿闹莲花，两口子上炕结缘法”，“鱼儿戏莲花，夫妻二人没麻搭”（“麻搭”，陕西方言，指不顺心、闹别扭之意）等，这些乡间民谣，以浅白的口头文学语言为民间的隐秘和造型符号语言作了很好的注释，使我们便于领悟其中的寓意。陕西人在剪纸、刺绣、绘画、石雕、木雕等各种民间艺术形式中展现鱼、莲相亲相戏的图案，通过对鱼、莲这两种最具生命活力的美好形象的借用，隐喻着人类的性爱、性结合和生育繁衍活动。鱼、莲便是人们隐喻男女两性生殖器官的象征物。

“榴开百籽”“开口石榴”亦是生殖繁衍的象征。陕西关中乡间民谣就有：“石榴赛牡丹，儿女生下一大摊。”再看《北齐书·魏收传》中记载的一件真人真事：安德王有一次到李妃娘家赴宴，李妃母亲宋氏就送给他两个石榴。当时，安德王和身边的一些人都不明白这是什么意思，便把石榴扔掉了。这时，太子太傅魏收说：“石榴房中多子，王新婚，妃母欲子孙众多。”安德王一听，很高兴，命魏收赶快把石榴拿回来，同时，赏赐了他美锦二匹。可见当时我国北方已经有这种以石榴预祝子孙多的风俗了。

两千年前孟子说：“食、色，性也。”直接击中了人“性”的要害。性文化是几千年中华文化的重要组成部分。所以，陕西古民居木雕图案中所隐喻的性爱与生殖崇拜，属地域民俗文化现象，它是人类繁衍、传宗接代、为祖先尽孝道、为家族负责任的体现，具有相对的稳定性与久远的历史传承性，同时亦具有鲜明的民族性，实际上是人们心理密码的外化和物化。

陕西古民居木雕，以神话故事、成语典故中的突出人物为雕刻内容的占绝大部分。它主要体现着儒家重政治功利，重仁义道德修养，以善为美的伦理学。同时，也展现出一种具有内在精神实质的自然、朴素、平易、简淡，充满气韵、风韵、力量、刚健的道教艺术精髓。从现有的实物看，这类题材的木雕艺术品，从文化内涵到技术水平的展现，都能体现陕西民居木雕在造型艺术、雕刻技巧方面所具有的精湛娴熟的艺术境界。

民居木雕属民间美术范畴。它和音乐、戏剧、舞蹈等民间艺术一样，不仅丰富了人们的精神生活，也是人们的兴趣、爱好、愿望和理想的具体表现。民居木雕是造型艺术品，在房屋建筑装饰的一定空间中具备应付自如的功能，成为物质存在的时空形式和精神存在的时空形式的完美结合。木雕艺匠们吸取了中国画绘画艺术的精髓，创造了一种“把时间从物理世界转交给心理世界的艺术”，“以静寓动，以无声寓有声，创造深广的境界艺术”。

木雕图案的画面具备可视性、直观性和视觉审美时产生的悦目效果。以愉情娱性的人物优雅姿态，配合特定的场景，以松树、奇石、浮云等的点缀，共同构成了动人的艺术效果。

有的木雕图案景物不多，常取山石之一角、水之一涯、房宇之一隅，刀笔刻露，质感苍劲，创造空灵意境。图案中人物形体的律动非常微妙，是木雕作品一切要求达到构成的结果。只有构成产生了律动，那么，木雕人物便会显示其内在的生命力。

古民居木雕，件件都可称为艺术品。由于不同的历史时期、人们的审美观的差异，雕刻的内容、形式和技艺方面就发生着变化。从现存的木雕图画看，元代的木雕作品简洁明快，刀锋奔放，潇洒大气，一般多注意形象的意象，即注重神意的刻画，寓意的表达，而轻形态的细雕，其形体多注重稳当，线条则多粗犷奔放。明代的木雕作品在传承了元代的一些重要技艺的基础上，图案雕凿显得细腻，花鸟人物相对灵秀。艺人们则力求形神兼备，写形与写意并举，不少佳作颇具文人画韵味。清代的民居木雕作品较明代又进一步精细化，图案多显繁缛，讲究精雕细刻，追求高难度、多层次镂雕，极穷其工，极显其能，极现其艺。如在近、中、远景的搭配上，前景人物用圆雕，中景的花草树木用透雕或深雕，远景的屋宇门窗又用高浮雕或浮雕，使画面达到景中有景、层次深远的艺术效果。从题材内容、类型方面，既有弘扬佛法劝人从善的，也有得道升天的道教故事；还有图解各类历史典故，反映重大历史事件的故事。木雕艺匠们用形写实、意写事的方法，将它们表现于木雕艺术之中。一些老到娴熟的艺匠们，以精湛超群的雕刻技艺，将人物的神态神采精雕细琢，细微之处淋漓尽致地展现出精美绝伦的人物画卷。

花板图案多以浮雕为主，兼容浅刻、深刻、透雕、锼雕、镂雕等各种技法，在木板上状写人物故事，刻山石、亭台、楼阁以分割景界，人物景致徐徐展开，富有叙述性，以使所刻景物“仙翁对弈辨毫发，美人徙倚何娉婷。石壁峋岩入烟雾，涧水松风似可听”（张如兰诗句）。木雕图案巧用景物的遮掩压叠，分生出远近、层次，在浮雕有限的高度上，产生透视的深度，在细腻的木肌上刻出精镂细琢的图案，使其与朴素无华的质地相映生趣。从事木雕艺术的艺匠们以其扎实深厚的艺术功底、匠心独具的艺术个性、精湛卓越的雕刻才艺，创造出了陕西古民居木雕这朵古雅、淳厚、绚丽多彩、灿烂夺目的民间艺术的奇葩。

地区的神木、米脂、绥德、清涧、佳县，延安地区的洛川、黄陵、延川、宜川、甘泉、富县，到陕西顶南部汉中地区的宁强、城固、西乡、洋县，安康地区的紫阳、旬阳、宁陕、白河县，商洛地区的丹凤、洛南、山阳、镇安、柞水县；由陕西东府渭南地区的韩城、潼关、大荔、合阳、澄城、蒲城、华阴、富平、华县，至西府宝鸡地区的凤翔、岐山、扶风、陇县，还有关中地区的西安、长安、蓝田、临潼、户县，咸阳地区的三原、旬邑、淳化、礼泉、泾阳、乾县，铜川市的宜君、印台、王益、耀州，我几乎跑遍了陕西省的每个县、区的重要乡村，去专门搜寻拍摄这些古民居木雕。

我时常寻访各地的有关人士，只要打听到某地有古民居木雕的踪迹，便随即前往，乘车虽多，徒步难免，翻山越岭，跨沟涉水，往往赶到目的地一看，却心灰意冷。甭说有木雕图案，就连它的载体 —— 古民居的房屋，都因年久失修，没人给予保护而倾覆倒塌，或被房主拆除，换以新式建筑取而代之，如城固县的上元观、丹凤县的峦庄阮氏大屋等。这样乘兴而去、败兴而归、徒劳往返者何止三五次之多！由于古民居木雕濒临消失的现状和亲身经历的寻觅之艰难，所以，我深感古民居木雕之弥足珍贵！故而拍之留给人们赏析。

岁月如梭，沧海桑田。古民居木雕除国家特意保护的以外，由于房屋的自然破损、天灾人祸等多种因素，真正还留在房屋构件上的已不多见。元、明时期的房屋木雕图案，现绝大多数已成为人们的收藏品。清代还保留在房屋的门窗上，檩、梁、柱子上的木雕也渐成罕物。正如中国民间文艺家协会副主席、党组书记白庚胜先生所说：“民间文化在当前经济大转型、社会大变迁之际，在民间文化遗产没有任何法规加以保护的情形下，正经受着全面冲击，面临着毁灭性的浩劫；或被人毁损，或大量流失海外……改造旧城的推土机把大片大片的老民居和附着其中的文化精华推倒碾碎，使之从此难觅其踪……民间工艺等随着文化生态的变迁日渐式微，一些优秀的民间文化遗产已经被损坏得支离破碎，面目全非。”

木雕，以木为胎。在砖、石、木三雕中，以其自然寿命而言，木雕命短。木质本易腐朽，既怕火，又怕潮湿，易随时间的流失而损毁。上古时期的石器、陶器，以及秦砖汉瓦，今天亦可看到实物，而当时的木器物件，则其踪难寻。

1990 年年初，我在铜川地区拍古宅老屋时，随意拍了几幅木雕照片，觉得这些木雕图案很精美，大有抢救收集拍摄的价值，值得认真去拍摄。后来，当我再专门去补拍时，却发现这些图片的实物，已经因房屋的自然倒塌而毁灭。如铜川市印台区阿庄镇的一组“八仙”图案、耀县东街李家的一组《西厢记》等，就是如此。尽管图片质量不佳，但都成为真正的绝版照片了。正因为如此，才促使我这个喜爱民俗的摄影者惊醒！下定决心，在囊中羞涩、不惜举债的情况下，用照相机这个写真工具，来挖掘、记录、拍摄。为了给人们留下这些可看到的陕西古民居的艺术佳品 —— 木雕的原貌，从陕西最北端榆林

民俗文化、古民居艺术多是曾经与人们的社会生活有着密切关系的器物和艺术，这也是中国传统文化的重要组成部分。江泽民同志提出：“要建设先进文化，并且强调优秀的传统文化是先进艺术的基础，先进文化是传统文化的发展。优秀的民间文化遗产正是中华民族传统文化的有机组成部分。抢救它，既可以全面点清中国民间文化，使人一睹中国传统文化的面貌，也可以为精神文明建设提供知识源泉、精神动力、道德规范，为我国新文艺提供取之不尽、用之不竭的素材。”

如何使古民居木雕这一与境外文化有着强烈反差、表现出很强的民族个性与特色的古老艺术及民族文化艺术的奇葩，得到挖掘、搜集、整理，并得到有效的保护，使其服务于精神文明、社会文明建设，增强对外文化交流，更好地发挥其“古为今用”的作用，并为我们中华民族的子孙后代保留、传承，我们必须从战略高度来认识这个问题。我们要抓紧时间，依靠政府和人民大众，在力所能及的范围内对我们的民间艺术资源进行有效的抢救与保护，肩负起我们的历史责任，将这些行将消失的宝贵文化遗产的原貌留给后人观赏、学习。不要让这些文明遗迹在我辈之时断档灭迹，而成为千古憾事！

2003 年 8 月 18 日二稿

2006 年 5 月 13 日三稿

话说陕西古民居木雕

铜川市印台区阿庄镇的古槐、老宅

缘　起

1990 年春，一个偶然的机会，我在铜川市印台区阿庄镇的一位朋友家的堂厅中发现有几块清朝康熙年间的隔扇屏风。其上的浮雕图案很美，我顺便将其拍摄成照片，回到家中仔细品读。看着那奔放的刀笔、娴熟的雕凿技艺，回味着那寓意深邃的故事，自己已仿佛回到了二三百年前，正在和当时的艺匠们交谈、聊天，十分惬意。由此，我对古民居木雕发生了浓厚的兴趣，从此便一发不可收拾，着迷了十六七年。

现在，除国家特别保护的以外，因房屋的自然破损、天灾人祸等多种因素，真正还留在房屋构件上的古民居木雕已不多见。元、明时期的民居木雕图案，现绝大多数已成为人们的收藏品；清代真正还留在房屋上的民居木雕也渐成罕物。因而，我便在陕西省境内从东到西、从南到北，跑了 64 个市、县、区的山村乡野、峁梁沟壑，来搜集拍摄这些精湛优美的木雕艺术品。我深深地感受到它们蕴含着丰富的传统文化，是民族文化的瑰宝，必须抓紧时间抢救，尽一点民俗摄影人的良心，让它的原貌留存下来供世人观赏。

陕西的民居木雕有其独具的特色，这与陕西是中华民族的重要发祥地之一有关。历史上周、秦、汉、唐等 13 个朝代在此建都，是历代盛世建都最长的省份，有着丰厚的历史文化。

陕西是个文化大省，同时也是旅游大省，有着丰富的旅游资源。人常说："江南才子山东将，陕西黄土埋皇上。"在这块黄土高原上，仅大型帝王陵墓就有 72 座，文臣武将、太子公主墓近千座，古遗址、古寺庙 800 多处，黄帝陵、秦始皇兵马俑、法门寺、唐华清宫御汤遗址、乾陵司马道、大小雁塔、西岳庙、司马迁墓、张良庙、武侯墓（祠）、半坡博物馆、碑林博物馆、白云山、楼观台、玉华宫等名胜古迹构成了陕西以"古、独、多"为特色的历史文化资源，为陕西的历史文化旅游提供了得天独厚的条件。除此之外，陕西还有附着在古民居建筑中独具特色的木、砖、石雕，这是十分宝贵的民间文化、艺术遗产。这里讲的"独具特色"，是说在雕刻内容和所在位置上，陕西的民居木雕主要是展现在隔扇门、窗裙板上的浮雕图案，这在江南或别的省份是不多见的。

正如国家文物局古建筑专家组组长、中国文物学会会长罗哲文老先生说的："陕西历史文化艺术宝库中，除了帝王宫殿、坛庙、陵墓、寺院等之外，还有一份十分宝贵的民间文化遗产，民居宅第就是其中重要的一种类型。而民居建筑艺术中的木雕又更独具特色，它的价值在于它是历史文化的写照，与人们的社会生活十分密切，反映了陕西这一地区独特的文化艺术、民俗风情、审美观念。它们正是华夏传统文化艺术的重要组成部分，是中华建筑艺术中的一朵奇葩。”

西安地区的古民居木雕
儒家思想闪光

西安，陕西省省会。地处中国腹地关中平原中部。全市有文物保护单位 258 处，出土文物 12 万余件。文物古迹数量之多、密度之大、等级之高居全国之首。其中比较著名的中国第一座人类史前遗址博物馆半坡遗址，中国最古老的园林骊山华清宫，被誉为“世界第八大奇迹”的秦兵马俑，中国最大的石质书库碑林，世界上保存最完整、最宏大的城垣明城墙，还有钟楼、鼓楼、大小雁塔等灿烂夺目的建筑文化和传统文化都令世人瞩目。

西安地区亦有着丰富的古民居木雕这些民间艺术品，由于历史文化的原因，其儒家思想的成分尤为突出，雕刻着具有一定文化品位和思想内容的图案，如展示秦川人对耕与读的独特观念的“耕读传家”图，还有儒家历来提倡的“孝道”的二十四孝图等。

以孝道为例，在西安市长安区王曲镇马厂村的郭家庄园，就以连环画的形式在堂厅的隔扇门上刻着 16 幅“二十四孝”图：“老莱子戏彩娱亲”“王祥卧冰求鲤”“黄香扇凉温席”“崔妇乳姑不怠”“丁兰刻木事亲”等图案，将历史上流传很广的孝敬老人的典型人物故事雕刻在家中很显眼的堂厅隔扇门这个大块木板上，放在人们日常生活中最易看见的地方，时时刻刻使人耳濡目染、潜移默化，加以效仿。这就体现着中华民族作为礼仪之邦的讲文明、懂礼貌、尊老爱幼的优良传统，启迪、警示后人学习先人们的行孝之道，使子孙成为品德高尚完善、行为光明磊落、尊重爱护他人的人。

百善孝为先。从现在来看，木雕图案所宣扬提倡的孝道仍不过时，当今人们应当认真地继承和发扬。

再看“耕读传家”。“耕读第”“勤耕读”“耕读传家”这些词句，在当今关中农村人家的临街大门尚作为匾额的还随处可见，或以牌匾，或以雕刻，或直接书写于户外的门额上，熠熠生辉。这对关中人来说有着特殊的意义。“耕读传家”是秦川人的主要观念，他们将读书和农耕等量齐观，而无视“万般皆下品，唯有读书高”的传统偏见，将农民和读书人置于同等高尚的地位。这种特殊现象是秦川农民传统的尚农思想的体现，而这种尚农的精神就是尊重自己。秦川农民自尊心理的产生，不仅在于丰腴的八百里秦川向他们提供了得天独厚的耕耘条件，更在于后稷教稼穑以来，这块土地就成为中华农业最早发达的地域，“以农为本”的思想深深扎根在他们的脑海中。旧时，学童即使科举入第做官，也有“多勇于退”的。由于这里是周秦汉唐等 13 个王朝的重要发祥地及传统文化的根基，以它持续的惯性浸润于后世，因此，小康农民素朴的技艺中流露出平和的情趣与深沉古雅的文人格调很容易在这里融合滋长起来，形成土而不俗的秦川人风貌。直到改革开放前的 20 世纪 80 年代，秦川农民还不愿意出外经商或工作；已在单位工作多年的干部职工，遇到不顺心的事时，还念念不忘“三十亩地一头牛，老婆孩子热炕头”，“七十二行，庄稼为王”等思农想家、欲重返农村故里过那种悠闲清静的田园生活。这充分体现了八百里秦川人特有的依恋故土和以农为荣的自慰、温馨的情愫。

韩城地区的古民居木雕
文化色彩浓于他处

韩城市在陕西的东部，归渭南地区所辖，和山西省为邻。这里是汉太史公司马迁的故里。

因为历史上韩城为陕西东府文化发达之地，被称为“士风醇茂，户尽可封”之区。据有关资料统计，这个 10 万余人的小县，明清时期科举中进士、举人、贡生者达 1396 人之多。清代状元、会元、解元皆备，共 14 人，因而有“解状盛区”之誉。入仕为官者数以千计，明清时身居一品宰相者二人，身为尚书、侍郎、巡抚、御史等高官者数十人。

由于韩城自古以来文化发达，为官者众多，所以，在古民居的建筑风格和房屋的装饰雕刻上就颇具文化特色，“欧阳母芦苇教子”“孔融让梨”“三娘教子”“孙康映雪苦读”等内容的文化色彩浓于他处。

在韩城市北约十千米处有个党家村，是韩城地区这一时期建筑民俗的典型代表，闻名国内外，被誉为“民居瑰宝”“东方人类古代传统居住村寨的活化石”。

西安市户县苍游乡的民居宅门

清·民居宅第檐牙高啄 咸阳市泾阳县

党家村村民居室

年轻的雕刻艺匠在工作

英国皇家学会查理教授赞称："世界建筑文化在中国，中国民居建筑文化在韩城。"韩城党家村的"四合院"组合巧妙，营造精良，高度有数，用途有规定，居住有次序，具有地方特色和内涵诸多的民俗风情。特别是房屋木雕的文化艺术品位，令人惊叹。

在隔扇门窗裙板上的人物故事浮雕占据了主导地位，其取材于神话故事、诗词典故、戏曲演义及历史掌故。如"八仙祝寿""唐尧访舜""麒麟送子""周敦颐爱莲"等，还有表现民间生活情趣，多为广大群众热爱的吉祥、喜庆的图案。这些看似简单的画面，都是一幅幅神秘的民族心理密码，这种密码不仅记录传统文化的内涵，也展示着它的奥秘与神圣。

在党家村民居四合院的照壁墙、大门外两侧墙壁及歇檐厅山墙上等醒目之处，别出心裁地题刻着家训，以教育子孙后代。这些遗留给子孙的精神财富内涵丰富多彩，有教益之效。比如"四勿：无益之书勿读，无益之话勿说，无益之事勿为，无益之人勿亲""四要知：在少壮之时要知老年人的心酸，当旁观之境要知局内人的景况，处富贵之地要知贫贱人的苦恼，居安乐之场要知患难人的痛痒""四悔：富时不俭贫时悔，见时不习用时悔，醉时失言醒时悔，健不保养病时悔"等，这些家训题刻于明清的封建时代，但就其内容来看，富有人生哲理，是为人之道、处世之理、修身之德、养性之规，不失古为今用之效。据党家村史记载，明代本村有个名叫党孟梅的富户，在1539年，当地干旱，粮食无收，他便捐出300两银子为各村村民代交田赋。1555年庄稼受灾，又遇地震，贫困人家借他200多石（一石为十斗）粮食，无力偿还，他从不逼债，并当众烧毁这些借据，这就是受"处富贵之地要知贫贱人的苦恼，居安乐之场要知患难人的痛痒"的影响而出现的实例。

咸阳地区的古民居木雕民俗博物馆

咸阳也是著名的历史文化名城，秦王嬴政在此建立了中国历史上第一个中央集权制封建帝国——秦王朝。汉唐之际，咸阳居京畿重地。汉高祖刘邦的长陵、汉武帝刘彻的茂陵、唐太宗李世民的昭陵、唐高宗李治和女皇武则天的乾陵等27个帝王和250个皇亲国戚、文臣武将的陵墓都坐落在咸阳的北原上，绵延百里，蔚为壮观。除此而外，咸阳地区现存的且保护较完好的清代民居建筑，已列为民俗博物馆的有三处：一是三原县的清代民居，孟店村周家大屋，是八国联军进北京时慈禧太后逃往西安时，在陕西认的干女儿的娘家；二是泾阳县安吴镇她的婆家；三是在旬邑县做过清朝盐运使的唐廷铨的唐家庄园。

唐家庄园位于旬邑县城北7千米处的唐家村，是一座省内保存比较完整的清代民宅，距今已有300余年的历史，在"文化大革命"中被当作反面教材——"阶级斗争展览馆"而因祸得福被完整地保存了下来。唐家民宅的建筑巧夺天工，屋顶脊卧兽飞、檐牙高啄、钩心斗角，墙壁为水磨石砖，镶以木砖石雕，雕刻的梅、兰、竹、菊及牡丹、玉兰和山水人物、故事传说精巧绝伦，门栏窗棂玲珑剔透，不失为研究清代建筑、雕刻、书法艺术、风土民情的直观实物。

以唐家用楠木制作的隔扇门上的黄杨木镶嵌木雕图案"醉八仙"为例，这组木雕刀笔细腻生动，栩栩如生地刻画了醉八仙各自不同的神态，那精美的图案给人以赏心悦目之感，那副醉态让人乐而捧腹。八仙的故事称得上家喻户晓，妇孺皆知。"八仙过海，各显神通"已是人们的口头习语。民居中雕刻八仙的图案比庙观中的要多得多，为什么呢？这主要是八仙的形象与那些正襟危坐的神仙大不相同。他们的形象神态各异、丰富多彩，可以随人们的喜好和需要而改变，故而迎合了不同人的喜好和民间喜庆的需要。八仙具有广泛的代表性，他们是人民大众塑造的神仙，男女老幼、富贵贫贱、文庄粗野的社会各界均可在八仙中找到自己亲近、喜爱的知音。如：八仙之一的吕洞宾，传说他是理发匠的保护神；蓝采和是流浪艺人的保护神；曹国舅是男女艺术家的保护神；铁拐李是医药界的保护神，等等。

这组醉八仙木雕是以"八仙过海"的著名传说为蓝本来雕刻的。它说的是

榆林市神木县清代的厅堂耳房

旬邑县明末清初三品官唐廷铨家门房

丹凤县陈家寨

王母娘娘在瑶池设宴款待八仙，褒奖他们个个都为民间大众做了不少善事，特意犒赏他们。八仙个个开怀畅饮，喝得酩酊大醉，辞了王母娘娘来到东海上，乘着酒兴打赌，各自施展本事。

陕南地区的古民居木雕 明清风格较多

汉中、安康、商洛三个地区皆在秦岭以南，位于陕西南部，与湖北、四川接壤，人们习惯上称“陕南”。

汉中是中国历史文化名城。公元前312年秦惠王在此设郡，迄今已有2300余年的历史，汉朝出使西域的张骞就诞生在这里，世界造纸鼻祖蔡伦也封侯并归葬于此，汉朝著名大将军韩信家祠就在城固县的原公镇。

韩家祠位于原公西坝村韩家巷中部，祠堂始建于明代，坐北朝南，由照壁、山门、牌楼、中厅、献殿、过厅、大殿组成，面阔三间，五进四院，呈长方形，占地约5亩。照壁坐落在韩家巷南部，与山门相对，为双耳砖雕，高大雄伟，体现出韩家的尊贵和富有。山门为硬山垂脊式构造，据传为仿江苏无锡县衙式样而造，门槛下汉白玉质地的报鼓石，雕刻刀法细腻，图案形象生动。二进为牌楼，又称进士楼，重檐歇山顶，楼高三层，前檐牌匾楷书“奉南大夫”，牌匾四周雕以文房四宝、如意等图案，落款韩叙典、韩法、韩履宠爷孙三人，后檐牌匾楷书“进士”，西侧门楣下挂深浮雕“百官朝圣图”，人物造型生动，栩栩如生。这幅浮雕图案，在“文化大革命”中被韩家人用泥抹了，并写上标语才得以保存下来，现在仍能看出斑斑泥渍。原前檐下曾竖写有“诰封”匾，左右明柱上分别挂着“乡举孝廉”“明经进士”匾，透雕云龙门牙等精美饰件，可惜已损坏。该楼因是标榜政绩地位的纪念性建筑，故而建造得十分有气魄，雕梁画栋、做工精细，七彩斗拱、飞檐翘角，构思奇妙，给人以平步青云之感，是一座难得一见的古代建筑艺术珍品。三进中厅，硬山顶垂直脊式构造，起过渡作用；四进献殿，悬山顶脊式构造，为周期性祭祀及族人议事用；五进大殿，建筑式样与献殿同，呈明代风格，供奉韩家历代先祖神位。在献殿与大殿之间，

建于清嘉庆二十年（1815）的商洛市丹凤县船帮会馆戏楼

间隔较近，巧妙地用过桥的方法连接起来，形成过厅，设计合理，匠心独具。由于做工精细，虽历数百载风雨，仍然尚存完好，且仍为韩姓后人所居。

安康地处长江、黄河两大水系之间的秦巴山区，北边是巍峨的秦岭山脉，南部是峰峦俊秀的巴山山脉。在夏商之交，巴山的巴族部落就在这里建立了“巴方”国。其中心地带地势平坦，土地肥沃，气候湿润，物产富饶，安康是集秦风楚韵于一身的陕南重镇。著名南宋诗人陆游在南宋乾道八年（1172）就写诗称赞：“安康甲第天下传，玉题绣井摩云烟。落城鼓吹震百里，意气欲压秦山川。”

安康所辖的旬阳县蜀河镇、紫阳县红椿镇都是现存明清时代民居较多的地方，并且地方政府已着手给予保护。蜀河是旬阳的一个古镇，曾经是繁荣一时的海陆码头。据旬阳方志记载，清乾隆三十五年至三十八年（1770-1773），因湖南、湖北、河南、江西、安徽等省自然灾害频繁，大量饥民携家带口陆续涌入秦巴山区认地开荒。当时其他定居客民与本地居民的比例为八比二。经过长时间的艰苦创业，有了相当积蓄之后，首富之家便凭借资本大兴土木，建造新宅大院，其他有条件者也亦步亦趋，互相攀比，讲究变异，追求创新，因而形成富丽堂皇、异彩纷呈，充满秦风楚韵的民居建筑风格。

由于受当时制度、文化、传统习俗、经济状况等社会因素与所处环境、气候等自然条件的影响，旬阳清代民居在布局、结构和艺术处理上形成了自身鲜明的时代特征和浓郁的地方特色，共性之中又富有鲜明的个性。布局是以对称均衡的单体天井院落占主导地位，而别出心裁、各具情趣的局部装饰，则是其个性的反映。比如铜钱乡张家湾的张家院，今存有一座小巧玲珑的天井院及前院门楼，小院由面阔三间的前厅、上房及面阔两间的两厢组成，平面近正方形，游者远看其外貌平淡无奇，并不怎么引人注目，但登堂入室后却为其“内秀”惊叹：沿十级台阶入前厅正门，两扇门板的上部都以红漆做底，各刻一首七言八句古诗，行书字体，阴刻鎏金，书法秀丽流畅，诗意古雅深奥，以之作为永久性门画。前厅中堂迎面装修板壁，两侧隔间装花结式落地长窗。沿中堂两侧通向天井院门的边门顶部有墨书门额，右为“止步扬发”，左为“芝兰其室”，其下单扇门亦各刻一首七言八句古诗。上房正面装六格扇门，门心透刻花鸟、人物，中夹木板上也浅浅地刻有浮雕鹿、鹤、变形凤纹等，做工精细，生动传神。

商洛，传说是秦代商鞅的封地，因商山、洛水而得名，是秦晋楚三国交会的三角地带。山川名胜如林如画，人文自然景观遍布全区，古文化建筑遗址 46 处，会馆、戏楼、寺庙、塔碑 100 多处，现存较完整的丹凤县船帮会馆中的戏楼就是其中的代表，是陕西省的重点文物保护单位。

丹凤县古称龙驹寨，自古是“北通秦晋、南接吴楚”的交通要道，在陇海铁路未修筑之前，东路货物沿长江汉水逆流而上到龙驹寨（丹凤），然后由此驮运分散至西安、甘肃，北经洛南转运到潼关、山西等地，故而久有“水旱码头”称号。由此，丹江水运兴隆发达，船工、艄公、搬运工就多，他们

陕西民居木雕就散落在这广袤的黄土高原上

陕北民居靠山式石接口窑洞　延安市延川县

铜川市印台区的虎头山居民区

经常往来于江上，需要有个自己休息落脚、议事之所。船工们团结一心，从每个运件的报酬中提取三个铜钱，日积月累，积少成多，终于在清嘉庆二十年（1815）建成了一座在建筑规模和雕刻艺术上都闻名遐迩的会馆。戏楼是会馆的主要建筑，它集中了南北建筑风格之精华，使其有北方建筑庄重大方的格调，也有南方建筑华丽细腻的特征。戏楼坐北向南，砖木结构，长 36 米，进深 11 米，台口 8 米，在戏楼的木件上都雕刻有山川河流、亭台楼阁、车马仪仗、鸟兽虫鱼、花草树木、士农工商等，其中的人物雕像更为精巧，有大舜耕田、夏禹治水、牛角挂书、文王访贤，还有农夫挥锄、村姑喂猪、樵子负薪、行旅赶车，也有映雪读书、赤壁夜游，还有两军交战的文武场面等。此外，尚刻有二龙戏珠、凤凰展翅的争奇斗艳的缤纷画面。这些由艄公、船工、搬运工捐资建造的会馆，于别处的楼台堂馆在木雕图案内容上有较大的不同之处是：图案的画面和内容多反映了农村普通百姓生活和船工们对美好生活的向往，展示才子佳人、帝王将相的内容少。因这些船工艄公们原先都是农民，他们自己出钱建造的会馆就要有自己意愿的体现，要将他们熟悉的农村生活场景，如村姑织布、喂猪、养牛、耕地等图案雕刻其上。只要他们上岸入馆休息，看一看这些熟悉的乡村场景，如同现代人想亲人时看一看照片是一样的心态，以此来抚慰长期奔波江上，无法和妻儿老小相聚的苦楚心绪。

陕北地区的古民居木雕
生殖崇拜展示

延安、榆林地处陕西北端，与宁夏、内蒙古、甘肃、山西接壤，人称“陕北”。

举世闻名的中国革命圣地延安，以“两圣三黄”（中国革命圣地、中华民族圣地，黄帝陵、黄河壶口瀑布、黄土风情文化）驰名中外。延安地区的民居以窑洞为主。民居的木雕艺术品除洛川、黄陵有些外，别处则以剪纸窗花为最。

古城榆林是国家级历史文化名城，靖边县统万城是 1500 年前大夏国都城遗址，佳县白云山庙宇是西北最大的道观。热情奔放的大秧歌、高亢激越的信天游、千姿百态的绥德石雕、细腻秀美的“三边”剪纸，风格独特的神木县明清民居四合院、垂花门楼等木雕，无不以其浓郁的西北风情和淳厚朴实的生活底蕴，风靡海内外。

陕北，由于历史上受战争、风沙、干旱诸多自然和人为因素的影响，一直比较贫困、落后、闭塞。陕北地广人稀，人们希望增加人口数量，故而对生殖崇拜十分重视。这一观念在剪纸、木雕、石雕等民间艺术品的形成以及内容方面表现得十分突出。如图“喜鹊登梅”“鲤鱼穿莲”等就是隐喻人类的性爱、性结合和生育繁衍活动的图案，十分逼真而生动地喻示男女之情。雕刻在儿孙辈居住的厢房门额上的花板图案“喜鹊登梅”，一对喜鹊登临盛开的梅花枝头。梅与媒谐音，这里寓婚姻之意。又有一丛青竹，整个画寓“梅花送子，青竹送孙”之意。这是汉唐文化的写照。同时那对栩栩如生的喜鹊，以“男左女右”的列序习惯。右边的那只，塑造以闪翅、挺腹、勾头的妩媚之态，向对方发出求爱的信号，而将左边这只雄性喜鹊雕以前倾欲飞、即刻应和雌性之邀的态势，活灵活现地向人们喻示着后边将会发生的一切……

再看一看古时新婚男女结婚时必备的房中家具—— 板式衣柜上的插角图案。镂刻的“鲤鱼穿莲”，这个图案的主要命题是性爱，生殖繁衍，莲生贵子。图中右半边有只大鱼呵护着一条小鱼跃出水面，以中国人的习俗，右边的大鱼定是雌性无疑，而图中左半边的雄鱼翘首回望着那条爱情结晶—— 新生的小鱼而欣喜若狂。陕西民间人们常说“鱼儿闹莲花，

滚棚式歇檐双垂花仪门　清代　渭南市潼关县

“小天方井”四合院 铜川市黄堡镇梁家塬村

两口子上炕结缘法”的乡俗俚语，它以浅白的口头文学语言，为民间的隐秘和造型符号所隐喻的内涵做了很好的注解，使我们便于领悟其中的寓意，这便是它表现的性爱、性结合和生殖繁衍崇拜的真正隐喻。

陕西古民居木雕
价值与特色

木雕被人们称作“木板上的刺绣”。特别是民居木雕，除其精美绝伦的雕艺外，更具其独有的灵活性、多样性、随意性、多变性。它图案美观，题材内容丰富，表现手法各异，美轮美奂，包罗万象。它不受统一模式、内容的局限，而是依据物主的自我喜好来决定雕刻，其内容形式的这一点就使其独有的可研性、可欣赏性凸显出来。当你把它联系起来欣赏、品读、研究，就会有一种进入历史艺术影院的感觉。

古民居木雕的价值在于：它是历史文化的写照，是濒临消失的民族文化瑰宝。它与人们的社会生活有着密切的联系，是当时人们精神追求的记录载体，反映着独有的民族意志情趣、心理祈望和一定时代的审美观念，是神秘的民族心理密码，是中国人特有的象征语言，是中国传统文化的有机组成部分，有着强烈的民族艺术个性，是古老的民族文化和民族艺术的一条根系。当你仔细地品读这一幅幅不同时代、不同地域、不同人家，出自不同门派的雕刻工匠之手的艺术品，你就会感觉在和它们交流，仿佛在和几百年前的古人对话、研讨、沟通。

陕西古民居木雕区别于江、浙、湘、皖、晋、豫、川、鄂之处，在于它的用材和所在部位。陕西古民居木雕绝大部分用材考究，大量使用楠木、紫檀木、红木、黄杨木等上好的南方及国外木材，不惜赀费，争夸壮丽，充分体现秦人之豪爽、淳厚的个性。而江南一些省份的古民居木雕用材，就比陕西人节省一些，他们尽量地使用当地的一些木材替代质优价昂的上好材料。这从现存的元、明、清时期的各地古居民木雕中就非常容易看出。

陕西民居木雕的主要位置是在厅堂房屋的隔扇门、窗的裙板这个整块大平面木板上，是在人们日常生活中最易看见的部位进行精雕细刻。而在房子的雀替、檩头等处很少雕刻装饰，这就和江南各省的民居木雕在位置上有所区别。

陕西的古民居木雕特别是隔扇门裙板上的雕刻，主要以历史人物、神话典故为主，题材广泛，包罗万象，形态各异，造型灵活多样，人们可以以自己的爱好、追求、崇拜的不同来进行雕刻。木雕画面主要与民间的风俗习惯、生活活动、生活习俗及人们热爱的欢乐祥和的故事及文化思想、信仰、企盼、愿望、向往有机地联系在一起，深得人们的喜爱。正因为如此，我们通过对古民居木雕的观摩、探讨，才能从中领略到我们中华传统文化的原始韵味，才能进一步加深对五千年来的中华文化大背景的了解，从中找到我们博大精深的中华文明之根。

（此文刊发于北京《旅游》2004 年 11 期）

1990 年 1 月—2015 年 5 月期间

在陕西境内，多次往返各地寻觅拍摄民居木雕，行程路线图

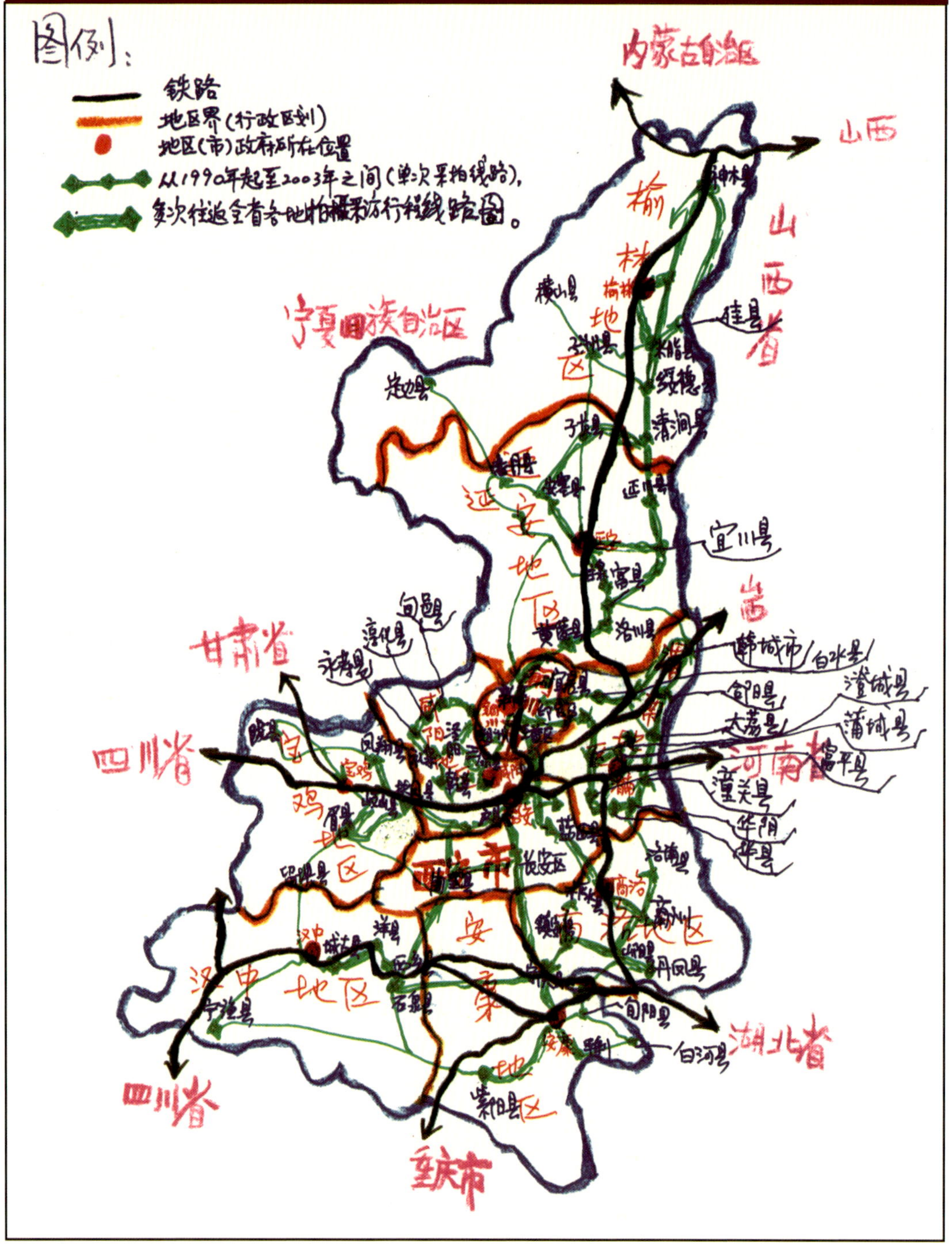

民居宅第

宅，住所。《易·剥》：『上以厚下安宅。』《尚书·禹贡》：『四隩既宅。』又：『桑土既蚕，是降丘宅土。』《史记·夏本纪》作『于是民得下丘居土』。

第，房屋。《辞源》称帝王赐给臣下房屋有甲乙次第，故称房屋为『第』。《汉书·高帝纪下》：『为列侯食邑者，皆佩之印，赐大第室。』

宅第：住所，带有院子，房子较大。陶潜《归园田居》五首其一：『方宅十余亩，草屋八九间。』

陕西古民居宅第，是中华民族灿烂民居文明的一部分。其宁静、含蓄、中庸、优雅的文化精神，具有相当高的文化价值。以现存尚好的韩城市党家村的民居四合院为例，英国皇家建筑学会查理教授称：『世界建筑文化在中国，中国民居建筑文化在韩城。』韩城民居文化色彩尤浓，门楣题字、门庭家训已成为韩城四合院文化的象征，亦是陕西民居宅第的一个缩影。

陕西古民居具有鲜明的地方特色、内涵诸多的民俗风情。其布局合理，营造精良，组合巧妙，是中国民居建筑宝贵的文化遗产。

现代文明的进程迅速地冲击着古民居其内涵宁静致远、内敛充盈的文化精神。久居钢筋水泥大厦中的人们，当你看到这些『无可奈何花落去』的具有中国人特质，让异邦人为之惊叹的古民居，能否唤起对它的保护意识！

■ 名称：党家村民宅全景 ■ 年代：明 清 ■ 地点：韩城市党家村

陕西是中国历史上建都时间最长的省份。在古代，陕西作为中国政治、经济、文化的中心，它的建设事业伴随着经济社会的发展，曾经创建了“西周丰镐”“秦都咸阳”“西汉长安”“隋唐长安”等辉煌的建筑业绩和灿烂的建筑文化，成为中国乃至世界建设史上的瑰宝。根据史料记载，当时贵族的房屋，前有堂，是行礼的地方；后有室，是居住的地方；中间有过廊，室的左右为房。这便是“四合院”的建筑雏形。

陕西的民居建筑，是中华民族民居建筑文化的一部分。民居建筑在漫长的历史长河中不断发展，各个历史时期有其传统的标准和规划。由于地域、民情和生活习俗的不同，在民居建筑风格上必然带着显著的地方风韵和民俗色彩。

我们以被誉为“民居瑰宝”“东方人类古代传统居住村寨活化石”的韩城市党家村的四合院民居为代表，略述一下陕西民居四合院的概况。

《庄子·刻意》曰：“虚无恬淡，乃合天德。”从民居四合院中，我们能感受到一种无形无色的虚空。自成体系的四合院民居建筑，是由厅堂房、厢房、门房四座房屋围成，中间有院落（亦称天井院）。大面积的实墙，外面不开窗，方正封闭，使宅内自成一个单元，与外界形成隔绝的空间。四壁简洁的外墙，密实高大的屋顶，如一幅中国画的“泼墨如水，又惜墨如金”的虚实留白，真乃“疏可跑马，密不透风”，形成一种外实内静的神韵，人物与空间融于其中，

被誉为“民居瑰宝”“东方人类古代传统居住村寨活化石”的韩城市党家村全貌

气韵无尽。

据任喜来先生《民居瑰宝党家村》一文载，四房以厅房为首，门房为足，厢房为臂，拟人化，寓全欢之意。四房营建，高度有定数，用途有规定，居住有次序。房高以《河图》所示，其尾数为东三八，西四九，南二七，北一六。厅房，是四合院的主体建筑，为供祖和设宴之所。庄严肃穆，五脊六兽。三大间，砌明造，高大宽敞，多为歇檐。厢房，东北高，西南低，是晚辈居住或设灶、仓库之处。门房，多为二层楼房，是长辈的居室，也是开大门之房，故称门房。大门向内收缩，外设上马石、拴马桩（环），称“走马门楼”，其修建讲究，气派而浑厚，华丽而朴实。有的大门不向内收缩，门开在门房的背墙上，称之为墙门，较走马门楼逊色。

陕西民居四合院的合理布局，有着北方建筑的特色，它布局谨严，造型大方。屋顶脊卧兽飞，檐牙高琢，钩心斗角，墙体以青砖砌筑，并镶以砖、石雕刻；房檐梁头，门窗棂格，裙板的木雕图案，造型优美，精巧细腻，玲珑剔透，栩栩如生，巧夺天工。正如古人云“天地入吾庐”，“云生梁栋间，风吹户牖里”（东晋郭璞）。整个建筑浑然一体，气宇轩昂，堪称艺术佳作。

■ 名称：起脊式走马门楼

■ 年代：清

■ 地点：神木县

■ 名称：墙门 ■ 年代：清 ■ 地点：旬邑县唐家

建造于清道光五年（1825）的咸阳市旬邑县唐家村“诰授奉政大夫，晋授中议大夫，钦加盐运使司盐运使衔，赏戴花翎唐廷铨”家，门房的“墙门”。

■ 名称：四合院 ■ 年代：清 ■ 地点：旬邑县唐家　建造于清道光二十年（1840）的咸阳市旬邑县唐家庄园，“两进三院”的房院

据《唐家民俗馆要览》载，唐家庄园从清道光五年（1825）开建，每天做工的铁匠、木匠、石匠、画匠、普工就有 340 多名。到咸丰元年（1851）工程分为 11 处，各种工匠增至 3200 多人。直到同治七年（1868），其间历时 43 年，总计用工达 18.8 万个，才基本告一段落。共建成宫殿式的庭院 87 院，约 2700 余间。其中以三层楼、转角楼、檀木六檐厅最为豪华。院内建有戏楼、假山、花亭、鱼池等。所有的建筑全部是木、砖、石结构。每座房子都是用水磨砖砌筑并且精雕细刻，描龙画凤，石材、砖缝全用石灰、糯米汁浇灌，充分体现了北方四合院建筑和苏杭园林艺术相结合的独特风格，确实是独具匠心。砖石上奇花异草，人物形象，其精细程度令人叫绝。

这座两进三院相毗连的房舍，其两院各分前厅房、中厅房、后厅房三座房。前后两座均系两层，中厅房虽是一层，但与前后厅房同样高，厅房中间是两对檐厢房，门窗全系精雕细刻的各种图样，内有全堂执事、板隔墙屏风、神龛等。

由于同治年间回民起义，烧毁其大部分建筑，仅存此两院，还较完好。其建筑风格、雕刻艺术、风土民情等，对研究清代建筑有很高的价值。

■ 名称：四合院

■ 年代：清

■ 地点：韩城市党家村

韩城市党家村的民居四合院建筑，自成体系，别具风格。四合院是由厅房、厢房、门房四座房屋围成，中有院落，外不开窗，方正封闭，安全适用，独自一体，一座四合院就是一个单元。平面一般呈长方形，个别为正方形，名曰“一颗印”。外不开窗，除安全之外，还有“财气不外泄”之意。四房以厅房为首，门房为足，厢房为臂，拟人化，寓全欢之意。并以厅房为主，门房为宾，取贵主配贤宾之意。厅房高大，门房次之，与照壁合称“三脊（级）”，意在望子登科，连中三元，连升三级。

■ 名称：四合院 ■ 年代：清 ■ 地点：三原县孟店村

这是慈禧太后的干女儿——“安吴寡妇”的娘家，刑部员外郎周梅村府第的廊房院。该院建筑采用了南北兼有的建筑风格，属陕西境内极具研究价值的古民宅，为四进三院。两边廊房门格上雕刻的内容丰富多彩：东边雕有陕西有名的“关中八景”“八蛮进宝”等画面，反映了房主人的深究学问，逸情于自然的心境，描绘了乾隆盛世周边民族年年进贡岁岁来朝的情景；西面雕有全国各地的名胜古迹，山东的“蓬莱仙阁”，“渔、樵、耕、读”等场面，反映了主人极高的文化品位。

穿过廊房，便是大厅，厅房镶嵌十二扇格子门，门上雕有不同时代的典故图案，其中有“岳母刺字”“郭子仪大拜寿”等戏剧图案，如舞台再现，栩栩如生。

走过宽敞的退厅，便是此房的最后一进，后楼建造在青石叠铺的高台阶上，楼上悬挂巨幅匾额——怀古月轩。整座院落的营造，布局严谨，精美华丽，是座研究、鉴赏清代建筑艺术的珍贵实物资料。

■ 名称：四合院

■ 年代：民初

■ 地点：铜川市印台区肖家堡

这座建于清末民初的四合院，是一座殷实人家的宅院。它虽没有大户人家宅院装饰的豪华气派，但也是厅房、厢房、门房四房齐备的四合院，属普通百姓“大众型”的四合院住宅。

- 名称：四合院
- 年代：清
- 地点：铜川市王益区（上）
  神木县（下）

铜川市王益区黄堡镇文明塬的瓦房接口窑四合院，建于清末民初

“瓦房接口窑”，即是在原土窑洞出口，开扩窑口，箍筑一至两米深的砖或土坯窑口接面。上面再盖上单坡檐瓦房，以防止土窑面壁被雨蚀风化，山崩土塌，造成窑面的破损。

这里是黄土层很厚的黄土高坡。人们在土崖壁上掏挖每孔高四米、宽五米左右的土窑洞三孔，再在窑口的上边加盖单坡檐瓦房，作为主窑，也就是四合院的“堂厅房”。在两边再用土坯或砖箍砌成窑，上边覆盖黄土层，在窑口前脸上部筑砖、架木椽、铺瓦，为窑洞式厢房，一座门楼便成为黄土高坡上的土窑房四合院。这种黄土高坡独特的黄土民居文化，向人们展示着另一种古民居四合院的特色。

建于清光绪年间的榆林市神木县县城的古民居四合院

榆林市神木县地处毛乌素沙漠，虽然地域环境条件较差，但神木县城的古民居和陕北别的县城的古民居在建筑风格上却大相径庭。它的民居四合院，都是仿照清代北京官宦人家的四合院模式建造的。

据民间传说：在清乾隆年间，有一位翰林大学士，叫孙家轩（音），山西柳林县人。他是神木人的外甥。有一天，他在给王爷讲课，天降大雨，雨水洒进讲堂，他望天长叹。王爷问其故，他说：“宫中殿堂能遮风避雨，还会受雨水浸入，而臣家乡茅舍陋室，遇此大雨，父母必遭其灾。”王爷即说：“何不以此房建造？”孙听此话，马上跪地磕头谢王爷恩准。古代，民间的房舍建造规格和王室的规格有严格区别。他谢领了王爷的口谕，便找工匠以北京王府的四合院为基型，分别在山西柳林家中和舅家神木县城建造了“五脊、双瓦，三、五间”规格的四合院。受其影响，神木县城的富绅、商贾、大户人家亦仿照其式样，建造起来。因此，神木县城中的古民居建筑风格在榆林地区独树一帜，很有特色。

- 名称：四合院
- 年代：清
- 地点：紫阳县（上）
  铜川市耀州区（下）

紫阳因山大崖峻而闻名于世，大山中蕴藏着丰富的板石，它成了紫阳民居文化的主流。正是在这样一种由石板文化构成的群居环境中，瓦房就成了人们眼中的独特风景。

地处群山中的红椿镇盘龙村，清代余状元的砖瓦房就显得格外醒目，宅院的房屋雕梁画栋，砖、木、石雕，典雅精致。“鲤鱼化龙”的精美木雕雀替，就是拍摄于此院的房柱上。

几经沧桑，加之此院的房屋在新中国成立后的土改时，被作为地主财产，分配给多户贫苦人家居住。时间的延伸，房子的自然破损，个别住户的拆迁搬移等多种因素，使当年豪华气派的四合院不存在了，现仅残存的几幢瓦房也岌岌可危，有幸的是当地镇政府已着手进行保护。

安康市紫阳县红椿镇盘龙村，残存的青瓦房是清代余状元的宅第

地窑，是远古人类穴居形式的一种延续。从建筑的角度展示了时代经济和民族特色源远流长的黄土民俗文化内涵。

陕西渭北是黄土高原向关中大地延伸的部分，这里原阔岭平、黄土丰厚，地窑成为人们特有的居住形式。地窑大多位于平坦的原地，人们掘地为穴，并于竖立的窑壁上掏土打窑，凿洞立门，建成这四方四正的地下“四合院”。

地窑多为正方形或长方形地院，窑壁高约10米左右，长宽各为20余米不等，以面东南为正向，每立壁开窑二至三孔，正窑住祖、父辈，西厢窑住儿、孙辈，东厢窑做厨房和库房，面西北的上孔是沿坡拐出的进出通道，下孔是牲口圈和厕所，窑顶四周十多米范围内都用石碌碡碾实成斜面，利水排水以防雨水渗入窑洞，并自然成为晒麦场。院内设有用红胶泥钉过的水窖，雨时，将场上的雨水导入水窖，蓄作生活用水。其窑院中的雨水和生活废水排入院中没有用粘胶泥钉过的窖中，人们称为“渗井”，专作排水防洪用。

地窑亦是陕西民居四合院的一种居住形式，走进地窑，吸纳大地之精气，我们会更加感受到黄土文化的厚重与博大。

铜川市耀州区小丘镇的民居地窑院

■ 名称：立木房

■ 年代：近代

■ 地点：铜川市印台区

“大木架、小木作”的房子，陕西人俗称为“墙倒房不塌”的“立木”房。此房以多根木立柱撑起大梁，托起檩条，在檩条上架木椽，做好房子的木框架，再砌墙、铺瓦、安装门窗。

正在建造的房子是厢房（亦称厦子）是单坡檐，后背墙高筑，为房脊。所谓“陕西八大怪”中的“房子一边盖”便是指这种一坡檐的厦房。

铜川市耀州区城关镇东街李家清代建造的四合院之厢房的隔扇门窗

- 名称：隔扇门
- 年代：清
- 地点：铜川市耀州区

隔扇门亦称木雕屏门，上空下实，可以拆卸，俗称“艾叶门”。上部亮格多为几何形花格，多雕镶以拐纹灯笼、冰纹托方、十字穿海棠、书条穿方、朵云托方竹心式等花形图案；下部装木板，也叫“门裙板”，裙板由门的中绦环板、中心板及门的下绦环板组成。中绦环板上浮雕花卉、八宝器物等图案，下绦环板多雕以夔龙、草龙、拐纹等纹饰；中心板是裙板图案的主要部分，多以历史掌故、戏曲人物、二十四孝等主题画面雕刻于此，这也是陕西民居木雕和江浙一带的民居木雕，在个别部位上有所不同之处。

■ 名称：隔扇门 ■ 年代：清 ■ 地点：丹凤县

■ 名称：厢房门及龙首帘架 ■ 年代：清 ■ 地点：旬邑县唐家

本组隔扇门上部亮格以夔龙纹镂空、线刻为主，中间又饰以灯景式图案镂雕八仙人物，精细别致，华丽细腻，具江、浙、徽派风格。下部实板（裙板）上有浮雕“五福捧寿”，图案简洁明快、庄重大气，属北方秦文化特色，整组隔扇门的雕刻显现出南北文化融合特色，不失为一幅佳作。

■ 名称：厢房隔扇门 ■ 年代：民国 ■ 地点：西安市书院门

■ 名称：厅堂隔扇门 ■ 年代：清 ■ 地点：西安市长安区

■ 名称：四季花果图
■ 年代：清
■ 地点：神木县
堂屋耳房木隔墙窗棂镂空雕彩绘

■ 名称：扁方窗
■ 年代：清
■ 地点：神木县
“卐”字格穿菱灯景式扁方窗

- 名称：步步锦双镶梅花隔扇窗
- 年代：民国
- 地点：西安市书院门

- 名称：套方锦穿海棠式隔扇窗
- 年代：清
- 地点：铜川市耀州区

■ 名称：拼接花窗 ■ 年代：清 ■ 地点：城固县

"米"字穿海棠龟背锦榫卯拼接花窗

■ 名称：隔扇窗棂 ■ 年代：清 ■ 地点：紫阳县

“四福齐至”卧蚕套方式隔扇窗棂

■ 名称：月洞窗 ■ 年代：清 ■ 地点：旬邑县唐家

吉祥草纹方胜灯景式月洞窗

■ 名称：亮格方窗 ■ 年代：清 ■ 地点：洛南县

如意纹拐子龙亮格方窗

■ 名称：紫檀木炕厢罩

■ 年代：清

■ 地点：三原县孟店村周家

- 名称：拜寿图
- 年代：清
- 地点：三原县孟店村周家

- 名称：祭坛及木雕屏风
- 年代：清
- 地点：洛川县

- 名称：会客厅（全堂执事）
- 年代：清
- 地点：旬邑县唐家

■ 名称：神龛 ■ 年代：清 ■ 地点：神木县

供奉财神及祖宗的神龛

■ 名称：神龛 ■ 年代：清 ■ 地点：旬邑县唐家

供奉祖宗牌位的木雕神龛

龙

龙，鳞虫之长，能幽能明，能巨能细，能短能长；春分而登天，秋分而潜渊。——《说文解字》。

轩辕，黄龙体。——《史记·天官书》。

有蟜氏女，登为少典妃，游华阳，有神龙首，感而生炎帝。——《帝王世纪》。

中华民族，为龙（炎、黄二帝）之传人。

中华民族的龙图腾文化由来已久，据考古发现，在距今约8000年前的红山文化遗址（辽宁阜新）发现两块陶器残片上，分别有浮雕龙的『龙体』『龙尾』，并证实当时的龙已具『蛇形』。由此可知龙在中华史前期就被先民们普遍认同为吉祥物。历代文献中的诸多记述表明，龙是中华民族吉祥文化中代表最高祥瑞的神物。从秦汉时期，龙就成为『君权神授』『真龙天子』皇帝的象征。

随着时间的延伸，龙已成为中华民族精神的象征。由于龙纹在宫廷和民间的广泛应用，从而使各种姿态新奇的龙纹不断出现，如夔龙、螭龙、虬龙、草龙等，在各个时期的木、砖、石雕图案中，龙的题材就尤为表现出它的奇异、特殊的美，从精神上、艺术上都给人们以美的享受。

陕西是中国历史上建都时间最长的省份，特别是周、秦、汉、唐四个王朝都在陕西建都。三秦大地上积淀了丰厚的传统文化，所以，『龙』在陕西民居中亦占据重要地位。

凤

凤是我国古代传说中商朝所崇拜的鸟。凤鸟起初是商的图腾标记，后来逐步演变为吉庆祥瑞的象征。随着历史的演变，各阶层的人们赋予它各种各样的色彩。

传说中凤为雄性，凰为雌性。古代有乐曲《凤求凰》，表示男性求爱于女性。成语『鸾凤和鸣』『凤戏牡丹』『凤凰于飞』等常取意象征爱情幸福，夫妻和谐。

《国语·周语》：『周之兴也，鸑鷟（即凤凰）鸣于岐山。』《竹书纪年》：『文丁十二年（周文王元年），有凤集于岐山。』韩愈诗：『丹穴五色羽，其名为凤凰。昔周有盛德，此鸟鸣高冈。』

『宋以后，双凤开始分雌雄。……头上画一冠状物——胜。所谓胜，原是一种首饰，如「春胜」「胜」。古代男子成年后要加冠，就叫「胜冠」……凤鸟头上有胜，除表示雄性（凤）外，其形状画成灵芝状，因为灵芝是「仙草」，吉祥之物，添加于凤，合情合理。这种灵芝形的胜，成为以后凤头的式样。无胜者，就表示雌性（凰）』。（顾方松著《凤鸟图案研究》）

凤是人们在孔雀的基本形象上，予以艺术加工而形成的。它和龙的由来一样，集多种动物于一身，如：鸡头、燕嘴、鹤身、孔雀尾、大鹏翅、鸳鸯杂羽等，组合成神态英武的凤。

有文献提到，凤的身体据说象征着人的五种特点：头——德，翅——礼，背——义，胸——仁，肚——信。

人们将凤与龙并列，成为中华民族传统文化的最高吉祥物，『龙凤呈祥』『龙飞凤舞』等词汇就体现着我们民族对龙、凤的喜爱和敬重。与龙一样，某种程度上，凤也是华夏民族精神理念的象征和审美形式的体现。

■ 名称：狮子鱼龙戏莲 ■ 年代：清 ■ 地点：神木县

宅门的横楣子上雕着两条“狮子鱼龙”，中间上部倒悬一蝙蝠，莲花遍布画面，下以江水浪纹收底。好一派家道昌盛、品德高洁、富贵吉祥的气氛！

狮子鱼龙，是龙的一种变异纹样，寓吉祥神物；倒挂蝙蝠“蝠”与“福”同音，寓“福到了”。莲花，花之君子，寓宅第主人的品格同莲花一样的君子品德；水波纹为“海水江崖”。

■ 名称：缠枝牡丹如意龙 ■ 年代：清 ■ 地点：神木县

宅院门楼横楣子挂落的高浮雕图案，以缠枝牡丹做主画面，并在中间交卷一“如意头”花纹，两边各雕以狮子鱼龙。狮子鱼龙，吉祥神兽，寓如意吉祥、长命富贵之意。缠枝即枝蔓绵带，寓缠绵久长不断头，延续万代（“蔓”与“万”谐音）。牡丹，富贵之花，花中之王。宋代周敦颐称“牡丹，花之富贵者也”。

■ 名称：二龙戏珠

■ 年代：清

■ 地点：丹凤县

龙是古代传说中的吉祥动物，是华夏图腾文化的产物，远古时的三皇五帝以龙为图腾。炎黄子孙是龙的传人，龙在中国被尊为至高无上的神。龙珠可辟水火，为龙所吐。“二龙戏珠”是祈吉祥幸福之意。龙珠上的火焰，与龙的构成，象征光明吉祥。“双龙吐珠”，《述异记》卷上云：“凡珠有龙珠，龙所吐者……越人谚云：‘种千亩木奴，不如一龙珠。’”（木奴乃柑橘别名）可见其宝贵。

■ 名称：团龙戏珠

■ 年代：清

■ 地点：澄城县

一盘巨龙卷曲躯体，穿行于如意云团之中。画面以龙头、如意云纹和扭曲的龙身构成一个变型的“寿”字。下边海水滔滔、浪花飞舞，遗憾的是龙珠已被弄掉而残缺。整图寓吉祥幸福，寿山福海之意。

■ 名称：双龙团寿五福捧

■ 年代：清

■ 地点：丹凤县

月洞窗中心以两条龙体的变化，构成一幅“团寿”图案，是十分奇特的造型，又将其以黄色彩绘，渲染黄龙气氛。团寿周围镂雕五只蝙蝠，五头如意灵芝，缠枝蔓草纹等饰物构成大圆环。五个灵芝如意头，五只蝙蝠绕着双龙团寿，无首无尾。寓意十全十美，团圆如意，福寿无疆。

■ 名称：狴犴

■ 年代：清

■ 地点：旬邑县唐家

狴犴，龙九子中的老七。狴犴，形似虎，有威力。汉代扬雄《法言·吾子》曰：“狴犴使人多礼乎？”

■ 名称：螭吻戏牡丹

■ 年代：清

■ 地点：铜川市耀州区

据明代杨慎《升庵外集》所云："俗传龙生九子，不成龙，各有所好。"螭吻是龙的二子，形似兽，性好望。一般在屋脊角上装有螭吻。所谓螭吻亦称"鸱吻""鸱尾"，相传是一种鱼。唐代苏鹗《苏氏演义》曰："蚩者，海兽也。"宋代《营造法式》："南海有鱼虬，尾似鸱，激浪降雨。"所以，古人把它设置于殿脊两端，意为避火灾。

这幅厅房梁头插角花，雕着"螭吻戏牡丹"，牡丹是富贵之花，花中之王，螭吻又是龙子之一，故寓兴旺昌盛，富贵繁荣。

■ 名称：拐子龙拱寿

■ 年代：清

■ 地点：澄城县

拐子，在陕西地区方言中，"拐"与"贵"谐音，意为贵子，有缠缠绵绵无尽头，久远之意。整图意为富贵长久。

■ 名称：鲤鱼化龙 ■ 年代：清 ■ 地点：紫阳县红椿镇

《本草纲目》："鲤为诸鱼之长，形状可爱，能神变，常飞跃江湖。"故，自古就有"鱼化龙"之说，作为升腾变化的吉语，寓意为只要不断进取，有朝一日必能鲤跃龙门而成就大业。表示对有志者的良好祝愿。

■ 名称：鲤鱼化龙

■ 年代：后金

■ 地点：丹凤县棣花镇

■ 名称：鲤鱼化龙

■ 年代：清

■ 地点：紫阳县红椿镇

鲤鱼身上刻着龙头，竞娇攀升，这便是人们传说的“鲤鱼化龙”，为升腾变化的吉语。

鲤鱼化龙之传说，最早见于北魏郦道元《水经注·河水》。

宋代《埤雅·释鱼》：“鲤鱼之贵，俗说鱼跃龙门，过而为龙，唯鲤或然。”

清代张澍辑《三秦记》：“江海大鱼薄集龙门下数千，不得上。上则为龙，不上者鱼，故云曝腮龙门。”后来，人们常说“鲤鱼跳龙门”，只要跳过龙门便成为龙。

“龙”是中华民族的象征。传说黄帝是黄龙体。龙作为我们祖先的图腾崇拜，到了汉代，龙就成为皇帝——“天子”的象征，成了民族的徽记。

鲤鱼是一种随处可见、非常普通的生物。古人为什么将“天子”象征的龙头与普通的鲤鱼身子组合在一起，创造出这一神奇的图案呢？这就同古代科举考试、状元及第联系上了。成千学子，经过奋发苦读，通过科试中举（跃龙门），一人得中皇上亲点的头名状元（成龙），成为佼佼者，这可是个非同寻常的变化。

古代的工艺师发挥出他们惊人的艺术创造力，将一个普通人（喻鱼）中状元（喻龙）的变化，以“鱼身龙头”的图案，十分巧妙地予以展示，真乃出神入化之笔。

这两幅“鲤鱼化龙”的雀替、插角花木雕皆拍自安康市紫阳县红椿镇盘龙村清代余状元宅第。状元家人在建房时以鱼龙变化予以装饰，其光宗耀祖、荣耀自豪的心态充分体现，由于是状元宅第，就不显轻浮（此房在新中国成立初分给多户贫农人家，可惜无很好保护，现已破损）。

■ 名称：如意吊鱼子组合 ■ 年代：清 ■ 地点：泾阳县安吴镇

龙、凤、象、如意、吊鱼子组合。

龙，中华民族吉祥文化中代表最高祥瑞神物。

凤，古代华夏民族崇拜的神鸟，吉祥之鸟。

象，佛教中的一种象征。由于佛教文化两千多年来对中华文化的影响，象已成为人民心目中的吉祥物。

如意亦是佛教的吉祥物，头呈灵芝形或云形，柄微曲，象征吉祥。

吊鱼子，属佛教的杂宝之列，亦是吉祥象征。

整体组合寓意大吉祥，吉祥无限。

■ 名称：如意吊鱼子组合

■ 名称：龙衔宝珠 ■ 年代：清 ■ 地点：泾阳县安吴镇

龙在古建筑中应用广泛，且多用于装饰纹样，殿脊、檐、藻井、斗拱、梁柱无所不用其饰。此图中以“龙衔宝珠”为首居中，左右各雕以象头，下部梁柱头又圆雕白鹿头，寓意太平、吉祥、福、禄、寿。

龙衔宝珠：蕴涵吉祥。喻珍爱的人或美好的事物。

象头：寓太平有象，万事如意。

白鹿：白鹿为灵兽，其出现是“嘉瑞”之象。

■ 名称：龙头梁垫
■ 年代：清
■ 地点：凤翔县

龙在传说中可呼风唤雨，变幻莫测，是中华民族理想思维和观念的形象化表征物。将它作为堂屋梁头的装饰，象征平安康宁、吉祥富贵、好运当头。

■ 名称：龙头雀替
■ 年代：清
■ 地点：凤翔县

■ 名称：夔龙拱寿 ■ 年代：清 ■ 地点：紫阳县

隔扇窗下绦环板浮雕

■ 名称：草龙拱寿 ■ 年代：清 ■ 地点：洛南县

隔扇窗下绦环板浮雕

■ 名称：如意夔龙纹 ■ 年代：清 ■ 地点：西安市长安区

隔扇门下绦环板浮雕

■ 名称：凤雀替插角

■ 年代：清

■ 地点：旬阳县蜀河镇

凤为百鸟之王，中国传说中的瑞鸟，其雄称凤，其雌为凰，为四灵之一。

《山海经·南次三经》谓：“首文曰德，翼文曰义，背文曰礼，膺文曰仁，腹文曰信。”

传闻称，凤凰之声如箫，不琢活虫，不折生草，不群居，不去淫秽处，无罗网之难，非梧桐不栖，非竹食不食，非灵泉不饮，飞则百鸟从之。

■ 名称：凤戏牡丹 ■ 年代：清 ■ 地点：三原县孟店村

隔扇窗下绦环板　浮雕彩绘

■ 名称：凤戏牡丹 ■ 年代：清 ■ 地点：户县

厢房门额花板镂空雕

■ 名称：凤穿牡丹

■ 年代：清

■ 地点：紫阳县红椿镇

一只或两只凤在牡丹枝头上跳跃戏耍，或在牡丹花中戏闹，称“凤戏牡丹”“凤穿牡丹”。牡丹被誉为“花王”，象征富贵。在唐朝时，凤凰就与牡丹、卷草等相配成帝王富贵吉祥的象征。后流传于民间，寓意夫妻恩爱和谐。

■ 名称：凤穿牡丹 ■ 年代：清 ■ 地点：铜川市耀州区

■ 名称：凤穿牡丹 ■ 年代：清 ■ 地点：铜川市耀州区

■ 名称：凤凰于飞 ■ 年代：清 ■ 地点：紫阳县红椿镇

《诗经·大雅·卷阿》：“凤凰于飞，翙翙其羽。”本意是召公奭告诫成王，要像凤凰召唤百鸟般重用贤才。这里寓夫妻相亲相爱，婚姻美满。

■ 名称：凤凰如意斗拱 ■ 年代：清 ■ 地点：泾阳县安吴镇

■ 名称：凤头帘架 ■ 年代：清 ■ 地点：旬邑县唐家

性与生殖

两千多年前孟子说：『食、色，性也。』把食欲和性欲列为人的本性，这直接击中了人『性』的要害。

《礼记·礼运》『饮食男女，人之大欲存焉』，强调吃饭和两性生活是人们最基本的欲望。性文化是几千年中华文化的重要组成部分。爱情，是人类社会生活中进化、发展和升华的美果。

陕西民居木雕中所雕刻的性爱和生殖崇拜的图案，属中华民族文化中地域民俗文化现象。它和西方的雕塑文化有很大的不同，它没有裸露的人体、拥抱、接吻等场景的展示，而是以儒家思想为先导，将人们对性爱、性结合、生殖繁衍的理念，寄情于鱼、莲、鸟、花等自然物，以它们的形象、特征（这时它们就不是自然物）寓意，来表达人所赋予的特定喻义——体现性爱、生殖的形式。以中国人特有的含蓄、玄妙，『含而不露』的象征手法，给人更多的想象空间，让人去体味、去意会，而不直接表白。你只有在了解了图中人们所赋予花、鸟、鱼、莲等自然物的特定的喻义后，才会为它所表述的意蕴、情欲而心动。否则，你只能欣赏图案的优美。俗话说：『会看的看门道，不会看的看热闹。』由此我们可以从木雕中品出中华民俗文化的奥秘、神圣和博大精深。

在这些民居木雕中，对性爱、生殖崇拜的礼赞较为明显，这就是为人类繁衍、传宗接代，为祖先尽孝道，为家族负责任的体现。同时，它亦是人们对性爱、生殖崇拜心理密码的外化和物化……

■ 名称：喜鹊登梅 ■ 年代：清 ■ 地点：神木县

“喜鹊登梅”画面有梅、竹、喜鹊。“梅”与“媒”同音，梅的花朵、树枝都是寓意婚姻的象征物。梅花盛开，示“春”意盎然。梅在此喻佳人，此“春”为怀春之意。花，生物界称它为植物的生殖器官。竹，被喻为君子。古人以竹、梅比喻夫妻。竹产笋，“笋”与“孙”谐音。“梅花送子”“青竹送孙”，寓生殖繁衍。喜鹊，报喜之鸟。在传统吉祥图案中，特别是陕西的民间剪纸及木、砖、石雕图案中，有梅、竹、鱼、莲、牡丹、石榴、葫芦、瓜蔓等自然物的艺术命题中，都是隐含着性爱、婚姻、繁殖的生活含义。

■ 名称：鲤鱼穿莲 ■ 年代：清 ■ 地点：神木县

莲与鱼的图案，从广义上讲，人们大多会以为这是一般自然现象的写照，因为莲、鱼，同是水中生物。“莲”与“连”同音，寓“接连不断”之意。“鱼”与“余”谐音。民间有又以水寓财之俗。在山西、陕西的一些地方，民间有在大年正月初二清早担水“添财”的习俗。据传说，正月初二是财神爷的生日，这“水”便是财神爷所赐的“财”。在大自然中，莲、鱼都生长在水中，所以，把它们放在同一图案中和谐自然，寓接连不断、生财有余之意。

但是，“鲤鱼穿莲”用在新婚夫妇炕头的衣柜上，其主要命题就成为性爱、生殖繁衍、连生贵子了。闻一多先生在《说鱼》中指出：“说鱼与莲戏，实等于说男与女戏。”王宁宇、党荣华先生在《陕西民间莲族艺术内涵初探》一文中说：“……它是通过对自然界鱼莲相戏形象的借用、改造，隐喻人类的性爱与生殖活动，它是人类生命繁衍的艺术化和审美化的升华。在这种艺术展现中，鱼和莲分别象征了人类两性，而不是什么抽象的谐音。”

图中右边有一条大鱼呵护着一条小鱼跃出水面，以中国人“男左女右”的习俗，右边的大鱼当为雌性。左边图中的雄性鱼，头穿莲花，翘首回望着那爱情的结晶 —— 新生的小鱼而欣喜若狂。在陕西民间，人们常口头传说的“鱼儿闹莲花，两口子上炕结缘法”“鱼儿戏莲花，两口子来得好缘法”等乡间民谣，他们以浅白的口头文学语言，为民间的隐秘和造型符号的喻义做了注释，使我们便于领悟其寓意：这便是性爱、性结合和生殖繁衍崇拜的真正隐秘。

由于炕头衣柜本身就是为新婚夫妇结婚时特意打造的家具，放在新婚炕头，所以，此图的性爱、生殖繁衍的寓意更是毋庸置疑了。

这幅镂空浮雕“喜鹊登梅”的花板，是镶嵌在厢房门额上，也就是为儿孙辈结婚用的洞房门的门额上，是对纯真爱情的赞美。图案的形式和内容都很有地域特色。图中一对喜鹊立于鲜花盛开的梅枝，旁边有一丛青竹，边框以竹节纹围住，寓梅花送子、青竹送孙之意。在盛开的梅花枝头上，两只栩栩如生的喜鹊，以“男左女右”的列序习惯，将右边的那只雌性的喜鹊，雕以闪翅、挺腹、勾头、眯眼的舞媚之态，向对方传递求爱信号，而将左边之雄喜鹊雕以前倾欲飞、马上去应合雌性调情之邀的势态，活灵活现地向人们展示着它们将会发生的一切……意明而言隐。木雕艺匠们以喜鹊的形态来展示这里的性爱将会发生，但它却含而不露，可见其艺术表现手法之高明。此幅木雕不失为一件有很高艺术和民俗研究价值的佳作。

■ 名称：鲤鱼戏莲 ■ 年代：清 ■ 地点：洛川县

这是古代的衣服架子，长 165 厘米、高 132 厘米。它既是一种很适用的家具，又是寝室内一件华美的摆饰物件。古时，官宦人家、富绅商贾、文人雅士都衣着长袍，妇女裙衫多是绸缎之类细软面料，脱下衣服后为防皱折，利于衣衫垂直平展，就将衣、袍、裙、衫搭放在这种专用衣架上。

此衣架上的八幅镂空雕刻图案：上部左右两边竖型的分别是“连升三级”“如意平安”。下部横长型图案：左、右均为“马报平安”；中间是“四福齐至”的吉祥图案。

上部中间三个圆形图案左边为“鹭鸶戏莲”；右边是“凤戏牡丹”；中间为“鲤鱼戏莲”。这三幅图案是该衣架的主题画面。“鹭鸶戏莲”寓意是“官运道路连连高升”因“鹭”同“路”，“莲”同“连”音。“凤凰戏牡丹”寓意是“富贵荣华、夫妻恩爱”，因牡丹是花中王（富贵花），古曲有“凤求凰”（恩爱）。特别值得欣赏研究的是这幅中心图案“鲤鱼戏莲”，它是这付衣架的核心主题、点睛之处。为什么雕刻艺匠将“凤凰戏牡丹”“鹭鸶戏莲”这样美好的祝愿画面放在两边，而将一个不起眼的“鲤鱼戏莲”放在中心位置上呢？这便是该衣架上所雕图案需要表现的中心：性爱和生殖繁衍，连生贵子。衣服架是脱下衣服的搭放处，骚人墨客常用“脱衣解带，同枕共欢”之词语来对男女之间进行说叨。陕西乡谣俚语有：“鱼儿戏莲花，夫妻二人没麻搭”的说法（“麻搭”是陕西方言，指不顺心、闹别扭之意）。民间通过对鱼、莲这两种最具生命力的美好形象的借用，隐喻着人类的性爱、性结合和生育繁衍后代的活动。这里的鱼、莲便是人们隐喻男女性生殖器官的象征物（以鱼喻男性，以莲喻女性）。这种表现手法在陕西民间剪纸的图案中尤为突出，便是佐证。图案寓意的是人类的繁衍，传宗接代，为祖先尽孝（古有“不孝有三，无后为大”的传统话题）的重要内容。中国传统文化讲究的是“含而不露”，性文化更是隐含其中。

用象征手法来突出表达这一特殊的命题，既能使图案精美、主题鲜明，又无任何不雅之形的外露。即使是未成年的孩子，也可以根据他自己的理解去欣赏，观摩这件艺术品的美，接受艺术的熏陶，绝不会被加上“未成年人不宜”的戒语而阻止。而成年人亦能在品味其造型艺术、优美图案的同时，心领神会着那隐喻着秘语内含所带给的，浮现在心中的脉脉律动，这便是我们几千年中华传统文化中对性文化特殊的、神秘与神奇的表达手法。

■ 名称：榴开百子 ■ 年代：明 ■ 地点：韩城市曹晋先生收藏品

据《北史·魏收传》载，北齐世宗皇帝高澄之第五子安德王高延宗纳赵郡李祖收之女为妃。有一天，安德王到李妃娘家赴宴时，李妃母亲宋氏送给他两个大石榴。高延宗不知道是何用意，就把石榴扔了。大臣魏收看见了，便向延宗说：“石榴房中多子，王新婚，李妃母是祝你多子呀！”高延宗听了魏收的解说后，马上让人把石榴捡了回来，并赏赐给魏收两匹锦缎。后世以石榴祝多子便成为习俗。

这幅图中，宝瓶系盛五谷之器，寓“五子登科”；一柄如意配开口石榴，寓“榴开百子”。整个图意为五子登科、平安如意、多子多福。

画面简洁明快，利落大气，韵味十足，彰显明代之艺术风格。

■ 名称：莲生子 ■ 年代：清 ■ 地点：三原县孟店村

“莲花本是六月景，忽然降生一孩童。”（陕西凤翔年画《莲生子》诗句）

莲花加莲蓬，中间又爬一孩童。通常人们会以为这是一幅“早生子”“莲生子”的图案。但一细究，并非单一“早生子”之意，其中更有着陕西民间对“抟土造人”的女娲风俗之历史渊源——“蛙图腾”，是对“蛙图腾”的虔诚崇敬礼拜。

从画面看，两边都雕刻着莲花和莲房，其缘由是，一般的植物都是先开花后结果实，唯莲花是花、实同生，因此寓意为早生子。从绝大部分的莲族艺术中所展现的莲花生子的剪纸也好，雕刻也好，一般的孩子形象都是头朝上，或坐式，或立姿。而此图的孩子却像一只青蛙模样，头朝下爬着，四肢撑地。为什么呢？这就和陕西民间的女娲风俗“蛙图腾”有关了，“也就很自然地把最古老的蛙图腾与最古老的女娲氏部族有机地联系起来了。蛙图腾就是女娲氏部族集团的标志。其核心要意是对女娲氏不朽勋业的永恒纪念”（张自修《丽山女娲风俗与关中民间美术》）。总之，它是一幅人类生殖繁衍崇拜的表述图。

■ 名称：雕花大板柜

■ 年代：民国

■ 地点：铜川市印台区陈炉镇

雕花大板柜　局部图案

这是铜川市印台区陈炉镇木匠世家张福秀老先生在民国三十二年（1943）为其爱女出嫁时特意亲手雕制的嫁妆大板柜正面图案（大板柜，陕西的一种像桌子，又像大箱子一样的大衣柜，是卧式柜子，从顶部开启来取放衣物）。

据大板柜的主人讲，她父亲还以六句话来解读画面所雕的含义："六十团圆莲花瓣，交枝牡丹心意连。卐字八拐头不断，石榴寿桃伴牡丹。双枝梅花报五福，荣华富贵万万年。"预祝爱女夫妻恩爱，生活幸福，连生贵子。

■ 名称：送子张仙

■ 年代：明

■ 地点：户县

■ 名称：送子张仙

■ 年代：清

■ 地点：曹晋先生收藏品

■ 名称：送子张仙 ■ 年代：元末 ■ 地点：韩城市曹晋先生收藏品

中国最常见的送子图是观音菩萨送子图、麒麟送子图等。张仙是谁？南北说法不同。有说是文昌星，有说是张远霄，又说是五代后蜀皇帝孟昶。张仙最早在四川民间流传，宋代以后才传遍全国。

张仙究竟是谁？怎么来的一个衣着华丽、冠冕堂皇、美髯美须飘扬胸前的美男子，左手执弓、右手持弹来送子呢？据说，宋太祖赵匡胤灭了后蜀，后蜀皇帝孟昶的爱妃花蕊夫人被送到了汴京皇宫。花蕊夫人对前夫怀念有加，念念不忘，就自画了一张孟昶挟弓射猎的画像，悬于寝室，时时观看。赵匡胤见到此画，询问其故。花蕊夫人灵机一动，顺口编造了一句："这是我蜀中的张仙送子之神。"由此，"送子张仙"也就是后蜀皇帝孟昶的画像就成了求子心切的信男善女纷纷悬挂的送子神像了。

张仙有护子兼送子之功，传说苏洵梦见张仙手执二弹，后生子轼、辙。

图中，一男子手持金弓银弹，正骑马劲射。"弹"谐"诞"；子，"儿子"意。飞马劲射，送子快捷远达。

这是三幅不同时期、不同地区的"送子张仙"图案，供读者鉴赏比较。

■ 名称：麒麟送子
■ 年代：明
■ 地点：合阳县

■ 名称：麒麟送子
■ 年代：清
■ 地点：西安市长安区

■ 名称：麒麟送子 ■ 年代：清 ■ 地点：韩城市党家村

麒麟为古代传说中的神奇动物，四灵之一。在神话传说中为仁厚和吉祥的象征。据说麒麟外形和鹿相似，四蹄长颈，但头又生角，满身鳞甲，尾如牛而头似龙。麒麟也和龙、凤一样，是经过人们的想象加以组合，是各种动物形象的优合体，到清代才基本定型。

麒麟送子的传说，在我国流传极广。据说有位画师，老来膝下无子，整日与老伴为此忧愁。老画师麒麟画得很好，屋子里挂满了他画的麒麟。一个晚上，他梦见一只麒麟，满身金光闪耀，背驮一个白胖可爱的男孩，向他走来。老画师高兴地笑了。醒后知是一梦。但第二年他的老伴就生下一个胖小子，人称“麒麟童”。老画师以梦作画，留下“麒麟送子”的典故。

“麒麟送子”这一典故在《拾遗记》中又说当溯源于孔子。传说孔子出生之前，有麒麟在其家院内，口吐玉书，说他是王侯种子，却生不逢时。此后，各种各样的麒麟送子图纷纷问世。

这里三幅木雕，分别是明、清所刻。图上可见帷幕内是正待分娩的产妇，帷幕外有一提灯使女，后跟接生婆。画面半空一头麒麟，脚踏祥云，背上有一麒麟童子，持莲抱笙。又有两幅中为二人，手托婴儿，面向产房，正欲化身降落，是为送子。持“莲”抱“笙”，与“连生”谐音，寓意为连生贵子、喜庆吉祥。

■ 名称：瑞兽吃葡萄 ■ 年代：明 ■ 地点：韩城市曹晋先生收藏品

■ 名称：花圪狸吃葡萄 ■ 年代：清 ■ 地点：神木县

■ 名称：毛老鼠吃葡萄 ■ 年代：民国 ■ 地点：神木县

这三幅木雕图案都是一个命题：多子多福、吉祥幸福。

瑞兽，祥瑞之兽。如狮、麒麟、獬豸、貛等均可称为瑞兽。

陕西人把“松鼠”称为“花圪狸” “毛老鼠”等。“花圪狸吃葡萄”是“毛老鼠吃葡萄”的另一种叫法。

鼠是十二属相之首，“子鼠”即“子”（孩子）。葡萄系西域引进之物种，肉丰籽多。与菩提树近音，为吉祥藤蔓树。

葡萄，古人写作蒲桃、蒲陶和蒲萄。古时汉字使用方法有假借、形声等，这里的葡萄树是假借形声，即菩提树。因佛教创立者释迦牟尼曾在菩提树下悟道，故菩提树成为佛教徒心目中的神圣之树。葡萄树是佛教文化用到寻常百姓家，被喻为吉祥平安的象征物。所以，这“老鼠吃葡萄”便是“求子”之意。寓多子多福，美满幸福。

■ 名称：瓜瓞绵绵

■ 年代：清

■ 地点：韩城市党家村

以南瓜蝴蝶组合的画面。

南瓜，其蔓爬地生长，蔓延不断。以其蔓长似带喻“万代”，因“蔓”与“万”谐音。所以，以南瓜和其蔓象征子孙绵延的吉祥物。民间有年轻男女在热恋时相伴偷瓜之俗，以求子孙像南瓜一样，累累串生。

蝴蝶的“蝶”谐“瓞”音。“瓜”“瓞”“蔓”一起，便是“瓜瓞绵绵”，表示子孙万代，绵绵不断。

《诗经·大雅·绵》有“绵绵瓜瓞，民之初生”之说。“瓜瓞绵绵”即源于此。

■ 名称：瓜瓞绵绵

■ 年代：清

■ 地点：旬邑县唐家

南瓜、蝴蝶、藤蔓组合在一个图案中，谓"瓜瓞绵绵"。《诗经》中将大的叫瓜，小的叫瓞，绵绵是不绝之意。像瓜长在蔓尖部一样，一串连长，意为子孙万代。"瓞"与蝴蝶的"蝶"谐音。

南瓜，葫芦科草本植物，其蔓卧地而生，绵长不断。吉祥图案中取其藤蔓卧地及绵长的特点。"蔓带"与"万代"谐音，故南瓜为象征子孙绵延的吉祥物。

■ 名称：五福临梅

■ 年代：清

■ 地点：西安市长安区

这块雕刻在儿孙辈居住厢房门额上的花板，为"五福（蝠）临梅"，"与五福（蝠）临门"谐音，但内容有异。梅花为五瓣之花，代表五种吉祥。"梅"与"媒"同音，是婚姻的象征，寓夫妻恩爱如意。

厢房门额雕"五福（蝠）临梅"与宅院门额上雕的"五福（蝠）临门"相同释义，同为五福。"梅""门"虽一字之差，但在"五福"内容、寓意上却区别很大。如宅院大门额上所寓的"五福"是"寿、富、康宁、攸好德、考终命"。用现在的话说就是"长寿、富裕、健康、积德、善终"。而厢房门上的"五福"则是花好月圆、婚姻美满、夫妻和谐、恩爱如意、早生贵子，是性爱和生殖崇拜的隐喻。

道教

道教，是地道的国教，它和孔教（儒家）产生于中国本土，于外来的佛教并称『三教』。

道家在东汉张道陵创教之初，便奉老子为崇高的天神及祖师，以老子所著《道德经》为圣典，以《道德经》中所提出和议论的概念、范畴『道』与『德』为最根本的神学原理。

『清净』『无为』『不争』『柔弱』『寡欲』这些都是道教教徒必须遵行的修持方法和处世态度。

陕西民居木雕图案中以展现道教人物『八仙』的画面较多，且形式活泼，多姿多彩。各地工匠以自己的创作蓝本进行雕刻，所以八仙形象五花八门，丰富多彩。与道貌岸然、正襟危坐的其他神仙大不相同，他们本身就具有广泛的代表性，男女老幼、富贵贫贱、文庄粗野……社会各色人等均可以找到自己的亲近知音。

■ 名称：老子出关

■ 年代：明末

■ 地点：澄城县

老子，姓李名耳，字伯阳、谥聃，故又称老聃。楚国苦县（今河南省鹿邑市）人。是春秋时期和孔子齐名的思想家。曾做过周朝守藏室史，学问渊博。后因战乱和国势衰微，离开朝廷，西出函谷关（在今河南省灵宝市），不知所终。有一次孔子问礼于老子，老子回答说："君子得其时则驾，不得其时则蓬累而行。吾闻之，良贾深藏若虚，君子盛德，容貌若愚。去子之骄气与多欲，态色与淫志，是皆无益与子身。"孔子听了老子的教诲后，给他的学生谈到老子时，称赞老子是飞腾的"龙"。

东汉末年，张道陵创立道教之时，抬出老子与佛教抗衡，称老子为祖师爷，尊其为"太上老君"。《云笈七签·混元皇帝圣纪》说，老子在遥远的年代，经过 81 万亿年、81 万岁，脱胎于玄妙玉女体内，怀孕 81 年之久，生下来便是满头白发，故号称"老子"。正巧生在一棵李树下，于是他指着树说："李就是我的姓。"

老子有丰富的辩证思想。他认为事物是相互联系并相互转化的。比如他说："有亡之相生，难易之相成，长短之相形，高下之相倾，音声之相和，前后之相随。""祸兮福之所倚，福兮祸之所伏。"就是他特别可贵的辩证思想。他认为只有"道"才是万物的根基。道，在天地出现之前就存在，是它产生了万物，而人却看不见摸不着。

老子西游路过函谷关时，关令尹喜见老子骑着青牛悠然而来，便将老子迎入草楼（草楼观，后被道教尊为最早的道观），敬为上宾，并请老子写部书，好给后人留下点东西。老子就在此讲经说道，并写下了五千言的《道德经》，后又称《老子》。"老子出关"的故事便出于此。

■ 名称：许逊 ■ 年代：清 ■ 地点：蒲城县

许逊，字敬之，东晋汝南人。举孝廉，拜蜀旌阳令。后弃官修道，成为著名道士，活了 135 岁。是道教信奉的“四大天师”之一。他以“孝悌”成仙，被玉帝封为“孝仙王”，后世称其为许旌阳。

许逊以儒家思想与道家方术相糅和，认为“净明者，无幽不烛，纤尘不污”。并称“以孝悌为之准式、修炼方之方术”。在他的“敬明大法”影响下，创立了“净明忠孝道”，该道尊奉许逊 —— 许真君为教祖。他强调修道必须忠君孝亲，并调和三教，所以，宋代以后的士大夫都很推崇他，将他誉为仙家的“最正者”。

■ 名称：八仙 ■ 年代：清 ■ 地点：丹凤县

八仙，古代神话传说中的八位神仙。即铁拐李（李铁拐）、汉钟离（钟离权）、张果老、何仙姑、蓝采和、吕洞宾、韩湘子、曹国舅八人。八仙故事多见于唐、宋、元、明文人的记载。元杂剧里更有他们的形象，但姓名尚不固定。直到明代吴元泰所著《八仙出处东游记》里，才确定以上八人。他们都是神仙中的散仙，他们的故事在民间传说中不断丰富，常作为文艺作品的题材，以“八仙庆寿”“八仙过海”的故事流传最广。

这几位神仙并不是同一个时代的人，他们被组合在一起，主要是他们的形象五花八门、丰富多彩，迎合了社会各阶层人们喜庆娱乐的需要。他们具有广泛的代表性，是人民大众所造的神，男女老少、富贵贫贱、文庄粗野各色人等都能从中找到自己的知音。所以，民居中的八仙形象远多于其他神仙。

这里分别将陕西南部及关中东部、北部等不同地域的几组八仙形象雕刻图案放在一起，读者可从中看出各地人们对八仙的艺术形象的表现手法。比如韩城党家村的一组雕刻，为了配合“张果老倒骑驴”的画面，给没有坐骑的几位也都给刻上了狮子坐骑，而长安、铜川所雕的八仙都把张果老的驴给去掉了。由此我们可以看到民居木雕在创作中的灵活性、多样性、随意性，从而对民居木雕的艺术特色，更有认真进行研究的必要。

■ 名称：醉八仙组雕 ■ 年代：清 ■ 地点：旬邑县唐家

八仙的故事在中国民间家喻户晓。“八仙过海，各显神通”已成为人们的日常口语。“醉八仙”是出自著名传说“八仙过海”，说的是八仙在民间为百姓做了不少好事，王母娘娘在瑶池设宴，特别款待他们。八仙个个开怀畅饮，喝得酩酊大醉，辞谢了王母娘娘后来到东海上，乘着酒兴，打赌逞强，施展各自本事。

旬邑县唐家的这组黄杨木浮雕“醉八仙”，工匠们以细腻的刀笔，生动传神、栩栩如生地刻画了醉八仙各自不同的神态，其醉态可掬，给人以赏心悦目之感，具有很高的艺术价值。

醉八仙之张果老

据史书记载，张果老确有其人。他本名叫张果，唐玄宗赐号通玄先生，原为唐代道士，擅长法术，世人相传他活了数千岁。“老”是人们对他的尊称，故称以“张果老”。他常背一道情筒，倒骑白驴，云游四方，宣唱道情，劝化度人。“骑着毛驴看唱本——走着瞧！”一语即源于此。

张果老所乘白驴，日行万里。更为有趣的是，他到了住所，停了脚，便把这驴似纸一般折叠起来，放于箱中，白天起程，用水将其喷洒，则成了真驴。

后人题诗曰：“举世多少人，无如这老汉；不是倒骑驴，万事回头看。”以警喻世人干任何事情都得全面考虑，前思后想，不能一味地只瞻前不顾后。张果老云游四方，敲打渔鼓传唱道情，世传他是唱道情行当的祖师爷和保护神。

醉八仙之吕洞宾

在历史上实有其人，姓吕名嵒（嵒或作岩、巖），号纯阳子。唐、五代时河中府永乐（今山西省永济市）人，著名道士。道家称妙道仙天尊。

吕洞宾的象征物是他用来斩杀妖魔的宝剑。他的剑术，一断烦恼，二断色欲，三断贪嗔。他对北宋理教的发展，有一定的影响。道教全真教奉其为北五祖之一（北五祖为王玄甫、钟离权、吕洞宾、刘海蟾、王重阳），世称“吕祖”“纯阳祖师”。

民间传说中吕洞宾集“剑仙”“酒仙”“诗仙”和“色仙”于一身，是个放浪形骸者，但他在人们的心目中是个最有人情味的神仙。“狗咬吕洞宾，不识好人心”的俗语可见一斑。

有一个故事说，一天他在酒馆饮酒，忘了带钱，他便在酒馆的墙上画了两只能跳舞的鹤，代做酒钱。这引来了许多人来喝酒、看仙鹤跳舞，酒馆老板赚了很多钱，酒钱挣够了，鹤就飞走了。有关他的故事在民间流传很多。传说吕洞宾是理发匠的保护神。

醉八仙之汉钟离

汉钟离。姓钟离名权，亦称汉钟离。字寂道，号和谷子，云房先生，京兆咸阳（今陕西省咸阳市）人。唐代道士，《全唐诗》中收有他的三首绝句。有资料称，汉钟离遇上仙王玄甫，授仙诀，又遇华阳真人，得到玉匣秘诀，遂成仙。自称生于汉朝，曾在汉、魏、晋当官。

有关汉钟离的传说非常有趣，一天，有一巨人大踏步地进入其母室，自说是上古黄神氏，当托生于此。顿时见异光数丈如烈焰，既而降生了他。他一出生，就像三岁小孩一般，天生一副福相：顶圆额广，耳厚眉长，目深鼻耸，口方颊大，唇脸如丹，乳远臂长。更为奇怪的是他昼夜不声不响，不哭不吃。于出生之七日，突然开口说了一句话："身游紫府，名书玉京。"惊动了父母。"紫府""玉京"是玉帝的宫城，可知他是天上的神仙转世。父母为他取名"权"。

汉钟离的形象一般被描绘为袒胸露腹，手摇棕扇，大眼睛，红脸面，头上扎着两个大丫髻，神态自若，为一懒散汉子。这是缘自他自称"天下都散汉钟离权"，即天下第一闲散之人的缘故。

醉八仙之韩湘子

韩湘子。邓州南阳（今河南省南阳市）人，本名韩湘，相传是唐代大文学家、刑部侍郎韩愈的侄孙。幼年丧其父母，由韩愈抚养。湘子长大，放弃世俗生活，由钟离权、吕洞宾二仙传授修行之术，在终南山修道，得成正果，为八仙之一。他的标志物是箫，也有用笛的。

据传说，韩愈让湘子到学校读书，他不但自己不读，还闹腾得别人无法就读。无奈，韩愈又把他送到寺庙中读书，他又把寺庙弄得不得安宁。韩愈十分生气，问他："你这样下去，将来会成什么作为？"湘子说："我有一技，你还不知，我能让牡丹在你指定的时间内开出各色之花。"韩愈让其施之，果然使庭前牡丹开了红、白、绿三色，最为奇特之处是花朵上还有字迹："云横秦岭家何在，雪拥蓝关马不前。"韩愈大为惊异，不解其意。后来韩愈谏迎佛骨，被贬潮阳去做刺史。路途中有一人冒雪而来，韩愈近瞅之，原是韩湘子，对韩愈道："您还记得当年花上的句子吗？说的就是今日之事。"韩愈一打听，这里的地名正是"蓝关"，于是嗟叹再三，方信湘子之不诬也。韩愈对韩湘子说："我给你凑成一首完整的诗吧：一封朝奏九重天，夕贬潮阳路八千。本为圣朝除弊事，敢将衰朽惜残年。云横秦岭家何在，雪拥蓝关马不前。知汝远来应有意，好收吾骨瘴江边。"

醉八仙之铁拐李

铁拐李（亦名李铁拐），传说是隋朝人，八仙之首。《历代神仙通鉴》中说，铁拐李，姓李名玄，铁拐李乃其后假身别名。他投华山向老子求道。

铁拐李的传说很多，据说，他本来长得十分魁梧，相貌堂堂，在山洞中修行。因约定去参加老君的华山仙会，对弟子说：“倘若元神七日不返，则将我尸壳焚化。”于是留下尸壳，元神外游。他出游时将魂藏于肝、魄藏于肺，元神出游是和魂一起去，把魄留下守尸壳。不料第六天，徒弟家中捎信老娘病危，徒弟坐卧不安，又坚守到第二天中午，见师父元魂未归，则将尸壳焚化，回家探母。不久元神回归，无处可托。忽见林中有一饿殍，灵机一动，则从前额脑门而入，站起后，才觉得不对劲。急从葫芦里倒出老君所赠仙丹，葫芦忽然闪起金光，映出一个丑恶形象：黑脸蓬头，卷须巨眼，跛右一足。正在惊讶，身后忽然有人鼓掌，回头一看，正是老君。他急忙要把元神跳出，老君制止说：“道行不在于外貌，你这副模样也好。只须功夫充满，便是异相真仙。”于是授他金箍一道收束乱发，铁拐一根，助拄跛足。

《山堂肆考》：“拐仙姓李，有足疾，西王母点化升仙，封东华教主，授以铁杖一根。”也是一种说法。

铁拐李在民间影响很大。这在于他身背大葫芦，有治病救人的灵丹妙药，专门用来治病救人。这就是人们常说的“葫芦里装的什么药”一词的出处。民间的医药行业，特别是狗皮膏药这一行就把铁拐李作为祖师爷和保护神。他的法器是葫芦。

醉八仙之蓝采和

蓝采和，原名许坚，蓝采和是他的艺名。许坚确有其人，字介石，庐江人。《全唐诗》中收有其诗。金代文学家元好问曾有诗《题蓝采和像》云：“自惊白鬓似潘安，人笑蓝衫似采和。”认为蓝采和不是姓蓝，而是因其常着蓝衫故也。

蓝采和，有时被描绘成女性，有时被看作两性人。他的标志物是一只花篮，也有用碗或笛子作为他的标志物，但很少。

据《太平广记》中说，蓝采和穿着一件褴褛的蓝长袍，常在街市上游走，有时只穿一只鞋。还有人说，蓝采和是位女歌唱家，她以歌来预示未来。蓝采和最有名的是那首《踏歌》：“踏歌蓝采和，世界能几何？红颜一春树，流年一掷梭。古人混混去不返，今人纷纷来更多。朝骑鸾凤到碧落，暮见桑田生白波。长景明晖在空际，金银宫阙高嵯峨！”

一说，蓝采和即南唐学者陈陶。

看来蓝采和是位有才气、玩世不恭、行为怪僻、好唱善歌的流浪艺人。传说他是流浪艺人的保护神。

醉八仙之何仙姑

何仙姑。据传原名何秀姑，唐武则天时广州增城县人氏。居云母溪辟谷，景龙中，白日升天。她是八仙中唯一的女性。她的标志物是荷花，也有说用桃子的。

一种说法是，她从小发誓不结婚，她的继母对她没办法。十四五岁时，食云母粉而成仙。有一天她正在做饭，吕洞宾从天上下来超度了她，她飞到空中时手里还拿着勺子。

还有一种传说，她姓赵名何，零陵人，从小帮父亲做豆腐。十三四岁时，她行动如飞，往山中采果奉母，碰到吕洞宾，张果老等神仙们给她吃了仙桃、仙枣和一些云母粉，从此她不再饥饿并能预测未来，知人祸福，大家请她算命，不少达官贵人也时常请她测算问卜。“何仙姑”名声大震，后来人便不知其真名了。

据《零陵县志》：“仙姑名琼。”《道谱源流图》称，何仙姑，本为男子，姓徐，名圣臣。尝出定，家人殓其尸。及返，适有何氏女新死，遂附焉。后得度去世，元封元君。

醉八仙之曹国舅

曹国舅。名佾，相传是宋仁宗的母亲曹太后的弟弟，故曰国舅。因其弟仗势作恶，恐受牵连，逐散财济贫，入山修道。后有汉钟离、吕洞宾引入仙班。事见《东游记》。

一说他于宋绍兴四年蝉蜕于徐州玉虚观。在八仙中，他的事迹最少，出道也最晚。

八仙的故事在民间普及后，民间庙会上的演员常扮了他们来娱神，贵人们的筵宴上扮了他们来祝寿。这时扮演曹国舅的总是身着红官袍、头带纱帽、脸上涂白色块的小丑。

而据《宋史·外戚中》，曹佾在 72 岁时死在家中，并没有出家修道。

八仙之吕洞宾

八仙之汉钟离

八仙之铁拐李

八仙之何仙姑

■ 名称：八仙组雕 ■ 年代：清 ■ 地点：铜川市印台区阿庄镇

八仙之张果老

八仙之韩湘子

八仙之蓝采和

八仙之曹国舅

这组“八仙”的照片，拍自铜川市印台区阿庄镇，是清康熙年间的木雕作品。我拍的这组片子，从摄影质量上看，应是被淘汰的照片。但是，它却是我拍民居木雕的第一幅（组），也是令我难忘的绝版照片。所以，思考再三，还是决定采用。

那是 1990 年元月份，我去阿庄镇拍老房子。一座 1958 年做过集体大灶厨房，“文化大革命”时做过生产队库房，已是黑漆漆的清代大户人家的厅房内，竖着几块木隔扇屏风，其边格上雕刻着“八仙”图案。因经过烟熏火燎，长时间的风吹尘染，而成黑色，我不经意地拍了几张。过了几个月，我洗出照片，仔细观看，发现木雕的图案很美，很有艺术品位，完全有去认真拍摄的必要。当我专门去时，令我惊讶的是，房屋因天雨而垮塌，屏风木雕葬身其中。这个事实让我的心灵受到震撼！尽管自己是个业余民俗摄影爱好者，但祖先们创造的宝贵的文化遗产在日渐消亡，再不挺身抢救，不就成为罪过了吗？我悔恨自己对我们民族的文化遗产的价值认识不足，自觉地及早抢救、保护、记录它的良知发现又太晚。由此我下定决心，尽一点民俗摄影人的良心，开始了对民居木雕的拍摄。民居木雕，由于种种原因，很少得到特意的保护。为了抢救、记录这些民间艺术瑰宝，我便利用节假日，用微薄的工资作为外出经费，到全省各地搜寻拍摄民居木雕。在十余年的时间里，以“普查”的形式多次往返于陕西的南北东西各地，专门寻找拍摄民居中的木砖石雕。尽管如此，但因属个人行为，受时间、经费等为各种条件所限，很有可能贻误时机，耽误了一些精美的艺术品的抢救拍摄。现在想起来就感到心中难过。

八仙之张果老　隔扇门棂格镂空雕

八仙之何仙姑　隔扇门棂格镂空雕

■ 名称：八仙组雕 ■ 年代：清 ■ 地点：丹凤县陈家寨

八仙之蓝采和　隔扇门棂格镂空雕

八仙之吕洞宾　隔扇门棂格镂空雕

八仙之张果老

八仙之吕洞宾

■ 名称：八仙组雕 ■ 年代：清 ■ 地点：韩城市党家村

八仙之曹国舅

八仙之蓝采和

八仙之吕洞宾

八仙之铁拐李

八仙之汉钟离

八仙之曹国舅

八仙之 蓝采和

八仙之 何仙姑

八仙之韩湘子

八仙之张果老

■ 名称：八仙组雕 ■ 年代：清 ■ 地点：西安市长安区　厅堂屏风边框图案

■ 名称：蟠桃宴天女献桃

■ 年代：清

■ 地点：韩城市党家村

相传，每年农历三月初三是王母娘娘的生日。这一天，王母娘娘要邀请天宫诸神前往瑶池赴宴，举办蟠桃盛会。此时天女们到三千年开花、三千年结果、三千年成熟的蟠桃园去摘桃子，献给各位前来赴宴的神仙。据说吃了此桃能长生不老。《西游记》中就有孙悟空偷吃蟠桃，并用定身法定住摘桃天女的情节。

■ 名称：麻姑献寿

■ 年代：清

■ 地点：韩城市党家村

麻姑，神话人物。传说为建昌人。据《神仙传》载，东汉桓帝时，应仙人王方平之召，降于蔡经家，年似十八九岁，能掷米成珠。自言曾见东海三次变为桑田，并谓此前曾到蓬莱，见其水已浅于旧时，或许又将变为平地。“沧海桑田”的成语即来源于此。宋政和中，封为真人。

沧海变一次桑田，不知要经过多少万年。麻姑见过三次，沧桑之变，她该有多大年岁？虽说她长得像个十八九岁的姑娘，可她的实际年龄是无法估算的。麻姑是个仙女，在画她的图案中，她常以一根竹杖背着篮子，内盛着象征长寿的桃子。或托盘作献状，手中或盘中一般有仙桃、美酒和佛手、灵芝等。麻姑是个女寿星当之无愧。

民间又传说王母娘娘在三月初三过生日时，举办蟠桃会，麻姑特在绛珠河畔用灵芝酿酒，献给王母，这就是所谓“麻姑献寿”。旧时，祝女寿有此寿联：“麻姑酒满杯中绿，王母桃分天上红。”

■ 名称：东方朔偷桃

■ 年代：清

■ 地点：韩城市党家村

东方朔，西汉时期文学家，字曼倩。平原厌次（今山东省德州市）人。武帝即位，征四方士人，他上书自荐，诏拜为郎。后任常侍郎、太中大夫等职。善作辞赋，言词诙谐，滑稽多智，玩世不恭，宫中呼之为“狂人”。

武帝生日时，一只青鸟落在大殿前，武帝问东方朔这是什么鸟，东方朔说：“这是西王母养的青鸾，王母要来为您贺寿。”过了一会儿王母捧来装有七个桃子的玉盘到武帝前。东方朔先拿了两个，给武帝献了五个。武帝让侍臣种下桃核。王母阻拦说：“这桃的枝叶能遮蔽三千里，三千年一开花，三千年一结果，不能在凡间种植。”又指着东方朔说：“我的桃熟了三次，每次他都偷，是个坏小子。”算一下，东方朔活了一万八千岁，因而寓意祝寿。柳宗元《摘樱桃赠元居士》诗：“蓬莱羽客如相访，不是偷桃一小儿。”

神龛中供奉天地三界诸神的神位牌

神龛门裙板上雕刻的四值功曹之一：值年

神龛门裙板上雕刻的四值功曹之二：值月

- **名称：四值功曹**
- **年代：清**
- **地点：旬邑县唐家**

在旬邑县唐家的堂厅内，有座用红木雕制、设计考究、做工精细、内容丰富的四垂花挑檐镂空神龛，不失为一件研究清代民俗及雕刻工艺的有价值的艺术品。它是座专门用来供奉“天地三界”诸神牌位的神龛。龛内摆放着一通诸神牌位（见牌位图片）。值得一提的是，该神龛以道教的理念为本，在神龛的四扇门裙板上，分别雕刻了值年、值月、值日、值时四位小神来为龛中供奉的诸位神明服务。

四值功曹是道教所信奉的值年、值月、值日、值时的四位小神，是书记官兼守神将。“功曹”，本是人间的官吏名称 。在汉朝是州郡长官的帮手，有功曹、功曹吏，主要是干考察，记录功劳、业绩、掌管功劳簿的工作。沿用至明代后就无此职位了。

功曹本是书吏。道教理论家在神仙天庭世界中，也给诸位高级别神明配备了这一记功官，让他们做守护神将及送达通信的差事。

道士们宣称，凡人间“上达天庭”的表文，焚烧后就是由“四值功曹”呈送给天庭诸神的。在小说《西游记》《红楼梦》《金瓶梅》等书中都有此情节的描写。

神龛门裙板上雕刻的四值功曹之三：值日

神龛门裙板上雕刻的四值功曹之四：值时

■ 名称：木雕神龛

■ 年代：清

■ 地点：旬邑县唐家

■ 名称：刘海戏金蟾 ■ 年代：清 ■ 地点：大荔县

■ 名称：刘海戏金蟾 ■ 年代：清 ■ 地点：神木县

刘海在民间诸神中，知名度很高。刘海本名刘操，字昭远，又字宗成。《陕西通志》说："刘海蟾，后梁陕西人，名哲、字元英，号海蟾子，宋初道士。"刘海是陕西民间崇信的财神。传说刘海与金蟾原是九天瑶池仙人，因二人相戏，触怒王母，金蟾被打入户县三角潭，刘海成为农家樵夫。刘海打柴常由三角潭经过，金蟾偷出与之相会。此事被看守金蟾的石人黄石翁发现，黄石翁几次三番阻挠，并囚禁金蟾。刘海不怕邪恶，击碎石人头部，取得了护身法宝金钱，并用金钱救出金蟾，配成夫妻。刘海洒金钱，降福在人间，被尊为财神。至今陕西户县曲抱村仍有"刘海庙""金蟾池（三角潭）"等遗迹。民间还流传着"刘海戏金蟾，步步钓金钱"的俗语。

佛教

佛教，在我国又称释教，佛的意思是『觉悟者』。佛教起源于古印度，相传是公元前六至五世纪古印度迦毗罗卫国（位于今尼泊尔南部）王子悉达多·乔达摩所创立。

佛教在公元前二年，也就是汉哀帝元寿元年，由于信奉佛教的大月氏王派使臣伊存到长安，西汉的博士弟子秦景宪跟着伊存策浮屠经。从此以后，佛教就逐渐在中国传播开来。

佛教是佛陀所说之教。以合乎理智的教说，示导人类转迷开悟。其目的在于实现净化社会的理想，以超越阶级、种族为特色。

慈悲、平等是佛教的宗旨。在社会中，每个人都要负起应尽的责任，才能安乐地生活，也才能确保社会的和谐与繁荣。

佛陀不主张弟子们盲目地或迷信地接受他的教理。佛陀要弟子们听了佛法以后，对他所说的法进行探讨，提出疑问，悟出其中道理后再去接受，并且要在日常生活中实践。

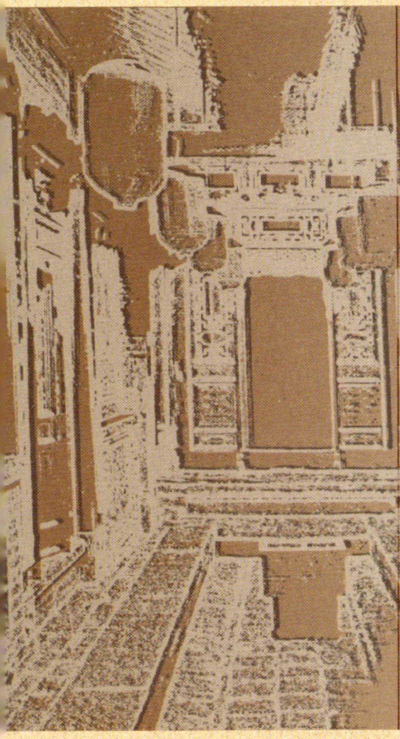

■ 名称：菩提太极图

■ 年代：明

■ 地点：韩城市党家村

这是件大手笔之作的木雕图案。它继承了元代木雕的简洁明快、刀笔奔放、潇洒大气、多注意形象的特点，即重神意的刻画，寓意的表达而轻形态地、繁缛地细雕，其形体多厚重稳当，线条多粗犷豪放。

图中以一根线条的变化，将三边框刻为方形。而底部则以曲线向上勾勒出一棵粗壮的树干的轮廓，以浮雕的手法，寥寥几刀，一片如意形树冠便巍然而立。树冠中雕以太极双鱼图，此乃佛（菩提树）、道（太极图）合一了。这是民居中难得的一件"佛道合一"的、极具艺术价值的佳品。

菩提树，本名荜钵罗树。为桑科常绿乔木，叶子卵形，茎干黄白色，树籽可作念珠。释迦牟尼在此树下得道成佛，故，菩提树理所当然地成了佛家的"圣树"。

太极图，又名阴阳图。图为双鱼纹组成的圆形图案。道家以太极为原始混沌之气，是万物万象的根源。太极图形象地表达了阴阳轮转、相辅相成是万物生长变化根源的哲理，所以作为吉祥图案。一正一反的组合形式，生动优美，在民间深受人们的喜爱。

■ 名称：迦叶 ■ 年代：明末 ■ 地点：澄城县

迦叶，是“摩诃迦叶”的简称。摩诃为“大”，亦称大迦叶。迦叶罗汉常修头陀行，是佛十大弟子之一。少欲知足，专志于修行，所以被称为“头陀第一”。

所谓“头陀”，是梵文的音译，意思是“抖擞”，也就是去掉尘垢烦恼之义。“头陀”是佛教苦行之一。修“头陀行”，有十二种修行规定。比如穿，要穿用人们遗弃的破烂衣片缝纳成的“粪扫衣“（也叫百衲衣）；吃，要向人家乞食，每天只吃一餐午饭，且不许吃饱；住，要住在远离人烟的地里；休息，要坐在荒坟露天的地方，还要长坐不卧。

迦叶曾为佛门立过一个令人称赞的大功劳，这就是他是佛教第一次结集的召集人。佛灭后三月，他召集五百僧侣在王舍城灵鹫山七叶窟，共同忆诵确定佛教经典。这次重要活动，在佛教史上称作第一次结集。

释迦牟尼涅槃以后，由迦叶尊者继续统领徒众。后世称其为禅宗“初祖”。

■ 名称：目连 ■ 年代：明末 ■ 地点：澄城县

目连，是“摩诃目犍连”的简称，是梵文音译，意思是“大胡豆”，是上古仙人们最爱吃的一种食物。目连是个真实人物，出身于上流的婆罗门种姓，是古印度摩揭陀国王舍城人。他与舍利弗最初都信奉外道，各有100个徒弟。一天，舍利弗去听释迦牟尼的演讲，佩服得五体投地，马上告诉目连，二人便带着200个徒弟一齐加入了佛教。这对佛教是个极大的支持，目连与舍利弗成为释迦牟尼的得意门生。目连最终修成罗汉，后被反佛教的外道用棍棒打死。

在释迦佛的十大弟子中，目连是“神通第一”。他的神通表现在“神足轻举，飞到十方”，能一下子飞到弥勒佛的净土世界—— 兜率天。民间的普通百姓对目连这十分了得的飞行功能并不是很了解，家喻户晓的倒是他救母和救度饿鬼的故事。这主要是因为他心慈面善，行善施乐。后又因戏剧《目连救母》这个典型的佛教劝善行孝的故事的流传而闻名于世。

■ 名称：阿那律 ■ 年代：明末 ■ 地点：澄城县

阿那律，为梵文的音译，意译为“如意”“无贪”。他是释迦牟尼的表弟，也是释迦牟尼“十大弟子”之一。阿那律是“天眼第一”。天眼又叫“天眼通”，为佛家六神通之一。六神通者之二为天眼通，能见“六道中众生之诸物，若近若远，若粗若细，诸色莫不能照”。即能知未来生死事。

据《楞严经》卷五说，阿那律初出家时，贪眠不起，释迦牟尼很生气，呵斥他像个畜生贪睡。阿那律受此刺激，下狠心克服毛病，遂连续七日不眠，竟不幸双目失明。但却得了个“天眼通”，是佛门的千里眼，因祸得福。

大概是天眼阿那律对人类世界看得太清楚、太明白，所以，他是最心平气和的一位罗汉，跟谁都合得来。他还以自己的禅定体会，悟出证道的方法。他认为，道是从八正道正见、正思维、正语、正业、正精进、正念、正定得到的。

清心寡欲、知足常乐，追求高尚的精神生活，在人欲横流的世界里不为功名利禄所动，不断完善自我，这些就是阿那律给世人的启发。

释尊入灭之际，他侍于涅槃床前看护，并参加第一次伟典结集大业，其功巨大。

一、法螺：具有吉祥果的妙音，表示佛音吉祥，是好运的象征。

二、法轮：表示佛法圆轮，生命不息之意。

三、宝伞：表示开闭自如，覆盖、保护众生之意。

四、白盖：遮覆大千世界，净一切药，是解脱大众病贫的象征。

- **名称：佛教八宝**
- **年代：清**
- **地点：丹凤县船帮会馆**

佛教以八件器物作为佛家的八宝符号，亦称为“八吉祥”。它们分别为：法螺、法轮、宝伞、白盖、莲花、宝瓶、金鱼、盘长。因为这八件中第一件法螺妙音吉祥，所以又统称“八吉祥”。俗称第八件盘长为八吉，又以盘长代表“八宝”。将八宝作为佛家的符号，简称作“螺轮伞盖，花罐鱼长”。

八吉祥是佛教传说的中的宝物，由象征吉祥的八种器物组成，北京《雍和宫法物说明册》对此八件宝物各做了解说（见各图下文字）。

五、莲花："出淤泥而不染"，是圣洁的象征。

六、宝瓶：表示福慧圆满，且无漏洞，有成功之意。

七、金鱼：表示结实活泼、解脱、避邪之意。

八、盘长：表示回贯一切，是长寿和穷尽之意。

■ 名称：大象 ■ 年代：清 ■ 地点：丹凤县船帮会馆

大象是普贤菩萨的坐骑，是“德性”“智慧”的代表，吉祥的象征。

《尔雅·释地》曰：“南方之美者，有梁山之犀象焉。”因其盛产于印度，且佛教的发源地和创始人释迦牟尼诞生地均在古印度，所以，又称佛教是“象教”“象生教”之说。释迦入灭后，诸大弟子刻木为佛，以形象教人，故曰“象教”。象之最大者，称“象王”。佛教将佛祖释迦比作“象王”。从汉代开始，佛教传入中国，和以儒家思想为基础的中国文化相融合。中华文化吸收了释教文化的优秀成分，因此，象便成为人们心目中的吉祥物。

据说，象是一种极有道德的动物。象的性交传说都是在水中进行的，因为象与人一样，懂得“隐私”。所以，人们喜欢以大象的图案来象征幸福、吉祥。

■ 名称：驼荷图 ■ 年代：清 ■ 地点：旬阳县

骆驼和荷花（莲花）组合在一起，上驼下荷，它们都是佛教的象征物。

公元750年，吴道子画了一幅《释迦圆寂图》：娑罗树下，有骆驼、水牛、大象、老虎等动物围着释迦哀悼。所以，佛教将这些动物都作为佛教的吉祥物。

荷花，又称莲花，在中国民俗与象征中，可以说没有哪种东西能与它相比。这在很大程度上是受佛教的影响：荷花，出污泥而不染，它里面空，外面直，没有枝蔓而香气扑鼻。它是洁净的标志，是佛教的“八宝”之一。

儒家

儒，本来是古代从巫、史、祝、卜中分化出来专为奴隶主贵族相礼（如办丧事之类）的一些知识分子。孔子开始也从事这类职业，后来招收学生讲学，宣扬『仁、爱、仁者爱人』等思想。逐渐形成一个学派，是为儒家。后来也用作读书人的通称。

儒、道是中国的两大固有文化，二者互相吸收，互相融合，但又分别自成体系。但儒家始终未发展成为宗教，且未借助宗教的形式而得以普及和延续。

陕西民居木雕中体现儒家题材的图案十分广泛，这是因为陕西是中国历史上建都时间最长的省份，积淀了丰富、深厚的传统文化。

■ 名称：颜回敬师

■ 年代：明

■ 地点：韩城市党家村

颜回，字子渊，春秋末鲁国人。孔子得意弟子。

孔子，名丘，字仲尼。春秋后期伟大的思想家、教育家，儒家的创始人。孔子在我国古代教育史上占有非常重要的地位。他创办私学，主张“有教无类”。在教学方法上，他主张“教学并重”“温故而知新”，坚持“学而不厌，诲人不倦”，提倡“因材施教”。孔子被后人称为“万世师表”，尊为圣人。

颜回是孔子最心爱的学生之一，他“贫而好学，笃于存仁”，被后人尊为“复圣”。孔子一再称赞他的德行，据说，颜回家境贫寒，饮食粗糙，但颜回从不以此为苦，更以敬师著称。随孔子周游列国时，他亲自为老师做饭，不慎有尘垢落入碗中。颜回先食污米，后将干净的米饭盛给孔子。颜回 32 岁早亡，孔子为失去一位心爱的学生，极其悲痛：“自吾有回，门人益亲。”

■ 名称：汪遵苦学成才 ■ 年代：明 ■ 地点：合阳县

汪遵，唐朝宣州泾县人，曾因家贫在衙门里当差。他生性好学，常常夜以继日，在公务之余刻苦自学，后在唐懿宗咸通七年（866）考中进士。尤其是咏史诗极为出色，以“善为绝句”闻名当时。诗作多取材于历史，寄寓感慨，嘲讽时弊。《全唐诗》中录有其诗一卷，共六十一首，全是七言绝句。

■ 名称：孙康映雪 ■ 年代：元 ■ 地点：合阳县

孙康，西晋京兆人。幼年时家里很穷，他虽然很爱读书，却念不起私塾，只好白天为人做工，晚上点灯苦读。到了冬天，活计无着，家里也无钱买灯油，无法夜读。忽一日，天降大雪，孙康看见外面的大雪将大地映得一片白色，便披衣起床，借雪的反光苦读。最后学富五车，终成大器。

■ 名称：孟母断机教子 ■ 年代：清 ■ 地点：丹凤县

“昔孟母，择邻处。子不学，断机杼”。这是《三字经》里对孟母教子的写照。

孟母，指我国战国时的学者孟子的母亲仉氏。孟母为给孟子的成长寻找一个好的环境，曾三次迁居。

孟子，名轲，字子舆，山东邹城（今山东省邹城市）人。受业于子思门下，被称为思孟学派代表，并被视为孔门嫡传。他主要发挥孔子“仁学”，提出“仁政”主张，有“亚圣”之称。

孟母断机，说的是：一天，孟子对学习产生了厌倦情绪。正在织布的母亲大怒，用刀砍断了织布机上的线。孟子惧怕，问其原因。母亲说：“学习就和织布一样。累丝成寸，累寸成尺，才能织出成丈成匹的布来。学习也得始终努力，日积月累，循序渐进，将来才会成为有用之才。”孟子深受感动，从此，日夜勤学，终于成为我国古代伟大的思想家、政治家、教育家。晚年与门人万章、公孙丑等著书立说，著有儒家经典之一《孟子》。

■ 名称：李密牛角挂书（左） 朱买臣樵采勤读（右） ■ 年代：清 ■ 地点：丹凤县

这幅木雕图案记叙了李密、朱买臣二人发奋读书、终成大器的感人故事。左边的画面是“李密牛角挂书”，右边的画面是“朱买臣樵采勤读”。

李密，字玄邃。唐朝襄平人。他足智多谋，有远大的志向。起初，他是隋炀帝的宿卫，不得志。所以，他称病辞去了这个职位。回家后，就发奋读书。他闻知包恺在缑山，就去从之游。行路时，他把一帙《汉书》挂在牛角，边走边读书。有个叫杨素的人看到李密的举止，十分好奇，就让他儿子杨玄感倾心结交李密。后来玄感起兵，李密就为他出谋划策，但由于李密的策略没有得到落实而告失败。尔后，李密又与翟让占据洛口，称魏公。江淮一代的百姓远近响应归顺他们。旋即被王世充打败，又归顺唐军。李密做了个光禄卿的官职。他很失望，便举兵反叛，被盛彦师杀了。由于李密平时关爱士兵，爱兵如子，他的被杀，使得士兵们痛心万分，许多士兵都哭他哭得吐血。

朱买臣，字翁子，汉朝吴人。家中十分贫寒，以打柴为生。但他又十分好学，读书刻苦，利用砍樵卖柴闲暇之机吟诗诵书。他的妻子说他：“你一个砍樵卖柴的樵夫，成天行歌诵书，不嫌别人笑话，能成什么气候！我都为你脸红！”朱买臣对妻子说：“我到五十岁就会有荣华富贵。我现在都四十多岁了，很快就会有富贵到来，我到时候再报答你好吗？”妻子不信他的话，就离开了他，另嫁给一个种田人。

汉武帝时，有个叫严助的人，十分了解朱买臣，知道他知书达理，很有学问，就向汉武帝举荐。武帝让朱买臣做了会稽太守。他治理得很好。有一次他入吴界去视察。看到他的前妻和后嫁的丈夫一起，在为迎接他这位官员来修路，便令随从人员将这对夫妇用车子载到他的官宅园中，派人精心照顾了一个多月。他前妻感到当时没听朱买臣的话，既后悔又惭愧，就上吊自缢了。朱买臣后来官至丞相之职。

据《汉书·朱买臣传》，朱是“吴人也”。担任会稽太守后，“入吴界，见其故妻，妻夫治道”。会稽，属越。

■ 名称：欧阳母芦苇教子 ■ 年代：清 ■ 地点：韩城市党家村

欧阳母是指北宋文学家、史学家欧阳修的母亲。

欧阳修，字永叔，号醉翁、六一居士。吉州吉水（今江西省）人。天圣进士，官至参知政事。提倡古文，散文说理畅达，抒情委婉，列“唐宋八大家”之一。是北宋古文运动的领袖。

欧阳修幼小失父，母亲带他依附叔叔过日子。由于父亲生前为官清廉，没有什么积蓄，所以家境贫困。欧阳修连学堂都上不起，母亲郑氏就亲自教授儿子。没有纸，就做了个大沙盘；没有笔，就用芦苇来代替。欧阳修在母亲的精心教授下，发奋苦读。后中进士，曾任枢密副使，参知政事。谥文忠。有《欧阳文忠公集》。

■ 名称：周敦颐爱莲 ■ 年代：明 ■ 地点：韩城市党家村

“自李唐来，世人盛爱牡丹。予独爱莲之出淤泥而不染，濯清涟而不妖”，语出周敦颐《爱莲说》。

周敦颐，本名敦实，字茂叔。北宋道州营道（今湖南省道县）人。北宋哲学家。曾官大理守丞，国子博士。后人称濂溪先生。晚年因病辞官归隐庐山莲花峰，精研《周易》，推动了理学（即道学）在北宋的发展，是道学的创始人。

■ 名称：蟾宫折桂

■ 年代：清

■ 地点：韩城市党家村

蟾宫即月宫。蟾蜍简称蟾，古代神话传说月中有蟾蜍，故以蟾为月的代称，月宫又可称为蟾宫。

古代传说月宫中有玉桂树。神话传说吴刚因学仙犯了错，被贬到月宫去砍桂树，桂树高五百丈，随砍随合。毛主席诗词《蝶恋花·答李淑一》：“问讯吴刚何所有，吴刚捧出桂花酒。”折桂，喻为科举考试中试、登科，金榜题名。称为“蟾宫折桂”。

图中一人坐在房中读书，屋外一人举手攀折桂枝。寓读书郎可金榜题名，高中榜首，“蟾宫折桂”。

■ 名称：状元骑马游京街

■ 年代：清

■ 地点：华县

状元，科举时代的一种称号。唐代称进士科及第的第一名，有时也泛指新进士。宋朝主要指第一名，有时也用于第二、三名。亦有一甲三名都称状元。元代后限于称殿试一甲（第一等）第一名。清代分甲三名，第一名状元，第二名榜眼，第三名探花。高中状元是很荣耀的事，光宗耀祖，状元及第后在京街（天子脚下的京城）骑马夸官游京街，对新科状元和朝廷都是件大喜之事，值得人们称赞和羡慕。

■ 名称：俞伯牙遇钟子期

■ 年代：清

■ 地点：韩城市党家村

中国很早就有“高山流水遇知音”的说法。这个传说就源于俞伯牙和钟子期。

俞伯牙，春秋时楚国人，善鼓琴。钟子期，樵夫。伯牙弹琴，大家都听不懂意思。后在汉水之滨遇到钟子期，钟子期能听出伯牙琴声中高山巍峨、流水滔滔的意境。伯牙很高兴，便引子期为知音。二人约定，明年再来此地相会。谁知钟子期不久病死了，伯牙赴约未面。就在钟子期墓前弹奏一曲，然后割断琴弦，终生不再弹琴。

■ 名称：梁灏八十中状元

■ 年代：清

■ 地点：蒲城县

梁灏，字太素，宋太宗雍熙二年（985）中进士第一。官至翰林学士，旧时传说他八十二岁及第。戏剧中有《梁灏八十中状元》。而据《宋史》《容斋随笔》，他只活了42岁。

“万般皆下品，唯有读书高。”封建社会的士子，唯一出路就是读书高中。画面上一位长须士子，示为梁灏八十中状元。手持如意，急急前行，后跟书童，肩挑书箱行走，陪送梁灏再次进京赶考。

背景雕刻富贵之花，雕栏画木的环境氛围，寓意梁灏虽已白头长须，进京赴考已不知多少次了，但此次望能如意高中金榜。古时候，作为士子，学而优则仕，唯有苦读不辍，金榜题名，才有出路，才有荣华富贵。

■ 名称：陶渊明庭前赏菊 ■ 年代：清 ■ 地点：三原县孟店村

陶渊明（365—427），名潜，字元亮。东晋伟大诗人。浔阳柴桑（今江西省九江市）人。幼时家境贫困，性爱自由，不慕荣利。29岁出任江州祭酒，继任参军，不久辞官归隐，后来在亲友的劝告下又做了八十多天的彭泽县令。因为不愿向上司卑躬屈膝，不堪官场中庸俗腐败的风气，不肯为“五斗米”折腰，决心永远去职归田。其后直到去世，终以务农为生。过着“采菊东篱下，悠然见南山”的隐逸生活。死后，友人颜延之等仰慕其高风亮节，私谥靖节，故有“靖节先生”之称。他是我国第一位杰出的田园诗人。他的作品清新自然，意境高远，具有独特的风格和艺术魅力，千百年来为人们传诵，以《归田园居》五首最为著名。他的《读山海经》《咏荆轲》等诗则写得悲壮激昂，体现着诗人的另一种气质。他的散文《桃花源记》是古代散文中的一朵奇葩。陶渊明最爱菊花，也以菊花来比喻自己的心性高洁、不落一尘的情操。

■ 名称：苏东坡外出访友 ■ 年代：清 ■ 地点：三原县孟店村

苏轼（1037—1101），北宋伟大的文学家。字子瞻，号东坡居士，世称苏东坡，眉山（今属四川）人。21岁中进士。

苏轼学识渊博，才华横溢，在文学事业上取得了卓越的成就。他的文学散文集前人散文成果过之大成，综合议论、叙述、描写、抒情为一体，富有哲理性，形象美，语言畅达，音调铿锵，使人乐于诵读。在宋词的发展中，他有着特殊贡献。他的诗文集北宋之大成，开豪放派先河，用词善比喻，创作了一批豪迈雄浑、感情奔放、想象丰富、含义深远的词，代表作有《念奴娇·赤壁怀古》《水调歌头·明月几时有》等，都是宋词中的不朽作品。

苏轼是一位富有革新精神的杰出文学家，是优秀的语言艺术大师，他对后世的影响是深远的，与父洵、弟辙同入“唐宋八大家”之列，因此受到历代人们的称颂。诗文有《东坡七集》传世。

■ 名称：谢灵运春游遇雨 ■ 年代：清 ■ 地点：三原县孟店村

谢灵运（385—433），南朝宋时诗人。祖籍陈郡夏阳（今河南省太康县），世居会稽（今浙江省绍兴市）。东晋时，袭封康乐公，世称谢康乐。曾任永嘉太守、临川内史等职，因起兵叛宋被杀。平生喜欢游玩，每次登山涉水都带领数百仆从，前呼后拥，风光无比。谢灵运游遍了江南的山水胜景，留下了大量脍炙人口的名篇佳作。他的诗以描绘山水名胜、歌咏自然风光见长，对中国山水诗的形成和发展起过较大作用。著有《谢康乐集》。

■ 名称：孟浩然踏雪寻梅 ■ 年代：清 ■ 地点：三原县孟店村

孟浩然（689—740），唐代著名诗人。襄州襄阳（今湖北省）人。早年隐居襄阳鹿门山，后漫游吴、越，40岁才到京都长安谋取功名，应进士不第。后来就到各地漫游，一生不得志，以布衣终老。他写了许多山水诗，和王维齐名，合称“王孟”，是唐代山水田园诗派的代表。代表作有《过故人庄》《望洞庭湖赠张丞相》《春晓》等。尤其长于“五律”。著有《孟浩然集》。

■ 名称：赤壁夜游 ■ 年代：清 ■ 地点： 韩城市党家村

苏轼，北宋大文学家、书画家。字子瞻，号东坡居士，名轼。学识渊博，其文明白畅达、为“唐宋八大家”之一。其诗清新豪健、善用夸张比喻，在艺术表现方面独具风格。词开豪放一派，对后代很有影响。擅长行、楷书。

佛印，北宋高僧，苏轼之朋友。苏轼、佛印二人交往很深，有一个故事可见端倪：苏轼写了一首诗，其中有“八风吹不动”之句表示对佛的虔诚，送给佛印。佛印看后，写了“放屁”二字，让人回送苏轼。苏一看便怒气冲天，就乘船过江讨问。佛印看苏轼一脸怒气，迎上前去说：“八风吹不动，一屁过江来。”苏轼一听怒气顿消，大呼上当。此图为苏轼、佛印二人泛舟赤壁夜游。

■ 名称：走苏卿 ■ 年代：清 ■ 地点：韩城市党家村

元曲中的《醉花阴》套数《走苏卿》是文学故事人物双渐和苏小卿相爱的故事。据《醉翁谈录》载，双渐本为闾江县吏，因与知县女苏小卿相爱，乃离县而至远郡，苦志读书，欲待学成为官后向苏家求婚。经过两年，小卿父母亡故，流落于扬州为娼。双渐到扬州寻访，得以遇见，而小卿已为当地官员薛司理所眷。既而双渐离开扬州，往任临川知县。而小卿已嫁与他人。一夜，双渐泊舟豫章城下，适值小卿与夫亦泊舟于此。双渐与小卿以诗相唱和，伺机同逃，结为夫妇。元曲中写双渐、苏小卿的事者颇多，如王氏《粉蝶儿》套数《寄情人》，王实甫《苏小卿月夜贩茶船》等，皆写其事。

苏东坡外出访友（参见 096 页）

陶渊明庭前赏菊（参见 096 页）

周敦颐爱莲（参见 093 页）

米芾封石（参见 148 页）

■ 名称：四大文人
■ 年代：清
■ 地点：神木县

■ 名称： 仕女图 ■ 年代：清 ■ 地点：韩城市党家村

仕女，代表的是我国古代那些美丽聪慧的女子，如东汉时的班昭、蔡文姬，东晋时的谢道韫，北宋时的李清照，明朝末年的秦良玉，清代的陈端生等都是有代表性的仕女。

仕女是历代画家热衷描绘的对象，画家笔下的美人。中国画中还有专门的“仕女画”类别。宋代米芾《画史》：“江南周文矩士女，面一如（周）昉。”宋以后多叫士女，后又作仕女。

这组以仕女图为屏风边格装饰浮雕，就是仕女组图。历代画家都按照自己心中对“美”的想象来塑造仕女形象。在男性至上的古代，理想的仕女就像一件温雅不俗的文房清供，与琴棋书画相伴，点缀着历代文人墨客的生活。

■ 名称：白头偕老 ■ 年代：明 ■ 地点：韩城市党家村

清代沈复《浮生六记·闺房记乐》：“芸愀然曰：‘妾能与君白头偕老，月轮当出。’”

图中老两口扶携游走于花园之中，悠然自得的愉悦之情，抒发着人之亲情实感，体现着“年轻夫妇老来伴”和谐温馨的绵绵情深。

■ 名称：歌舞升平 ■ 年代：清 ■ 地点：韩城市党家村

元代陆文圭《〈词源〉跋》：“淳祐景定间，王邸侯馆，歌舞升平，居生处乐，不知老之将至。”

此图案展示家景富足、世道太平、唱歌跳舞、对酒当歌之欢庆吉祥的气氛。

■ 名称：问字 ■ 年代：清 ■ 地点：华阴县

问字，是反映西汉刘棻向著名学者扬雄学习，请教古文奇学知识的故事。后人称此为问字。

扬雄（前 53—18），字子云，西汉文学家、哲学家、语言学家。蜀郡成都（今四川省）人。好学深思，博览群书。善为辞赋，以文章名世。成帝时，扬雄初为待诏。王莽时，校书于天禄阁，官至大夫。早年酷好辞赋，沉博绝丽，闻名于世。晚年研究哲学，仿《论语》作《法言》，又续《仓颉篇》作《训纂篇》。著《方言》，记载西汉各地方言，为研究古代语言之重要资料。

■ 名称：待考 ■ 年代：清 ■ 地点：蒲城县

■ 名称：待考 ■ 年代：明 ■ 地点：澄城县

■ 名称：濠梁观鱼 ■ 年代：明 ■ 地点：韩城市党家村

■ 名称：濠梁观鱼 ■ 年代：清 ■ 地点：华县

庄子（前369—前286），战国时期思想家、哲学家，宋国蒙（今河南省商丘市，一说今安徽省蒙城县）人，名周。做过蒙地小吏，楚庄王闻其名，厚聘许为相。他宁为“孤豚”，不做“牺牛”，逍遥物外。继承老子、杨朱学说，把“贵生”“为我”引向“达生”“忘我”，归结为“道”“我”合一。

濠梁观鱼：一天，庄子和惠子在郊外游玩，走到一座桥上，看到河水中鱼儿游来游去，十分欢快。庄子曰：“鲦鱼出游从容，是鱼之乐也。”惠子曰：“子非鱼，安知鱼之乐？”庄子曰：“子非我，安知我不知鱼之乐？”惠子曰：“我非子，固不知子之矣；子固非鱼也，子不知鱼之乐，全矣！”

■ 名称：谢安读诏 ■ 年代：清 ■ 地点：合阳县

■ 名称：谢安读诏 ■ 年代：清 ■ 地点：大荔县

谢安，东晋大臣。陈郡阳夏（今河南省太康县）人，字安石。南迁士族，少时为王导赏识，屡辞朝廷征召，年逾40始出仕，孝武帝时位至司徒，太元八年（383），前秦军八十万南下，江东震恐，他使弟石与侄玄为将力拒，淝水之战出奇制胜。继又挥师北伐，挺进中原，因位高招忌，不问朝政，忧愤病殁。

■ 名称：“六国相”苏秦 ■ 年代：清 ■ 地点：韩城市党家村

苏秦是东周洛阳人，曾在齐国师从鬼谷子。

苏秦在外游说多年，一无所获，穷困潦倒，不得不回家休整。兄弟、嫂子、姐妹、妻妾都暗地里嘲笑他，还挖苦说：“正常人都知道，农耕和工商是财富之道，可你连最基本的东西都没有抓住，却去卖弄口舌，怎能不穷困潦倒呢？”听到这些话，苏秦很惭愧，也很伤心，便闭门苦读。他读了很多书，后来读到了周书《阴符经》。他对此书非常喜欢，就精心研读一年多时间，终于从中悟出治国之道，于是他就走出书房重新开始游说诸侯各国。

苏秦先到秦国，秦惠王对他的游说不以为然。他又去赵国，但奉阳君不喜欢苏秦，无奈他又到了燕国。在燕国逗留了一年多时间，得到燕文侯的认可，他以“燕相国”的身份又到赵国游说“合纵”，且依次对韩国、魏国、齐国、楚国诸国进行合纵游说，并得到各国君的认同，各国都给苏秦以相国身份。六国合纵成功，苏秦做了合纵联盟的盟长，同时挂六国相印。

由于苏秦地位显赫，他的兄弟、嫂子、妻子，拜见他时都俯伏地上，低眉顺眼不敢抬头。苏秦对嫂子说：“想当初，你对我那么傲慢，可是现在为什么这样谦恭呢？”嫂子低头谢罪说：“因为我看到现在的小叔子地位高贵，家财万贯。”

苏秦听了，长叹一声说：“哎！同样一个人，一旦富贵，连亲戚都敬畏我；而贫贱时他们却轻视我。假如我当初在洛阳有良田两顷，我还会游说各国，还能佩上六国相印吗？”

这三幅木雕图案，雕的是苏秦不得志时，被亲友讥讽，而立志读书时的情节。

■ 名称： 苏秦 ■ 年代：明 ■ 地点：白水县

■ 名称： 苏秦 ■ 年代：清 ■ 地点：淳化县

■ 名称：渔 ■ 年代：清 ■ 地点：三原县孟店村

■ 名称：樵 ■ 年代：清 ■ 地点：三原县孟店村

渔，为捕鱼之意，另一层义为谋取或获取。有“姜子牙钓鱼，愿者上钩”，这渔人便是姜子牙。故事说，姜子牙垂钓于渭水，有一樵夫武吉，每天打柴从旁边过，却不见姜子牙钓上鱼来，就把姜子牙的钓鱼线提起来一看，原来是个直钩，且无鱼饵，笑子牙不会钓鱼。子牙告诉他：“我钓的不是鱼，而是君王。”《六韬·三略》中讲述了子牙和武吉的会话。姜太公说：“钓鱼有三种权术（指计谋），给人以利禄、使人效死和赐人官爵。”“鱼吞食了，就被钓丝牵住了，人吃了俸禄，就服从于国君。所以用钓饵取鱼，鱼可以捕获；以利禄取人，人可以罗尽；以家取国，国可以攻克；以国取天下，天下可得也。”

樵，樵夫，打柴人之称谓。以打柴卖柴为生的穷困之人何止千万，樵夫绝大多数是布衣苦力。为什么儒家崇尚的四业“渔樵耕读”中把樵夫纳入其中呢？这与春秋时期的钟子期听琴有关。《风俗通义》载：伯牙“鼓琴，钟子期听而知之……子期死，伯牙破琴绝弦，终身不复鼓，以为世无足为音者也。”宋代许月卿诗曰：“山屋莫道浑无用，留写樵歌入锦囊。”后人把钟子期称为樵夫的代表。陶渊明有诗：“慷慨独悲歌，钟期信为贤。”

古时樵夫学有成就的还有汉朝的朱买臣，砍樵卖柴苦读不辍，终成大器。

■ 名称：耕 ■ 年代：清 ■ 地点：三原县孟店村

■ 名称：读 ■ 年代：清 ■ 地点：三原县孟店村

耕，农田耕耘。陕西民间的大门额上多有“耕读传家”“耕读第”“勤耕读”的匾额。古人云：“民之欲利者非耕不得。”上古有大象耕籍，喜鹊衔种。谓之虞舜耕田孝感天。

我国古代就有帝王亲耕之礼。到了孟春时节，帝王要施耕籍之礼，以示重农耕。其礼先由皇帝亲耕，扶犁三推三反。下来由各级大臣依次耕之，王公、诸侯五推五反，孤卿大夫七推七反，士九推九反，末了由籍田领率其属下将这块地耕完，就算礼成。

读，读书，古人以读书为人生的最大追求。北宋真宗皇帝在《励学篇》中说：“书中自有千钟粟……书中自有黄金屋……书中自有车如簇……书中自有颜如玉。”“万般皆下品，唯有读书高”，是多少年来中国人崇尚的信条。

读书，可使人懂得道理。通过读书，使不懂孝敬父母的人，从古书中学会奉养双亲。不懂事服国家的人，从古书中学会古人如何效忠国家。一贯骄傲奢侈的人，通过读书，学到前人的谦和礼德。一贯暴悍的人，只要多读书，便会逐渐变得尊贤敬德、宽容待人。一个较怯懦的人，让他读书立志，学习先人的正直刚毅，就会成为勃然奋厉、不可慑服的勇士。

■ 名称：渔 樵 ■ 年代：清 ■ 地点：紫阳县

■ 名称：耕 读 ■ 年代：清 ■ 地点：紫阳县

■ 名称：凤凰传诏 ■ 年代：清 ■ 地点：韩城市党家村

古时传书的故事很多，如“柳毅传书”“鸿雁传书”等。

柳毅传书的故事是：洞庭龙女遭夫家虐待，书生柳毅帮她脱离苦难，遂相爱慕，中间虽经过波折，终成夫妇。

鸿雁传书是和苏武有关的故事：西汉苏武以中郎将出使匈奴被扣，迫其投降，他不屈不降，被匈奴单于流放牧羊十九载。汉朝当时没有一点关于苏武的信息。有一天，皇帝去打猎，射得一只大雁，雁脚上绑有苏武在北海荒野牧羊时写给汉朝的信，这样汉朝才知道使臣苏武还活着。后，汉与匈奴和亲，苏武始得归汉。

但这幅木雕画面“凤凰传诏”的寓意却是福海寿山，洪福齐至。如图中一只凤凰口衔“圣旨”迎面飞来，下部雕一亭榭在滔滔江水之中，一老者携子站在菩提树下，迎接凤凰送来的“圣旨”。

诏书称“凤诏”。药王山牌楼额曰“义辞凤诏”。滔滔海水寓“福”。“亭”与朝廷的“廷”字谐音。凤凰口衔圣书从潮水滔滔的亭子上飞来传信，传递文信，寓朝廷的书信，即“圣旨”。

孝道

百善孝为先。

孝，是儒家提倡的一种道德，历来被炎黄子孙推崇。

孝道，既是最基本的人性，也是中华民族的传统美德。

陕西古民居木雕图案中，以『孝』为题材的画面很多，如『二十四孝』『三十六孝』『百孝图』等。将历史上流传很广的孝敬老人的典型人物故事雕刻在家中最明显的隔扇门、窗裙板、祭坛、神龛门板等人们生活中最易看见的地方，时时刻刻使人耳濡目染，潜移默化，加以效仿，充分体现着中华民族作为礼仪之邦的讲文明、懂礼貌、尊老爱幼之优良传统，启迪警示后人学习先人的行孝之道，使子孙后代成为品德高尚完善、行事光明磊落、尊重爱护他人的人，教化人们友好和谐相处。

在社会进入现代文明的今天，木雕图案中所展示孝的传统美德亦不过时，当今人们仍应认真继承和发扬。

民居木雕的图案和内涵，给人们的不仅仅是美感享受，更是一种民族情感和悠久历史传统的信念教育。乌鸦反哺，羔羊跪乳，禽兽尚知孝亲，可况人乎！

- 名称：忠孝传家
- 年代：清
- 地点：神木县

■ 名称：虞舜至孝感动天 ■ 年代：清 ■ 地点：西安市长安区王曲镇

相传舜出生于姚墟（今山西省永济市），母亲早逝，父亲续娶并生一子，取名象。继母愚蠢而顽固，同父异母的弟弟象又傲慢至极，二人常在舜的父亲面前无事生非，挑拨离间。舜的父亲糊涂至极，竟与二人合谋想杀死舜，舜则是一个极尽孝道的人，唯知父母之恩德，不但毫无怨意，而对二人更加恭敬，其孝闻名遐迩。

可是，心狠手辣的后母和弟弟仍想害死舜，几次设计谋杀他。如：舜在房顶补漏时，他们放火烧房；舜在挖井时，象往井中投大石块，要砸死舜。无奈的舜只好到历山脚下去耕种田地。天帝鉴于其孝德，便派遣天象、群鸟为之耕地松土、除害虫，真可谓孝感动天。尧帝知道舜的孝行后，深知舜的德行可服民心，可安天下，便将爱女娥皇、女英同嫁于舜，并配以九位儿子帮助舜。经过一番考察后，确认舜为最佳人选，便将帝位禅让于舜。

以上两图是同一题材的两种不同雕法。

■ 名称：黄香扇枕温席 ■ 年代：清 ■ 地点：西安市长安区

“香九龄，能温席，孝于亲，所当执”。三字经中这句话说的是，东汉时江夏安陆有一个九岁的孩子叫黄香，母亲去世，父亲忙于养家糊口，常常因为干活而东奔西跑。黄香对父亲更是尽心尽孝，家中琐事全都包揽，非常勤劳。父亲看他年幼丧母，更加钟爱，每次见他劳作必加阻止。黄香总是说：“家境贫寒，父子相依为命，家中无仆婢，儿愿以身代之。”父亲每每感动不已。夏日炎热，为了能让父亲安睡，黄香夜夜提前入室，立于父亲床前摇扇不止，为了让床上竹席凉爽宜人。冬日寒冷，黄香更是为父亲着想，每晚必先以自己的身体温暖父亲的睡铺，使父亲能直接睡入暖和的被席中。这种纯挚天真的孝顺品性，为当时城里流传的一段佳话。

■ 名称：孟宗哭竹冬生笋 ■ 年代：清 ■ 地点：西安市长安区

孟宗，晋朝江夏人（今湖北省武昌市），他自幼师从南阳李肃。孟母贤德，激励孟宗上进，广交良友。孟宗学习极为刻苦，日夜不懈，甚得李肃厚爱，称他孺子可教，前程无量，日后必成大器。孟宗不仅勤学而且还极为孝顺母亲。他少年丧父，母亲年老多病，一次母亲得病，想吃竹笋，时值隆冬，无处可得鲜笋，孟宗苦思冥想无法得到，独自一人在竹林中徘徊，情急之下抱竹痛哭，边哭边祷告土地爷，诉说自己为母治病求笋心切。顷刻间，数棵竹笋破土而出。孟宗喜出望外，手捧竹笋奔跑而归，为母亲做好竹笋羹，亲手喂母亲吃下，果真使母亲病愈。孟宗后来做了大官，被封为司空之职，名望甚高。

■ 名称：王祥卧冰求鲤鱼 ■ 年代：清 ■ 地点：西安市长安区

王祥是晋代人，早年丧母，继母朱氏常在父亲面前数落王祥的坏话，其父也听信继母的谗言逐渐厌恶起他来。但是王祥孝心不减，一日，朱氏想吃新鲜的鱼，可是正值天寒地冻之季，河水冰冻，无处可得。王祥便脱掉衣服，赤裸卧在冰上。不过片刻，冰面即融化出一块，并且有鲤鱼跃出。王祥非常高兴，双手捧鱼而归，做给继母食用。又一日，朱氏又想吃烤黄雀，王祥便到树林中去捕鸟，说也奇怪，竟然有数只小鸟飞来让其捕获。家中种的果树结果后，朱氏让王祥守护，每到刮风下雨时王祥便抱树而泣，风雨便减弱了。同父异母的弟弟王览自小敬重王祥，经常在朱氏虐待王祥时伴其左右，为兄解难。一日继母在王祥的酒中投毒，王览发现后欲饮其酒，朱氏大惊夺过酒杯泼去毒酒，从此以后朱氏渐渐悔悟，不再难为王祥了。王祥之孝行在乡里广为传诵，徐州刺史吕虔报告皇帝，武帝即位后拜为太保之职。

■ 名称：郭巨埋儿天赐金 ■ 年代：清 ■ 地点：旬邑县唐家

郭巨是东汉隆虑（今河南省温县）人，家境贫寒，全家常常食不果腹。郭巨有个儿子才三岁，祖母非常疼爱他，每顿饭都要分给孙子一点。母亲饮食不足影响身体，郭巨看在眼里，疼在心上。一日趁母亲不在，郭巨和妻子商议，家庭贫寒，母亲年老耐不得饥寒，饮食不足岂能保身。而儿子又分占了母亲的饭食，儿子可以再有，而母亲不可能再得，便想埋了儿子。妻子听罢与夫同愿，在为儿子挖掘坑穴三尺多深时，忽然掘到一坛黄金，金上有字：“天赐孝子郭巨黄金百两，官不得夺民不得取。”这是郭巨夫妻孝心感动上苍，天赐黄金，一家人从此衣食无忧。

（郭巨孝母之心可嘉，但埋儿之举万不可取。）

■ 名称：陶侃只饮三杯酒
■ 年代：清
■ 地点：蒲城县

陶侃，字士行，浔阳人，是东晋著名的军事将领。年少时好酒，而且总是喝得烂醉如泥。但陶侃小时谨守孝道，听从父训，由一个“醉鬼”变成大将军，并且一生铭记父亲的教诲：“饮酒三杯为限。”

陶侃少年时代，对父母就很孝顺，其他方面也都很好，就是一个毛病，喜欢和几个朋友一块喝酒。有一次他喝得太多了，满脸通红，狂挥乱舞，唱着哼着倒在地上不省人事，一睡就是一天。

陶侃的父亲当过大将军，当年也曾威风八面，带过千军万马。他对儿子的管教也十分严格，绝不允许他有任何不端行为。陶侃这次醉成这样，父亲非常生气，定要好好教训他不可。父亲在陶侃酒醒后，马上过去告诫他说：“酒是可以喝的，但要有节制，喝醉了就不好。喝得烂醉，不省人事，叫人给砍了、剐了都不知道。如果你养成这个坏习惯，那你以后什么事也做不了，哪里还能报效国家？从今天开始，我给你立个规定，今后，不管什么场合，喝酒都要以三杯为限，绝对不要超过这个度，以免坏了大事。”陶侃是个懂事的孩子，听了父亲的教训，对父亲说：“孩儿以后再也不敢放纵自己了。”

陶侃有了此言，立志报国，他言出必行，不断努力，终于成为统率千军万马的大将军。他驻扎在武昌，可惜此时他父亲已经过世了。当时的名人殷浩、庾翼因早闻陶侃的英雄事迹，特设宴来款待他。宴会一开始，殷浩敬了陶侃一大碗酒，赞誉将军勇敢过人，陶侃一饮而尽。陶侃的豪爽，使庾翼十分高兴，连敬了陶侃两碗酒。三碗酒喝过后，庾翼又向陶侃敬酒，他推托说：“我酒量不大，恐怕不能再喝了。”殷、庾二人哪能相信！再三劝饮。陶侃思考了很久，然后双手抱拳，诚挚地说：“我年轻时很爱喝酒，曾因喝得过多而不省人事让父亲伤心，当时家父曾和我约定以后喝酒只能以三杯为限。现在家父虽然去世了，但我仍必须遵守他的规定，不敢超过这个限量。”殷浩、庾翼二人听后，更加敬佩陶侃将军的为人，不再勉强他喝酒了。陶侃始终能遵守自己对父亲的诺言，真正做到了“君子言必信，行必果”。

■ 名称：姜诗孝感泉涌鲤 ■ 年代：清 ■ 地点：旬邑县唐家

■ 名称：姜诗孝感泉涌鲤
■ 年代：清
■ 地点：西安市长安区王曲镇

后汉姜诗，明帝时广汉人。姜诗妻，庞盛之女。夫妻事母至孝，婆母爱喝江水，妻子就每天到离家六七里的江边取水供母饮用。母亲又嗜鲤鱼肉，夫妻二人就每天做鱼给母亲吃。一日因风大归来稍晚，姜诗见母亲口渴思茶又无江水煮泡，焦躁不安。待妻归来，不问青红当面斥责，并逐其出门。庞氏虽悲泣却不当面争执，便求宿于邻居老妇家，邻人知其贤惠，允其借宿。庞氏纺纱织布、贩卖所得均用于购美食，请邻里老妇转交姜母，时日久了，姜母让她回家，夫妻婆媳和好如初。忽然有一天，姜诗的屋外涌出一股清泉，其味如同江水，且每天泉水里都会跳出一对鲤鱼，供夫妻二人取来让母亲食用。世人都说这是姜诗夫妻孝行感动上苍的缘故。

■ 名称：老莱子戏彩娱亲 ■ 年代：清 ■ 地点：旬邑县唐家

■ 名称：老莱子戏彩娱亲 ■ 年代：清 ■ 地点：西安市长安区

■ 名称：老莱子戏彩娱亲 ■ 年代：清 ■ 地点：韩城市党家村

周朝时期，有一个有名的孝子，叫老莱子，孝顺至极，虽已七十高龄却并不以老自居，尽心尽力奉养父母二老。他事事都能够揣摩二老的心意而为，二老的饮食也调理得十分精心。有一次，老莱子听到父母叹息他们年已九十多岁、来日已不多了，心里很乱，便到街上散心。忽见一个七八岁的小孩拿着母亲给买的小拨浪鼓玩着跳着，母亲很开心。他就到货郎摊上买了个大号的拨浪鼓。回到家中，他上身穿一件红底花衣，胸前的兜肚上，有一个大大的“寿”字，裤子是鲜艳的花裤，手持拨浪鼓，没牙的嘴中哼唱着儿歌，一边哼一边扭腰，还不时地在地上打滚、翻跟头。然后跑到父母跟前说：“爹、娘！莱儿给你们请安！”惹得父母开怀大笑。有时老莱子又把满头的白发扎成两个小辫子，在二老跟前手舞足蹈，还故意发出小儿般的啼哭声，假装滑倒，卧地不起，向老人撒娇，好似一个顽童在嬉戏，博得二老欢颜。

武梁祠题榜曰：“老莱子，楚人也，事亲至孝，衣服斑连，婴儿之态，令亲有欢，君子嘉之，孝莫大焉。”

这是三个不同艺匠雕刻同一题材的图案，放在一起可供民俗学家、美术工作者研究不同图案的艺术表现手法和体现出的民俗内容的差异。

■ 名称：吴猛守孝护墓 ■ 年代：清 ■ 地点：旬邑县唐家

■ 名称：吴猛恣蚊饱血

■ 年代：清

■ 地点：西安市长安区王曲镇

晋朝濮阳有一个叫吴猛的人，在八岁时就是远近闻名的大孝子。吴猛家中贫寒，父母床上无完好的帏帐悬挂，每到夏天的夜晚，吴猛就和父母同室而睡，他自己睡在一个小床上，任蚊子在他全身叮咬都不挥扇驱赶。邻人都不明白他为什么这样做。问他原由，吴猛说："我要是赶走蚊子，那蚊子肯定会去咬我父母，我不赶它们，让它们叮咬我，父母便会安然入睡。"邻居们听了后都很受感动。

吴猛长大成人后，父母相继去世，他长年守护父母的坟茔。这时蜀中劫匪猖獗，到处焚烧房屋，挖掘坟墓盗物。乡亲四邻都外出避难，唯有吴猛一人独自守护在父母坟旁，悲泣不止。贼人见状也有了恻隐之心，惊叹世上竟有这样的孝子，于是就没有动挖其父母之墓，保全了双亲坟茔。

吴猛在四十岁时，遇到一位道长叫丁义。丁义见其孝，便教授吴猛以神方仙术，吴猛得其真传。有一次吴猛要渡过一条江，这条江江水汹涌，波浪滔天，吴猛没有用船渡，而是用所学之仙术，只将手中羽扇向河水中一挥，江中便出现了一道平坦之路，吴猛安然走过江去，江水立即复合奔流而去。当时两岸观看的人都感叹吴猛以孝亲而悟道，成了神仙中的一员。

■ 名称：崔妇乳姑不怠 ■ 年代：清 ■ 地点：旬邑县唐家

唐朝有个叫崔山南的人，官职是节度使，他的曾祖母长孙夫人年事已高，满嘴没有一颗牙齿了，无法嚼碎食物。他的祖母唐夫人，年轻时就对老人十分孝顺，除每天为她梳头洗脸外，还用自己的乳汁喂养婆母，日复一日。由于唐夫人从年轻时就用自己的乳汁供养长孙夫人，所以尽管长孙夫人无牙不能吃东西，但身体愈来愈健康。一天，长孙夫人病倒了，全家老少都聚集在她身边，只听她宣告说："我这辈子没有办法报答媳妇的大恩了，愿子孙媳妇都能像她孝敬我一样来孝敬她，我就满足了。"崔妇唐夫人孝养婆母的贤名千古流芳。

■ 名称：朱昌寿弃官寻母 ■ 年代：清 ■ 地点：旬邑县唐家

朱昌寿是宋代人，其生母刘氏是父亲的偏房，因其父正房夫人无子，所以经常虐待刘氏，百般妒恨刁难。父亲又惧怕妻子的凶悍，听信其谗言，将刘氏逐出家门，当时朱昌寿年仅七岁。刘氏离开朱家，无以为生，为图安身之处，不得已改嫁他乡，自此母子分别。朱昌寿长大成人后，终日思念母亲，寻觅无果，寝食不安。后来虽在朝为官，但饮食中从不设肉酒宴席，每与人谈及，总是泪如雨下。57 岁时，朱昌寿终于弃官辞家，言称不寻见母亲誓不还家。皇天不负有心人，他遍寻陕西、甘肃一带，终于在同州与母亲不期而遇。刘氏一眼便认出朱昌寿。阔别五十年的母子相见，悲喜之情难以言表。昌寿将老母与同母异父的弟妹都接回河中府，共享天伦。如此母子情深令世人赞叹。

■ 名称：丁兰刻木事亲 ■ 年代：明 ■ 地点：合阳县

■ 名称：丁兰刻木事亲 ■ 年代：清 ■ 地点：西安市长安区王曲镇

丁兰是汉朝河内人，幼年时随父母迁居到湖北宜城，几年后父亲就去世了，母亲忧伤成疾，不久也亡故了。丁兰从此孤苦伶仃，幸好有族人相助，渐渐长大，回想幼年时父母操劳抚养之恩，无法回报，心里总是不安。他成年后娶妻生子，对双亲的思念丝毫不减，于是凭着自己的记忆雕刻出双亲的木像，供奉在堂中。每日出入问安，饮食香火齐备，像对待活人一样对待木偶像。丁兰的妻子开始时也和丈夫一样，对木像谨小慎微，但日长月久，渐渐有些不耐烦了，她听说草木之灵长期享受人间香火则会精气俱全，要拿针刺一下还会有血渗出，甚是好奇。一天她趁丈夫不在家，竟大胆一试，未料木像果然有鲜血渗出，丁兰妻惊吓得再也不敢刺了。丁兰回来后照例到木像前问安，木像忽然眼中流泪，面呈痛苦之相，丁兰大惊，追问其妻，妻无奈以真言相告，丁兰甚是恼怒，痛责妻子不孝，命妻长跪于木像前悔过。丁兰的孝行令其妻懊悔不已，从此后再也不甘怠慢父母的木像了。

曹植诗：“丁兰少失母，自伤早孤茕。刻木当严亲，朝夕致三牲。暴子见陵侮，犯罪以亡形。丈人为泣血，免戾全其名。”

这是同一题材的两个不同地区和不同年代的图案。

■ 名称：谢定柱打虎救母 ■ 年代：清 ■ 地点：旬邑县唐家

人们都知道武松打虎。这里说的是明朝打虎救母的十二岁小英雄谢定柱。有一天，他家的牛跑丢了，他就和母亲到村外的山边去寻找耕牛，母亲怀中还抱着幼小的弟弟。忽然，林中窜出一只猛虎，直扑向母亲和小弟弟。谢定柱先是一惊，听到母亲喊救命，他突然勇气倍增，操起一根木棒飞奔前去猛打老虎背部。老虎遭此一击，丢下谢母就往山上跑。定柱扶着母亲抱着弟弟往回走，哪知走了没几步，老虎又冲了过来扑向谢母。谢定柱看见老虎咬住母亲的脚，马上抱起一块石头向老虎头上砸去，打得老虎大吼一声，又逃走了。不料没走几步老虎又扑了过来，谢定柱又拿起石头狠狠地打在老虎的头上，这一下把老虎打懵了，逃进了密林，终不敢再追来。

明成祖听说十二岁的孩子居然打虎救母，非常惊奇，专门表彰了谢定柱，称他是与武松齐名的小英雄。

■ 名称：汉文帝侍疾尝药 ■ 年代：清 ■ 地点：西安市长安区王曲镇

汉文帝刘恒是汉高祖刘邦的第三个儿子，从小就忠实厚道，对他母亲薄太后甚是敬爱。高祖欲立太子时，大臣们都称赞刘恒孝贤温良，刘邦就把刘恒立为代王。周勃平诸吕之乱，迎代王刘恒为帝。吕后死后，尊薄后为皇太后。文帝侍奉母后甚是谨慎小心，从不懈怠。薄太后患病，卧床三年，文帝常常陪伴于太后身边，衣不解带，没有睡一个囫囵觉。太后吃的药文帝都要亲口尝试，并亲手喂入。文帝爱母、孝母之心昭著于天下，上至文武百官，下至黎民百姓都称颂其仁孝之心。汉文帝贵为天子，仍能小心侍奉母亲，真可谓孝子中典范。

■ 名称：庾黔娄尝粪尽心
■ 年代：清
■ 地点：旬邑县唐家

南北朝时，有一个南齐高士名叫庾黔娄。他的父亲庾易是个淡薄功名、不求私利的人。父亲的一言一行时刻都影响着庾黔娄，他在齐为臣，任编政令时很有政绩，被调往孱陵县（今湖北省公安县南部）任县令。到任不到十天，父亲就患病，而黔娄并不知情。一日感到心惊肉颤，坐立不安，心神不定，他想必定是老父有病，便决定即日弃官返家省亲。当他到家后，得知父亲虽只病倒两日，情况却很危急。黔娄私下里询问医生父亲的病情如何，可否治愈，医生不敢断言，告诉他，可以尝一下他父亲的粪便，味苦，则好治，味甜，则难愈。当时病人正在泻痢，黔娄毫不犹豫取粪尝之，结果味甜质滑。他深知父亲将病之不起，忧心如焚。黔娄深夜持香跪拜北斗，祈愿以身代父，忽然听到空中人语："你孝心可嘉，但汝父寿命已尽，不可复延。"黔娄仰望天空，悲泣不止。不久父亲病逝，黔娄重葬老父，守制三年。黔娄的孝心非普通人所能达。

■ 名称：庾黔娄尝粪尽心 ■ 年代：清 ■ 地点：旬邑县唐家

■ 名称：子路为亲负米 ■ 年代：清 ■ 地点：旬邑县唐家

■ 名称：子路为亲负米 ■ 年代：清 ■ 地点：西安市长安区王曲镇

子路，春秋时期鲁国人，孔子的大弟子。子路知识渊博，热情好学，深得孔子喜爱。后来，楚国国君请子路去楚国做了大官，子路当了大官以后，生活也随着地位的提高而渐渐富贵起来，吃饭时满桌子的山珍海味。但子路每每吃饭时却摇头叹气，那些伺候他的人都不解其意，非常害怕。厨师认为没把饭菜做好，仆人以为是什么事做错了，但子路从来都夸他们干得不错！到底是什么原因呢？后来，一个叫阿义的仆人告诉大家（因为阿义是子路最亲近的仆人），说："老爷有个盒子，里面装着个破旧的米袋子，老爷每天都要看一看才肯上床睡觉，吃每顿饭时都要看一次盒子。原来老爷家境很穷，每天三顿饭，吃了上顿没下顿，常常拿野菜充饥，当饭吃。老爷幸亏身体强壮，吃了野菜还能马马虎虎度日，而老爷的老父母身体却渐渐消瘦了，卧床不起，只想吃白米饭。当时老爷急坏了，哪来的米饭呢？那时老爷住的地方不产大米，老爷只好找了个破旧袋子，拿了几个铜钱，到距他家百里以外的米店去买米。路途遥远，一路艰辛，老爷一点也不埋怨，他跑到米店买了白米，拔腿就往回跑。回到家里，赶紧生起火煮了米饭，好久没闻到米香的父母闻着米香，胃口大开，一连吃了许多。他父母脸上的苍黄渐渐地转为红润颜色，老爷这才开心了。只要筹到钱，老爷就拿着米袋子到百里外去买米。老爷是个大孝子啊！他父母去世后，他虽然当了大官，生活好了，但他从来没忘记他那米袋子，他常感叹着说：'我现在虽然很富贵了，再也不会过那种劳累，吃野菜的日子，可父母已去世了，我再也不能如昔日那般百里负米来奉养双亲了。'所以老爷叹息是怀念感受双亲的教养之恩呀！"

■ 名称：郯子扮鹿求鹿乳 ■ 年代：清 ■ 地点：旬邑县唐家

■ 名称：郯子扮鹿求鹿乳 ■ 年代：明 ■ 地点：韩城市党家村

郯子是周朝人，从小就知道体贴孝敬父母。父母二人眼睛染了病，多方求医问药都没有疗效。他听说鹿乳有极好的滋补功效，能强筋骨通血脉，对治疗眼病也十分有效，就想试一试。可是鹿的乳汁是非常不容易得到的，当时的集市上根本就无法买到，郯子为了给父母治眼病，决定亲自到深山中寻觅。郯子知道，鹿是群居动物，并且警惕性很高，看见人就奔跑躲避，很难靠近。他想，只有身披鹿皮，扮成鹿的模样，混入鹿群，真假难辨，才能获得鹿乳。郯子给自己装扮得以假乱真，群鹿真的没有发现他的异常，都没有躲避他。郯子就模仿鹿的各种举动，混在鹿群中行进，就势挤取鹿乳，盛到随身带的器物中。挤到鹿乳，郯子兴奋极了，急忙往家中走。正走着，却遇到捕猎者，差一点被人用箭射杀。郯子脱去鹿皮，向捕猎者说明原委。捕猎者对他的行为敬佩不已，并护送郯子出山回家。

■ 名称：程通上书代祖役
■ 年代：清
■ 地点：富平县

明朝绩溪（今安徽省绩溪市）有个叫程通的人，父母双亡，自幼依靠祖父为生。祖父程平对他极为怜爱。程通十二岁时，祖父获罪，被贬到陕北重镇延安，明为戍边，实则为守边军将的奴仆。程通想到每日相依为命的祖父年事已高，怎能承受得了这般奴役，再则扛枪从戎、效命沙场也非老年人所能承担的事。常言道，父有难，子承担。程通的父亲早亡，他是长孙，祖父被贬之役只有他能替代。想到此，程通便刺破手指，写成血书上呈天子。书中说："草民乃罪臣程平之孙，本不该冒犯天威，但实因情势所迫，不能不向皇上明言，草民自幼丧父，是祖父辛苦将我抚育成人。祖父老而无子，爱孙如子，草民与祖父生死共命。我不忍祖父风烛残年流落他乡再受此般折磨，愿意自己代替祖父之役，万死不辞。"明帝看了血书，深感书中措辞情深意切，字里行间溢出一片赤诚之心。明帝深为这个十二岁孩子的孝心感动，于是诏谕刑部免除程通祖父的边役，特赦其罪。并对程通的孝行给予嘉奖，树为全国孝亲之楷模。

■ 名称：程通上书代祖役
■ 年代：清
■ 地点：合阳县

■ 名称：程通上书代祖役
■ 年代：清
■ 地点：韩城市党家村

■ 名称：颜应佑万里寻母 ■ 年代：清 ■ 地点：旬邑县唐家

元朝时，金门有一户人家，母子二人：母亲颜氏，儿子颜应佑，母子相依为命，日子非常艰难。这时发生战乱，母子俩从金门逃到了福州。一天，母子俩正在赶路，忽然从身后冲来一大队车马，母子俩惊恐奔跑。颜应佑年纪太小，一下没踩稳脚步，便摔倒在路旁，晕了过去。母亲看不到儿子，回身去找，这时一大群逃难人拥了过来，颜母被挤得往前跑，可怜他们母子就这样被冲散了。

应佑醒来时，天色已黑，他找不到母亲，只好自己往前走。在一户人家屋檐下的草堆中睡了一夜。天亮后房主人见一小孩，问其情况，应佑说明原委，于是房主人就收留了他。时间过得很快，战乱平定后，颜应佑把找母亲的想法告诉了好心的房主人，得到房主人的支持，房主人又给了他一些银两。颜应佑开始一路探访寻母，他边给人干活边乘机打听母亲下落。一年一年，一晃已经过去了26年。他从福建转到广东，再从广东来到四川，他翻了多少山，蹚过多少河，路途漫漫，饿了吃点野果，渴了喝些山泉，披星戴月，昼夜不停。一天他走到了云南，这个地方山高路险，人烟稀少，他顾不了许多，一直走过这段最难走的路，来到蜻蜓岭。他走到一家客店门口，因身体疲惫不堪，双腿一软，便晕倒在地。客店中走出一个五六十岁的老婆婆，喂他一碗肉汤，他顿时有了力气，就感谢老人家。老婆婆问他来历，他说明了情况。老婆婆惊得站了起来，问应佑："你可姓颜？""对呀！你怎么知道？"老婆婆惊奇地说："孩儿，我就是你要找的娘啊！"皇天不负有心人，颜应佑凭着一颗爱母之心，以坚强的毅力，终于在26年后找到了母亲，成为一段人人传诵的佳话。

■ 名称：李密陈情表孝心 ■ 年代：清 ■ 地点：富平县

李密，字令伯，晋代武阳（今四川省彭山县）人。年幼时父亡，母改嫁，是祖母将他抚养长大。李密在蜀国曾任尚书郎之职，蜀国亡国后，他就回家侍奉祖母。他的祖母年事已高，体弱多病，李密日夜服侍左右，顷刻不离。

晋武帝诏李密为太子老师。李密不愿意离开祖母而去，便给皇帝呈交一《陈情表》："臣无祖母，无以至今日；祖母无臣，无以终余年。如今臣年逾不惑，祖母已九十有六高龄，臣尽职于陛下之日仍然长久，而报答祖母之日益短少，今日臣唯一心愿就是终养祖母。"武帝被李密的诚孝之心感动了，便准其奉养祖母，并赐予奴婢二人，并下诏郡县府衙为祖孙二人提供食用之物，以解其后顾之忧。

李密感激武帝的仁义，更加尽心奉养祖母。几年后祖母病逝，李密哀伤至极，厚葬祖母，服孝三年后才去做官，官至汉中太守。后因政事，再次辞官隐退，回归故里不再复出。李密在当时很受人们敬重，被称为"独行高士"。

■ 名称：顾炎武行孝拒官 ■ 年代：清 ■ 地点：西安市长安区

顾炎武，明末清初著名的大学问家、大思想家，江苏昆山人。一次，有许多马车送一个人回家，这个人就是顾炎武，为什么有这么多人护送他回家呢？原来，顾炎武不愿意在清朝宫廷做官，就向皇帝请求回家养老，皇帝答应他的要求，就派部队护送他回家。清朝的大官都心里纳闷：为什么顾炎武这么优秀的人才，却甘心隐居山涧乡村，不愿意出来做官呢？开始京城皇宫派了几名钦差大臣，带着珠宝古董到顾炎武家，以邀请的方式逼迫顾炎武到京城做官，迫于无奈顾炎武到了京城，朝廷让他做政府的大官，他不答应。最后，他只答应在国家写史的机构里负责修写明史，绝口不提做官的事。原来顾炎武的母亲在满清入关前就在明朝最后一个皇帝缢杀时，也跟着自杀殉国。临死前她抓着顾炎武的手说："娘虽然是个妇道人家，可是深受国家的养育大恩，今天和国家一起灭亡，是为了一个'义'字，你以后一定不能因为做清朝的官吏而忘记祖先留下的遗训，这样我死了才能闭上眼睛。"所以，一直到顾炎武去世为止，他始终没有做过清朝的官吏，一生遵守母亲的遗训，不但尽了孝道，而且成为忠贞不屈的好榜样。

婴戏图

『婴戏图』确切地讲应该为『童戏图』。《辞海》解：『婴，初生的小孩。又名「乳儿」。指一足岁以下的小儿。』因此，『婴』是指初生不满一周岁，还不能站立行走的孩子。如果是爬行的小孩子在玩耍，可称婴戏。会行走玩耍的孩子应为童戏才对。『童戏』与『同喜』谐音，古代民俗指婚配两个喜相连，也喻相互道喜、庆贺。从图案表面上看是童戏，可古人将童戏的设计，蕴藏、寓意着非常丰富的文化思想。它向我们展示古代汉民族居家、理国、平天下、多子多福、考终命的高贵品德。

古时，中国画从分类中就有『婴戏图』的类别。只要是有孩子们玩耍的图案，不论孩童大小，都归婴戏图类。木雕作品亦是如此。这『婴戏』尽管是讹传，但由于习惯使然，这里也姑且这样称吧。

■ 名称：夺魁

■ 年代：明

■ 地点：韩城市党家村

“盔”，战士用来保护头的金属帽子。“盔”与“魁”同音，魁是第一的意思。古代科举考试，科目是儒家的五经，每科的第一名称作“经魁”，殿试第一名称为“大魁”，也就是状元。此图中两个小孩子在互相追逐抢夺一个战士的金盔。一个孩子将金盔高高举起，另一个孩子手指金盔欲夺之，尽显夺魁之意。

■ 名称：斗鹌鹑 ■ 年代：明 ■ 地点：韩城市党家村

鹌鹑，一种头小尾短，羽毛赤褐色、杂有暗黄色条纹的鸟。雄鸟好斗，《诗经》对它描写为“鹑之奔奔”。鹌鹑是勇敢的标志。在我国许多农村，斗鹌鹑和斗鸡一样，曾是大众喜爱的一种娱乐方式。图中雕刻三个男童，正神情专注地斗鹌鹑，地上雕刻九个菊花印痕。因为“鹌”与“安”同音，“菊”与“居”同音。整个图案含义为鼓励男儿勇敢向前，方有美好前程，另有“九世安居，安居乐业”之意。

■ 名称：读书 ■ 年代：明 ■ 地点：韩城市党家村

“学而优则仕”“万般皆下品，唯有读书高”，这是中国封建社会数千年来的信条。孔子曰：“士而怀居，不足以为士矣。”南北朝的颜之推著《颜氏家训》曰：“夫读书之人，自羲、农以来，宇宙之下，凡识几人，凡见几事，生民之成败好恶，固不足论，天地所不能藏，鬼神所不能隐也。”

我国古代有握锥读书的，是战国的苏秦；有投斧为读书的，是西汉的文党；映雪读书的，是东晋的孙康；聚萤读书的，是东晋车胤；锄地读书的，是西汉的皃宽；牛角挂书而读的李密，砍樵苦读的朱买臣，凿壁借光读书的匡衡等读书的名人比比皆是。古人云：“读书志在圣贤，非徒科第；为官心存君国，岂计身家。”

为了鼓励孩子走仕途、多读书，以劝童读书为题材的作品极为丰富。这幅雕刻中部有一大大的“福”字。左上，庭院一松柏树。稍右下，两个孩童举书而读。读书是“福”和“至理常青”，用意显见。

■ 名称：戏羊 ■ 年代：明 ■ 地点：韩城市党家村

羊，哺乳动物，性温顺，古通“祥”。《说文》：“羊，祥也。”孔子曰：“水之精为玉，土之精为羊。”董仲舒在《春秋繁露》中称：“羔有角而不任，设备而不用，类好仁者；执之不鸣，杀之不啼，类死义者；羔食于其母，必跪而受之，类知礼者。故羊之为言犹祥欤？”又加之母羊舔犊呵雏，因此，被视为仁、义、礼的象征。“跪乳”出自汉蔡邕文：乌以反哺，讬体太阳；羔以跪乳，为贽国卿。旧时劝善教义有“羊羔跪乳，乌鸦反哺”，以此劝导孝敬长辈。反映了人们对羊的溢美和追求真善美的理想。

这幅图中三个小孩，神态顽皮，在戏逗一只倔强的山羊，一子攀扶羊角，以驾驭之势，另外二子牵逗，欲让羊奔驰戏耍，寓“三阳启泰”。“羊”谐“阳”。“三阳启泰”也叫“三阳开泰”，为一年开头的吉祥语。寓意喜气洋洋，政通人和，国泰民安，大地回春，万象更新。

■ 名称：夺帅 ■ 年代：明 ■ 地点：韩城市党家村

斗蟋蟀是我国很古老的游戏之一。从唐朝起，历朝历代文献中都有记载，至今还有人乐此不疲。这幅图上有四个小孩，围在一个斗蟋蟀的盆子旁边嬉戏打闹。古语：“三军可夺帅，而匹夫不可夺志。”因“蟀”与“帅”谐音，“夺蟀”即“夺帅”，象征勇敢与战斗的进取精神，置于富家院落。寓意为夺帅建立军功，光耀门庭。

■ 名称：打棒 ■ 年代：清 ■ 地点：澄城县

打棒，是古时乡村儿童游戏的一种。其图案真实地反映了农村孩子们当时的体育活动场景，具有民俗史料研究价值。

打棒这种游戏，是多人活动。棒用直径 1.5 厘米　2 厘米粗的树枝，截成 7.5 厘米—10 厘米长，再削尖两头制成。棒材最好是枣木或榆木。玩要时在地上划一长线，把棒子放在线内，由主打人手持 5 厘米宽、35 厘米长的木板，在棒子的尖头敲击一下，棒子随即跳起时，顺手再用木板横向猛打，将棒子打到前方有守棒人的方向。另外有几个孩子站在远近不同的位置上，来拦截小木棒，接棒者再往打棒者站的线内扔，以看谁扔得远、接得准来判输赢。玩法有些类似棒球运动。从木雕图案上看，这种游戏在明清时期就很流行了。直到新中国成立初期（20 世纪 50 年代），我国北方农村的孩子还在玩这种游戏。作者本人孩提时（20 世纪 50 年代）还常玩它，所以备感亲切。由于这种游戏比较危险，易打伤人，后来就渐渐被淘汰了。

■ 名称：抓周
■ 年代：清
■ 地点：韩城市党家村

■ 名称：抓周 ■ 年代：明 ■ 地点：大荔县

■ 名称：抓周 ■ 年代：清 ■ 地点：澄城县

抓周，古称“晬盘”“周晬”“期周”。这个风俗早在南北朝时就已在民间流行，那时叫“试儿”。颜之推在《颜氏家训·风操》中曾详细介绍当时的“试儿”风俗。

在陕西亦有抓周的习俗。当孩子满周岁时，让他坐在席上，给其面前放上书本、尺子、算盘、升子、秤杆等器物，让他信手去抓。看孩子先抓到哪件物件，借以判断他长大后能干什么事情。如先抓的是书，就预示着孩子长大了是个读书人；如果抓了算盘，说明长大了可以经商……

由于抓周试儿缺乏科学依据，所以此风俗渐渐淡化了。

这是同一题材的四幅木雕图案，由于地方相异，画面风格也就不同，放在一起，供读者鉴赏。

- 名称：抓周
- 年代：清
- 地点：西安市长安区

名人掌故

名人，有声誉的人。《吕氏春秋·劝学》：『不疾学而能为魁士名人者，未之尝有也。』古人有『三不朽』之说，即立德、立言、立功。人们凭此三途，便可成就万世『声名』。

我国历史悠久，历史名人成千累万，他们为人类文明的发展、社会的进步创造着物质和精神财富，成为后人学习效仿的楷模。

陕西民居木雕中，特别是门裙板的画面，多雕历史名人典故，以历史人物的事迹，勉励人们，教化后人，学习他们睿哲的思想、崇高的品格、高尚的情操、伟大的抱负、顽强的意志、卓越的见识。

人们历来厌恶贪官，崇尚为官清廉者。如雕刻图案中称颂为官清廉的：杨震『四知』拒收礼、于谦两袖清风等典范，使人们时刻以他们为榜样，牢记做人的准则和汲取前进的力量而立德、立言、立功，成就万世名声。

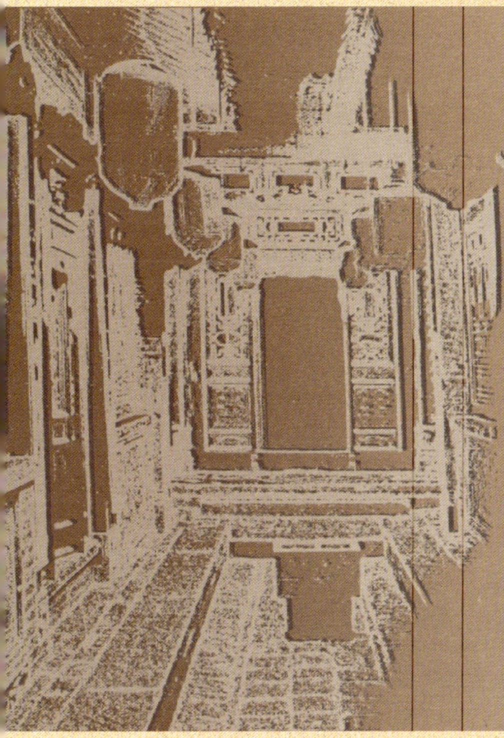

■ 名称：李清照送夫赴任
■ 年代：清
■ 地点：旬邑县唐家

李清照（1084—1151），南宋女词人。号易安居士，济南人。父李格非为当时著名学者，夫赵明诚为金石考据家。早期生活优裕，与明诚共同致力于金石、书画的搜集整理。夫妻感情特别好，经常一起吟诗、谈史、做游戏。赵明诚做官后，俸禄除了吃穿生活用品外，全部用来购买书画、古董，明诚经常天黑回家，吃完晚饭便点起灯，夫妻二人一起欣赏这些东西，直到蜡烛燃尽方才休息。后来赵明诚到外地做官，家中只清照一人。时至重阳节，李清照独自一人在家饮酒、观赏菊花，触景生情写了一首《醉花阴》的词，其中“莫道不消魂，帘卷西风，人比黄花瘦”三句成为千古名句。

1129 年，金兵攻打南宋，赵明诚又被派往湖州做官，李清照依依不舍地相送丈夫赴任，谁知这竟是夫妻诀别。赵明诚走到半途就病死了。李清照非常悲痛。生活的不幸加上国家的苦难，使李清照词风较前大变，她开始写悲愁凄苦的词，来诉说自己的感慨。感时咏史，情辞慷慨。如她的五绝：“ 生当作人杰，死亦为鬼雄。至今思项羽，不肯过江东。”

■ 名称：杨震“四知”拒收礼 ■ 年代：清 ■ 地点：旬邑县唐家

■ 名称：“关西孔子”杨震 ■ 年代：清 ■ 地点：韩城市党家村

杨震，字伯起，东汉华阴（今陕西省）人。一生勤于职守，刚直不阿，淡泊名利，学识渊博，当时人送“关西孔子”之赞誉。他在担任东莱太守时，曾为一个遭人诬陷的下属洗清冤情。下属为示感激，就在深夜时分，私下送十斤黄金给他。杨震坚决不收。下属劝他：“夜深人静，无人知晓。”杨震生气地训斥说：“天知，地知，你知，我知，何谓无人知？”后来杨震官至司徒、太尉，依然廉洁奉公，他的家人仍然粗茶淡饭，且外出都不坐轿。杨震清廉俭朴，拒不受贿。有人劝他置办些房地产业，为子孙后代留些遗产，他却说：“我留个清官之名，不也是为子孙留下的丰厚财产吗？”

■ 名称：季札挂剑赤诚心 ■ 年代：清 ■ 地点：旬邑县唐家

季札是春秋时期吴国的公子，素有贤名，多次被推举做国王他都不做。他曾受命出使鲁国，去学习、考察各国治国兴邦之策。途中受到一个朋友徐君的热情款待。临走时，季札发现朋友很喜欢自己的剑，便想赠送，但又想到自己身为使者，失去此剑会被诸侯轻看，就想在完成使命之后相送。不料他回来时，朋友却去世了。季札来到朋友坟前大哭一场，解下宝剑挂在朋友坟头的树上，表达对朋友的情谊。随从的人说："朋友都死了，他还能拿到剑吗？"季札曰："始吾心许之，岂以死倍吾心哉！"

■ 名称：醉里挑灯看剑 ■ 年代：清 ■ 地点：旬邑县唐家

辛弃疾（1140—1207），南宋大词人。字幼安，号稼轩，历城（今山东省济南市）人。21岁参加抗金义军，不久归南宋，历任两湖、江西、福建、浙东安抚使等职。任职期间，采取积极措施，训练军队，奖励耕战，打击贪污豪强，注意安定民生。一生坚决主张抗金，提出不少恢复失地的建议，但均未被采纳，并遭到主和派打击，曾长期落职闲居于江西上饶一带。其词抒写力图恢复国家统一的爱国热情，倾诉壮志难酬的悲愤。此图是以他的诗句"醉里挑灯看剑，梦回吹角连营"的诗意雕刻的。

■ 名称：孔融让梨 ■ 年代：清 ■ 地点：西安市长安区

■ 名称：于谦两袖清风 ■ 年代：清 ■ 地点：旬邑县唐家

“融四岁，能让梨。弟于长，宜先知”，《三字经》中这四句说的是孔融让梨的故事。

孔融，东汉时的大文学家。字文举，鲁国（今山东省曲阜市）人。曾任北海相，时称孔北海。又任少府、太中大夫等职。所作散文锋利简洁，喜用讥嘲的笔调，后来因为触怒了曹操遭杀。被后人称为“建安七子”之一。

孔融在四岁的时候，父亲买了梨回家，孔融把梨为兄弟们分食。他将大梨分给兄长和小弟，自己拿了个小的吃。父亲问他为什么这样做，他说：“哥哥比我年龄大，应该吃大梨；而弟弟比我年龄小，我应该让着他们。”孔融小小年岁就懂得兄弟之间要相互谦让的道理。

于谦，字廷益，明朝杭州钱塘（今杭州市）人。从小饱读诗书，懂得许多治国安邦的道理。他一生最仰慕南宋民族英雄文天祥的为人，常把文天祥的画像挂在书桌前，借以激励自己。他为官清廉正直，从不攀附权贵。明英宗时，做过英宗朱祁镇老师的宦官王振掌握了军政大权。朝中官员谁要得罪了王振，轻则贬官，重则杀头。有一年，轮到于谦进京向朝廷述职了，他手下人劝他给王振送些礼物，以防不测。于谦哈哈一笑，甩了甩他那两只宽大的衣袖说：“我可没有多余的钱去巴结上司，只有两袖清风。”后写诗一首，最后两句：“两袖清风朝天去，免得闾阎话短长。”两袖清风的成语就是从这里来的。

■ 名称：贺知章荐李白

■ 年代：清

■ 地点：韩城市党家村

■ 名称：贺知章荐李白
■ 年代：明
■ 地点：蒲城县

■ 名称：贺知章荐李白
■ 年代：清
■ 地点：澄城县

■ 名称：贺知章荐李白
■ 年代：清
■ 地点：合阳县

贺知章，唐朝诗人，字季真，自号四明狂客，越州永兴（今浙江省）人。武则天证圣年间进士，官至秘书监。后还乡为道士。好饮酒，与李白友善。

李白，唐朝大诗人，字太白，号青莲居士。祖籍陇西成纪（今甘肃省秦安县），出生于碎叶（今巴尔喀什湖的楚河流域）。少年时博学广览，吟诗作赋，才华显露，好行侠仗义。青年时期就喜好漫游各地，对社会生活多作体验。一心想为国效力。初到国都长安时，拜会当时最负盛名的诗人贺知章，恭敬呈上自己的《蜀道难》诗篇。贺知章对李白的才华大加赞赏，称李白为“谪仙人”。李白受贺知章、吴筠等人的推荐，于天宝初供奉翰林，做了个专为皇上、公卿写诗的闲职官。但政治上不受重视，政治抱负不能实现。李白便奚落权贵，让太监为他脱靴，让员外郎帮他研墨。他放浪形骸的侠义性格，得罪了高力士、杨国忠等人，受到权贵的谗毁。因参与永王李璘之乱，被流放到夜郎，中途遇赦。但他对当时政治的腐败有较深的认识，不愿再回长安。晚年漂泊困苦，卒于当涂。

我们将这四幅同一题材、不同时期、不同地方、不同艺匠所雕刻的图案放在一起，同时奉献给读者，特别是美术家可以从比较中领略到工匠们的艺术创作和各自的创作技巧、表现手法及对故事人物的解读。通过这组图案，我们可以看到民居木雕的内容、形式上充分体现出的自由性、多样性、随意性。图案可根据人们的喜爱添加或减少景物，改变布区，达到美化的效果。

通过对照，我们不难看出明清时期同一题材的图案的变化。明代的图案在传承了元代的简洁明快、潇洒大气的特点外，则力求人物形神兼备、写形与写意并举的文人韵味。清代的木雕图案则显得场景繁缛。艺匠们讲究精雕细刻，追求高难度、多层次雕凿。极穷其工、极显其能、极现其艺，是清代艺匠们的艺术特色。

■ 名称：王安石和司马光 ■ 年代：明 ■ 地点：蒲城县

■ 名称：王安石和司马光 ■ 年代：明 ■ 地点：合阳县

王安石，字介甫，晚号半山。抚州临川（今江西省）人，北宋时期的政治家、思想家、文学家。自幼好读书，兴趣广泛，不论是经书、史书、诗词、传奇，甚至医书都读，吃饭睡觉都手不释卷。仁宗庆历年间考取进士。嘉祐三年（1058）上万言书，提出变法主张，要求改变“积贫积弱”的局面，推行富国强兵政策，抑制大官僚地主的兼并。强化统治力量。神宗熙宁二年（1069）任参知政事。次年任宰相，依靠神宗，实行变法，史称“王安石变法”。

司马光，字君实，陕州夏县（今山西省夏县）人。司马光幼时聪明伶俐，五六岁可背诵《论语》《孟子》，七岁熟读《左传》。“司马光砸缸”的故事就是他儿时机智故事之一。后中进士，任翰林兼侍读学士，做过宰相。受命编修《资治通鉴》，全书294卷，记载一千三百多年的历史，史实系统而完备，堪称“巨著”，也是我国编年史中的一部名著。因此，人们把司马光和汉朝写《史记》的司马迁合称“两司马”。司马光为人耿直、朴素。宋仁宗时，在京城中他和王安石、韩维、吕公著四人最合得来，特别是和王安石关系密切。但是，在王安石推行的变法中，司马光却是反对派。这是由于他看到范仲淹改革失败后的惨局，担心王安石重蹈覆辙。

■ 名称：杨业为国杀敌 ■ 年代：明 ■ 地点：韩城市党家村

■ 名称：杨业为国杀敌 ■ 年代：元 ■ 地点：富平县

“杨家将”的故事在我国民间广为流传。“将门虎子”“一门忠烈”是人们对杨家的褒奖。杨业，又名继业，北宋时称“无敌将军”“金刀杨令公”。太宗征太原，他为右领大将军，屡挫契丹兵。雍熙三年（986），潘美任云应路行营都部署，杨业副之。率西路军出雁门关，一路势如破竹，连拔云、应、朔、寰诸州，师抵桑干河。但由于监军王侁指挥失当，主帅潘美不发粮草援兵，杨业兵败陈家谷口，重伤被俘，宁死不屈，绝食而死。杨业赤心保国，率杨家诸将为大宋江山立下赫赫战功。

这是两块不同时代、不同地域、同一题材的图案。有意思的是韩城的这块图案中，“金刀杨令公”手中提的是方天戟，而不是大刀。这个错误应该说是不可原谅的，但是它却堂而皇之地存在了几百年。这就充分体现出民居木雕的灵活性、随意性、多变性、不受严格模式局限的多样性，为民俗学者提供了仔细研究每一个不同画面中民俗内涵的空间。

■ 名称：米芾封石 ■ 年代：清 ■ 地点：韩城市党家村

米芾，字元章，号海岳外史、鹿门居士，世称“米南宫”。宋朝襄阳（今湖北省襄樊市）人，人称“米襄阳”。他文章写得龙翔凤翥，神奇异险。特以书画见长，书法得王献之笔意，画山水人物风格独特，自成一家。性格特立独行，不随波逐流，气度超凡。官至礼部员外郎之职。米芾非常喜爱奇石，其中一块最珍贵的石头，被他称作“洞天一品”。据说他每日清晨正衣冠后，对此石三跪九拜，称为“拜石”。此图系他题字封石。

■ 名称：米芾封石 ■ 年代：清 ■ 地点：渭南市潼关县

■ 名称：洞天一品 ■ 年代：清 ■ 地点：澄城县

米芾非常喜爱奇石，其中一块最珍贵的石头，被他称作“洞天一品”。正由于此，画面中有一块巨石者，人们便称其为“洞天一品”。

■ 名称：魏徵面谏 ■ 年代：明 ■ 地点：澄城县

■ 名称：魏徵面谏 ■ 年代：清 ■ 地点：韩城市党家村

魏徵，字玄成，唐朝巨鹿下曲城（今河北省晋州市）人。少时孤贫，有大志，喜读书，通晓古今治乱兴衰。隋朝末年，为避乱出家做道士。后来参加李密的反隋起义军。密军败后，随李密投降唐军。唐太宗时拜谏议大夫，检校侍中。魏徵素有胆识，敢于直谏面谏，所言多被太宗采纳，有助于“贞观之治”。据说，太宗得到了一只鹞鹰，把它放在肩膀上，很是得意。但当他看到魏徵远远地走来时，急忙把鹞子藏在怀中。魏徵故意奏事很久，竟使鹞子闷死怀中（见《贞观政要》）。魏徵犯颜直谏，即使在太宗大怒之际也不退让。所以，他深受朝野敬重，成就了唐太宗“从谏如流”的千古美名。

贞观十七年（643），魏徵病卒。太宗自制碑文，并为书石。对侍臣说：“夫以铜为镜，可以正衣冠；以古为镜，可以知兴替；以人为镜，可以明得失。魏徵没，朕亡一镜矣！”以此可见唐太宗对魏徵的信任。

■ 名称：百官朝圣图 ■ 年代：清 ■ 地点：城固县原公镇

这幅“百官朝圣”的浮雕图案，拍摄于汉中市城固县原公镇韩家祠堂中。韩信是淮阴（今江苏省淮安市）人，而为什么他的家祠却设在汉中城固原公呢？这还需从“萧何月下追韩信”的故事说起：刘邦当时屯兵汉中，韩信做了刘邦的属下，他因刘邦不肯重用他，就在一个夜晚，背着宝剑，偷偷地走了。由于韩信是外地人，道路环境生疏，又找不到人来问路。所以，在原公这个地方转来转去，就是走不出去。后在月色中被快马追来的萧何赶上，请了回去。刘邦在萧何的推荐劝说下，拜韩信为大将军。韩信以他卓越的军事才能，为汉室天下立了大功，成为汉朝开国三大功臣之一。他的后人为纪念韩信人生中这个有突出意义的转折地点，就在韩信迷路的原公镇安家定居。从那时到今日韩家在原公已传至第 23 代。韩家祠堂中这座牌楼是韩家的第 17 代子孙们在 1822 年重修家祠时，为颂扬韩信被刘邦封为楚王时，百官前来朝贺的辉煌场面而雕刻的。图案人物精美，栩栩如生，场景庄重壮观。1966 年韩家人为防止“破四旧”的破坏，用泥灰将其抹平，保护起来。直到 20 世纪 80 年代，他们才剥去泥灰，让其重见天日。但图中雕刻的人物依然受到了损害。

■ 名称：怀素书蕉

■ 年代：清

■ 地点：韩城市党家村

怀素，本姓钱，字藏真，唐朝湖南长沙人。怀素是他的法名。他是唐代极负盛名的大书法家。幼年家贫，出家为僧。相传他少时学习刻苦，酷爱书法。因家贫买不起纸张，便在芭蕉叶子上练字。他在禅寺中自种芭蕉万株于房前屋后，并将自己的禅房命名为“绿天庵”。据说他写字用秃的笔可叠垒成冢。晚年他到了京城长安，广交名士，名声大震。怀素继张旭之后，将“狂草”书法发扬光大，“狂草”即为怀素终生突出的艺术成就。

■ 名称：楚王韩信 ■ 年代：明 ■ 地点：合阳县福山村

韩信是江苏淮阴人。青少年时家境贫寒，经常连饭都吃不上，过着东要西讨的生活。有一次，他挎着宝剑在街上走，一个恶少拦住他说："你敢用剑把我杀了吗？不敢，就从我胯下钻过去。"韩信想了想，不跟他计较，就从恶少胯下钻了过去。这就是人们称之"韩信不计胯下之辱"的故事。韩信这种大丈夫能伸能屈的气度被人们称颂。后来韩信投了刘邦，但未被重用，悄然离去，被萧何连夜追回。刘邦拜韩信为大将军。他以非凡的军事才能，为汉王朝立下赫赫战功，被刘邦封为楚王。"韩信用兵，多多益善"是对他用兵才能的称赞。

由于韩信在刘邦封的七个王中功劳最大、本领最强，刘邦又担心他以后会威胁刘家天下，便想借机除掉韩信。公元前201年，刘邦之妻吕后设下毒计，由萧何诱骗韩信进入宫中，将韩信杀了。后又把韩信的父族、母族、妻族全部杀掉斩草除根。英明一世的大将韩信就这样被心狠手辣的吕后暗算了。刘邦知道以后，心里暗暗高兴。萧何参与并诱骗了韩信，这就是"成也萧何，败也萧何"的典故出处。

■ 名称：酂侯萧何 ■ 年代：明 ■ 地点：合阳县福山村

萧何，沛县丰邑人，是汉高祖刘邦的同乡，是个有政治眼光和政治才干的人。在陈胜、吴广大泽乡起义后，萧何和曹参派樊哙把刘邦找来，杀了沛县县令，几个人商量着一起举兵反秦，并且拥戴刘邦做了沛公。萧何是汉朝开国元勋，有"伯乐识千里马"的才能，他通过和韩信的交谈，发现韩信是位了不起的将才，准备向刘邦举荐。而这时韩信却认为刘邦不重用他而偷偷地走了。萧何闻讯便乘着明月骑马紧追。这便是民间广为传颂的"萧何月下追韩信"的故事。

萧何的管理能力也很强。在楚汉战争中，他以丞相的身份留在关中。在刘邦屡次被项羽打败后，他又很快筹足粮饷，补足士兵，使刘邦能够重振旗鼓，战胜项羽。所以，刘邦在统一天下以后，以萧何功最盛，封他为侯，并让他做了相国。

■ 名称：岳母刺字 ■ 年代：清 ■ 地点：三原县孟店村

岳飞，字鹏举，河南汤阴人。母亲姚夫人，自幼熟读诗书，知书达理。

岳飞十五岁时，金兵大肆侵略大宋，人民遭受涂炭。岳飞想参加到打击侵略者的战斗中去。虽然他明白“国家有难，匹夫有责”的道理，可是因为他的母亲体弱多病，非常需要有人照顾而无法实现抱负。为此他经常一个人到野外独自沉思、叹息。有一次，他在散步解闷，有缘遇到武艺高超、行侠天下、誉满中原的老英雄周侗。岳飞诚心实意拜周侗为师。在周侗的悉心指导下，岳飞刻苦习武，经过三年的努力，他已经能熟练掌握指挥用兵的本领。这时老迈年高的周侗老师去世了。岳飞仔细考虑着为国效力和服侍老母这“忠、孝”两全的事。岳母看着儿子总是闷闷不乐，就把儿子叫到跟前，温和地问岳飞：“儿啊，你心里有什么不痛快的事就告诉为娘吧，不要闷在心中，这样怎么算顶天立地的男子汉呢？”岳飞听了这话，便跪在母亲面前说：“如今国家有难，男子汉大丈夫应该杀敌报国，我空有一身本事，不能为国效力，真叫人烦恼呀！”

岳母一听此话，非常高兴。她说：“你能有这份爱国之心，为娘太高兴了，还忧郁什么？”岳飞说：“我担心娘一个人生活，我实在不放心。”

“傻孩子，你要知道国家灭亡了，哪里还有娘？若你拯救了国家的危亡，不也就是救了你娘吗？你还有什么担心的，报国就在今朝，你快去准备吧！”姚老夫人的一番深明大义的话，更激起了岳飞为国效力的气概和决心。

岳飞准备好行程向母亲拜别：“孩儿这一去，何时才能和母亲团聚？请母亲给我一个教诲，作为以后行事的准则。”岳母想了想，便叫岳飞脱去上衣，背对着她跪下，取来绣花针说：“孩儿，我对你一向很放心，只是你太记挂我，为了不让你打仗时分心，娘要在你背上刺四个字：‘精忠报国’，希望你时刻记住，勇往直前。”

岳飞背负母亲的训诫，勇敢面对敌人。金兵只要听到岳飞的名字，就会闻风丧胆，常叹“撼山易，撼岳家军难”。岳飞以“精忠报国”的母训为诫，以“还我河山”的气概来重振国威。岳飞这种大忠、大孝的伟大的爱国主义精神，深得人民之爱戴。

■ 名称：岳母刺字
■ 年代：清
■ 地点：三原县孟店村

■ 名称：关云长温酒斩华雄
■ 年代：清
■ 地点：韩城市党家村

“关云长温酒斩华雄”是《三国演义》中的著名章节。东汉末年，董卓胁持汉献帝作乱，各地诸侯起兵讨伐，在虎牢关前与董军主将吕布大战。吕布部将华雄勇猛过人，连败诸侯，群雄陷入困境。这时关羽主动请求出战，曹操为了鼓励他，就亲自为他敬酒，关羽说斩了华雄饮酒不迟。关羽踏蹬上马，上阵去战华雄。片刻之后，关羽斩华雄于马下，进帐饮酒，所敬之酒还是温的。后人有诗赞曰：“威震乾坤第一功，辕门画鼓响冬冬。云长停盏施英勇，酒尚温时斩华雄。”

■ 名称：徐延昭铜锤击宫 ■ 年代：清 ■ 地点：韩城市党家村

明朝穆宗死后，太子年幼，李艳妃垂帘听政。其父李良蒙蔽李妃，欲夺帝位。兵部侍郎杨波与定国公谏阻，李妃不听。后李良使内廷与外界隔绝，李妃被困于宫中。徐延昭持御赐铜锤与杨波再次闯宫进谏，李妃悔悟。

■ 名称：文财神范蠡 ■ 年代：明 ■ 地点：合阳县

范蠡，春秋末越国大夫，字少伯，楚国宛（今河南省南阳市）人。作为越王勾践的大臣，范蠡足智多谋，帮助越王成就了霸业。在勾践大赏功臣时，他却隐姓埋名激流勇退。相传他浮海到了齐国，做珠宝生意，赚了不少钱财。他将大量的钱财都散给亲戚、朋友及穷人。后来他又在陶（今山东省定陶县）定居，再置财千万，自号“陶朱公”。范蠡能聚财，又善于散财，是难能可贵的。所以，人们尊其为“文财神”。

■ 名称：王导与周顗 ■ 年代：明 ■ 地点：蒲城县

■ 名称：周顗赏花 ■ 年代：清 ■ 地点：华阴县

王导是晋元帝司马睿最信任的人，他非常有胆识，知识渊博，能准确地判断天下大势，为东晋的建立起了很大作用，受到司马睿的尊重，司马睿便让他做主管朝政的大臣。王导与周顗的私人关系很好。“新亭对泣”的故事讲的是王导和周顗等几位同僚在新亭聚会，饮酒赋诗，吟诗间忽闻北方战事正酣，他们几位都是家在北方，思念家人在战火中，不觉悲痛而泣。王导抹了把泪水，慷慨激昂地说：“我们应共同出力，恢复晋室河山，怎能只流眼泪呢？”诸位听王导提示，齐拜谢王导。

周顗，字伯仁，汝南（今河南省）人。东晋吏部尚书。性情豪爽，敢说真话，不畏权贵。他和王导的私交很深。周顗体胖，肚子很大。有一年夏天，王导和周顗一起在花园乘凉，袒胸露腹，王导把头枕在周顗的腿上，手摸着周顗的肚皮，开玩笑地说：“你这肚皮这么肥大，里面究竟装着什么东西？”周顗笑答：“这里面什么也没有，不过能装下像你这样的人二三百个。”王导听罢开怀一笑。可见二人情深意长。

戏曲　神话

陕西民居木雕的图案中（特别是隔扇门裙板上）以戏剧、神话为题材的画面非常普遍。

戏剧，在当时的乡间人们的文化生活领域中差不多是覆盖一切的。戏剧是通过演员在舞台上对所演故事的生动表演，来反映社会生活中的各种冲突的艺术，是以表演艺术为中心的文学、音乐、舞蹈等艺术的综合。人们通过戏曲这种形象、生动的艺术形式，以演员高超的演技，把深邃的思想文化内涵、优秀的故事情节传送给广大受众，起到宣传教育作用。

戏剧舞台，人称『高台教化』。雕刻艺匠们从戏剧舞台上汲取历史、文化、艺术营养，他们以舞台戏剧形象做先导，加上戏曲音乐韵律的推动，从而产生创作的艺术灵感，从中撷取生动优美的动态场面，雕出人们喜闻乐见、容易为人们牢记和传诵的历史、神话故事。

木雕作品，除从客观上起到美化生活外，在主观上还带有一种纳吉避凶、期盼吉祥如意的观念。从某种意义上讲，它实质上是一种心理信仰、崇拜、意念的载体符号，也是一种心理意识的外化。

■ 名称：《劈山救母》
■ 年代：明
■ 地点：华阴市

元代，张时起杂剧《沉香太子劈华山》写的是：被二郎神压在华山下的三圣母的儿子沉香，由父亲刘彦昌带在人间抚养。曾因抱打不平，打死权相之子，与异母兄弟争相担罪，感动其父。刘彦昌将沉香身世以实相告，沉香知道母亲被舅父二郎神压在华山下，便立志救母。他历尽艰辛，终于在仙人的指教下，学成超人本领。力战二郎神，斧劈华山，救出母亲。后来各种戏曲都有改编剧目，如秦腔剧《劈山救母》、蒲剧《劈华山》、京剧《宝莲灯》等。

■ 名称：《宝莲灯》 ■ 年代：清

《宝莲灯》是戏剧《劈山救母》的另一版本。

■ 名称：《三娘教子》
■ 年代：清
■ 地点：韩城市党家村

《三娘教子》这出戏，出自戏剧《双官诰》中的一段。《三娘教子》在民间流传很广，有很多版本，其中一个版本说的是古时候有个叫薛子岳的人，是位郎中。家景富足，取了两房妻子。“三娘”本是他家中的一个使女丫头，由于薛子岳非常喜欢她，便收为第三房妻子，故称“三娘”。薛子岳纳娶三娘后，正房和二房受到冷落，由此家中争吵不休。薛子岳被闹得烦恼难耐，独自外出游玩。他来到镇江后，由于银两用尽，便坐堂给人看病。他的医术好，名声远扬。有个人一心想跟他学医，薛子岳就收其为徒。时逾半载，薛子岳又离开徒弟云游他处。徒弟仍以他的名号行医。后来这个徒弟暴病身亡，人们便向薛家报丧说薛子岳亡故。家人老薛保便到镇江搬回主人遗物尸骨。这时薛子岳的正房夫人、二房妻子看到薛子岳的遗物、认为薛已死亡，就把薛家的家财变卖后，各自另嫁他人。二房所生的一岁多的儿子也不要了，留给了三娘。薛家一下子陷入凄凉之地。这时小妾三娘毅然挑起了生活的重担，整日不辞辛劳为别人缝补浆洗，教育孩子用功读书。后来孩子高中状元，薛子岳也做了官，回到家中，一家团圆。此事传到皇上那里，皇上被三娘的事迹感动，特别封她为“双官诰命夫人”。好人得到好报。

■ 名称：《人面桃花》■ 年代：清 ■ 地点：韩城市党家村

传说唐朝时，有一位赶考书生崔护，途经长安附近的杜曲村，口渴难忍，在讨水时邂逅少女杜宜春，二人互生爱慕。次年春天，崔护再访杜家，却无人应声，遂题诗云："去年今日此门中，人面桃花相映红。人面不知何处去，桃花依旧笑春风。"泱泱离去。后杜宜春见此诗，怅然无比，大病染身，气息奄奄。恰好崔护第三次来到，见此情，悲自口出，杜闻听崔痛哭声，竟然苏醒，二人终结良缘。见南宋计有功搜集唐代文献及口耳相传之诗歌轶事，汇成的《唐诗纪事》。

■ 名称：张松献西川 ■ 年代：清 ■ 地点：韩城市党家村

■ 名称：周瑜敬程普 ■ 年代：清 ■ 地点：韩城市党家村

“张松献西川”，是古典小说《三国演义》中的故事。

张松，字永年。其人生得头尖，鼻偃，齿露，身短五尺，声音有若铜钟。他本想投曹操，献西川地图。但曹操见张松形象猥琐，不喜欢张松，就怠慢于他。无奈，张松投刘备而去。刘备厚待张松，松感备仁义，便将随身携带的西川地图献上，展示给刘备。图上尽写西川地理行程，山川险要，府库钱粮，俱载明白。张松此举，为刘备入西川奠定了基础，立了大功。

“周瑜敬程普”，是古典小说《三国演义》中的故事。

周瑜被孙权任命为大都督之职后，老将程普不服气，想着法儿侮辱周瑜。周瑜并不计较，对程普仍很恭敬。程被周瑜的举动感化，便与周瑜和好。

《江表传》：“普颇以年长，数陵侮瑜。瑜折节容下，终不与校。普后自敬服而亲重之，乃告人曰：‘与周公瑾交，若饮醇醪，不觉自醉。’时人以其谦让服人如此。”

■ 名称：《杀狗记》■ 年代：清 ■ 地点：澄城县

《杀狗记》，南戏剧本。元无名氏作，一说明代徐渭作。系据元萧德祥《杨氏女杀狗劝夫》杂剧再创作而成。为元代一著名剧本。

该剧说的是富家子弟孙华与市井无赖胡子传、柳龙卿相交，结拜为兄弟。亲弟孙荣多次劝其改弦更张，孙华不听劝阻，反而受胡子传、柳龙卿挑唆，将其弟赶出家门。孙妻子杨月贞也时常劝孙华，但其仍执迷不悟。无奈之下，杨月贞杀狗扮作人尸，放在自家门外。孙华夜晚回家，脚踩在尸体上，十分害怕，就去求胡、柳来帮他掩埋。没想到胡、柳趁机敲诈于他。这时他才认清了胡、柳的嘴脸，与其断交。岂知胡、柳两无赖敲诈不成，便去告官，说孙华负有命案。这时，弟弟孙荣听到此话，回来帮其埋了“尸身”，并亲到县衙自首替兄领罪。

杨月贞看事情闹大了，便到县衙，向官府叙述了杀狗劝夫的经过。官府派吏验尸，证明杨月贞所述情实，释放了孙荣，教训了孙华。此戏赞扬了杨月贞贤惠聪颖，批评了不辨好歹的孙华，颂扬了“兄友弟恭”“妻贤家和”的传统道德观念。

■ 名称：《牡丹亭》■ 年代：清 ■ 地点：户县

《牡丹亭》是明代剧作家汤显祖的代表作。剧中人物杜丽娘，是封建官僚杜宝的女儿，聪明美丽。虽在旧礼教的束缚下，却仍充满青春活力，渴望理想的爱情生活。她在梦中与书生柳梦梅在牡丹亭畔结合，醒后感梦伤情，愁病而死。后游魂寻找到柳梦梅其人，二人相见如故，便令柳梦梅掘坟而再生。复生后几经周折，终于结成夫妻。

剧本通过离奇幻想的情节，揭露了封建礼教的罪恶，歌颂了青年男女生死不渝的爱情，充满了浪漫主义色彩。

■ 名称：《满床笏》
■ 年代：清
■ 地点：韩城市党家村

《满床笏》是古典戏剧之一，讲的是唐朝名将郭子仪过寿的故事。郭子仪平定安史之乱有大功，皇帝封其为“汾阳郡王”。郭子仪有七子八婿。其儿子、女婿均在朝中身居要职。在他六十大寿时，七子八婿和文武百官都来贺寿，光上朝用的笏板就摆满了一床，风光无比。

一、 百官为郭子仪拜寿

二、郭子仪向皇上请罪

三、代宗向郭暧询问实情

四、皇上、皇后给驸马、公主讲和

■ 名称：《打金枝》■ 年代：清 ■ 地点：三原县

《打金枝》又名《郭子仪大拜寿》，戏剧故事。

郭子仪，唐代华州（今陕西省华县）人，唐玄宗时为朔方节度使。平安史之乱，封汾阳王。代宗时，只身进入回纥军中，说退回纥十万围兵，立了大功，赐号“尚父”。身系唐氏天下安危数十载，世称“郭令公”。

在郭子仪六十大寿时，个个为官的七子八婿都来为他拜寿。郭暧是郭子仪的六儿子，娶唐代宗的女儿升平公主为妻（皇帝的女儿人称“金枝玉叶”，这“金枝”就是升平公主）。席间，郭子仪的儿子、媳妇、女儿、女婿们双双对对轮番给郭子仪叩头拜寿，轮到郭暧和升平公主时，升平公主认为自己是公主身份，不能跪拜，恐有失君臣之礼。郭暧十分生气地说：“你父亲做皇帝就神气吗？我父亲还不高兴当皇帝呢！”说着就打了她。升平公主受了委屈，便到皇宫向代宗告状。郭子仪感到事情不妙，犯了欺上之罪，就在打了郭暧一顿后，领着郭暧进宫请罪。代宗了解了事情的经过，便对郭子仪说：“小儿女们说的话何必当真！”顺便和皇后分别给升平公主、驸马郭暧做工作，缓解矛盾，让小两口重归于好。

■ 名称：《西厢记》■ 年代：清 ■ 地点：铜川市耀州区东街李家

《西厢记》是元代王实甫的杂剧代表作。讲的是张生与相国千金崔莺莺，在丫鬟红娘的帮助下，冲破相国夫人看重门第的阻挠，相爱成婚的故事。张生，名珙，字君瑞，从小接受封建文化礼教的熏陶。但在见到崔莺莺后，为了取得她的爱情，敢于冲破封建礼教的束缚，向莺莺求婚。崔莺莺出身相国门第，美丽而有才情。在普救寺中，她看到张生诚实多才、清俊温顺、仗义救人，便爱上了他。但相国小姐的身份和她所受的教养，又使她顾虑重重，不敢放胆。在丫鬟红娘的帮助下，二人在经历了一些困难和曲折后，终于得以结合。这组隔扇门雕刻的《西厢记》刀功精细，人物活泼，栩栩如生。据物主人说，每个人物都可以拆卸更换，其艺术构想巧夺天工。

■ 名称：《拷红》 ■ 年代：清 ■ 地点：合阳县

■ 名称：《拷红》 ■ 年代：清 ■ 地点：韩城市

《拷红》是戏剧《西厢记》中的一段。红娘是崔莺莺的婢女。她聪明勇敢、天真爽朗，敢于蔑视封建礼教，促成莺莺和张生的结合，全力帮助他俩相爱。莺莺的母亲相国崔夫人发现莺莺和张生的爱情是红娘从中撮合时，对红娘进行了拷打盘问。红娘以她的机智和聪颖向老夫人做了以理服人的回答，说服了老夫人，突显了红娘的大胆和智慧。《拷红》一折戏正是反映了这段感人情节。

这里同时展示两个同一题材的画面，是让读者从中看到民居木雕的工艺匠由于地域、门派、师承的不同而在画面艺术表现和雕刻手法上的不同，体现了民居木雕图案的灵活性、随意性。它和宫廷、庙宇的制作要求不同，宫廷、庙宇、寺观的图案是统一题材、统一模式的，不能随便变更，而民居木雕则不受这一规则的制约，可以随意而为。

关公入许都

三英战吕布

■ 名称：《三国演义》故事 ■ 年代：清 ■ 地点：丹凤县船帮会馆

《三国演义》是元末明初时罗贯中创作的长篇小说，全称《三国志通俗演义》。故事起于刘备、关羽、张飞桃园结义，结束于王濬定东吴，描写了东汉末年和整个三国时代封建统治集团之间的矛盾斗争。对当时动乱的社会状况有所反映，暴露了董卓等统治者的某些罪恶，提供了关于封建社会中政治斗争和军事斗争可资借鉴的史籍资料。书中尊刘备、抑曹操的观念非常明显。该书结构宏大，人物众多，情节曲折，是我国历史小说中的著名作品。

这是两幅场景壮观的三国战争场面，左图：关公入许都，右图：三英战吕布，都是《三国演义》的故事画面。

■ 名称：《花亭相会》■ 年代：清 ■ 地点：韩城市党家村

■ 名称：《花亭相会》■ 年代：清 ■ 地点：华阴县

《花亭相会》，是戏剧故事。

宋时，高文举得中状元，奸相温通慕其才，强招为婿。文举不忘前情，暗修家书，欲搬发妻张梅英来京团聚。温通却将家书改为休书，张梅英接信，赴京寻夫，因贫困卖身于温府充做丫环。温相之女秀英，得知梅英身世遂起妒心，对梅英百般虐待，并将其打入花园为役。一日，张梅英与高文举花园相会，互叙衷情，夫妻相认。

■ 名称：姜子牙封神 ■ 年代：清 ■ 地点：丹凤县船帮会馆

“姜子牙封神”“姜子牙攻取朝歌”皆出自明代长篇小说《封神演义》。

姜子牙，名尚，字子牙，号太公望。商朝首都朝歌（今河南省淇县）人。姜尚是位眼光远大、学问渊博之人，上通天文，下知地理，对政治、军事方面都很有研究。他在渭水支流磻溪边钓鱼，周文王外出打猎遇上了他。见其须发斑白，钓鱼钩离水面三尺，鱼钩是直的，并且上边也没有鱼饵，口中还念叨着：“快上钩呀快上钩！愿意上钩的快来上钩！”觉得很是奇怪，就前去和他攀谈。这就是“姜子牙钓鱼，愿者上钩”典故的出处。

周文王发现姜子牙才气不凡，表其为太师。后又升为相国，负责总管全国的政治军事。他帮助文王对内发展生产，使人民安居乐业。对外征服各部族，开拓疆土。

■ 名称：姜子牙攻取朝歌 ■ 年代：清 ■ 地点：丹凤县船帮会馆

“姜子牙攻取朝歌”表现的是姜子牙带兵讨伐商朝纣王的都城朝歌的战役。此次战役的胜利，为建周灭商奠定了可靠的基础。

封神是指在姜尚助武工起兵伐纣之时，统率许多道术之士，经过与纣军的激烈斗法，终于完成兴周的大业，最后奉命发榜封神。盖“封国以报功臣，封神以妥功鬼，而人神之死，则委之于劫数”，“其根柢，则方士之见而已”（鲁迅《中国小说史略》）。

■ 名称：三军司命 ■ 年代：清 ■ 地点：韩城市党家村

项羽渡乌江。《史记·项羽本纪》："项王乃欲东渡乌江，乌江亭长舣船待。"项羽拒绝渡江，后自杀。

■ 名称：萧史吹箫 ■ 年代：明 ■ 地点：蒲城县

萧史，古代传说中的仙人。善吹箫，能以箫作鸾凤之音。秦穆公的女儿弄玉，也好吹箫，穆公就将她嫁给萧史，并筑凤台给他们居住。数年后，弄玉乘凤，萧史乘龙，升天而去。见《列仙传》。

■ 名称：彭祖斟稚羹奉天帝

■ 年代：清

■ 地点：旬邑县唐家

彭祖，姓篯名铿，殷朝的大夫。《楚辞·天问》云："彭铿斟雉，帝何飨？受寿永多，夫何久长？"意思是说：彭祖斟羹奉献于天帝，天帝飨之而给他以长寿；彭祖活到八百岁，犹自其不寿。《神仙传》卷一略云：殷王令采女问道与彭祖，彭祖曰："吾遗腹而生，三岁而失母，遇犬戎之乱，流离西域，百有余年。加以少枯，丧四十九妻，失五十四子，数遭忧患，和气折伤，荣卫焦枯，恐不度世。所闻浅薄，不足宣传。"乃去，不知所之。

据民间传说：彭祖是陕西宜君县彭村人。活了八百岁。彭祖和陈抟老祖两人原来都是在天宫玉皇大帝身边主事。一个管着诸神的生死簿，一个管着公德簿。有一天，陈抟老祖说他想睡一觉，彭祖说："你得多少年才能睡醒？"陈抟说："有几百年就差不多了，如果有要紧的事，你把我叫醒。"彭祖见陈抟去睡觉了，就想自己到凡间游玩一番。彭祖在临走前，在更换诸神生死簿名单时，发现他自己的名字也在上面。彭祖一想：这不行，我到了凡间被玉帝发现了，就会很快派人把我招回。他灵机一动，把生死簿上写有"彭祖"名字的那一页纸撕下来，捻成纸绳，订在本子脊上。从此这个生死簿上再也找不到彭祖的名字了。彭祖就放心投到一个死了丈夫的孕妇之胎。三年后，生他的这个村妇去世了。这便是彭祖所言："吾遗腹而生，三岁丧母。"

彭祖活到八百岁，他第五十个妻子也由当年的黄花闺女变成了老太婆。有一天晚上，彭祖和妻子在床上闲聊，妻子突然问彭祖："我都是快死的人了，我死后你再娶不娶？"彭祖毫不介意地说："当然要娶，不然谁陪伴我。"妻子又问："你为什么一直不老、不死呢？"彭祖哈哈一笑："我永远不会死的！"妻子说："我不信，难道生死簿上就没有你的名字？"彭祖一时得意，就把生死簿的原委告诉了妻子。妻子便明白了彭祖一直不死的奥秘。过了不久，她就死了。到了天宫，她就把彭祖的情况告诉了玉帝。玉帝听后，恍然大悟，派差神下凡间去找彭祖。由于时间跨了几百年，差神根本不认识彭祖，二位差神无法交差。无奈，二差神就在彭村转悠，看见有两个木匠正在解木版。二差神乘木匠吃饭之机，拿着大锯在场上锯石碌碡。这下招来很多人看稀奇，彭祖也跟着前来观看。彭祖以其年高经历广而讥笑说："我彭祖活了八百岁，没见过有人把碌碡锯。"话音刚落，二差神当场就锁住彭祖。当天夜里彭祖就死了。后，世人从彭祖的教训中，得出了一句俚语："遇朋友不说假话，夫妻间不吐真情。"

■ 名称：吴牛喘月 ■ 年代：清 ■ 地点：三原县孟店村

■ 名称：吴牛喘月 ■ 年代：清 ■ 地点：神木县

吴牛喘月。吴国之地，天气酷热，牛在水中纳凉，回头望见天上的月亮，还以为是烈日当头，而气喘吁吁不敢出水。

■ 名称：白马奔日 ■ 年代：清 ■ 地点：神木县

白马，鲧之神形。鲧原系天上白马，《周礼·夏官·庾人》："马八尺以上为龙。"则天马化龙，当无足异。《山海经·海内经》："黄帝生骆明，骆明生白马，白马是为鲧。"

吉祥图案

『吉祥』，是中国人千百年来最为熟悉的字眼，更是人们始终如一的追求与向往。早在先秦时期，《易·系辞下》就有『吉事有祥』的记载。《逸周书·武顺》解释：『礼仪顺祥为吉。』而『祥』，也有幸福、吉利之意。唐代成玄英对『吉祥』的解释是：『吉者，福善之事；祥者，嘉庆之征。』人们对幸福、美满之事及反映喜庆的征兆历来有着特别的期待，于是就形成了丰富多样的吉祥文化。

人们赋予一些自然物（鱼、鸟、花、草）或人造物、虚拟物等以吉祥的寓意，它便是人们心目中的吉祥物。包括吉祥图画、吉祥图符、吉祥图案等。

陕西民居木雕图案中的吉祥图案包括祈生盼子吉祥图，功名进取吉祥图，婚姻和谐吉祥图，寿庆、求福吉祥图，求财祈福吉祥图等图案。总之，人们的心理取向是：生活平安幸福、事事吉祥如意。

吉（戟）

庆（磬）

有

余（鱼）

■ 名称：吉庆有余 ■ 年代：清 ■ 地点：西安市长安区

“长安自古帝王都”。西安市长安区王曲镇马厂村郭家的这组“吉庆有余”，分别雕在堂房隔扇门裙板上。其画幅之大，醒目气派，构思巧妙的艺术风格，在全国都是少见的。

传统的“吉庆有余”这类图饰，绝大部分都以花瓶中插戟、戟上又挂鱼（有挂双鱼），或绘成孩童持着鱼灯，敲击磬而嬉戏来展现。这里却给“吉庆有余”每个字专雕一只倒悬蝙蝠，分别口衔团寿、金钟、古钱、元宝等吉祥物的框架，依次将戟、磬、有、鱼分别悬挂其上，足见陕西人的自强心理和非凡气度。

“戟”和“吉”同音，“磬”和“庆”同音，“鱼”和“余”同音，故成“吉（戟）庆（磬）有鱼（余）”，表示福寿吉祥、财源广进、喜事好事绵绵不断、绰绰有余。

■ 名称：丹鹤朝阳 ■ 年代：清 ■ 地点：韩城市党家村

鹤是寿星的主要标志之一。在中华民族传统文化中，鹤为“一品”，仅次于凤，有德、寿、雅、逸之品质，具“仙风道骨”，故备受道家青睐。

鹤常常与松、石在一起出现在图画、雕刻之中，这两个自然物也被人们赋予长寿的象征。鹤与龟或鹿在一起，也是同一命题的表现方式。如“鹿鹤同春”“松鹤延年”“松龄鹤寿”“丹鹤朝阳”，等等。

图中这只鹤站在石头上，仰望太阳，象征着前程如日东升，位居高阶，一品当朝。

■ 名称：一路高升 ■ 年代：清 ■ 地点：蒲城县

一鹭站在牡丹枝头，面向一只蜻蜓，下面雕着水波纹。鹭鸶亦单称作鹭。“鹭”与“路”同音，“一鹭”借为“一路”。牡丹花象征富贵与荣耀。水波寓“水潮涌动”。“潮”与“朝”同音。朝，“朝廷”。蜻蜓的“蜓”与“廷”同音。“一路高升，荣华富贵”的图案颂祝主人一路高升，成为当朝一品官员的美好祝愿。

金蟾是道家刘海的象征物（见前文刘海戏金蟾）。传说刘海是财神，金蟾如意即寓意财源广进、富贵如意。

■ 名称：金蟾如意 ■ 年代：明 ■ 地点：合阳县

壶为家中生活常用器具。此图中的“壶”却是喻它以“生命”的意义了。“茶壶”和葫芦即与葫芦有直接联系。茶壶的“壶”字就是“瓠（葫芦）”字的别体字。壶、瓠相通不别。古时，壶、瓠、葫芦、瓜都是形殊而义同的字。为什么葫芦具有“生命”的含义？《诗经·大雅·绵》：“绵绵瓜瓞，民之初生。”旧释，周祖先象瓜瓞的岁岁相继一样……用为祝颂子孙昌盛之辞。

鼎上一只金蟾，寓财源广进（金蟾为财神刘海之象征）。鼎为太平象征。整个图案意为子孙昌盛、太平吉祥。

李时珍云，“葫”是“壶”之误写，“葫乃蒜名”。整图寓定（鼎）发财，多子。

■ 名称：壶鼎图 ■ 年代：明 ■ 地点：韩城市党家村

兽头为狮子鱼龙纹，两边为草龙、“卐”字回形纹。蔓草纹代表绵长不断，“卐”字四端纵横延伸，相互连接，作成各种图案，意为不断久长，叫作“卐”字锦、长脚“卐”字或富贵不断头。

“卐”音万，富贵万代。

■ 名称：卐字茶几 ■ 年代：清 ■ 地点：大荔县

■ 名称：福在眼前 ■ 年代：清 ■ 地点：西安市文昌门

福（蝠）在眼（孔）前（钱），吉（戟）祥如意（灵芝纹）。

“蝠”和“福”同音，“钱”和“前”同音，孔即眼。蝙蝠口衔铜钱，又用绳子连着磬，上下各雕刻夔龙纹灵芝形如意头。图案意为福在眼前，吉庆如意。

■ 名称：万事如意 ■ 年代：清 ■ 地点：西安西羊市

以“卐”字四端纵横延伸，或若干回字纹并列称为长脚“卐”字纹、回回绵纹。和灵芝图组合一起，意为不断、长久，相当吉祥，万事如意。

“卐”原非汉字，但被武则天长寿二年（693）作为文字采用，音为“万”，是吉祥万福齐集之所，一般作为“万”字的变体字。

图中雕着宝碗（荣华），碗中的海棠果（富贵），立于磬上的宝鼎（太平、吉庆），棋盘（吉祥）。整个画面寓意荣华富贵、吉祥和谐、太平吉庆。

■ 名称：荣华吉祥 ■ 年代：清 ■ 地点：户县

图案左侧雕刻一个花瓶，瓶中插莲蓬和画卷，下边横一如意；右侧是一尊装饰着大象花纹的三足鼎，立于磬上。“瓶”和“平”同音，即寓平安。莲蓬亦称莲房，是佛教对僧人居所的称呼。画卷寓智慧。鼎是太平的象征。“象”与“祥”谐音，喻吉祥。整个图案寓睿智、平安、如意、幸福吉庆。

■ 名称：莲房睿智 ■ 年代：明 ■ 地点：韩城市党家村

■ 名称：吉祥平安 ■ 年代：清 ■ 地点：韩城市党家村

图中瓶中插一枝海棠果，枝上悬挂一盘长绶带，又插一杆方天戟；右下雕一杌凳，上边放着一枝山茶花。宋代曾巩《山茶花》：“山茶花开春未归，春归正值花盛时。”

花瓶的“瓶”寓“平安”；海棠谓富贵果；绶带盘长寓长寿；“戟”即“吉”；山茶花喻春光。整图寓吉祥平安、春光长寿之意。

■ 名称：九世同居 ■ 年代：清 ■ 地点：韩城市党家村

图中一方形花瓶，插着一枝牡丹花，瓶身雕刻菊花。瓶子旁边一宝鼎，上蹲着一雄狮，守望方口花瓶，寓四季平安。牡丹寓富贵。宋代周敦颐《爱莲说》亦称：“自李唐以来，世人尽爱牡丹……牡丹，花之富贵者也。”宝鼎象征太平。以“狮”的谐音表吉祥求富贵之意，在传统装饰纹样中应用很广泛。如大狮小狮，《广雅·释诂一》：“太，大也。”因“大”与“太”通义，“狮”与“师”谐音，故象征“太师少师”（古时之官位）。“狮”与“世”又谐音。“菊”同“居”同音，菊花是九月开花，又以菊喻“九”。

整幅图案寓九世同居、富贵平安、官位显赫。

■ 名称：如意晋爵 ■ 年代：清 ■ 地点：韩城市党家村

图中一尊方鼎，花瓶里插一如意、一拂尘、一马鞭，意为扬鞭催马，如意晋爵，平升三级。这幅吉祥图案中选用的器物十分奇特，遍查国内喻义吉祥的器物图册，找不到这种以“拂尘、马鞭”寓示吉祥物的例证，说明陕西人对传统吉祥器物的独特认同与南北各地有所差异，同时亦说明民居木雕的随意性、灵活性、多样性。它不受传统格式的约束，它可以依据物主的个人喜好，以及雕刻艺匠对命题的理解程度和自己的创新理念来进行雕制，这便是民居木雕在民俗、艺术等方面值得认真研究之处。

■ 名称：梅花送子 ■ 年代：清 ■ 地点：韩城市党家村

图中花瓶里一枝梅花、一枝青竹，其寓意与“华封三祝”类似（唐尧游华，华封人曰：“请祝圣人，使圣人富，使圣人寿，使圣人多男子。”此即“华封三祝”）。

“梅花送子”。“梅”通“媒”，结婚生子，是婚姻的象征。

“青竹送孙”。竹笋的“笋”与“孙”谐音，孙即“孙子”。

元宝鼎，寓家世昌盛。故整图意为多子多福、子孙满堂、人丁兴旺、家世昌盛。

■ 名称：一路连科 ■ 年代：清 ■ 地点：丹凤县船帮会馆

在莲花、荷叶的图中，雕着一只白鹭。鹭鸶又称白鹭，单称鹭。鹭飞行有序，旧时以鹭序喻百官班次。“鹭”谐“路”音，“莲”谐“连”音，“荷”谐“科”音。莲荷成片连棵生长。旧时科举考试，称连续考中为“连科”。取其连棵之意，喻科举考生每试必中，一路连科，是为祝颂。

■ 名称：虬龙戏水 ■ 年代：清 ■ 地点：旬邑县唐家

《龙经》说：“虬龙为群龙之长，能进退群龙，乘云注雨以济苍生。”图中上、下各雕虬龙戏水，水柱中间祥云缭绕，下边海浪滔滔，两边上下各雕翻卷水波纹。纹中呈现夔龙拐子纹饰，组合成“金锭”形双头如意（灵芝纹），即虬龙闹灵芝，以为吉祥如意。

俗语说“瑞雪兆丰年”。梅花，冬天开放，冬降大雪，主吉运。雪凌梅花，就是冬日大雪，预祝来年丰收好运。此门棂格源自雪花、梅花形状，雪在民间为瑞物。雪花形有六边，即六片木头榫卯拼接，中间又有六片木连接。这种图案不仅要运用几何学，而且还要运用精确的构图学。可见古代雕刻工艺匠的超群智慧和灵巧技艺。

■ 名称：雪凌梅花 ■ 年代：明 ■ 地点：合阳县

■ 名称：喜报春光 ■ 年代：清 ■ 地点：三原县孟店村

一对喜鹊在梅花枝头鸣叫。喜报春光，是人们最喜爱的新春吉语。喜鹊是中国人最喜欢的报喜鸟，在中国文化史上喜鹊也留有不少印迹。其身姿秀有喜气，鸣叫声明丽清亮、随时随处、可见可闻。梅花在冬春之交开花，“独先天下而春”古有报春花之称。

春天，万物复苏，阳气上升，喜鹊鸣叫，人间春早、喜气洋洋。

■ 名称：喜报三元 ■ 年代：清 ■ 地点：三原县孟店村

喜鹊和三个荔枝。荔枝的“荔”字和伶俐的“俐”谐音。寓习文识字、聪明伶俐之意。荔枝是圆形的，三个圆为“三元”之意。“三元”是科举考试时解元、会元、状元的简称。

喜报三元寓意为连中三元，金榜题名。

■ 名称：缠枝菊花 ■ 年代：明 ■ 地点：神木县

菊系菊科多年生草本，菊花为中国名花之一。《礼记》中就有“菊有黄华”的记载。它优美多姿，又素雅坚贞，神韵清秀。周敦颐称菊为“花中之隐逸者”。旧时民间以菊为长寿花。

《太平广记》称：“荆州菊潭，其源傍，芳菊被涯澳，其滋液极甘。深谷中有三十余家，不需要穿井，仰饮此水，上寿二三百，中寿百余，其七十八十，犹以为夭。”

菊花本是长寿花，缠枝、枝蔓带缠，绵绵不绝，兴旺发达。菊花盛开，居家幸福美满。

整图意为居家幸福、兴旺发达、长寿万代。

■ 名称：耕地 ■ 年代：清 ■ 地点：丹凤县船帮会馆

■ 名称：养牛喂猪 ■ 年代：清 ■ 地点：丹凤县船帮会馆

这两幅画面拍自丹凤县船帮会馆“花戏楼”的上部大梁外侧。由于地形、光线诸多因素所限，图片拍得不很清晰，但我还要将它选入本书，因为它雕刻着喂猪、养牛、耕地、村姑纺线等劳动者，也就是俗语讲的“下苦人”的画面。这些内容的图案在一般的雕刻作品中，特别是在封建社会中，鲜有出现的机会。

船帮会馆整体建设资金，全由船夫、脚夫（搬运工）、艄公们从他们装运每一件货物所得的劳酬中抽出一枚钱，日积月累，积攒起来而建造的。于别处的楼台堂馆，在木雕图案的内容上有较大的不同之处是：图案的画面和内容反映农村普通百姓生活和船工们对美好生活向往的多，展示才子佳人、帝王将相的少。因为这些船工、艄公们都是农民，他们自己出钱建造的会馆就要有自己意愿的体现，要将他们熟悉的农村生活场景雕刻其上。只要他们上岸、入馆休息，看一看这些熟悉的乡村场景，如同现代人想亲人时看一看照片，是一样的心态，备感亲切。以此来抚慰他们长期奔波江上、无法和妻儿老小相聚的苦楚心绪。

■ 名称：君子之交 牧童横笛
■ 年代：清
■ 地点：旬阳县

君子之交：由兰花、寿石（礁石）、梅花组合成图。兰花为中国传统名花，有“香祖”之称，古人常以兰代香，并赋予其典雅超俗的品格，被誉为“花中君子”。兰独具“四清”：气清、色清、神清、韵清。“兰”常指代人品，如“兰交”指知心朋友。

《孔子家语》载：“孔子曰：与善人交，如入芝兰之室，久而不闻其香，则与之化矣。”说明与君子交往能学习其美德。

牧童横笛：牧童骑坐牛背，悠然自得的吹奏心曲，情趣高雅，好一幅田园美景。唐诗有：“牧童归去横牛背，短笛无腔信口吹。”画即此意境。

《尚书·武成篇》曰：“乃偃武修文，归马于华山之阳，放牛于桃林之野，示天下弗服。”意为享受天下清平。

■ 名称：喜上眉梢 ■ 年代：清 ■ 地点：韩城市党家村

灵芝云草龙纹饰（参见 190 页）。

■ 名称：平安富贵 ■ 年代：清 ■ 地点：韩城市党家村

灵芝云草龙纹缠绕四周，中间雕着花瓶，瓶中插一束海棠花，又有两卷书画。瓶与平同音，海棠寓富贵，书画卷寓智慧。

灵芝云、草龙纹是喻蔓带，即万代之意，“蔓”谐“万”。整图寓意太平如意、富贵万代。

■ 名称：富贵长寿 ■ 年代：清 ■ 地点：韩城市党家村

海棠，富贵之花；蝴蝶的“蝶”与耄耋的“耋”谐音；石头的“石”与“世”谐音。海棠和玉兰刻在一起，称“玉棠富贵”。玉堂，为翰林院的雅名。“耄耋”表示高龄，语出《礼记》：谓老人“八十曰耄……九十曰耋……百年曰期颐”。

图中刻寿石、蝴蝶、海棠、组合一起，可解为“世世富贵长寿”。

■ 名称：和芝兰香 ■ 年代：清 ■ 地点：韩城市党家村

将草花作蔓草，加上龙头叫“草龙拐子”“草龙纹”。添灵芝，叫龙闹灵芝，吉祥。兰也叫香祖，有多种，如瓯兰、蕙兰、春兰等。兰花的象征意义主要来自它的香味，清雅素洁，自古就深受人们喜爱。

灵芝、兰草组合在一起，谓“和芝兰香”。

“一鼎瓶安”谐“一定平安”。

■ 名称：喜上眉梢 ■ 年代：明 ■ 地点：韩城市党家村

喜鹊站在梅树枝头，寓喜上眉梢之意。

喜鹊之“喜”借为喜事之“喜”。“梅梢”谐“眉梢”。人逢喜事欢喜时的表情曰：喜上眉梢，即眉开眼笑。

《开元天宝遗事·灵鹊报喜》：“时人之家，闻鹊声皆以为喜兆，故谓灵鹊报喜。”所以，喜鹊为报喜之鸟。

宋代陈亮《梅花》诗云：“一朵忽先报，百花背后香。欲传春消息，不怕雪里藏。”

春生阳气，梅花绽放，喜鹊鸣叫，喜临门庭，心花怒放。

■ 名称：春光长寿 ■ 年代：明 ■ 地点：韩城市党家村

山茶花和梅花都是在初春开花，故，人们常用它来表示春意。图案四边全是“卐”字纹，从“卐”字四端纵横延伸变化，寓不断久长，称“卐”字锦，和变体字结合叫团“卐”寿。整图意为春光长寿。

山茶系山茶科常绿花木。《花镜》：“山茶一名曼陀罗。……叶似木樨，阔厚而尖长，面深绿光滑，背浅绿，经冬不凋。以叶类茶，故得茶名。花之名色甚多。”

福寿瑞兽

福，是诸事皆吉的总称，如富贵寿考等统称为『福』。福即生活幸福。每逢新年、吉日，人们就有祝福、祈福的民俗活动，如春节贴春联时，有意识地把一个大『福』字倒着贴，以谐『福到了』之吉语。《韩非子》云：『全寿富贵之谓福。』

寿，长命。古人认为人在天地之中，人在一切在，长寿才是人生最重要的。五福中唯寿为重。从某种意义上讲，『寿』字已被视为汉字中最为吉祥的字。

瑞兽，即吉祥之兽。在中华民族传统装饰纹样中，以鸟、兽等自然物作为象征符号的纹样十分广泛。如龙、凤、麒麟、蝙蝠、鹤、喜鹊、狮、虎、象、马、羊、鹿、鱼、龟、虾等，都属于人们赋予某种寓意的吉祥兽，它们分别代表着人们的理性思维、思想情感，在不同对象、不同环境中祈求某种吉祥的象征物，故人们称其为瑞兽。如凤凰，古人把它当作德、仁、礼、义、信和吉祥的象征。《山海经·南次三经》：『丹穴之山……有鸟焉，其状如鸡，五采而文，名曰凤皇，首文曰德，翼文曰义，背文曰礼，膺文曰仁，腹文曰信。……自歌自舞，见则天下安宁。』便是例证。

■ 名称：鹤鹿同春 ■ 年代：清 ■ 地点：三原县孟店村

鹤、鹿、梧桐树组合在一个画面，即鹤鹿同（桐）春。此吉祥图案用来祝颂健康长寿，夫妇同葆青春，永享天年。

鹤，为长寿仙禽，取其“寿”意。鹿，是祥瑞之兽，取其“禄”音，亦取其长寿仙兽。梧桐，为灵树，其生不凡。梧桐示“同春”。《花镜》曰：“此木能知岁时，清明后桐始华；桐不华，岁必大寒。”据传梧桐树能引凤凰，俗语说：“家有梧桐招凤凰。”宋代邵博《邵氏闻见录》曰：“梧桐百鸟不敢栖，止避凤凰也。”

《花镜》：“木无节而直生，理细而性紧。皮青如翠，叶缺如花，妍雅华净。”

■ 名称：七福临门 ■ 年代：清 ■ 地点：旬邑县唐家

图中波涛翻滚的水浪，一轮红日从海浪中、山巅上冉冉升起，朵朵祥云萦绕，飞龙在天，六只蝙蝠在祥云海浪中上下翻飞，门头正中一只蝙蝠飞临其下，欲入门庭。好一幅七福（蝠）临门、寿山福海、如日方升的大吉祥景象！《诗经·小雅·天保》：“如月之恒，如日之升。”

龙，瑞兽之首；海浪寓福海；蝙蝠喻福；红日喻光明远大的前程。

■ 名称：五福拱寿 ■ 年代：清 ■ 地点：三原县孟店村

■ 名称：富贵无疆 ■ 年代：清 ■ 地点：白河县

蝙蝠衔牡丹，夔龙拐子纹。“蝠”谐“富”，“牡丹”寓“富贵”，拐子龙蔓纹寓绵长不断、无限延长为无疆。其意是富贵无疆。

蝙蝠口衔古钱。“蝠”与“福”、“钱”与“前”都同音。古代的铜钱，多为圆形方孔，俗称“孔方兄”。其方孔又称“钱眼”，即寓“眼前”之意。蝙蝠示“福”，与之合为“福在眼前”，表示幸福就在眼前，吉祥就在眼前。

■ 名称：福在眼前 ■ 年代：清 ■ 地点：韩城市党家村

五只蝙蝠围绕中心的团“寿”字，五只蝙蝠象征“五福”。是祝愿长寿之意，故称“五福捧寿”。《尚书·洪范》中称五福为：“一曰寿，二曰富，三曰康宁，四曰攸好德，五曰考终命。”即：长寿，富有，快乐平安，乐于行善，老得善终。五福中唯寿为重。

■ 名称：五福捧寿 ■ 年代：清 ■ 地点：西安市长安区

■ 名称：富贵康宁 ■ 年代：清 ■ 地点： 合阳县福山村

以蝙蝠头、蝴蝶身组成为变形纹饰。蝙蝠飞向寿石，上雕缠枝菊蔓纹，又分刻串串海棠果。寿石为寿，“蝶”谐“耋”音，“菊”谐“居”音，“蝠”同“福”音，海棠寓富贵。图寓寿居耄耋、富贵康宁之意。

■ 名称：寿居耄耋 ■ 年代：清 ■ 地点： 三原县孟店村

图中菊花、寿石、蝴蝶，“菊”与“居”同音，“蝶”与“耋”谐音，寿石和耄耋都是寓寿。整图意寿居耄耋。

■ 名称：福寿双拱 ■ 年代：清 ■ 地点： 西安市庙后街

图案上一只蝙蝠口衔灵芝纹绶带，吊着长“寿”字，左右两盘螭龙拱着长寿，下面雕着缠枝牡丹。意为吉祥富贵、福寿双拱。

■ 名称：螭龙拱寿 ■ 年代：清 ■ 地点： 澄城县

螭龙在四角，形成拐子龙纹，纵横曲直的几何纹，回型拐纹的龙身构成四边，中间雕着团寿纹，图为螭龙拱寿。

因“拐”与“贵”谐音，一说“拐子”寓“贵子”，象征子孙昌盛，贤达富贵。一说“拐”，意涵曲折绵长，连绵不断，象征长寿吉祥、天长地久之意。

■ 名称：世世福贵
■ 年代：清
■ 地点：洛川县

图中柿子、石榴、桃子、寿石组合，又有一侍从献礼包。

“柿”与“世”、“石”与“世”、“寿石”谐“事事”，桃子喻“寿”，礼包喻财富，石榴喻多子。整图寓意世世富贵，事事如意，多子多寿。

■ 名称：福寿吉庆

■ 年代：清

■ 地点：三原县孟店村

图中蝙蝠衔环吊磬，双蝶飞向玉钱，瓜瓞绵绵，拐子龙纹框架。“蝠”与“福”同音，“磬”与“庆”同音，“蝶”与“偕”“耋”谐音，瓜蔓寓瓜瓞绵绵。整图意为福寿吉庆，同偕到老，子孙万代。

雌狮

雄狮

■ 名称：守宅神兽 ■ 年代：明 ■ 地点：韩城市党家村

狮，原产非洲、南亚和西亚，汉武帝派张骞通西域时引入中国。后来，也有波斯遣使作为礼物陆续赠送唐王朝。

狮子成为中国的瑞兽神物，始于东汉。先作镇墓兽，后又在衙门、宅第等处广泛应用。在中国人心目中的神兽，除了龙、凤、麒麟外，狮子是最具影响力的神兽了。人们用它来镇宅、避邪、守护，把它看作是平安、高贵、富裕、威武、勇猛的象征。

■ 名称：太师少师 ■ 年代：清 ■ 地点： 丹凤县船帮会馆

厅门左边雀替插角雕一雌师，前脚下按一小狮子。《广雅·释诂一》：“太，大也。”因“大”与“太”通义，“狮”与“师”同音，故象征“太师少师”。“太师少师”为古代官名，周代始置，是辅佐帝王的官，分列“三公”（太师、太傅、太保）之首和“三孤”少师、少傅、少保）之首（。寓意“道门昌盛，官位显赫”。

狮子为百兽之王，雕在厅前梁头雀替上，以示神威。右边是雄师，脚踩绣球，俗称“狮子滚绣球”，象征混元一体，无上的神权。

- 名称：镇宅瑞狮
- 年代：清
- 地点：凤翔县

在四合院的堂厅正中间的梁头上，雕着龙头狮首，是为镇宅神兽。既作装饰，显示威仪、富贵，又作避邪守护、镇宅之用。《潜研堂类书》说：“狮子为兽中之王，可领百兽，具有护法辟邪作用。”

《坤舆图说》曰：狮为“百兽王，诸兽见皆匿影。……又最有情，受人德必报”。因此，人们崇尚狮子的品德，把它列为吉祥之兽，在院中建筑上雕刻狮子，以求吉祥如意。

- 名称：四福齐至
- 年代：民国
- 地点：合阳县

亮窗的棂格中间，镂空雕一牡丹，四边各镶嵌一只蝙蝠，谓“四福齐至”。两头各有四朵梅花，双圈连环。寓意四福齐至、福寿无垠、幸福久远。

前扑后蹬，口吞花叶，嬉戏之态，跃然可见。

失球的懊恼，蓄势待发、一争高下之势活灵活现。

龇牙咧嘴，凶态煞相，前蹬后攀，其殴斗之势、雄狮之风跃然而出。

弓背曲颈，口吞绣球，天真贪玩的幼狮神态。

前爪后足各踏一球，作跳跃戏耍之势。

侧翻身躯、后肢踢绣球。张着血盆大嘴，显出鼓动之势，呈顽童神态，令人喜爱。

■ 名称：九世同居
■ 年代：清
■ 地点：铜川市耀州区东街李氏家

背驮幼仔，文静地蹲着，任其幼狮咬其耳朵戏耍。那微笑喜悦之态，尽显母亲慈祥。

这幅缠枝牡丹九狮图，雕在一条长360厘米、宽33厘米的条板上，悬挂在堂厅正中间的梁下，是为挂落装饰。由缠枝牡丹联系着九只神态各异的狮子，在玩耍着以梅花为形的“绣球”。寓意九世（狮）同居，喜庆吉祥，世世荣华，富贵长久，大家庭和睦安康。

此木雕以夸张、精练的技法，使具象的狮子有了一种抽象的美。那“张嘴露牙伸舌头，眼如铜铃方宽口”的狮子形象，由艺师们将其眼神体态的巧妙刻画变成了一个个具有孩子气、让人喜爱的温顺瑞兽。工艺师们对狮子的嘴、眼、身、尾等部位进行艺术处理，惟妙惟肖地表现出其生龙活虎、妙趣横生、滑稽可爱、憨态可掬的多姿神态。

遗憾的是此件木雕由于木质较弱、年时较久，已破损。九只狮子现仅存八只，且已断裂分割。尽管如此，仍不失为民居木雕中的一组极具艺术价值的佳品。

八骏之白牺

八骏之蝓轮

八骏之渠黄

八骏之盗骊

■ 名称：八骏图 ■ 年代：清 ■ 地点： 旬邑县唐家

马，从古到今，都是人类的亲密朋友。因此，被视为吉祥之物。历史上曾留下很多有关马的故事和传说。《易佳·说卦》：“乾为马。”《春秋说题辞》又曰：“地精为马。”这都说明，马为天地之精灵，为能与人类和谐相处的吉祥物。

姿态各异的八匹马组合在一起，曰八骏图，是传说中周穆王远游所乘之马。《列子·周穆王》记述：穆王“不恤国事，不乐臣妾，肆意远游。命驾八骏之乘，右服骅骝而左绿耳，右骖赤骥而左白牺……次车之乘，右服渠黄而左蝓轮，左骖盗骊而右山子”。

王嘉的《拾遗记》云“八骏”之名为：“穆王巡行天下，驭八龙之骏，一名绝地，足不践土；二名翻羽，行越飞禽；三名奔霄，夜行万里；四名越影，逐日而行；五名逾辉，毛色炳耀；六名超光，一行十影；七名腾雾，乘云而奔；八名挟翼，身有肉翅。”八骏在不同书中的名号有所不同，但都是马之精灵种，用以喻指人之奇才，催人奋进。

八骏之绿耳

八骏之骅骝

八骏之赤骥

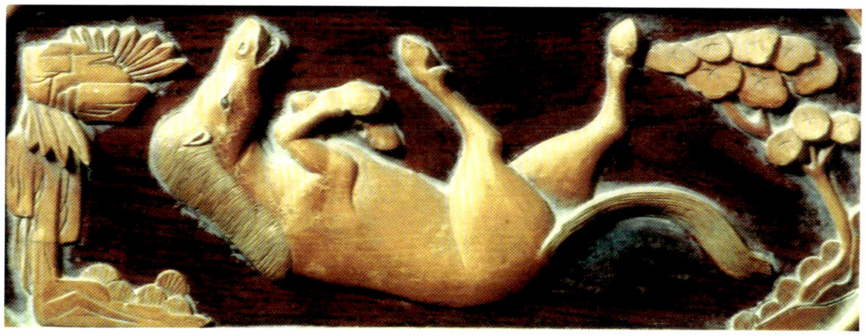

八骏之山子

■ 名称：雄狮闹海 ■ 年代：清 ■ 地点：旬阳县蜀河镇

安康市旬阳县蜀河镇，是汉江支流蜀河上的一个水陆码头。有人称此处可能是古蜀国所在地。

由于蜀河镇在蜀河边的半山腰，蜀河之水源自秦岭，夏季洪水，有时上涨淹没多半个镇子。人们雕刻这幅“雄狮闹海”图，是想以狮作镇水神兽，来防止水患，免受水患之灾。

■ 名称：五瑞呈祥 ■ 年代：清 ■ 地点：紫阳县

在中华民族的传统文化中，麒麟被人们看作是美德和吉祥的象征。人们认为，有个好的当政者或圣贤人物出现时，总会有麒麟伴随出现。这大概是源于《孔子家语》中的一个故事：孔子为一只麒麟的左腿被打断而流泪，有人问他这是为什么？孔子答道：“麟之至为明王也。出非其时而见害，吾是以伤哉。”

像这幅五只麒麟同雕一图的画面，在陕西其他地方很少见到。整图寓意五瑞呈祥，大吉祥。有楚文化韵味。

花卉

花卉，即花草。《梁书·徐勉传·诫子崧书》：『聚石移果，杂以花卉，以娱休沐，用托性灵。』唐代杜甫诗：『余寒折花卉，恨别满江乡。』

花卉在民间艺术中，装饰纹饰绚丽多彩、形式多样，其主要寓意是人们赋予花卉以人文化的品格气质，如莲花、牡丹、海棠、梅花、菊花等。人们见到以它们组成的图案，便会引发一种爱物惜物、移情寄爱的思想。

莲花会使人联想到『君子品德』『连生贵子』；牡丹会给人以『富贵』『国色天香』之感；梅花让人意会到『婚姻』『多子』等特征。总之，花卉纹饰是中华民族传统精神理念富有特定意义的艺术符号。

景观

景观，风光景观，指一定地域内由山水、花草、树木、建筑及某些自然现象形成的、可供人观赏的景致和事物。山川秀丽、景色迷人，给人以赏心悦目之感。

南朝宋鲍照《舞鹤赋》：『氛香夜歇，景物澄廓。』

李益《行舟》：『闻道风光满扬子，天晴共上望乡楼。』

■ 名称：莲花头四垂花柱门楼挂落 ■ 年代：清 ■ 地点：韩城市党家村

■ 名称：莲蓬头固扇 ■ 年代：清 ■ 地点：韩城市党家村

（固扇亦称门朴，是以连接组装两块门扇之固定作用的楔子。）

■ 名称：莲花 ■ 年代：清 ■ 地点：澄城县

莲花有“花中君子”的称谓，来自宋代周敦颐《爱莲说》：“予独爱莲之出淤泥而不染，濯清涟而不妖，中通外直，不蔓不枝，香远溢清，亭亭净直，可远观而不可亵玩焉……莲，花之君子者也。”

古人将莲花与君子品德相提并论，特别是文人逸士将莲花作为重要的艺术题材来映衬自我的品性、人格。

由于莲蓬多籽，且根、茎、花、实同期共生及具有旺盛的生命力之特点，故，莲花亦用来象征女性的生育能力，表现子嗣繁衍的主题。陕西民居木雕以及民间剪纸图案中，以鱼莲相戏，示阴阳结合，男女相爱、性结合的隐喻十分广泛。陕西乡间俚语“鱼儿闹莲花，两口子上炕结缘法”“鱼儿戏莲花，夫妻二人没麻搭”等，就是这一命题的写照。

另外，莲花亦是佛教的象征物，佛教常以莲花为喻。佛教有“莲教”之称。佛教中有所谓“莲花三喻”：“为莲故华”“华开现莲”“华落莲成”，比喻佛教的发展与兴盛，并赋予莲花以神圣的含义，因而莲花亦成为佛教的标志。

此莲花图，因在居室窗户的裙板上，而有两种寓意：其一，佛教的“弥陀（佛）之净土，一莲花为所居”。其二，一根莲生出叶子和两朵花，寓并蒂同心，夫妻和睦，同偕到老。

■ 名称：睡莲 ■ 年代：清 ■ 地点：洛南县

■ 名称：莲
■ 年代：清
■ 地点：神木县

海棠花

■ 名称：玉堂富贵 ■ 年代：清 ■ 地点：澄城县

这是两扇门中间绦环板上的图案，右为玉兰花，左为海棠花，左右组成“玉堂富贵”。玉兰花有“玉”字，海棠花的“棠”字谐“堂”音。“玉堂”是翰林院的雅称，又有神仙所居之处叫玉堂的说法。汉代称宫殿为玉堂。总之，翰林也好，宫殿也罢，都是富贵之所。所以，玉兰花、海棠花组合在一起，寓意玉堂富贵。

海棠花，多花多果，花形清秀，颜色艳丽，富贵、喜庆、吉祥。明代张所望《阅耕余录》：“昌州海棠独香，其木合抱，每树或二十余叶，号海棠香国。”

海棠，芍药科落叶灌木。《花镜》：“二月开花，五出，初如胭脂点点然，及开，则渐成缬晕明霞，落则有若宿妆淡粉。”

玉兰花，冰清玉洁，素静莹润。白色玉兰花，先于绿叶开放，花开时满树雪白，被诗人称为“玉树临风。”

玉兰，木兰科落叶乔木。《广群芳谱》：“玉兰花九瓣，色白微碧，香味似兰，故名。”

玉兰花

■ 名称：富贵久长 ■ 年代：明 ■ 地点：澄城县

牡丹花寓富贵。图中间独雕一富贵牡丹，四边雕以“卐”字长脚纹饰（回纹锦），意为长久不断头。寓富贵久长，大吉祥。

牡丹系毛茛科灌木。唐时盛栽于长安，宋时称洛阳牡丹为天下第一，故牡丹又名洛阳花。花朵大而鲜艳，冠绝群芳，旧有“花王”之名。

牡丹有“国色天香”“百花王”的雅称，得意于李正封诗句“国色朝酣酒，天香夜染衣”及唐代皮日休《咏牡丹》“落尽残红始吐芳，佳名唤作百花王”。

称其为“花之富贵者”的是宋代周敦颐，他在《爱莲说》中有“自李唐以来，世人尽爱牡丹……牡丹，花之富贵者也”的赞誉名句。

在中国古今艺术品中，上至皇宫，下至民间百姓，牡丹花在其绘画、装饰纹样中可以说是绚丽多彩，比比皆是，其主要寓意乃富贵吉祥是也。大都以牡丹花配古钱、花瓶、寿石、桃花、白头鸟、长春花，海棠花等纹样组成图案，寓十全富贵，富贵长春，富贵平安，长寿富贵，花开富贵，吉祥富贵，等等。人们一看到有牡丹纹样的画面，便自然而然地和“富贵”联系起来。所以，牡丹在中国人的理念中已形成一种象征富贵的艺术符号。

■ 名称：富贵寿考 ■ 年代：清 ■ 地点：铜川市耀州区东街李家

牡丹花中间配着寿石，寓意富贵寿考，长寿富贵。

“海枯石烂”，形容历时久远，故，以石为长久的象征物。“石”与“世”同音。“世世”是代代辈辈相传。所以，在吉祥图案中有石头出现即为“寿石”，表示寿。寿考意为年高，长寿。语出《诗经》：“周王寿考。”其《笺》云：“（周）文王是时九十余矣。故云寿考。”

■ 名称：富贵寿考 ■ 年代：清 ■ 地点：铜川市耀州区东街李家

■ 名称：菊花纹饰固扇 ■ 年代：清 ■ 地点：韩城市党家村

■ 名称：九世同居 ■ 年代：清 ■ 地点：韩城市党家村

菊花，不只被称为长寿之花，而且作为花中隐逸者，亦被喻为君子。源于周敦颐《爱莲说》中“予谓菊，花之隐逸者也”。

菊花是我国传统名花之一，它美丽多姿，盛开于百花凋零的晚秋季节，以素雅、坚贞、傲霜而名冠群芳。黄巢诗句：“待到秋来九月八，我花开后百花杀。冲天香阵透长安，满城尽带黄金甲。”陶渊明诗句：“采菊东篱下，悠然见南山。”唐代元稹诗句：“秋丛绕舍似陶家，遍绕篱边日渐斜。不是花中偏爱菊，此花开尽更无花。”历代诗人多赞其品格之高洁。故，菊花被视为吉祥之花。

菊花之“菊”与居住的“居”同音，又和“聚”谐音，含有安居乐业、和睦团聚之意。门的固扇雕成菊花，应寓此意。

《太平广记》云：“荆州菊潭，其源傍，芳菊被涯澳，其滋液极甘。深谷中有三十余家，不得穿井，仰饮此水，上寿二三百，中寿百余，其七十八十，犹以为夭。”故，古时民间以菊花为长寿花。右图的固扇上雕着六层菊花瓣和三层菊叶纹，寓九世同居之意。

昔陶渊明种菊于东流县治，后因此县亦名菊。

清代陈淏子《花镜》云菊有五美：“圆花高悬，准天极也；纯黄不杂，后土色也；早植晚发，君子德也；冒霜吐颖，象贞质也；杯中体轻，神仙食也。”

■ 名称：富贵万代 ■ 年代：清 ■ 地点：宜君县

■ 名称：富贵寿考 ■ 年代：清 ■ 地点：城固县韩信家祠

这是两幅梁柱角背的蔓卷枝条牡丹纹图。牡丹寓意富贵。“蔓”与“万”谐音，蔓俗称为带，“带”与“代”同音，“蔓带”谐音“万代”。蔓草卷纹为古祥图案，有富贵万代之意。

牡丹、蔓草纹与寿石组合一起，意为富贵寿考。

■ 名称：四季花鸟图 ■ 年代：清 ■ 地点：神木县

凤戏牡丹（春）

鹭鸶探莲（夏）

凤，即凤凰也。《大戴礼》称：“有羽之虫三百六十，而凤凰为之长。”凤戏牡丹寓夫妻和谐，如意吉祥。

鹭鸶亦称白鹭。唐代王维《积雨辋川庄》诗：“漠漠水田飞白鹭，阴阴夏木啭黄鹂。”

鹭鸶探莲，寓路路荣华。

绶鸟登菊(秋)

喜鹊临梅(冬)

绶鸟，白头鸟也，“身间青，脑上晕深团，一点鲜白，故名”《辞海》。

《三国志·吴书·诸葛滕二孙濮阳传》注引《江表传》：“曾有白头鸟集殿前，（孙）权曰：‘此何鸟也？’恪（诸葛恪）曰：‘白头翁也。’”

绶鸟登菊，寿居耄耋之意。

喜鹊，亦称灵鹊报喜之鸟。

《开元天宝遗事·灵鹊报喜》：“时人之家，闻鹊声皆以为喜兆，故谓灵鹊报喜。”

有喜联曰：“金鸡踏桂题婚礼， 喜鹊临梅报佳音。”

■ 名称：四季花卉图 ■ 年代：清 ■ 地点：三原县孟店村

春之牡丹

上绦环板：杏，寓康宁（董仙杏林）。

中心裙板：春之牡丹，牡丹富贵。

下绦环板：琴（四艺之一）。

夏之莲花

上绦环板：桃，寓长寿（王母仙桃）。

中心裙板：夏之莲花，莲花吉祥。

下绦环板：棋（四艺之一）。

秋之菊花

上绦环板：石榴，寓多子（子孙昌盛）。

中心裙板：秋之菊花，菊花长寿。

下绦环板：书（四艺之一）。

冬之梅花

上绦环板：佛手，寓福（福禄祯祥）。

中心裙板：冬之梅花，梅花送子。

下绦环板：画（四艺之一）。

■ 名称：关中八景组雕 ■ 年代：清 ■ 地点：三原县孟店村

华岳仙人掌托天

咸阳古渡几千年

巨灵神之故事。

华山东峰之东崖上，有一块巨形石壁，远望形如巨掌，名“仙人掌”。

传说古时黄河被华山拦住去路。黄河之神巨灵左手推开华山，右足蹬走中条山，为黄河开辟一条入海的通道。“仙人掌”即巨灵神手掌所变。巨掌，名“仙人掌”。

唐诗：“仙人掌上云欲散，武帝祠前雨初晴。”

咸阳位于渭河北岸，与南岸的西安之间，自古有舟楫相渡。古诗云：“渭水悠悠，一叶舟往还于朝。”

据咸阳地方志载：“咸阳渡，在治城南。明嘉靖中以舟为浮桥，岁可常通。其后冬春有桥，夏春仍以舟渡。通陇达蜀，过客众多，欸乃之声彻夜不息，为秦中第一渡。”

《西安府志》：“秦始皇跨渭作宫，渭水中贯，以象天汉，桥横南渡，以法牵牛。”

草堂烟雾凌霄端

草堂寺，在户县秦渡镇南15千米处、秦岭北麓。相传后秦弘治三年(401)，西域高僧鸠摩罗什来此讲经，并与众沙门翻译梵文经典。他在此译经 97 部 425 卷，创中国佛教“三论宗”“成实宗”。寺内今存其墓塔。

“草堂烟雾”的说法有二：一是塔后井中秋冬的早晨会有雾气上升，此井名“烟雾井”；二是寺前圭峰云遮雾掩，风光优美。

灞柳风雪别意绵

灞桥在西安城东 10 千米处。灞水原名滋水，秦穆公欲彰其霸业，改名灞水，并始建灞桥，屡毁屡建，近代所见灞桥，建于道光十四年（1834），长 380 米，宽 7 米，桥下有 72 个孔，是与大雁塔齐名的古建筑。新中国成立后拆除，新建水泥桥。《西安府志》：“灞桥两岸，筑堤五里，栽柳万株，游人肩摩毂击，为长安之壮观。”

唐诗有：“年年柳色，霸陵伤别。”

古代于灞桥送别，故曰“销魂桥”。

雁塔晨钟隆古寺

骊山晚照壮秦川

荐福寺，在西安南门外1千米处。荐福寺塔，俗称“小雁塔”，始建于景龙元年(707)，共15级，高45米，现存43.7米。钟铸于金代明昌三年(1192)，铁制，重2万斤。每日清晨，寺僧准时击钟。有诗云：“噌吰初破晓来霜，落月迟迟满大荒。枕上一声残梦醒，千秋胜迹总苍茫。”

唐代高僧义净游学天竺(印度)，回到长安后于此译经56部。他是继法显、玄奘之后，又一位通中、印文化交流的使者。

骊山，在西安城东25千米处。

骊山海拔1256米，雄奇秀美。每逢夕阳西下之际，霞光为其染上一层火红的色彩。古诗云：“入暮晴霞红一片，尚疑烽火自西来。”

山下自古有温泉涌出。唐代张籍《华清宫》云：“温泉流入汉离宫，宫树行行浴殿宫。武帝归时人欲尽，青山空闲御墙中。

曲江流饮千年胜

太白积雪六月天

曲江，在西安大雁塔东南方。汉代在此开渠，建“宜春下院”，成为皇家园林。隋朝称“芙蓉园”。

唐朝开元年间，导浐水上流入池中。因池水曲折，故名。文人学士，喜来此饮酒作乐，将羽觞置入曲流，羽觞随水飘泛，得者饮。杜甫诗云：“穿花蛱蝶深深见，点水蜻蜓款款飞。”“桃花细逐杨花落，黄鸟时兼白鸟飞。”

太白山，海拔3726米，是秦岭主峰，位于眉县城南20千米处。高矗云表，巍峨壮丽。虽在三伏，峰巅积雪不化。

唐朝李白诗云：“西上太白峰，夕阳穷登攀。太白与我语，为我开天关。愿乘冷风去，直出浮云间。举手可近日，前行若无山。”

■ 名称：蓬莱十景组雕 ■ 年代：清 ■ 地点：三原县孟店村

蓬莱，山名。属山东省。汉代设黄县地，属东莱郡。汉武帝于此望海中蓬莱山，因筑城以为名。唐贞观八年（634）置蓬莱镇，神龙三年（707）析黄县地为县。今为山东省烟台市属蓬莱市（县级市）。

蓬莱，古代方士传说为仙人所居。《山海经·海内北经》：“蓬莱山在海中。”《史记·封禅书》：“自威、宣、燕昭使人入海求蓬莱、方丈、瀛洲。此三神山者，其传在勃海中。”也名“蓬壶”。

蓬蒿草莱，隐者所处。《后汉书·文苑传下·边让传》：“举英奇于仄陋，拔髦秀于蓬莱。”

最初人们攀登丹崖山，只是为了敬神祈福。蓬莱阁建成之后，登山人群的目光就逐渐转向了自然风光，观赏水光山色的人越来越多，“蓬莱十大景”就应运而生。这十大景绝非凡俗可比，大都独有千秋，天造地设，空濛缥缈，活脱脱地刻画出一派人间仙境来。“蓬莱十大景”为“仙阁凌空”“狮洞烟云”“渔梁歌钓”“日出扶桑”“晚潮新月”“海市蜃楼”“万里澄波”“万斛珠玑”“铜井金波”“漏天滴润”，登蓬莱阁可观前八景。而“铜井金波”“漏天滴润”，则在蓬莱城东 15 千米处。

书中“蓬莱十景”之木雕画景虽然很美，但和蓬莱实地的十种景观状况相差较大，如“渔梁歌钓”“万斛珠玑”“铜井金波”“晚潮新月”“漏天滴润”五景变异尤为显明。由于木雕作品雕刻于清乾隆末年，因路途之遥远、交通之不便，工匠们绝不可能为雕刻这些画面而不远千里到蓬莱作现场考察、观摩。所以，画面雕刻只是艺匠们依奉物主人的“文人雅兴之命题”来创意、揣摩，画面之景应是他们的臆造艺术创作。如果要求他们刻画的和实景大体一致，真是太难为他们了。艺匠们因对“关中八景”相对熟悉，所以雕刻的“关中八景”画面就较形象逼真。而他们从未见到过的蓬莱胜景，能刻画到如此之壮美，已是天才之举了。几百年前的艺匠们能凭自己的想象思维而创作出如此精美神奇的画面，的确是先民们难能可贵的艺术大作。

仙阁凌空

蓬莱阁高居碧波峭壁的丹崖极顶之上，直逼长空，其下断崖峭壁，倒悬在碧波之上，每当海雾涌来，层层裹绕山腰，仙阁在云雾中忽隐忽现，此时游人登高阁，如飘摇云表，但见有天无地，确有超尘出世之感。刹那云消雾散，天地豁然，又是另一番景色：北望海天辽阔，淼淼无际，长山诸岛，错落其间，是海市显现的地方；南望市区，烟雨万家，行人车马，历历在目；西望田横古寨，突兀水中，郁郁苍苍，一派肃然：东望水城，帆樯林立，棹歌阵阵，鸥影翔集。可谓高阁凌空，人间仙境。清代徐人凤诗：“嵯峨丹阁倚丹崖。俯瞰瀛洲仙子家。万里夜看旸谷日，一帘晴卷海天霞。”写尽了仙阁凌空之气势。

狮洞烟云

渔梁歌钓

日出扶桑

在蓬莱阁后的峭壁下，有一天然石洞，洞深14米，宽2米，洞口有一巨石，状若狮子，因名“狮子洞”。洞内旧有仙人石像5尊，故又名“仙人洞”。天将雨时，洞中每有雾气逸出，缭绕丹崖山腰，煞是一幅绝妙丹青，令人疑为仙人正在洞中炼丹，故称“狮洞烟云”。清代徐人凤诗：“怪石纡回一径深，阴阴古洞纳潮音。仙人丹灶知何在，分得烟云拥碧岑。”

阁下海中，道道礁石，高出水表，如翘如跃，名曰渔梁。清风徐来，水波不兴，礁石上不时有三五老翁，垂纶而钓，钓得海物，掬水而烹，鱼肥蟹鲜，有酒盈樽，席地而尝，怡然自得，乐极而歌，此唱彼和，此景此情，大似桃花源中世界，因而被视为一大胜景。清代徐人凤诗：“舴艋乘风挂楫轻，虬龙蛰穴浪花平。一声欸乃千山静，万里沧浪试濯缨。”

在蓬莱阁观日出扶桑，是一大美的享受。日出前，东方水平线上一片火红，旭日东升，冲破层层云雾，放出万道霞光，一轮滚滚红日浮动在沧波与长天之间，十分辉煌。苏轼述登州所见有“宾出日于丽谯，山川炳焕”的名句，说出了海上日出的壮丽。清代诗人施闰章对此也有细致描述：“日初出时，一线横衺，如有方幅棱角，色深赤如丹砂。已而焰如火，外有绛浮动，不可方物，久之，赤轮涌出，阙象乃圆，光彩散越，不弹指而离海数尺，其人如镜，其色如月矣。”意思是东方太阳出时，横宽一条线，接着像方形，有棱角，颜色是如丹砂一样的深红。不久就红得像火焰一样，外层像拉了一条红色帐幕。停了好久，红日出来，霞光很快散去，不一会儿离开海面数尺，像镜子大小，颜色也不红了，像月亮一样。

扶桑，是神话中的神树。《山海经・海外东经》：“汤谷上有扶桑，十日所浴，在黑齿北。”

晚潮新月

日出热烈，月升清幽。清夜登阁，观海赏月，别有情趣。一弯新月，高悬朗朗夜空；群鸥掠水，海面银光流淌；飞鸿夜鸣，更觉海天深邃，令人迭萌遐想。清代徐人凤诗：“纤阿回驭碧天低，罔象长驱雪浪齐。万叠晶光摇碎影，鲛人珠泪滴玻璃。”

海市蜃楼

神山现市即海市蜃楼。在春夏、夏秋之交，海面上空大气的密度容易出现层差。光线经过不同密度的空气层时，发生折射和全反射，便在海面上形成各种奇异景象，或山岛变幻，或高楼突起；且时分时合，乍现乍隐，变幻莫测，确为山海之异景，天地之奇观。目睹者无不为之倾倒。所以苏轼在诗中云：“重楼翠阜出霜晓，异事惊倒百岁翁。”当年由海市蜃楼而演绎出来的三座神山，加上方士的大肆渲染，更增添了迷人色彩，于是便引出了秦皇、汉武多次来此和多次派人入海访仙求药的故事。清代徐人凤诗：“跨海空濛驾五城，依稀冠盖递将迎。当年若使秦皇见，不遣徐生海峤行。”

万里澄波

风平浪静时，登阁望海，茫茫无垠，海天一色，涟漪不动，令人心旷神怡。清代徐人凤诗：“淼淼无垠大宇宽，涟漪不动碧光寒。难凭一叶云中度，止有三山镜里看。”

万斛珠玑

“万斛珠玑”，出于平凡，生于自然，但不洗不净，不炼不纯。苏轼有诗云：“蓬莱阁下，石壁千丈，为海浪所战，时有碎裂，淘洒岁久，皆圆熟可爱。”说的就是海边被人比作珠玑的卵石。登阁俯瞰，珠圆玉润，迤逦东西，不见尽头，或当落潮，珍珠铺岸，璀璨照人，游人多俯拾数枚，留作纪念，以效东坡“我拾此石归，袖中有东海”“置之盆盎中，日与山海对”的雅兴。其实“万斛珠玑”并不是丹崖石壁崩塌后又受淘洒而成，而是第四纪年间地壳运动，河流搬移，风化剥蚀，海潮冲刷等多种原因造成的。清代徐人凤诗：“千尺寒云锁翠微，　湾碧浪漾明玑。似从汉渚逢游女，携得双珠满袖归。”

铜井金波

漏天岩下北面的海中有一天然石井，石壁青铜色，故名铜井，满潮时没入水中，退潮后显现。井中有暗泉，故井口显现时井水绝无海水的咸味，芳甜可供沏茶。清代徐人凤诗："溟渤汪洋尽作咸，独余智井味芳甜。闲来汲向花阴煮，蟹眼飕飕风满帘。"

漏天滴润

在海边，有一片岩石，名为漏天石，一年四季滴水不止，像下雨一样。即使遇上严重干旱，也照滴不误。又名"漏天银雨"。清代徐人凤诗："旷宇苍凉日正明，危巅涓滴溜还鸣。桃花竹箭听春汛，压倒千岩万壑声。"

杂宝博古

博古，博通古事。

汉张平子（衡）《西京赋》：『雅好博古，学乎旧史氏。』宋徽宗时，令撰《宣和博古图》三十卷。后来，人们将印拓或绘摹钟鼎、古瓶、玉器、书画等古物的组合图称为博古图。

八宝，分佛教八宝、道教八宝、儒家八宝。

佛教八宝：法螺、法轮、宝伞、白盖、莲花、宝瓶、金鱼、盘长。

道教八宝：（亦称暗八仙）鱼鼓、宝剑、花篮、笊篱、葫芦、扇子、阴阳板、笛子。

儒家八宝：笔、墨、纸、砚（文房四宝），琴、棋、书、画（四艺）。

杂宝，除以上各家八宝外，还有随自己意愿刻画的宝珠、古钱、玉磬、祥云、方胜、犀角杯，红珊瑚、艾叶、蕉叶、宝鼎、灵芝、元宝、菱镜、银锭、如意等，远远超过各教的八宝，故称杂宝。

佛、道、儒各教的八宝，各有自己的寓意（参见本书的八吉祥，八仙等），在此不再叙述。

杂宝寓意如斯：宝珠寓祥光普照，古钱象征富裕，玉磬意喜庆，祥云即祥瑞，方胜象征连绵不断，红珊瑚寓高贵发达，犀角杯象征凯旋，艾叶为辟邪，银锭、如意、菱镜寓美好，灵芝象征仙寿，宝鼎象征太平，元宝象征财富，蕉叶寓吉祥等。总之，各种博古图及杂宝图组合一起，属吉祥文化范畴。

在陕西民居木雕中，人们为装饰美观，并结合自己的喜好，大都是将佛教、道教、儒家的象征八宝和杂宝混合使用，以满足自己的心理愿望和吉祥期盼。

■ 名称：红叶宝碗 鼎 犀角 ■ 年代：清 ■ 地点：西安市书院门

■ 名称：笔筒 鼎 宝碗 ■ 年代：清 ■ 地点：西安市书院门

■ 名称：鱼鼓 宝鼎 印玺 ■ 年代：清 ■ 地点：西安市书院门

■ 名称：书 鼎 壶 ■ 年代：清 ■ 地点：西安市书院门

■ 名称：玉钱 鼎 莲盒 ■ 年代：清 ■ 地点：西安市书院门

■ 名称：玉钱 方鼎 艾叶碗 ■ 年代：清 ■ 地点：西安市书院门

■ 名称：鱼鼓 方鼎 莲花碗 ■ 年代：清 ■ 地点：蓝田县

■ 名称：宝罐 鼎 壶 ■ 年代：清 ■ 地点：蓝田县

■ 名称：棋桌 鼎 笔筒 ■ 年代：清 ■ 地点：蓝田县

■ 名称：寿石 角杯 ■ 年代：明 ■ 地点：富平县

■ 名称：壶 吉祥罐 ■ 年代：明 ■ 地点：富平县

■ 名称：爵杯 鼎罐 ■ 年代：明 ■ 地点：富平县

■ 名称：琴 宝瓶 玉钱 桃 ■ 年代：清 ■ 地点：紫阳县

■ 名称：如意 宝罐 宝剑 ■ 年代：清 ■ 地点：紫阳县

■ 名称：金盆 宝鼎 宝罐 ■ 年代：清 ■ 地点：紫阳县

■ 名称：金鱼 梅瓶 印盒 ■ 年代：清 ■ 地点：西安市长安区

■ 名称：宝刀 宝剑 ■ 年代：清 ■ 地点：合阳县

■ 名称：宝罐 菱镜 鼎 佛手 ■ 年代：清 ■ 地点：三原县

■ 名称：印盒 笊篱 鼎 莲花 菱镜 宝瓶 ■ 年代：清 ■ 地点：三原县

■ 名称：鼎 宝瓶 笔筒 ■ 年代：清 ■ 地点：西安市长安区

■ 名称：荷碗 鼎 宝盒 ■ 年代：清 ■ 地点：西安市长安区

■ 名称：犀角杯 菱镜 莲荷 ■ 年代：清 ■ 地点：西安市长安区

■ 名称：宝碗 鼎 寿桃 ■ 年代：清 ■ 地点：西安市长安区

■ 名称：石榴 宝盒 玉钱 ■ 年代：清 ■ 地点：西安市长安区

■ 名称：鼎 莲瓶 磬 ■ 年代：清 ■ 地点：西安市长安区

■ 名称：宝瓶 鼎 桃碗 ■ 年代：清 ■ 地点：西安市长安区

■ 名称：海棠 鼎 棋盘 ■ 年代：清 ■ 地点：西安市长安区

■ 名称：梅花 戟 松树 ■ 年代：清 ■ 地点：丹凤县

■ 名称：荷花 大刀 玉兰 ■ 年代：清 ■ 地点：丹凤县

■ 名称：牡丹 枪 兰花 ■ 年代：清 ■ 地点：丹凤县

■ 名称：菊花 宝剑 玉竹 ■ 年代：清 ■ 地点：丹凤县

家具　牌匾

家具，家用的器具。北魏贾思勰《齐民要术》：『五种槐柳楸梓梧柞，「凡为家具者，前件木皆所宜种。」』

牌匾，以大字题额，悬挂在门头或堂室、亭院墙上的题字横牌。多刻木为之。宋代岳珂《桯史·刘蕴古》：『初吴山有伍员祠，瞰阛阓，都人敬事之，有富民捐赀匾额，金碧甚侈。』

古牌匾意境高远，蕴藏着深刻的历史文化内涵，折射着历史的光华。读之赏心悦目、陶情冶性；诵之启神思、开眼界、壮襟怀、受教益。

由于陕西历史文化积淀丰厚，各地牌匾琳琅满目，限于篇幅，书中撷取部分牌匾作为代表，以飨读者。

■ 名称：五腿圆桌

■ 年代：清

■ 地点：旬邑县

这是张“三圆”五腿、如意式样，龙头狮足圆桌。其造型典雅灵秀，上（桌面）中（环带）下（垫圈）三个圆形寓“连中三元”之意。

桌面裙带镂空雕菊瓣花纹，裙下沿雕回纹拐子纹饰。五只腿上部雕凿成如意头灵芝式样，并在每只腿上部浮雕一个龙头；桌腿下端各雕以狮爪按着绣球，寓吉祥如意、混元一体之意。

■ 名称：五福拱寿太师椅 ■ 年代：清 ■ 地点：旬邑县

全寿大吉太师椅（侧面）

■ 名称：全寿大吉太师椅

■ 年代：清

■ 地点：西安市长安区王曲镇

官帽式富贵太师椅，椅子靠背，中间高雕以官帽式样，作品阶高贵（太师）之象征。下边左、右两边及扶手上均镂空透雕夔龙、牡丹花纹饰，中间靠背板上浮雕五福捧团寿图案。龙，吉祥神兽，为大吉祥，牡丹花为富贵花，团寿为全寿之意。故曰：吉祥富贵，全寿大吉。

■ 名称：古兵器架 ■ 年代：清 ■ 地点：合阳县

此架为草龙纹镂空雕，是古代放置长矛（枪）、戟、大刀等带长柄的兵器的架子。

■ 名称："六六顺"寿字牌 ■ 年代：清 ■ 地点：旬邑县

清代的钱曾《读书敏求记》记载有百寿字图一卷，收集各朝字体。此寿牌由横六竖六，各六个长"寿"字组成。"六六大顺长寿牌"是一种贺寿用的匾牌，作为祝寿贺礼之物，意为祝寿星六六大顺，健康长寿。

■ 名称：轿车

■ 年代：清

■ 地点：西安市长安区王曲镇

旧时供人乘坐的马车，车厢外面套着帷子，用骡马等拉着走。

《荀子·解蔽》："奚仲作车。"杨谅注："奚仲，夏禹时车正。黄帝时已有车服，故谓之轩辕。此云奚仲者，亦改制耳。"

《太平御览》引晋代周处《风土记》："越俗性率朴，意亲好合，即脱头上手巾，解要（腰）间五尺刀以与之为交，拜亲跪妻，定交有礼……祝曰：'卿虽乘车我戴笠，后日相逢下车揖；我虽步行卿乘马，后日相逢卿当下。'"

这是从古时候，直到20世纪50年代，陕西等北方乡村的富裕人家外出乘坐的轿车。一般人家在儿女结婚之日，男方接女方娘家的妗子、姑姑、姨姨等女宾客人时，也都要让其乘坐此轿车，以示礼遇。

■ 名称：镂空雕筷子盒 ■ 年代：清 ■ 地点：黄陵县

这是一只装筷子的盒子，属炊膳用具。俗语称：“民以食为天。”在吃饭用的筷子集装盒上，雕着团寿和草龙拐子纹，寓延年益寿之意。

■ 名称：石榴寿桃拾不闲 ■ 年代：清 ■ 地点：洛川县

“拾不闲”是陕西人用来挂衣物、小用具等的器物。可伸缩，上边钉着十多个小木棒，随手可挂衣服小件，故称“拾不闲”，意思是经常使用，不使其闲暇。

在每只小板的两头各雕成石榴、寿桃图样，意为长寿、多子、多福。

■ 名称：牌匾 ■ 年代：清 ■ 地点：旬邑县唐家

严正可风

严正可风，意为人庄重，严肃正直，可以称得上楷模。

德垂后裔

德垂后裔，语出《尚书·微子之命》：“功加于时，德垂后裔。”功绩施展于当时，德泽流传于后裔。意思是崇高的品德将留传给后代子孙。

古之遗爱

古之遗爱，语出自《左传》：“及子产卒，仲尼闻之，出涕曰：‘古之遗爱也。’”意思是把爱遗留给后世。

春晖弥永

春晖弥永，意思是母爱永远像春光那样留存于世。

语出孟郊诗：“慈母手中线，游子身上衣。临行密密缝，意恐迟迟归。谁言寸草心，报得三春晖。”

嘉声响和

嘉声响和，意即美好的声望，人人称颂。

北堂日永

北堂日永，古代居室在房的北边叫北堂，为妇女盥洗之地。后以北堂为母亲的代称。北堂日永，意思是母亲像太阳一样永远存在，寓祝颂母亲万寿无疆之意。

■ 名称：牌匾 ■ 年代：清 ■ 地点：丹凤县船帮会馆

和声鸣盛，可随意变换位置。如：盛鸣声和、鸣声和盛、声鸣盛和，其含义不变。

■ 名称：人物造型字画楹联

■ 年代：清

■ 地点：丹凤县船帮会馆

以人物表情和造型雕刻的两幅楹联，分别镶挂在丹凤县船帮会馆“花戏楼”台口的左右上方。

据这里的管理人员讲，他们曾邀请国内的一些专家学者对此联进行过破译，但都没能释明其内容。

这八个字谜是何字，何义？看官，您能给出正确答案吗？

跋　　《陕西民居木雕集》摄影浅谈

摄影，唯有摄影（摄像）能留住过去，将历史再现，使瞬间变为永恒。摄影艺术作品除能给人们美的享受之外，更重要的就是把过去保留到将来。

摄影家王山水先生在摄影创作的道路上不停地跋涉着，不停地探索着、创新着，不停地追求着走过三十而立、四十不惑、五十知天命，奔向成熟的花甲之年，而他的创作也到了成熟与收获的季节。他在摄影艺术的道路上，没有急功近利，而是一步一个脚印地走向成功。不同的人有不同的感悟，就有不同的发现。大自然的美丽，历史的留痕，都被王山水先生拍摄过。20 世纪 80 年代末他就举办了“王山水眼中的铜川山水”大型摄影展览，用摄影作品来歌颂铜川山城的城市建设、街道绿化、桥梁座座、交通纵横而有序的城市之美；保护自然、爱护环境、邻里和睦的人物之美；山花烂漫、山岭青翠、溪流飞瀑、山川秀丽、绿树成荫、鸟语花香的自然之美。通过欣赏他的风光摄影作品，觉得铜川市的确有“换了人间”之感。现代摄影必须有个性，有文化品位，才能有大气的印象。1998 年春节期间，作为铜川市摄影家协会主席、铜川市民俗摄影协会会长的王山水先生又举办了一个别开生面的“画诗配”：“冬天里的春天”——王山水花卉小品艺术摄影展，展出花卉艺术摄影作品 160 余幅。这个展览表现了改革开放以后，鲜花走进普通市民的各家各户，各种各样花卉绽放在居民的阳台，居室中那朵朵绚丽多彩的鲜花，铜川市街头巷尾的花坛绿道上的姹紫嫣红都进入他的镜头，以他那精心策划设计的用光、构图和对摄影技巧的熟练运用，将活灵活现的花韵之美再现在他那精美的图片之中。再加上几位诗人为每幅作品配写的优美诗句，体现了该地区浓郁的文化意蕴和人们对美的情感，同时也展现了国富民安的境况。难怪《人民日报》以《铜川市政府门前一道亮丽的风景线》为题予以长篇报道。

王山水先生在摄影艺术的海洋里探索不止，追求不辍，创新不断。他非常善于用他的镜头反映当地的风土人情和民间艺术及建筑装饰。在 20 世纪 90 年代初，他又开始为《陕西民居木雕集》一书进行挖掘、搜集、拍摄工作。他顶寒风、冒酷暑，奔走在陕西境内，翻山越岭、跨沟涉水、走村串户地寻访，历时十余年，耗资数万元，拍摄了四千多幅民居木雕的图片，又精心筛选结集出版，让读者重新享受到这些将要失去的民间木雕艺术珍品，的确是件了不起的大事，这本书也是一本传世之作。这些木雕艺术作品不仅是门窗、吊挂、屏风的木雕图案，它们的背后都包含着丰富的文化内涵、历史价值以及地方流派、民族风格的意蕴。这些木雕艺术中多数是戏曲、成语、诗词经典，如“三国演义”“三娘教子”“芦蒂教子”，还有“二十四孝”等，深含儒道佛教思想的历史文化背景。每一幅雕刻中不仅仅是图案美、雕刻美，还有一个个美丽动人的故事展现在你的眼前。总之，这些故事都是有教育意义的，不但实用，而且可以欣赏，还可以育人。感谢这些没有留下姓名的民间雕刻艺术家，也感谢摄影家王山水先生费尽千辛万苦为我们拍摄这些珍贵的艺术图片。这部摄影集中的每一件作品，都默默地在一个村镇、一座宅院、一间房屋中沉睡了上百年，没有被人发现它本身美的存在，但是，摄影家王山水先生却发现了它的美。“美就在你的身边，只不过你没发现，谁发现了便成功了”（罗丹语）。关键是“发现”二字。被中国民俗摄影协会授予博学会士名衔的王山水先生能发现这些民居木雕艺术的美，并把它真实地拍摄下来，奉献给广大读者，他正在“让民间文化遗产薪火相传，泽被后世”（冯骥才语）。

20 世纪 30 年代，梁思成教授曾骑着毛驴，带领学生走遍祖国大地，拍摄了各地古庙、古塔、古桥等，为中华民族保留下大量的古代建筑资料，为研究中国古代建筑史留下了光辉的一页。我想，王山水先生的《陕西民居木雕集》也将为中国的建筑装潢史留下珍贵的一页。梁思成的学生，今国家文物局古建筑专家组组长罗哲文教授说：“《陕西民居木雕集》我认为是一本难得的好书，特别是其中不少已经拆毁不存在了，更为珍贵。”他为现代的人们学习古代雕刻艺术、研究中国民间艺术、民间文化提供了重要的艺术资料。

我常对人讲，如果秦兵马俑出土了一个或者十个，它都没有现在这庞大武士列队阵营之大气，也不会成为世界八大奇迹之一。正因为秦兵马俑有成千上万之多才震撼了整个世界，这是“量”的艺术。常说时间产生美，距离产生美，我说“数量”也能产生美，而且能产生震撼人心之美，王山水先生拍摄的这组木雕艺术也有四五千幅之多，仅仅从“量”中就构成了美，所以说它是一本集资料性、可读性、欣赏性为一体的有价值的书籍。

“九层之台，起于垒土；千里之行，始于足下”。我期待着王山水先生在摄影的道路上还会走得更远。

郑文华

《延河》编审、版画家、摄影家

一个人对陕西民居木雕的普查

《陕西日报》高级记者　魏焱

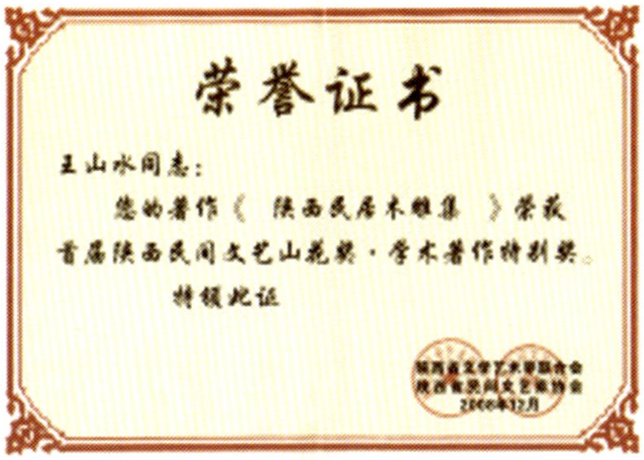

“十八年苦了王山水”

荒山、野岭，天色向晚。没草的荒径，踽踽独行的是他的身影。虽有一米八的大身躯，在自然的挤压之下，仍显得那样弱小、无助。

友人的友人捎话给他，丹凤峦庄有老宅子，门窗隔扇木雕精美。他舟车兼程，行到路尽处，只能靠双脚丈量山径了。

在一片空地面前，大汗淋漓的他呆若木鸡。残砖断瓦都找不到两片，哪里还有精美木雕！屋主已拆尽老宅，准备盖新房了。

回程还有几十里山路。他走到半路，精疲力竭。坐在路边，听着暗夜中传来的种种可疑声响，他几乎要大哭出来。赶到丹凤县城，已过凌晨1时。

从18年前王山水决定为陕西民居木雕拍摄结集那一刻起，这种混合着希冀、追寻、焦虑与失望的经历，便与他如影随形。

那时的王山水，是铜川自来水公司的职工，同时是铜川市民俗摄影协会会长、铜川市摄影家协会主席、陕西省摄影家协会常务理事和省民俗摄影家协会常务理事，业余热衷民俗、纪实、花卉摄影，有2000多幅作品发表于各级报纸杂志。

多年的民俗拍摄中，王山水对街巷村落间不时邂逅的一座座古屋老宅情有独钟。置身其中，感受着被时间河流淘洗成一派灰黑色的高墙飞檐、兽脊花棂，想象旧时代屋主人生活的华丽繁复，王山水常流连忘返。

1990年春节前，王山水去铜川印台区阿庄镇拍老房子。那是一间满清大户人家的厅房，“大跃进”时做过集体大灶，“文化大革命”时做过生产队仓库，如今变得黑漆漆的。厅房屋角竖着几块木隔扇屏风，边格上依稀可见雕刻的“八仙”图案。王山水不经意地拍了几张。回铜川后忙着过年，将这事几乎忘了。几个月后，照片终于冲洗出来，近距离审视“八仙”，那出于200多年前不知名工匠之手的组雕人物，个个情态毕备、生动可爱。那木质纹理和凝重线条中弥漫出的古典美的光晕瞬间击中了他，王山水依稀感触到了浩浩中华文明的一脉根系。

遗憾的是，因屏风烟熏尘染，王山水又是随意而拍，图片质量不高。经过精心准备，王山水二赴阿庄，目标便是阿庄大宅的木雕。令人扼腕叹息的是，阿庄大宅已因天雨坍塌，其中精美的木雕亦随之玉殒香消。

王山水仿佛清晰地听到一声崩裂的呼啸……心灵剧痛之后，他，忽然镇定了。此前的王山水，从事过写作，搞过新闻摄影、民俗摄影、花卉摄影，但他内心深处总有一种莫名的焦虑和渴望，总觉得还有要紧的事情等他去做，还有重要的使命需要他去完成，但那是什么，他心中并不明晰。而此时，走遍三秦大地，对现存的民居木雕进行一次普查、拍摄和整理，为后人留下一份较为完整的陕西民居木雕资料，这个想法在王山水心中成形了。

然而，王山水当时并未完全意识到，自己的决定在这个物欲膨胀的浮躁时空，无疑是认领了一份寂寞的洗礼。

那一年，王山水45岁，正当盛年。紧张工作之余，每个周末或节假日，都是他又一次出发的日子。

在陕北的沟壑峁梁，王山水风尘仆仆；在关中的村落巷陌，王山水忘情抓拍；在陕南的老宅残垣，王山水寻寻觅觅。

拍摄、冲洗、整理、研究、归类……

2008年，《陕西民居木雕集》正式出版。这一年，王山水63岁。

在不久前举行的《陕西民居木雕集》出版研讨会上，省民间文艺家协会主席傅功振一语中的：“秦腔《寒窑》里有句唱词‘十八年苦了王宝钏’，为编撰《陕西民居木雕集》，真是‘十八年苦了王山水’呀！”

“陕西民居木雕，我是越拍越稀少，越拍越觉得弥足珍贵”

十八载寒暑征途漫漫，经历多少风霜雨雪，经历多少风餐露宿，王山水既不愿多谈，也不以为苦。采访中他重复最多的话是：“陕西民居木雕，我是越拍越稀少，越拍越觉得弥足珍贵！真后悔自己发现太迟、觉悟太迟了！”

峦庄和阿庄的经历，对王山水是刻骨铭心的记忆。更刺激他的还是在紫阳县红椿镇余状元宅第的拍摄经历。当王山水辗转赶到时，老宅几

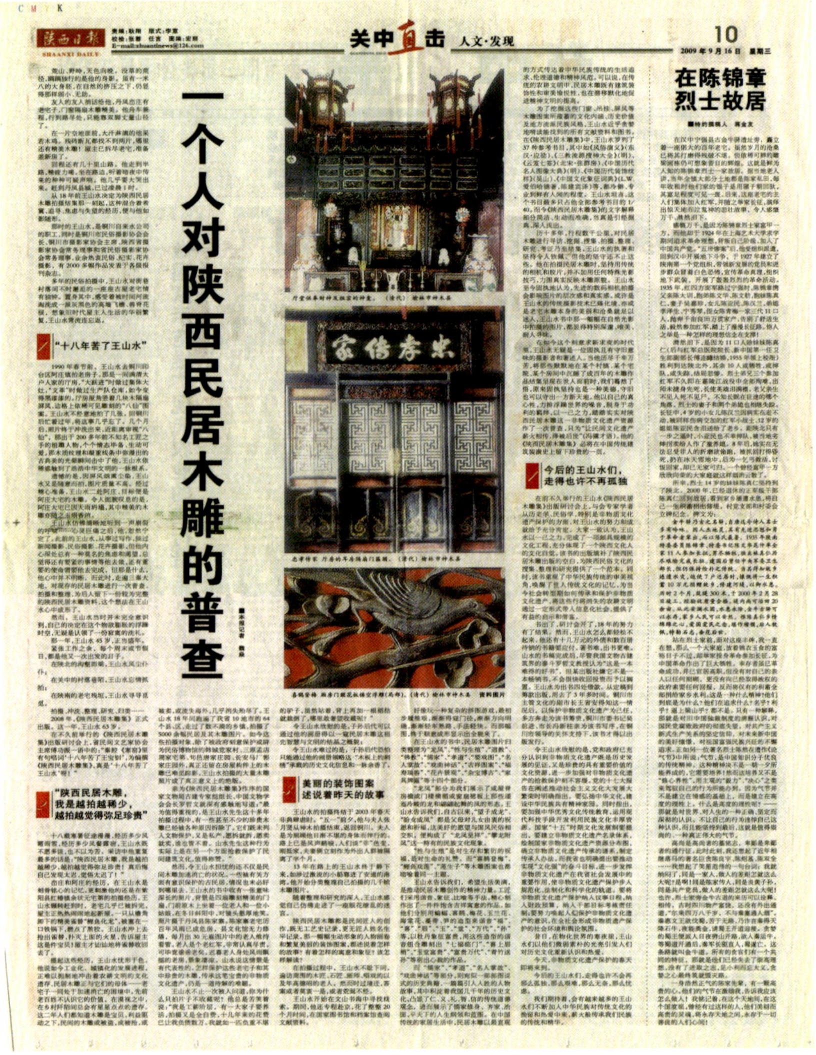
陕西日报
关中直击 人文·发现
10
2009年9月16日 星期三
一个人对陕西民居木雕的普查
在陈锦章烈士故居
“十八年苦了王山水”
今后的王山水们，走得也许不再孤独
“陕西民居木雕，我是越拍越稀少，越拍越觉得弥足珍贵”
美丽的装饰图案述说着昨天的故事

乎已被拆完，屋主正热热闹闹地起新屋。一只从檐角卸下的精美雀替“鲤鱼化龙”，被塞在一口铁锅下，点燃了熬胶。王山水冲上去抢出雀替，扑灭上面的火星，告诉屋主这是件宝贝，屋主才讪讪地将雀替收回去了。

提起这些经历，王山水忧形于色。他说如今工业化、城镇化的发展进程，正难以扼制地冲击着农耕文明的文化遗存，民居木雕正与它们的母体 —— 老宅子一同处于加速消亡的困境中。先前老百姓不认识它们的价值，在漠视之中，乡村阡陌间总会有星星点点的遗存。这两年人们都知道木雕是宝贝，在利益驱动之下，民间的木雕或被盗，或被抢，或被卖，或流失海外，几乎消失殆尽了。王山水 18 年间跑遍了我省 10 地市的 64 个县、区，走过了数不清的乡镇，拍摄了 5000 余幅民居及其木雕图片。如今这些拍摄对象，除了被政府刻意保护或辟为民俗博物馆的韩城党家村、三原孟店周家宅第、旬邑唐家庄园、长安马厂郭家庄园外，真正还留在房屋构件上的木雕已难觅踪影，王山水拍摄的大量木雕照片成了真正意义上的绝版。

亲为《陕西民居木雕集》作序的国家文物局古建专家组组长、中国文物学会会长罗哲文就深有感触地写道：“最为值得重视的，是王山水先生这十多年拍摄过程中，有一些甚至不少的珍贵木雕已经被各种原因拆除了。它们既未列入文物保护，又是私产，愿拆就拆，愿卖就卖，谁也管不着。山水先生这种行为实际上是在另一个方面抢救保护了民间建筑文化，值得称赞。”

然而，令王山水担忧的还不仅是民间木雕加速消亡的状况。一些被有关方面有意识保护的古民居，情况也未必好到哪里去。王山水的书中收有一张意味深长的照片，背景是四扇雕刻精美的门扇，门前原木上坐着一位老人和一位小姑娘，在冬日斜阳中，对着镜头憨厚地笑。照片摄于丹凤县陈家寨。陈家寨老宅历经百年风雨已成危房，县文化馆无力修缮，仅每月出 30 元雇图片中的老人维持看管。老人是个老红军，非常认真尽责，可毕竟垂垂老矣。迟暮老人身处风雨飘摇的老房，景象凄凉。山水说这情景是有代表性的。怎样保护这些老宅子和其中珍贵的木雕，传承这笔宝贵的非物质文化遗产，仍是一道待解的难题。

王山水不止一次被人问道：“你为什么只拍片子不收藏呢？”他总是苦笑着说：“我是工薪阶层，有一大家子要养活，拍摄又是全自费，十几年来的花费已让我负债数万。我就如一匹负重不堪的驴子，虽然站着，背上再加一根稻秸就栽倒了，哪里敢奢望收藏呢？”

令王山水欣慰的是，子孙后代可以通过他的画册一窥民居木雕这祖先智慧与文明的结晶之概貌；

令王山水难过的是，子孙后代恐怕只能通过他的画册领略这“木板上的刺绣”承载的历史文化信息和一脉余香了。

美丽的装饰的故事图案述说着昨天

王山水的拍摄终结于 2003 年春天“非典”肆虐时。“五一”前夕，他与夫人张月贤从神木拍摄结束，返回铜川。夫人是为照顾他日渐不堪的身体而伴行的。路上已是风声鹤唳，人们谈“非”色变，刚抵家，夫妻俩立刻作为外出人群被隔离了半个月。

13 年在路上的王山水终于静下来，如涉过激流的小船靠进了安谧的港湾。他开始分类整理自己拍摄的几千帧木雕图片。

随着整理和研究的深入，王山水感觉自己仿佛走进了一座眼花缭乱的迷宫。

陕西民居木雕都是民间匠人的创作，既无工艺史记录，更无匠人姓名生平记录。那一幅幅生动形象的人物画卷和繁复美丽的装饰图案，都述说着怎样的故事？有着怎样的寓意和象征？该怎样解读？

在拍摄过程中，王山水不耻下问，遍访周围的木匠、石匠、画师、唱戏的以及年高德昭的老人。然而时过境迁，答案或者莫衷一是，或者荒诞不经。

王山水开始在文山书海中寻找线索。其间，他还专程赴京，花了整整 20 个月时间，在国家图书馆和档案馆查阅文献资料。

好像玩一种复杂的拼图游戏，最初步履维艰，渐渐得窥门径，渐渐方向明确，渐渐轻车熟路、手法轻快。而那幅图，终于顺意成形显示出全貌来了。

在王山水的书中，民居木雕图片归类整理为“民居宅第”“龙凤”“性与生殖”“道教”“佛教”“儒家”“孝道”“婴戏图”“名人掌故”“戏曲神话”“吉祥图案”“福寿瑞兽”“花卉景观”“杂宝博古”“家具牌匾”十五个部分。

“龙凤”部分为我们展示了或屋脊房檐或门楼横楣或窗扇裙板上那些逶迤冷峻的龙和翩翩起舞的凤的形态。王山水告诉我们，自古以来，“望子成龙”“盼女成凤”都是父母对儿女由衷的祝愿和祈福，这美好的愿望与国风民俗相交织，便构成了“龙凤呈祥”“攀龙附凤”这一特有的民族文化现象。“性与生殖”是对生存和繁衍的祝福，是对生命的礼赞。而“喜鹊登梅”“鲤鱼戏莲”“莲生子”等木雕图案也都暗喻着同一主题。

王山水告诉我们，希望生活美满，是推动民居木雕创作的精神力量。工匠们采用谐音、象征、比喻等手法，精心制作出了一件件饱含吉祥寓意的作品。如他们分别用蝙蝠、喜鹊、梅花、玉兰花、海棠花、蔓带、笋的造型来谐音“福”“喜”“眉”“玉”“堂”“万代”“孙”等，以牡丹象征富贵，用这些造型的谐音组合雕刻出“七福临门”“喜上眉梢”“玉堂富贵”“富贵万代”“青竹送孙”等别出心裁的作品。

而“儒家”“孝道”“名人掌故”“戏曲神话”等部分，则宛似一部部图说式的历史典籍。一篇篇引人入胜的人物故事，其中积淀着我国几千年的历史文化，凸显了仁、义、礼、智、信的传统道德观念，进而展示了儒家修身、齐家、治国、平天下的人生纲领和蓝图。在中国传统的家居生活中，民居木雕以最直观的方式传达着中华民族传统的生活追求、伦理道德和精神风范。可以说，在传统的农耕文明中，民居木雕既有建筑装饰性和审美愉悦性，也在潜移默化地促进精神文明的提高。

为了挖掘这些门窗、吊挂、屏风等木雕图案所蕴蓄的文化内涵、历史价值及地方流派民族风格，王山水近乎贪婪地啃读能找到的所有文献资料和图书。在《陕西民居木雕集》中，王山水罗列了 37 种参考书目，其中如《风俗通义》（东汉·应劭）、《三教流源搜神大全》（明）、《云笈七签》（北宋·张君房）、《中国历代名人图典》、《中国文化象征词典》（W. 爱伯哈德著，陈建宾译）等，都冷僻、专业到鲜有人闻的程度。王山水坦言，这个书目最多只占他全部参考书目的 1/40。而今《陕西民居木雕集》的文字解释部分简洁、生动而准确，当真是引经据典、深入浅出。

历时十多年，行程数千千米，对民居木雕进行寻访、挖掘、搜集、拍摄、整理、研究、考证乃至结集，王山水的执着和坚持令人钦佩。但他的坚守还不止这些。他在拍摄民居木雕时，坚持用传统的相机和胶片，并不加用任何特殊光影技巧，力图真实反映木雕原貌。王山水至今仍固执地认为，先进的数码相机拍摄会影响图片的层次感和真实感。或许是王山水的传统摄影技术已臻化境，抑或是老宅木雕本身的美丽和沧桑就足以迷人，王山水书中那一幅幅在自然光影中拍摄的图片，都显得特别深邃、唯美、耐人寻味。

在如今这个刻意求新求变的时代里，王山水无疑是一位固执且有守旧意味的摄影者和著述人。当他历尽千辛万苦，将那些默默地在某个村镇、某个宅院、某个房间中沉睡了成百年的木雕作品结集呈现在世人面前时，我们蓦然了悟，原来固执坚持也是一种美德，守旧也可以守出一方新天地。他以自己的真心性，力排浮躁世界的噪音，脱身于功利的羁绊，以一己之力，踏踏实实对陕西民居木雕这一非物质文化遗产资源作了一次普查，只为“让民间文化遗产薪火相传，泽被后世”（冯骥才语）。他的《陕西民居木雕集》必将在中国传统建筑装潢史上留下珍贵的一页。

今后的王山水们，走得也许不再孤独

在前不久举行的王山水《陕西民居木雕集》出版研讨会上，与会专家学者从历史学、民俗学，特别是非物质文化遗产保护等方面，对王山水的努力和成就给予充分肯定。大家一致认为，王山水以一己之力，完成了一项颇具规模的文化工程，充分体现了一个陕西文化人的文化自觉。该书的出版填补了陕西民居木雕出版的空白，为陕西民俗文化的搜集、整理和研究提供了一个范本。同时，该书重现了中华民族传统的审美视角，唤醒了世人对传统文化的记忆，为当今社会转型期如何传承和保护非物质文化遗产，将这些行将消失的农耕文明通过一定形式带入信息化社会，提供了有益的启示和借鉴。

书出了，研讨会开了，18 年的努力有了结果。然而，王山水怎么都轻松不起来。他还有十几万元的外债和数百册待销的书籍要应付。著书难，出书更难。山水的书稿完成后，尽管我国文物古建筑界的泰斗罗哲文教授认为“这是一本难得的好书”，但王山水仍四处借款，从定稿到筹款出版，用去了 3 年多时间。铜川市主管文化的副市长王省安得知这一情况后，以保护非物质文化遗产为己任，多方奔走为该书筹资，铜川市委书记吴前进、市长冯新柱亲为该书写序，在铜川市领导的关怀支持下，该书才得以出版发行。

令王山水欣慰的是，党和政府已充分认识到非物质文化遗产既是历史发展的见证，又是珍贵的具有重要价值的文化资源，进一步加强对非物质文化遗产的抢救保护刻不容缓。党的十七大报告在阐述推动社会主义文化大发展大繁荣时明确指出，要弘扬中华文化，建设中华民族共有精神家园。同时指出，要加强中华优秀文化传统教育，运用现代科技手段开发利用民族文化丰厚资源。国家“十五”时期文化发展纲要提出，要建立非物质文化遗产名录体系，绘制国家非物质文化遗产资源分布图，确立非物质文化遗产传承的谱系，制定传承人办法。而我省也明确提出要推动实现“文化强”的奋斗目标，进一步发挥非物质文化遗产在我省社会发展中的重要作用，使非物质文化遗产保护步入规范化、法制化和科学化的轨道。要将非物质文化遗产保护纳入议事日程，纳入财政预算，纳入干部目标考核责任制；要努力唤起人们保护非物质文化遗产的意识，在全社会形成非物质遗产保护的社会环境和舆论氛围。

昔日，在物化世界的寒夜里，王山水们以他们微弱素朴的光亮引发人们对历史文化重新认识和热爱。

今天，非物质文化遗产保护的春天即将来到。

今后的王山水们，走得也许不会再那么孤独，那么艰难，那么无奈，那么忧虑。

我们期待着，会有越来越多的王山水们不断加入中华民族对传统文化的挽留和热爱中来，薪火般传承我们民族的传统和精华。

陕西出版传媒集团重大出版项目
铜川市文广局保护传统文化推介图书

陕西传统民居雕刻文化研究

陕西民居砖雕集

罗哲文题

王山水 苏爱萍 著

陕西新华出版传媒集团
三 秦 出 版 社

序

陕西民居砖雕集

序

张志春

木雕、砖雕与石雕是中国古民居的三大雕刻艺术形式。民俗摄影家王山水先生以超越常人的毅力，以廿余年岁月之惨淡经营，出版了厚重的《陕西民居木雕集》之后，又将搜集来的陕西古民居砖雕及部分石雕集为一册，将付梓出版。在我看来，其砖雕部分尤为突出与系统，真是难得。

我们知道，在中国，砖雕艺术开源可以追溯到鸿蒙之初的古远。如果说陶砖是否与玉雕石雕8000年前共生还须文物支持的话，那么，新石器时代之初的白家文化陶器与后二者同在则是不争的事实。据信，近日灞河东岸发现的距今5000年的六件烧结砖块，为彼时彼地玉雕艺术与技术波行到砖雕层面提供了悠远的材质基础。再说砖雕的优势显然可见，它比木雕寿命悠长，比石雕易于取材更易于雕刻（历代的砖雕多存留于远离石山的平原地区）等，先民琢玉磨石之际再雕砖应该是顺理成章的选择。虽然至今还说不清先民何时何地何故将加工的凿刀第一次伸向砖块，但砖雕问世之后未曾间断的历时性传承却是凿凿有据的事实。早年周原遗址曾出土西周残砖，正反面均绳纹，反面四角有乳钉；周原春秋战国墓室曾发现大量印纹砖；汉画像砖颇为普及，砖模印压之外，更有阴刻阳刻高浮雕浅浮雕等技巧与造型；魏晋以后，砖雕工艺逐渐拓展并与建筑结合，始现仿木构件的砖雕；宋代《营造法式》所记“事造剜凿”即指砖雕；元代砖雕始用于建筑的多个部位；明为繁盛期，计成《园冶》记述砖雕“历来墙垣，凭匠作雕琢花鸟仙兽，以为巧制……”；清更是登峰造极，砖雕成为专门行业，从业者称为“凿花匠人”……，真是江山代有才人出，要意砖雕亦堪传。

过去一般说及古民居砖雕，大约言必称江南，陕西往往处于边缘状态或者遗忘的角落。其实这一方土地厚重的积淀是全方位的，最古老的。古民居中的砖雕自不例外。我知道，王山水在他的民俗摄影过程中对此陆续有所发现。吸引他的，是那些精致的构图与深邃的寓意；刺痛他的，是未拍刚拍的旧民居拆毁荡尽的情状；燃烧他的，是老两口其将至今人生不能白白来一趟的激情……；于是乎，他义无反顾地上路了。无论是遍访于市井，还是搜求于散落的村镇，抑或奔波于千百里外的山野与荒漠，他以一己之精力、能力与财力，踏遍三秦，叩访每一处古建遗迹。廿多年来，王山水以几乎地毯式摸排的方式将这一方土地的古民居砖雕网罗在手。一卷编定，所经历的一切辛苦辛酸似乎都可以释然。在这里，汉江泾水渭水乃至无定河流域种种形态的传统民居砖雕作品艺术呈现出来。这种特殊的衔接精英文化与民俗文化的建筑"图谱"一旦有序罗列便别有意味。它带着时间的脉络发言，也带着地域的风采发言；既有十三朝古都皇家建筑风范浸淫之遗痕，又有民间文化大传统积淀的生意盎然的草根智慧与童心童趣；历代告老还乡的官宦们借此点缀家园，传播文化；古来有所追求的基层精英借此教育子弟，昭亮前程……；谁能说如此鸿篇的史诗格局与地域情调不是中国砖雕史与美术史上浓墨的一笔呢？

事实上搜集与编纂的过程，也是王山水化蛹成蝶由摄影家转型民俗学家的过程。他喜爱摄影，早年研习数理化，一辈子职业是管理自来水，缺少人文研究训练，但他眼光高远，立意自学，敢于下棋访高手弄斧到班门！不顾年岁高迈，每拍一幅图，奔图书馆，寻找文献，请教专家，乐意和天下第一流学者对谈，打破砂锅问到底，不到彻悟不罢休。不少学者被这种锲而不舍精神所打动。与王山水素不相识的古建筑学家罗哲文先生曾经应邀为其木雕集写序，就是典型一例。在彼此智慧的碰撞中，在刻苦地钻研与领悟中，王山水的古民居摄影序列便不只是简单的图片汇聚，而是涵融弥漫着厚重的人文意味。在这里，选图罗列有序而精致，编选体例侧重于文化而新颖，每图都有相应的时间地点考释以及历史文化的阐释。这种阐释或可见仁见智，但无可怀疑的是，它打开了陕西古民居砖雕意义世界的一扇窗子。在我看来，这部著作将成为陕西文化软实力的重要构成部分。

黄土出身，未经水火难成器；

精灵入髓，幸遇琢磨始为珍。

这是我曾撰拟砖雕的一联。此时此地，植入此情此境，其意味或许可以延伸开去，更深一层。

2014.11.27于陕西师范大学

张志春
陕西师范大学教授
中国民俗学会理事
陕西省节庆文化促进会副会长
陕西省民间艺术家协会副主席
西北大学节庆文化中心特聘研究员
九三学社陕西省委教育文化委员会副主任
陕西省暨西安市非物质文化遗产专家委员会委员

作者简介

RESEARCH ON CARVING ART OF TRADITIONAL DWELLINGS

王山水，1944 年生，山西省闻喜县人（祖籍山东省蒙阴县），供职于铜川市自来水（集团）公司，经济师。铜川市民俗摄影协会会长，陕西民俗摄影协会常务理事兼理论部部长，陕西省民间文艺家协会会员，中国民俗摄影协会博学会士，中国摄影家协会会员，西安市文史研究馆、西安市文史艺术研究院研究员，西安市群众艺术馆民俗文化研究员，铜川市历史文化研究所高级研究员、陕西黄河摄影艺术研究院顾问。2008 年出版《陕西民居木雕集》一书，荣获陕西省文学艺术界联合会、陕西省民间文艺家协会首届『陕西民间文艺山花奖·学术著作特别奖』。该书被国家图书馆、北京故宫博物院、北京大学、清华大学、中国人民大学、西安美院等数十所大学图书馆及陕西省档案馆收藏。

苏爱萍，1952 年生，陕西省三原县人。《陕西日报》资深编辑记者。曾任《星期天》报，《陕西日报》科教新闻部、周末版责任编辑。

砖 雕 集

目 录 /Contents

孝 道
FILIAL PIETY

戏曲故事
OPERA STORIES

家 训
FAMILY MOTTO

书法 题词
CALLIGRAPHY

福禄寿禧
HAPPINESS, WEALTH AND LONGEVITY

恭贺颂祝
CONGRATULATIONS AND PRAYERS

吉祥瑞兽
AUSPICIOUS ANIMALS

吉祥花鸟
LUCKY FLOWERS AND BIRDS

半坡人面鱼纹盆

半坡遗址尖底瓶

秦砖汉瓦 唐风遗韵

神奇陕西

陕西之名始于公元前 11 世纪，西周初年。因周武王胞弟周公和大臣召公的封邑以陕原（今河南省陕县境内）为界，周、召二公分陕而治，后人由此称陕原以西地区为“陕西”。

陕西是个古老而神奇的地方，其历史悠久，文化灿烂，是中华民族生息、繁衍，华夏文明诞生、发展的重要发祥地之一。早在 115 万年以前“蓝田猿人”就在关中平原的灞河上游繁衍生息，以石器为工具与大自然抗争。

西安东郊的半坡遗址，是 6000 多年前母系社会的一个村落。他们不但使用了骨制的箭头、鱼钩、骨针等生产工具，还制作出陶器用品。

大约又过了一两千年，西安附近的母系氏族公社逐渐发展到父系氏族社会。沣河流域在这个时期就形成了许多父系氏族社会部落。

陕西有长达 1180 多年的建都史，周、秦、汉、唐等 13 个王朝在这里建都，曾出现过我国历史上著名的“秦王扫六合”“成康之治”“文景之治”“贞观之治”“开元盛世”等。正因如此，三秦大地上便积淀了丰厚的华夏传统文化，被誉为中华民族文明的摇篮。

陕西曾是中国封建社会上半期的政治、经济、文化的中心，随着社会经济的发展，创建了“西周丰镐”“秦都咸阳”“西汉长安”“隋唐长安”等辉煌的古代都城和灿烂夺目的建筑文化，成为中国乃至世界建筑史上的瑰宝。

陕西被誉为天然的中国历史博物馆，其文化遗存丰富，拥有中国各个历史时期具有代表性和完整性的文物古迹，反映了中国历史文化的灿烂辉煌。所以，有“外国人来中国，没到陕西，就等于没到中国”之说。这里有太多的历史遗存，让世人惊诧不已。

民间亦有“陕西的黄土埋皇上”之说，陕西境内共有 79 座皇帝

秦 · 兵马俑坑

秦 · 刻字砖

汉 · 瓦当

陵墓，太子、皇后、将相之墓不计其数，其地下未出土的文物、国之瑰宝，谁能知晓多少？仅出土的秦兵马俑就被誉为“世界第八大奇迹”，更何况还有未被发掘的秦始皇陵、汉茂陵、唐昭陵、乾陵等，谁又能知其瑰宝文物之数？故而云，陕西是一块神奇莫测之地。

秦砖汉瓦

陕西之所以有如此辉煌的历史遗迹，与秦砖汉瓦及制陶业是分不开的，陕西是制陶技术发明和使用最早的地区之一。6000 多年以前的半坡遗址出土的陶器尖底瓶、人面鱼纹盆等大量陶器就是例证。

气势恢宏的秦兵马俑，布列的数千陶俑，重现了“秦王扫六合，虎视何雄哉”这一叱咤风云的历史场面。秦始皇兵马俑坑，是秦代人创作的一座巨大的地下陶雕艺术宝库。

随着制陶技术的发展，其建筑业也走向了辉煌，名噪全国的秦砖汉瓦就是这一历史阶段鲜明的文化符号。它鲜明地呈现出中华民族的本土基调，是中华民族悠久、广袤、浑厚的文化遗韵，也是当时建筑业绩辉煌的反映。

陕西可称为国宝的古建筑有多处，如世界上保存最完整的、规模最大的西安城墙；以大慈恩寺、大清真寺为代表的寺庙殿堂；代表古代建筑艺术高峰的大雁塔、小雁塔；西安的钟楼、鼓楼，还有拥有“天下第一福地”美称的楼观台等都以陶砖构筑。

民居砖雕

除此而外，陕西还有着十分宝贵的民间文化遗产，民居宅第建筑中的砖、木、石雕亦是颇具特色的民俗传统文化。正如已故的中国文物学会会长、国家文物局古建筑专家组组长、全国历史文化名城专家委员会副主任罗哲文教授在《陕西民居木雕集》一书的序中所言：“陕西是中华民族重要发源地之一，富饶的八百里秦川孕育了中华民族丰厚的历史文化。周、秦、汉、唐……十多个朝代在此建都，是历代盛世建都最长的省份。其历史文化艺术宝库中，除帝王宫殿、坛庙、陵墓、寺观等之外，还有一份十分宝贵的民间文化遗产，民居宅第就是其中重要的一种类型。而民居建筑艺术中的木、砖雕更又独具特色，它的价值在于它是历史文化的写照，与人们的社会生活十分密切，反映了

汉・阳陵陶俑

唐・ 大雁塔

唐・小雁塔

陕西这一地区独特的文化艺术、民俗风情、审美观念。它们正是华夏传统文化艺术的重要组成部分，是中华建筑艺术中的一朵奇葩。”

陕西古民居中的砖雕，来源于历史悠远的制陶业的发展和传承，由秦砖汉瓦的文字图案、汉代画像砖、纹饰瓦当，逐渐演变为大面积的墙面砖雕图案。

砖雕亦称陶雕，是以青砖为基质，雕刻出人物、山水、花草、鸟兽、虫鱼等图案，作为宅第大门、照壁、墀头、廊心墙、山墙、房檐、屋脊等处的装饰建筑构件，随处可见。

砖雕大体可分为以下三种形式：其一是面积较大，贴于墙面的砖雕作品；其二是附在墙上端檐口之下，作为整面墙体的一种边饰；其三是在屋脊上的装饰砖雕。

墙面砖雕

墙面砖雕多出现在官宦、富商的住宅，或者在有政治、经济实力的家族祠堂。一般雕刻在两侧厢房的窗间墙上，也有在两侧的山墙（亦称看墙）墙面上。这些砖雕的内容多为具有象征意义的龙、凤、松、竹、梅和博古器物等，雕法采用线刻、浮雕、透雕等多种技法来表现人物与环境。砖雕从实用和观赏的角度出发，题材广泛，多用以祝颂吉祥的内容。如：春光贺寿、锦堂富贵、龙凤呈祥、松鹤延年、一路连科、富贵寿考、凤戏牡丹、鹤鹿同春、麒麟送子等人们所喜闻乐见的内容。以隐喻、比拟、谐音、通假、借代等手法表达吉祥喜庆的寓意，体现物主对生命价值的关注，对家庭兴旺的企盼，对幸福生活、仕途的追求和期望。

大幅砖雕四周一般都围着边框，边框上雕些花草、“卐”字回纹、方胜纹、蔓草纹、夔龙纹、蝙蝠、蝴蝶、鸡、鱼等纹饰，它们的形象虽小但也很生动，有的两边还配刻诗词佳句。这些砖雕的工匠在这里充分发挥并展示了他们高超的雕刻技艺和自由活泼的创作思想，同时也记载着不同时代、不同文化的传承，并深深地留下了当时社会生活的印记。

砖雕有它的特殊性，它不可能像绘画、雕塑那样直接描绘、雕刻出某一种具体情节，所以，它多采用象征、比拟、借代的方法来表现一定的内容，并采用具有特定象征意义的动物、植物、器物等，单独或组合地表现出具有一定寓意的内容。如：龙，是中华民族的图腾象

明·钟楼

明·鼓楼

征，人们敬畏龙，喜爱龙，所以在砖门头、门脸、房屋屋顶的砖雕屋脊上都能见到龙的身影，既有龙头、龙身、龙爪俱全的龙，也有龙头卷草身、龙头回纹身的草龙和拐子龙。

龟，在兽类中属寿命较长的一种，很早就与龙、凤、麒麟共同列为“四神兽”。所以，龟具有神圣与长寿的象征意义。

鱼，早在6000多年前的西安半坡遗址的陶器上，就有“人面鱼纹”的陶盆出现。鱼繁殖力很强，有多子多孙、家庭繁衍生息的重要寓意。鱼又谐“余”音，人们都企盼“年年有余”的好日子。

莲，莲之实称藕，生出叶称荷叶，开出花为荷花，结出籽叫莲子。明代李时珍在《本草纲目》中对莲的描述：“莲，产于淤泥，而不为泥染；居于水中，而不为水没。根、茎、花、实几品难同，清净济用，群美兼得。”“藕生于卑污，而洁白自若，质柔而穿坚，居下而有节。”“薏藏生意，藕复萌芽；辗转生生，造化不息。”莲荷能作为佛教的标志，是由于它“辗转生生”的生存过程和佛教的“轮回”理念相符合的。

莲和鱼都是极具生命力的生物，所以，在民间文化中，以莲喻女性，鱼喻男性。“鱼儿戏莲花，夫妻二人没麻搭”，是陕西民间的一种象征男女结合，结婚生子之意的俚语。正因为莲花有诸多的象征意义，故，莲荷在民间的砖、木、石雕、剪纸、刺绣等图案中已有几千年历史之传承。

牡丹，因花朵茂盛、色彩艳丽、花瓣丰硕、品种繁多而有“花王”之称。它象征富贵、吉祥，是人们的心理企盼所在。

蔓草，由于藤蔓缠绵（“蔓”谐“万”音），接连不断，象征繁衍不断，子孙万代，家庭兴旺。

鹤，在百鸟中属长寿者，人们称人之高寿为“鹤龄”。人们都希望自己长寿，故以鹤寓之。

鹿，“鹿”谐“禄”音。禄为古代官吏之薪俸，官高则禄厚，象征发财致富，财源广进。

还有蝙蝠、狮子、大象、羊、马、水仙、海棠、白玉兰、兰花、菊花、山茶花等，林林总总，人们都给予它们以不同的吉祥寓意。故而在砖雕图案中，雕有不同物品的组合，便有不同的寓意内容，如：鹭、

明·西安永宁门

明·西安城墙（文昌门）

莲组合，寓“一路荣华”，一只鹭为“一路”，莲花又称芙蓉花，寓“荣华”；同样是一只鹭和莲花多加一棵芦苇，就称为“一路连科”，寓“状元及第”之意。可谓“有图必有意，有意必吉祥”。这是砖雕艺术中常用寓意的一个显著特点。

民居砖雕还有一个突出特点，就是它的随意性和灵活性。组图完全会以宅第主人的喜好、文化品位及雕刻工匠艺人们的文化修养、艺术构思而任意组合搭配。它没有宫殿、坛庙、寺观那种严格的规范要求，而更具人性化。

松、竹、梅，人称“岁寒三友”，为植物中的高品。以松、竹、梅组合的“岁寒三友”为例：通常画家都以松、竹、梅为“岁寒三友”，而砖雕有以“梅、竹、石”“松、梅、石”组合为“岁寒三友”，人们认为主要是“岁寒”二字，而不在其“三友”。所以，可随个人喜好进行三样组合，只要其“岁寒”之意不变方可。人们所赞颂的正是它们在严冬酷寒中能各守其节的崇高品德。

陕西古民居的砖雕，有其悠远的历史及传统的地域文化积淀。特别是墙体砖雕，个性较为显著，砖雕图案以长方形、正方形为多，且面积较大，一般宽约为1.2米至1.5米，高2米左右。每幅砖雕都是一个独立的个体，由于每幅画面中雕刻着不同的动、植物组合，各寓其意，所以，一幅画面中可同时讲述一个或几个不同的故事、典故。其内容丰富，却不雷同，可以领略到民间教化的初衷，不仅要常常看到，更要铭记在心。

如本书中有一幅白水县纵目乡纵目村赵树勋家门楼内墙上的砖雕“郭巨为母埋儿”（雕于清末民初），就是一幅典型的将人们的心理密码物化和外化的艺术作品，达化心意，表述准确完美：

图中三人，系郭巨与妻抱着儿子，拿着镢头行将挖坑为母埋儿尽孝。图中还刻着山石、杜鹃花、杜鹃鸟、风竹、竹笋、桂花树枝等物，这些物件将故事发生的时间、地点及人物心理的变化等全部给以寓示。图右侧山石上刻着一枝杜鹃花，杜鹃花又名映山红，春季开红花（据传说，杜鹃花的红色，是杜鹃鸟鸣叫时口滴鲜血染红的）。杜鹃花树枝上雕一只杜鹃鸟，又名子规鸟。李白《宣城见杜鹃花》：“蜀国曾

民初·郭巨为母埋儿

清·屋脊莲花佛像砖雕

闻子规鸟，宣城还见杜鹃花。”白居易的《琵琶引》诗句：“其间旦暮闻何物？杜鹃啼血猿哀鸣。”

时间：杜鹃开花的春季，青黄不接，家中断粮。

主人公：郭巨、妻子和儿子。

地点：在山坳处（山石寓山坳）。

故事内容：商议埋儿孝母之事。以“杜鹃啼血”来表示郭妻将要失去儿子那种撕心裂肺之痛苦。

故事发展：图中一丛竹子被西北风（示冬天）吹得倾倒欲断，但又有一硕大竹笋破土而出，这是表现二十四孝中“孟宗哭竹求笋奉母”的写照，更是展示郭巨夫妇学习、效仿前人孝母之品行，更加坚定了埋儿孝母之心。

情节延伸：竹丛的后边，雕了一枝桂花树枝，“桂枝”谐“贵子”，寓郭巨说的“儿子以后还可再生，而母亲不可复得”之意。

故事结局：挖坑三尺，忽得一釜黄金，这是孝心感天，天赐予郭巨之黄金。

此砖雕以图说话，表意充分，彰显艺匠的文化修养和艺术造诣之高超。

屋脊砖雕

中国古代建筑的屋顶，多采用坡形屋顶，以利雨雪滑落。常见的是“人”字形的前后两坡（陕西关中地区亦有单坡的厦房），在屋顶上，两坡顶的屋面相交就形成了屋脊。屋脊因与房屋的正面平行，因此称“正脊”，和正脊相垂直带坡度的屋脊称“垂脊”，在正脊两头与垂脊相交的节点称“正吻”。

我们就以清代名相王鼎的胞弟、林则徐的好友、陕西蒲城县权杷巷中王仲山的府邸（现为林则徐纪念馆）的屋脊为例，来看陕西古民居屋脊的砖雕装饰所具有的特色：该屋顶的正脊高约50厘米，工匠就用了四层结构，最上边是用一排砖雕莲花相互连接进行装饰，取“清廉”二字的谐音；莲花中雕有婴儿头像，莲枝相连，寓“连生贵子”

清 • 蒲城县林则徐纪念馆屋脊砖雕

之意。接着向下一排是整齐的云形瓦，称“云瓦”，云瓦上刻“寿”字，象征“长寿不断”；云瓦之下则用四片小瓦拼成一排古铜钱状图案，既可以利用铜钱间的孔隙透气通风，以延长屋脊寿命，又象征着“钱串不断”（古铜钱用线穿为串），表示财源不断。“长寿不断”“钱串不断”，这两个“不断”展示着房主人的人生价值取向和对美好生活的追求。在钱形瓦之下，又是一排云瓦，云瓦上雕刻的是道教的“太极八封图”，象征“相生相克”的自然循环法则，表达着房主人及工匠们对人际和谐、道法自然之崇高境界的精神追求。

正脊与垂脊的相交点，也就是正吻，装饰着龙头凤尾之神兽，称为“龙凤正吻”。龙头向下，上雕以卷云纹相衬，寓龙翔祥云、宏图大展；凤尾上扬，尾上雕着五只蝙蝠，凤为“百鸟之王”，寓示龙凤呈祥、五福齐至。这种精心设计，充分体现了古人对“天人合一”“天人感应”的信仰和对自然界的敬畏。

砖雕图案多以传统道德伦理中的优秀故事予以教化，启迪后人发奋自强、正直做人。这些美丽奇妙的传统民间文化艺术品在这里大放异彩，宣扬正能量，蕴含着丰富的地域文化特色和民族精华。

令人遗憾的是，这些具有传承中华民族传统美德、教导人们向善、富有民族传统文化内涵的民间文化遗产，在当年的“破四旧”运动中，被冠以“封、资、修”的罪名，进行疯狂野蛮地破坏；还有的是因房屋年久失修，自然老化而倾覆倒塌；再加上人们又对它们的价值认识不足，没有有效地加以保护，因而古老完整的民居砖雕艺术品现存已经十分稀少，这无疑是一件憾事。

春风化雨

让人欣喜的是习近平主席提出了加强文化建设，保护传统文化，实现文化强国的“中国梦”。他说：“中华文明源远流长，孕育了中华民族的宝贵精神品格，培育了中国人民的崇高价值追求。自强不息、厚德载物的思想，支撑着中华民族生生不息、薪火相传，今天依然是我们推进改革开放的社会主义现代化建设的强大精神力量。”

蒲城纪村仿古砖厂技术人员在制作砖雕

纪村仿古砖厂砖雕作坊一角

习主席还说："一个国家，一个民族的强盛，总是以文化兴盛为支撑的，中华民族伟大复兴要以中华文化发展繁荣为条件。对历史文化特别是先人传承下来的道德规范，要坚持古为今用，推陈出新，有鉴别地加以对待，有扬弃地予以继承。努力用中华民族创造的一切精神财富来以文化人、以文育人。"

在习近平主席的倡导下，近年来各级政府对文化建设、文物保护工作都加大了力度，全国各地掀起了文化复兴热潮，对民族传统文化越来越重视。陕西关中地区的蒲城县、澄城县、乾县等地已有不同的仿古砖厂在烧制传统的砖雕建筑构件。蒲城县荆姚镇纪村古建砖雕厂不但率先仿制生产了传统墙面砖雕，并且还创新了现代内容的艺术砖雕。

现在不少地方已对广场、街墙、公园等人们娱乐休闲的场所进行了砖雕图案的装饰，如三原县就以大面积的广场墙，贴着以"二十四孝"为内容的墙面砖雕，图文并茂，宣扬孝道文化，从而满足了人们日益丰富的精神文化需求。

国家的富强、民族文化的复兴，一定会将传统的中华民族文化推向高峰。砖雕文化也将会伴随人民生活的富裕和文化素养的提高，逐渐出现在各地民间新居宅第的墙面上，使富有教化意义、有传承传统道德文化的砖雕，这一古老而又年轻的民间艺术品，绽放异彩。

宅第构筑

宅，住所。《易·剥》：『上以厚下安宅。』

第，房屋。《辞源》：帝王赐给臣下房屋由甲乙次第，故房屋称『第』。

宅第：住所，带有院子。房子由门房、照壁、厢房、过厅、堂屋等构筑而成。古民居宅第是中华民族传统民居建筑，是中国灿烂文明的重要组成部分，具有很高的文化内涵与史料价值。

■ 名称：党氏庄园 ■ 年代：清 ■ 地点：绥德县白家硷乡

党氏庄园位于绥德县城东二十千米处的白家硷乡贺一村，村中党姓人家曾出过文、武举人各一名。这里山大沟深，庄园建筑始于清嘉庆年间，经百年建成竣工。庄园占地百余亩，院落十余座，窑房百余孔（间），依山，临水，随形，就势。以砖、石、土、木等材料，以窑洞为主体，院院相连，整体设施精巧，匠心独具。其青砖灰瓦，庄严高贵；雕梁画栋，豪华气派；牌楼匾额，精雕细刻；花草鸟兽，栩栩如生，展示着陕北古代民居的建筑风格及艺术成就。其砖雕格调很特别，是陕北榆林地区民居建筑文化艺术的宝库。2011年党氏庄园被定为国家级文物保护单位。

■ 名称：船帮会馆门楼 ■ 年代：清·嘉庆二十年（1815） ■ 地点：丹凤县龙驹寨

船帮会馆为砖砌砖雕的牌坊式建筑，正门面对丹江，门前便是当时的水运码头。

门上正中题额为“明王宫”三字。据传，“明王”指的是南宋末年（1279）七岁皇帝赵昺，他被元军赶至广州新令县崖山，在水上战败后，由丞相陆秀夫背着投海而亡。元灭宋后，封帝赵昺为“平水明王”。后世人则取其“平水”之意，多在沿江河岸边修建“平浪宫”。龙驹寨“明王宫”即“平浪宫”，意为求“平水明王”护佑丹江风平浪静，船运平安通畅。

（船帮，是帮客的一种，帮客即“帮会”，是旧时长途贩运货物的团体，靠赚取运输费来养家糊口。）

■ 名称：关中民居门楼 ■ 年代：民初 ■ 地点：白水县纵目乡

门，《辞源》解：建筑物的出入口。《易·系辞下》：“重门击柝，以待暴客。”按：古，门与户有别，一扇曰户，两扇曰门；又在堂室曰户，在宅区域曰门。

在中国古居民中，传统民居在建筑布局形式的规模等级上，都受当时封建宗教制度、伦理观念、经济状况等因素的影响。单从门的结构上看，就有多种形式，所以，门也被称为“门脸”“门面”等。人们常以门楼高大而称“豪门”，贫穷人家的门称“柴扉”，用不同的称谓来描述某户人家的宅门。看一户人家日子过得如何，通常看其门便知一二，可见门在传统民居中的重要性了。

这座清末民初的民居建筑，是陕西国民党靖国军混成旅旅长赵树勋私人宅第的门楼，初建在陕西省白水县纵目乡纵目村。它雄伟高大，气度恢宏，传承了中华民族建筑艺术之美观大方、檐牙高啄、内敛充盈、营造精良的传统建筑风格。

在它即将坍塌之时，王勇超先生将其保护抢救，并于2005年迁建于西安关中民俗艺术博物院内。

在钢筋水泥砌块堆积的现代建筑中生活着的人们，当你看到这精美绝伦的建筑在此得到保护时，你会有何感想？

■ 名称：土地神龛 ■ 年代：清 ■ 地点：旬邑县唐家（左） 西安市长安区王曲镇郭家（右）

土地爷的神龛大都设在自家大门进院门的左边墙上。

在陕西农村，只要有门楼的人家都会在进门处设土地爷小神龛，叫“土地窑窝”，只是因家境贫富而规格装饰不同。人们都把土地爷作为“一家之主”来供奉。逢年过节时上香祭拜，以求由贫变富。在神龛两边贴对联，多为“进门土地堂，家有万担粮”“进门一老仙，四季保平安”“土能生万物，地可产黄金”。左边这个以神殿形式雕刻的土地爷神龛，是旬邑县唐家村清代诰授奉政大夫、运使司盐运使衔的唐廷铨家的砖雕土地神龛，上雕殿宇顶盖，下雕富贵牡丹及镇宅神兽——狮子。楼体下边雕两头大象鼻子以做脚支撑，既美观大方，又寓“吉祥有象”之意。

右边是西安市长安区王曲镇郭家的土地神龛，造型与唐家的大致相同，只是两边雕刻了对联“位贯木金水火，权兼春夏秋冬”。下边的中间雕一狮子，寓神兽镇宅，有辟邪、吉祥之意。

■ 名称：照壁 ■ 年代：清 ■ 地点：澄城县南十甲沟村耿元耀宅

照壁是中国古代汉族传统建筑特有的部分。照壁在明朝时特别流行，用它作为在大门内的屏蔽物，古人亦称之为“萧墙”，因而有“祸起萧墙”之说。在旧时，人们认为自己宅中不断有鬼来访，修上一堵墙，可断鬼的来路（因为据说小鬼只走直线，不会转弯）。另一说法为照壁是中国受风水意识影响而产生的一种独具特色的建筑形式，也称“影壁”或“屏风墙”。

照壁、门房、厅房，合称“三脊（级）”，意在望子登科、连升三级、连中三元。这是高档次四合院的一种构筑形式。

■ 名称：照壁
■ 年代：清
■ 地点：神木县城白家

这幅砖雕图案为“八洞神仙”（参见 042 页），为神木县城东街白家照壁。

神木县地处毛乌素沙漠，但神木县的庭院房屋的构造在陕北却是独树一帜，采用老北京的建筑风格。为什么呢？据说在清乾隆年间，有一位名叫孙家轩（音）的翰林大学士，是山西柳林人，亦是神木的外甥。有一天他正在给王爷讲课，突然天降大雨，雨水洒进讲堂，他仰天长叹。王爷问其故，他说：“这房子这么好，雨水还能流入，而臣家乡茅舍陋室，遇雨父母必受其灾。”王爷说：“何不依此房建造呢？”他马上跪下给王爷磕头，谢王爷恩准。后来，他便回去在山西老家和神木舅家以殿院形式盖了四合院。因当时百姓的住宅建筑有严格的等级区分，后来神木有钱人也模仿他家盖了四合院，所以神木建筑别于他处。

■ 名称：凤凰抱厦八卦亭 ■ 年代：清 ■ 地点：蒲城县林则徐纪念馆

蒲城县权杷巷 6 号是林则徐恩师王鼎族弟王仲山的故居。

王仲山在福州任知县时，林则徐在福州（时称侯官）为父守制三年。他二人因王鼎的关系，来往特别亲密。所以，1846 年 7 月，林则徐上任陕西巡抚不久，就向道光帝请假三个月，获准后即来到蒲城为恩师王鼎守心孝（不穿孝服）。这里是他当时居住的地方，现已成为林则徐纪念馆。

凤凰抱厦八卦亭，是院中过厅。亭下可几人对坐，品茶议事，又可跨过后门，进入后院。

■ 名称：马头墙 ■ 年代：清 ■ 地点：西安关中民俗艺术博物院

“人”字形屋顶房屋两侧的墙壁称山墙。

大户人家将山墙之外的连墙处筑以高于房脊的装饰墙，亦称作马头墙。马头墙主要起防火、防风之用，同时亦显示其豪宅气势。

■ 名称：撇山影壁 ■ 年代：清 ■ 地点：三原县孟店村周家

该影壁是三原县孟店村周家，也就是慈禧干女儿“安吴寡妇”娘家的门庭院看墙，即山墙上的砖雕。其位置显著，为了装饰这些墙面，在砖墙上边沿，贴屋檐处加一排砖雕，檐口有一排挑出墙面的砖雕倒挂楣子，下面以长条砖拼成梁枋，并用垂柱均匀地分隔梁枋，并雕上荷花、蔓草纹、云纹图案。两边各雕一狮头衔花长联，中间再雕一大方块图案“大禹牧牛”（参见033页），成为供观赏的独立装饰，彰显大气，展示富贵。

■ 名称：亮格墙窗 ■ 年代：清 ■ 地点：镇安县青铜关镇

图为如意拐子龙亮格墙窗。

如意，是一种以玉或名贵木材雕制的曲线体，头部多以灵芝之形装饰的生活用品，用以瘙痒可如意，故而得名。于是灵芝纹亦称如意祥云纹，寓吉祥如意。

拐子龙，“拐”与“贵”谐音，意为“贵子”。拐子龙的图案，寓缠缠绵绵无尽头，有久远之意。谓吉祥如意，富贵久长。

■ 名称：墀头
■ 年代：清
■ 地点：旬邑县唐家

图为旬邑县唐家庄园的山墙及墀头。

硬山屋顶的房屋，伸出檐柱以外的顶端称墀头。它的位置很突出，墀头上下分成三部分，上为盘头，中间为上身，下端为碱。碱是山墙的基座，以石头做角石，上面雕着荷花。上身用砖砌筑，盘头下端用砖层层外挑，上端搭在屋檐下的连檐木上，叫“戗檐板”。在戗檐板上雕刻的“凤戏牡丹”“梅花”等砖雕图案，非常精美，是典型的清式做法。

清代关中地区官宦、富商之家的墀头

清代关中地区的墀头

- 名称：墀头
- 年代：清
- 地点：富平县庄里镇（左）
  礼泉县袁家村（右）

- 名称：墀头
- 年代：明
- 地点：佳县木头峪村

明代陕北风格的墀头

- 年代：清
- 地点：丹凤县盐帮会馆

清代陕南风格的墀头

- 年代：清
- 地点：韩城市党家村

清代渭南东部的墀头

■ 名称：圆洞门
■ 年代：清
■ 地点：蒲城县林则徐纪念馆

这是院中的第三进院的圆洞门。门上正脊雕着一排莲花相互连接，取“清廉”的谐音；下面是一排整齐的云形瓦片，瓦片上刻“寿”字，象征“寿不断”。洞门正上方雕着“龙凤呈祥”的大幅砖雕图案，奇妙的是这幅“龙凤呈祥”图案中一反常态，将凤雕在上，而龙却雕在下。传统上龙代表男性，凤代表女性，一般是龙在上，凤在下。而这幅砖雕图案有可能是尊重女性的一种新思想的表现。

■ 名称：檐槽顶部砖雕
■ 年代：清
■ 地点：旬邑县唐家

图为建造于清道光五年（1825），清朝诰授奉政大夫，晋授中议大夫，钦加盐运使司盐运使衔，赏戴花翎唐廷铨家的檐槽墙上部的砖雕，灵秀精美，分别雕着九头狮子在戏耍的“九世同居”“鹭鸶采莲”的传统图案，做工细腻，堪称砖雕一绝。

■ 名称：厢房洞门额砖雕
■ 年代：清
■ 地点：泾阳县安吴镇

慈禧太后干女儿——泾阳“安吴寡妇”婆家的厢房连院圆洞门的门头砖雕，雕着“鹭鸶采莲”“凤戏牡丹”“鼠吃葡萄”等图案，精雕细刻，做工精致，鸟兽活灵活现，遗憾的是门额上的题字在20世纪中期以“破四旧”之名被砸毁。这里曾是“八路军安吴青训班”为延安输送革命青年的办学基地。

■ 名称：屋顶砖雕
■ 年代：清
■ 地点：泾阳县安吴镇

泾阳县“安吴寡妇”婆家正门和戏楼的庑殿，顶脊上檐牙高啄，钩心斗角，龙头吻、哺鸡吻相互交错。挑檐高翘，纷繁复杂，似各种砖饰的集锦，繁缛华丽，给人以眼花缭乱之感。

■ 名称：挑檐峙墙
■ 年代：清
■ 地点：丹凤县船帮会馆

挑檐角角翘翼，似雄鹰展翅、孔雀抖尾。峙墙（也叫马头墙）高10米，壁上端青龙雄踞墙顶，作波浪升腾之势，雄奇壮观。

峙墙是戏楼两边的高墙，起收音及向前扩音作用。在住宅称马头墙，起防火、防风、装饰作用。

■ 名称：圆洞门及看墙 ■ 年代：清 ■ 地点：蒲城县林则徐纪念馆

蒲城县清朝名相王鼎族弟王仲山的府邸，现为林则徐纪念馆。

该馆为四进式的庭院，内有数处砖雕看墙，其外形方且幅面较大。每一座砖雕看墙都是一个独立的个体，诉说着一个故事、一份情怀，其内容丰富但不雷同。圆洞门两边的看墙上砖雕“鹿衔灵芝”“岁寒三友”等中国古典故事内容，每一幅都包含着丰富的文化内涵和民族风格的意蕴。

■ 名称：戏楼 ■ 年代：清•嘉庆二十年（1815）■ 地点：丹凤县龙驹寨

丹凤县船帮会馆的戏楼（当地称“花戏楼”）是会馆的主要建筑，它集南北建筑之精华，既有北方庄重大方的格调，又有南方建筑华丽细腻的特点，是国内目前少见的清代民间戏楼。船帮会馆的整体建设资金全是由船夫、脚夫（搬运工）、艄公们从他们装运每一件货物所得的酬劳中抽出一枚钱，日积月累，积攒起来修建而成的。

戏楼顶部采用歇山式屋顶，它比悬山、硬山式屋顶更注重屋顶上的装饰，而它的四条戗脊位置比正脊低，所以便于观察。高高翘起的四角，重重飞檐，角角翘翼，似雄鹰展翅，孔雀抖尾。屋脊上全部是彩瓷镶嵌，耀眼夺目。丰富的装饰及东西峙壁上端青龙雄踞墙顶，作波浪升腾之势，更加雄奇壮观。

宗教　传说

宗教：一种社会意识形态，是人们对客观世界的虚幻反映。相信主宰自然和社会的是在现实世界之外的超自然、超人间的神秘境界和力量，因而无限敬畏和崇拜。

传说：口头上流传下来的关于某人某事的叙述，辗转述说。

■ 名称：大禹治水 ■ 年代：明 ■ 地点：佳县木头峪村

■ 名称：大禹治水 ■ 年代：明 ■ 地点：绥德县党氏庄园

大禹治水图案，雕刻在佳县木头峪村中显赫大户人家的大门墙外的墀头上。

佳县木头峪村，古名浮图峪，紧临黄河西岸，与山西临县间隔滔滔黄河相望，古为秦晋往来贸易的水陆码头。村内现存留40余户砖瓦抱厦四合大院，多为四明头石窑洞，灰色砖瓦抱厦，明柱鼎立。远看雄伟壮观，近瞧整洁典雅，既有华夏文明共性，又具陕北独特的个性。有功名的人家按官品增减角兽，雕刻古朴雅致，苍莽朴拙，刀笔刚健，简约纯朴，具豪放粗犷的大拙之美，展示了北方民族豁达、奔放的文化豪情。在陕西境内，陕北榆林地区除神木县外，佳县、米脂、绥德等县的砖雕艺术、形式、表现手法都别具一格。

大禹治水（鲧禹治水）是古代的汉族神话故事，著名的上古大洪水传说。禹是黄帝的后代，三皇五帝时期，黄河泛滥，鲧、禹父子二人受命于尧、舜二帝，任崇伯和夏伯，负责治水。

大禹率领民众，与自然灾害中的洪水斗争。面对滔滔洪水，大禹从鲧治水的失败中汲取教训，改变了“堵”的办法，对洪水进行疏导，体现出他具有带领人民战胜困难的聪明才智。大禹为了治理洪水，长年在外与民众一起奋战，置个人利益于不顾，“三过家门而不入”。大禹治水13年，耗尽心血与体力，终于完成了治水的大业。

《庄子·天下篇》：“昔者禹之湮洪水、决江河而通四夷九州也，名山三百。”《尚书》所讲述的，是禹娶涂山氏之女为妻，新婚仅三四天，便出发治水，儿子夏启呱呱坠地，他没有见过一面。孟子说“禹八年于外，三过其门而不入”，《史记·夏本纪》中所载“居外十三年，过家门不敢入”，都体现出大禹在治水中无暇顾及家庭、儿女私情，一心治理洪水的艰苦卓绝的精神 。

■ 名称：烂柯山 ■ 年代：明 ■ 地点：武功县

传说晋代有一个叫王质的人，到山中伐木，见童子数人弈棋而歌，就把伐木的斧子放在地上，看他们下棋。童子给了他一个像枣核一样的东西，他含在口中就感觉不到饥饿。不久，童子催他回家去，王质便去拿他的斧子，发现斧子把已经全腐朽烂了。当他回到家时，发现离家已数十载。

■ 名称：虞舜放象 ■ 年代：清 ■ 地点：三原县孟店村周家

舜，相传为上古帝王，姓姚名重华，号有虞氏、又称虞舜，生于姚墟（今山西省永济市），20岁时以孝闻名。舜常遭继母陷害。继母让舜修补仓房，却放火烧房；继母让舜掏井，却将井口盖住，多次陷害都没有得逞。舜不但不记恨，反而孝道日谨。舜耕于历山之下，天派大象替耕、鸟代耘。尧帝闻舜大孝并有政事之才，任之辅政。

“虞舜放象”之图取材于大象替舜耕地之说，进一步将此故事典型化了。

■ 名称：大禹牧牛 ■ 年代：清 ■ 地点：三原县孟店村周家

禹，姓姒，亦称大禹、夏禹、戎禹，鲧之子，传说中父系氏族社会后期部落联盟领袖。鲧因治水无功被杀，禹奉命继续治水，劳身焦思，十三年中，三过家门而不入，终于用疏导的方法治平水患。禹被舜选为继承人，舜死后禹继位。

图为“大禹牧牛”的故事（因出处不明而未查找到任何与牧牛有关的线索）。这大禹牧牛之说有可能是创作者为对应“虞舜放象”而杜撰的想象故事，或释为“后稷牧牛”还较为合理。因后稷是尧舜时的农牧业官员，为辅佐大臣之一。

无论史料如何，但此砖雕图案就是被命名为“大禹牧牛”，这大概是民间雕刻中随意性的一种表现。

■ 名称：东方朔偷桃 ■ 年代：清 ■ 地点：黄陵县

东方朔，字曼倩（前 154—前 93），平原厌次（今山东惠民）人。武帝即位，征四方士人，他上书自荐诏拜为郎，后任常侍郎、大中大夫等职。他善辞赋，言辞敏捷，滑稽多智，玩世不恭，宫中呼之为“狂人”。

武帝生日时，一只黑鸟落到殿前，武帝问东方朔是什么鸟。东方朔说：“这是西王母养的青鸾，王母要来祝贺帝万寿。”不久，王母娘娘捧来装有七个桃子的玉盘见武帝，东方朔自己收了两个桃子，五个献给了武帝。武帝命侍臣种其子，王母阻拦说：“这桃的枝叶能遮蔽三千里，三千年一开花，三千年一结果，不可种到下界。”又指着东方朔说：“我的桃熟了三次，每次他都偷，是个坏小子。”

照此说，东方朔至少活了一万八千岁。故以此寓为颂祝长寿。

清代杨笠湖《吟风阁杂剧》中的《偷桃》一剧，演的就是东方朔偷桃的故事。

■ 名称：刘海撒金钱 ■ 年代：清 ■ 地点：澄城县（左） 旬邑县唐家（右）

刘海，通常被刻绘为一个年轻人，挥动着一根穿着铜钱的绳子，钓着一只三只脚的蟾蜍。刘海的传说故事很多，有说他是金代的大臣，遇到两个得道者，他们拿了一枚铜钱和十个鸡蛋，将鸡蛋一个立在一个之上，最下边的一个放在硬币上，刘海说这太危险了，得道者则说："这并不比你在王府谋政更危险。"他恍然大悟，从此成了道人。明代李晔《六砚斋笔记》："黄越石携来四仙古像……一为海蟾子，哆口蓬发，一蟾玉色者戏踞其顶。"刘海戏金蟾，步步钓金钱，降福到人间。刘海是钓钱散财之神，今日陕西户县曲抱村仍有刘海庙、金蟾池（三角潭）等遗迹。

■ 名称：八仙过海 ■ 年代：清 ■ 地点：澄城县

八仙，即民间传说中的汉钟离（钟离权）、张果老、韩湘子、铁拐李（李铁拐）、吕洞宾、曹国舅、蓝采和、何仙姑八名神仙。

所谓八仙过海，是说王母娘娘在瑶池过寿，八仙一起去向王母娘娘祝贺寿诞。王母住在昆仑山下，波涛万顷，而八仙凭各自的本领，谈笑间越了过去。他们使用仙槎（仙人的筏子）过海，民间有 “八仙过海，各显神通” 的俚语，即源于此。

据说在途中，曹国舅把一块阴阳板掉到海中。因此，戏剧中的曹国舅手中只拿了一块板子。

■ 名称：八仙过海组雕 ■ 年代：清 ■ 地点：澄城县

八仙过海之吕洞宾

八仙过海之铁拐李

吕洞宾，原名吕喦（喦或作岩、巖），字洞宾，号纯阳子，是著名的道教仙人。曾隐居终南山等地修道，后游历各地，自称“回道人”，道教全真派北五祖之一。相传于北宋时期聚仙会时应铁拐李之邀在石笋山列入八仙。

铁拐李亦称李铁拐，相传名为李凝阳、李洪水，或名李玄，字拐儿，自号李孔目，曾遇太上老君而得道。神游时因肉身误为徒弟火化，元神无所依归，乃附一饿殍尸身而起，因而蓬头垢面，袒腹跛足，手拄铁拐，故称铁拐李。铁拐李晚年修道于石笋山，他虽为著名的道教八仙之首，但其见之于文献则相对较晚。

八仙过海之汉钟离

八仙过海之张果老

汉钟离，相传姓钟离，名权，字云房，一字寂道，号正阳子，又号和谷子。因原型为东汉大将，故又被称作汉钟离。

汉钟离少工文学，尤喜草圣，身长八尺，官至大将军，后因兵败入终南山，遇东华帝君授以至道，乃隐于晋州羊角山。道成，束双，衣槲叶，自称“天下都散汉钟离权”，全真道尊他为“正阳祖师”，后列为全真北宗第二祖。后受铁拐李点化，上山学道，下山后又飞剑斩虎，点金济众，最后与兄简同日上天，度吕纯阳而去。元世祖尊其为“正阳开悟传道真君”，元武宗又尊为“正阳开悟传道重教帝君”。相传于北宋时期聚仙会时应铁拐李之邀在石笋山列入八仙。

张果老本名张果，是八仙之中年龄最大的一位，由于他年纪很大，所以人们在他的名字后加一个“老”字，表示对他的尊敬。

据记载，张果老是唐朝人，传说他掌握了长生的秘诀，自称已经有几百岁了。后来皇帝武则天听说了他的名声，就派人去请他来会面，他即佯装死。后来他还曾被唐玄宗召至京师，演出种种法术，授以银者光禄大夫，赐号通玄先生。民间描绘他的形象是：倒骑着一头白色的毛驴，这头毛驴每天能够行走几万千米，到达目的地后，他就把毛驴像纸一样折叠起来存放在自己的行李中。又因为他经常手中拿着竹子做的一种说唱用具，所以后世人们就把他看作是“道情”（中国民间的一种说唱艺术）的祖师。相传于北宋时期聚仙会时应铁拐李之邀在石笋山列入八仙。

八仙过海之韩湘子

八仙过海之曹国舅

韩湘子，字清夫，拜吕洞宾为师学道。

相传道教音乐《天花引》为韩湘子所作。有说法称他是唐朝韩愈的侄孙子韩湘，生性放荡不拘，不爱读书，只好饮酒，世传其学道成仙。但亦有人考证过，认为这只是后人把两件本来互不相关的事件张冠李戴而已。韩愈侄孙韩湘，字北渚，长庆三年（823）进士，官至大理丞。而另一位不知名的韩愈的“疏从子侄”则游手好闲，唐代段成式《酉阳杂俎》提及其是能让牡丹变色的人。相传于北宋时期聚仙会时应铁拐李之邀在石笋山列入八仙。

曹国舅在八仙中出处最晚。他在宋代就被内丹道收编为吕洞宾弟子，但是关于他的故事却迟至元明时期才出现于有关记载之中。

曹国舅相传名友，本为国舅，因其弟仗势作恶，恐受牵连，遂散尽钱财，入山修道。后由汉钟离、吕洞宾引入仙班。

八仙过海之蓝采和

八仙过海之何仙姑

蓝采和，其所传故事最早见于南唐沈汾《续仙传》。

元代杂剧《蓝采和》中说他姓许名坚，蓝采和是他的乐名。他常穿破蓝衫，一脚穿靴，一脚跣露，手持大拍板行乞于闹市，乘醉而歌，周游天下。后在酒楼闻空中有笙箫之音，忽然升空而去。相传于北宋时期聚仙会时应铁拐李之邀在石笋山列入八仙。

何仙姑，是世传八仙中唯一的女性，苦修积善才修炼成仙。相传十四五岁时，食云母粉而成仙。

何仙姑的形象为一个容貌非凡的女性，经常手持荷花。其故乡有多种说法，流传比较多的传说中，除广东增城说之外，还有广西、福建、浙江、安徽、湖南等地的多种说法。相传于北宋时期聚仙会时应铁拐李之邀在石笋山列入八仙。

■ 名称：九光 洞天一品
■ 年代：明
■ 地点：渭南市渭滨区

九光：图中一块太古石，道教寓“九光”，为多种彩色。《北堂书钞》一四九引《尚书纬·考灵曜》：“日照四极九光。”道家书中常用以形容彩色缤纷的食物，如“九光之绶”“九光之灯”“九光之舆”等。

洞天一品：道家以此称，仙人之处有王屋山等十大洞天，泰山三十六洞天之说。

“洞天一品”说的是宋代书法家米芾，他喜欢画山水人物，又非常爱石，其中最珍贵的一块石头名“洞天一品”。每日晨起，他衣冠整齐，对着这块石头三拜九叩，视为“寿石”。为此，画面中的太湖石便被称作“洞天一品”。

■ 名称：八洞神仙 ■ 年代：清 ■ 地点：神木县城白家

八洞神仙，在道教中，正统的上八洞神仙指的是三清四御太乙金仙，也就是道教地位最高的八尊神仙。

人们所熟悉的八仙是元代以后才定型的，即：吕洞宾、汉钟离、铁拐李、张果老、蓝采和、韩湘子、何仙姑、曹国舅。

■ 名称：华山对弈 ■ 年代：清 ■ 地点：旬邑县唐家

“华山对弈”是宋朝开国皇帝赵匡胤曾经在华山与道士陈抟对弈的故事。

陈抟（871—989），字图南，亳州真源（今安徽省亳县）人，或谓西蜀崇龛（今四川省安岳县）人。后唐长兴中，举进士不第，遂不求禄仕，以山水为乐，过着隐居的生活。先在武当山九室岩，服气辟谷二十余年，后“移居华山云观台，又止少华室，每寝处，多百余日不起”。周世宗闻其名，召见命为谏议大夫，他辞而不受。北宋太平兴国时，太宗待之甚厚，曾三次派遣使者前往华山宣诏进京，前两次皆撰答诏诗以辞之。第三次“太宗召之，以羽服见开延英殿，甚礼重之，赐号‘希夷先生’”。

如今关于陈抟和赵匡胤的故事多出于宋以后的野史，只能是 “据说”和“相传”，无法找到严谨的史书记录。

■ 名称：凌波仙子 ■ 年代：明 ■ 地点：佳县木头峪村

这是一幅具有陕北特有风格的砖雕，颇有北魏砖、石雕刻中古朴、厚重、拙美的遗风，用这种夸张的手法将凌波仙子予以表现。

相传在很久很久以前的一天，天上的凌波仙子在银河边上洗磨宝镜时，无意中从云雾缝里看到龙海的南乡（今称九湖乡）旱情严重，五谷歉收，民不聊生，一片荒凉的景象触动了善良仙子的心，她便抛下手中的宝镜。宝镜落地碎成九块，南乡顿时清泉四涌，成了九湖，水流潺潺灌入田园，霎那时，九湖乡花果茂盛。凌波仙子被这人间美景所吸引，便飘然到湖中游览。当地有个石匠叫陈龙，大伙都称他为龙哥，他为人诚恳，勤劳勇敢，凌波仙子因此爱上了他。在湖边，他们以珠定情，喜结姻缘。

■ 名称：青龙哥 ■ 年代：明 ■ 地点：佳县木头峪村

凌波仙子和龙哥成婚后，九湖年年风调雨顺，五谷丰登，九湖畔成了人间仙境。这时出现了一条妖龙嫉妒凌波仙子和龙哥为人们创造的美好生活，它口喷毒火，烧毁田园村庄。为保卫家园，凌波仙子手弹琵琶奋起抗争，龙哥吞下宝珠化为青龙，他们携手一起打败了妖龙。

妖龙逃回天庭向王母娘娘告状，王母听信谗言派遣天兵天将前来惩处凌波仙子和龙哥。霎时，南乡天昏地暗，天将还移来圆山压住九湖，从此水断泉枯，龙哥被压在圆山下面，凌波仙子也被抓回天庭。当她在云端看到被毁的家园和孤寂昂首吐着清泉的龙哥，便忍痛拔下银簪投往南乡，银簪落在圆山脚下清泉旁，化作朵朵亭亭玉立、幽香沁人的水仙花。如今，每到岁末，九湖畔的家家户户都要在家中摆几盆水仙花，以寄托对龙哥和凌波仙子的感激之情。所以，水仙花亦有“凌波仙子”之称。

■ 名称：狮戏香橼 ■ 年代：清 ■ 地点：泾阳县安吴镇

狮子，被人们视为瑞兽神物。据佛经记载的故事说，佛祖释迦牟尼诞生时，“一手指天，一手指地，唯我独尊，作狮子吼，群兽慑服”。人们认为佛祖为人中狮子，故称佛说法为“狮子吼”，称佛座为“狮子座”。

香橼的“橼”与“缘”同音。缘，佛教讲因缘。佛教所说的事物赖以存在的各种关系，其中为事物生起或坏灭的主要条件的叫作“因”，为其辅助条件的叫作“缘”。佛教认为一切事物都由因缘和合生成，事物本身不是独立存在的实体，也不具有任何质的规定性，以之论证一切事物都是虚幻不实的。

双狮戏香橼，“狮”谐“世”，寓“世世因缘”之意，也就说世上的事情都以因缘而定。俗语说：“有缘千里来相会，无缘当面不相识。”

■ 名称：虎戏牡丹 ■ 年代：清 ■ 地点：泾阳县安吴镇

图中刻以双虎戏牡丹，虎为百兽之王，牡丹为百花之王。“二王”相戏，祥瑞富贵矣。

虎，俗称老虎。《山海经·海外东经》说：“君子国在其北，衣冠带剑，食兽，使二大虎在旁，其人好让不争。”

《图读经典山海经》说，君子之国的特点是讲道德，好礼让，喜养宠物。《说文解字》析云：“东夷从大，大人也；夷俗仁，仁者寿，有君子，不死之国。”老虎为百兽之王，有王者的智慧，具“仁、智、信”之范。因此，人们视之为吉祥之物，能守信、驱邪气、纳祥瑞。古代帝王传达军令或调兵遣将都必须以“虎符”为信物。

牡丹为富贵之花。双虎戏于富贵牡丹，寓意纳福、辟邪、驱疫。

■ 名称：河图 ■ 年代：清 ■ 地点：蒲城县

■ 名称：洛书 ■ 年代：清 ■ 地点：蒲城县

“阳顺数从一至九，阴顺数从二至十，一六水，二七火，三八木，四九金，五十土。一得九而成十，二得八而成十。”

河图，《易·系辞上》：“河出图，洛出书。”古代儒家有个迷信的传说，谓伏羲氏时，有龙马从黄河出现，背伏“河图”，有神龟从洛水出现，背负“洛书”，二者都是“天授神物”。汉儒孔安国认为，“河图”即“八卦”（《周易》卦象），“洛书”即“洪范九畴”（《尚书·洪范》）。曹丕《册孙权太子登为东中郎封侯文》：“盖河洛写天意。”

“戴九履一，左三右七，二四为肩，六八为足。”

洛书，《汉书·五行志上》谓《洪范》文中由“初一曰五行”起到“威用六级”共六十五字，即《洛书》本文。

洛书，古时儒家传说洛河出神龟，背负“洛书”献给大禹，大禹因此依次治水成功，遂划天下为九州，后入《尚书》传世。洛书实际为九宫，即以“九”排列而成，有阳数、阴数之说，阳代表天气，阴代表地气。

■ 名称：萨满教组图
■ 年代：清
■ 地点：旬邑县唐家

萨满教是在原始信仰基础上发展起来的一种民间信仰活动。流行于中国东北和西北边疆地区操阿尔泰语系之满—通古斯、蒙古、突厥语族等民族中，在这些民族的生产、生活和社会习俗等各个领域产生过重大影响。在我国东北地区的鄂伦春族、鄂温克族、赫哲族和达斡尔族到20世纪50年代初尚保留该教的信仰，因为满—通古斯语称巫师为萨满，故得此称谓。

巫师：即萨满。其基本职责是为氏族祭祀祈祷，为氏族成员祈求子女、保畜兴旺、跳神治病等。

知者："萨满"在通古斯族语中的字面义是"智者""晓彻"的意思，从事萨满技术的萨满师称"知者"。即萨满是获得知识的一种方式、途径。

求法：萨满被称为神与人之间的中介者，他们通过有意地改变其意识状态，以邀请或进入另一个实在之中，由此获得力量和知识。

施法：萨满通过与神之间的交流，将人的祈求、愿望传达给神，并将神的意志传达给人，以其所得的力量和知识来帮助族人消灾求福。

日崇拜：一般认为，萨满教起源于原始渔猎时代。其理论根基是万物有灵。在万物有灵信念的支配下，以崇奉氏族或部落的祖灵为主，兼有自然崇拜和图腾崇拜。萨满教的崇拜对象十分为广泛，有各种神灵、动植物，以及无生命的自然事物和自然现象。本图即描绘的是对“日（太阳）”的崇拜。

月崇拜：此图是对月亮的崇拜，期望以对月求法来征服对手，惩罚不利于人的一切邪恶。

星崇拜：此图是对“星”，即北斗七星的崇拜，以期得到星辰的法力，来征服对手。

女萨满：氏族萨满神被看作是本氏族的保护人，一般在氏族内选派一位具备品质的青年，并经老萨满举行仪式后就任，为本民族消灾求福。萨满者可由女性担任，此图即为女性萨满。

■ 名称：飞天 ■ 年代：明 ■ 地点：扶风县

飞天，是佛教中乾闼婆和紧那罗的化身。乾闼婆，意译为天歌神；紧那罗，意译为天乐神。他们原为古印度神话中的娱乐神和歌舞神，是一对夫妻，后被佛教吸收为天龙八部众神之一。乾闼婆的任务是在佛国里散发香气，为佛献花、供宝，栖身于花丛，飞翔于天宫。紧那罗的任务是在佛国里奏乐、歌舞，但不能飞翔于云霄。后来，乾闼婆和紧那罗相混合，男女不分，职能不分，合为一体，变为飞天。现在，把早期在天宫奏乐的叫“天宫伎乐”，把后来持乐器歌舞的称“飞天伎乐”。

■ 名称：孙悟空拜师学艺 ■ 年代：清 ■ 地点：旬邑县唐家

孙悟空原本是傲来国边界花果山上的石头里面生长出来的精灵，他聪明、勇敢，因为敢于钻进水帘洞探险而被众小猴推举为“大王”。他想长生不老，永远享受这般荣耀，于是漂洋过海访师学艺。

终于，他找到了神通广大、法力无边的须菩提祖师。须菩提祖师喜欢天资聪慧、诚心学艺的他，于是收他为徒，并传授他七十二般变化的法术和驾筋斗云的本领。孙悟空洗耳恭听，用心理解，牢牢记住口诀，并叩头拜谢祖师的恩情。

■ 名称：白马奔日 ■ 年代：明 ■ 地点：神木县曹家

白马，鲧之神形。鲧原系天上的白马，《周礼·夏官·庾人》：“马八尺以上为龙，七尺以上为騋，六尺以上为马。”《山海经·海内经》：“黄帝生骆明，骆明生白马，白马是为鲧。”

■ 名称：吴牛喘月 ■ 年代：明 ■ 地点：佳县木头峪村

■ 名称：吴牛喘月 ■ 年代：清 ■ 地点：神木县曹家

吴牛，指产于江淮一带的水牛。吴地天气多炎暑，水牛怕热，见到月亮以为是太阳，故卧地望月而喘。形容因疑心而害怕，也比喻人遇事过分惧怕而失去了判断的能力。

《太平御览》卷四引《风俗通》："吴牛望见月则喘，彼之苦于日，见月怖喘矣。"

■ 名称：瑞应祥麟 ■ 年代：清 ■ 地点：旬邑县唐家

图中雕着菩萨、祥麟，为瑞应祥麟之意。

瑞应，吉祥的征兆。古时有一种说法，谓帝王修德，时代清平，就有祥瑞的感应。《史记·礼书》：“或言古者太平，万民和喜，瑞应辨至，乃采风俗，定制作。”

祥麟，古代认为麒麟的出现是祥瑞，因称麒麟为“祥麟”，亦作“翔麟”。《新唐书·文艺传中·李适》：“凡天子飨会游豫，唯宰相及学士得从……从行给翔麟马。”

古人以为麟凤的出现都是祥瑞的象征，唯天下太平始出现。也用以谓贤才难得之意。

■ 名称：扫清乾坤 ■ 年代：清 ■ 地点：旬邑县唐家

图中雕一翼人，人前置一扫帚，右边空中雕一飞鹰。翼人代表翼宿，翼宿是天文学中二十八宿第二十二宿，古人认为翼宿主吉。

“扫帚”意寓孛星。孛星，星芒四出扫射的现象，因即以为彗星的别称，民间称“扫帚星”。《释名·释天》：“孛星，星旁气孛孛然也。”

乾、坤，《周易》中的两个卦名，指阴阳两种对立势力。引申为天地、日月、男女、世界的代称。

扫清乾坤谓以四射之光芒，扫除世界之污点与黑暗。在方言中“鹰”谐“祥”音，翼宿主吉，即天下太平吉祥，充满明媚之光。

■ 名称：姜女别父 ■ 年代：清 ■ 地点：旬邑县唐家

相传在秦朝的时候，内史地（今铜川市王益区）有一户姓孟的人家，种了一棵瓜，瓜秧顺着墙爬到姜家结了瓜。瓜熟了，一瓜跨两院得分，打开一看，里面有个又白又胖的小姑娘，两家就给这个小姑娘起了个名字叫孟姜女。孟姜女长大成人，方圆十里八村的乡亲，都知道她是个聪明伶俐的好闺女。老两口更是把她当成掌上明珠。

这时候，秦始皇开始到处抓夫修长城。有一个叫范喜郎的公子，是个书生，吓得从家里跑了出来，跳过了旁边一堵垣墙。这垣墙里是孟家的后花园。

孟姜女一看，范喜郎是个白面书生模样，长得挺俊秀，就和丫环回去报告了员外。老员外在后花园盘问范喜郎姓甚名谁，何以跳墙入院，范喜郎一一作了回答。员外见他挺老实，知书达理，就答应把他暂时藏在家中。范喜郎在孟家的日子，老两口见他一表人才，举止大方，就有意想招他为婿，跟女儿一商量，女儿也同意。给范喜郎一提，范公子也乐意，这门亲事就这样定了。

老两口择了个吉日良辰，请来了亲戚朋友。摆了几桌酒席，俩人就拜堂成亲了。小两口成亲还不到三天，突然闯来了一伙衙役，没容分说，就把范喜郎给抓走去修长城了。

孟姜女眼巴巴地盼呀盼，不光人没有盼到，信儿也没有盼来。孟姜女实在放心不下，就一连几夜为丈夫赶做寒衣，要亲自去长城寻找丈夫。于是她打整行装，辞别了二老，踏上了寻夫的行程。

该图描绘的是孟姜女拜别父亲，千里为夫送寒衣，父亲为她递交行囊告别时的情景。

姻缘 子嗣

孟子曰：『食、色，性也。』

《礼记·礼运》：『饮食男女，人之大欲存焉。』性文化是几千年中华文化的重要组成部分。

婚姻、生殖是人类繁衍、传宗接代、为祖先尽孝道、为家族负责任的体现。

■ 名称：香炉寿
■ 年代：明
■ 地点：佳县木头峪村

明代砖雕“寿”字，从形状上看，像古时烧香用的香炉，故人称“香炉寿”。但此图确蕴含着孟子“食、色，性也”的性文化理念。

图虽为香炉形状，但以上下拟人，各有两个以狂欢之势，分开的胳臂及一个“心”形的头；中间雕一变形“日”字，两头之间竖一粗笔相连，穿其日中，寓“心心相印”。

上面的心形头向上，只在左边刻一卷纹，且短，表男性；而下边的心形头朝下，刻着两绺长卷纹，表女性。整个字形状寓男女之欢，是可意会的。这便是传统文化中对性文化隐喻和含而不露的特征，它是生殖崇拜的象征。

男女交媾，生殖繁衍，寿之总和。故，古人以“香炉寿”状雕之，雅而不俗。

- 名称：凤戏牡丹
- 年代：清
- 地点：凤翔县

凤，亦称凤凰，古代传说中的鸟王。雄的叫“凤”，雌的叫“凰”，通称为“凤”或“凤凰”。有成语“凤凰来仪”，指凤凰来舞而有容仪，用以比喻吉祥的征兆。

牡丹，为芍药科灌木，又名鹿韭、鼠姑、百两金、富贵花、花王。唐代皮日休“落尽残红始吐芳，佳名唤作百花王”之咏牡丹诗句而得“国色天香”“百花王”之称。

唐朝开始，牡丹被誉为“花王”，凤凰配上牡丹，“鸟王”配“花王”，成为帝王富贵吉祥的象征。图中有一只或一对凤凰在牡丹花上飞舞、跳跃、戏闹，称为“凤戏牡丹”“凤穿牡丹”，即为大吉富贵。后流传到民间称“凤凰于飞”“凤凰和鸣”，寓意夫妻和谐恩爱，夫唱妇和，相偕到老。凤是丈夫，凰为妻子。

■ **名称：凤戏牡丹** ■ **年代：清** ■ **地点：神木县**

神木县的“凤戏牡丹”砖雕和关中地区的砖雕基本一致，有别于陕北其他县区的雕刻风格。它是受北京地区的影响按照北京民间的风格雕刻的。正像神木县城的四合院建筑和陕北地区别的县城的风格一样，都有它的独特性（其因由参见 015 页及前页）。

■ 名称：凤戏牡丹 ■ 年代：清 ■ 地点：蒲城县林则徐纪念馆

■ 名称：凤戏牡丹 ■ 年代：清 ■ 地点：西安市长安区

■ 名称：凤戏牡丹 ■ 年代：清 ■ 地点：丹凤县陈家寨

■ 名称：凤戏牡丹 ■ 年代：清 ■ 地点：富平县

■ 凤戏牡丹

这里为读者展示一组“凤戏牡丹”的砖雕图案。它们来自陕西省东、西、南、北、中部的不同地域，虽是同一题材，但各地雕刻又有统一中的差异。这是民间砖雕艺术作品的一大特色，由于各地工匠对作品的理解、艺术构思及欣赏水平的不同而又“各显神通”，以自认为的“美”来进行创作。由于民间艺术创作的自由性和随意性，这便为民俗文化研究工作者带来探究的课题和趣味。

■ 名称：凤穿牡丹 ■ 年代：明 ■ 地点：西安西羊市

■ 名称：凤穿牡丹 ■ 年代：清 ■ 地点：泾阳县安吴镇

■ 名称：凤穿牡丹 ■ 年代：明 ■ 地点：三原县

■ 名称：凤穿牡丹 ■ 年代：清 ■ 地点：紫阳县

■ 名称：凤穿牡丹 ■ 年代：清 ■ 地点：白水县

■ 名称：凤穿牡丹
■ 年代：明
■ 地点：佳县木头峪村

这是佳县木头峪村的砖雕凤穿牡丹，它与关中地区的砖雕风格明显不同，刀笔豪放、粗犷大气、简约而不俗气。

■ 名称：鲤鱼穿莲
■ 年代：清末
■ 地点：宜君县五里镇

鲤鱼穿莲，是夫妻相爱的一种物化的象征。陕西的乡谣里有“鱼儿戏莲花，夫妻二人没麻搭”的说法，民间通过对鱼、莲这两种最具生命力的美好形象的借用，隐喻人类的性爱、性结合和生育繁衍后代的活动。这里的鱼、莲便是人们隐喻着男女性生殖器官的象征物（以鱼喻男性，以莲喻女性）。这种表现手法在陕西剪纸和木雕中的突出表现便是佐证。“囍”传说是王安石创造的字，古今通用，是我国青年人结婚时的必用之物。寓结婚生子，双喜临门。

■ 名称：麒麟送子 ■ 年代：清 ■ 地点：绥德县党氏庄园

麒麟为古代传说中的神奇动物，四灵之一，在神话传说中为仁厚和吉祥的象征。据说麒麟的外形和鹿相似，四蹄长颈，但头又生角，满身鳞甲，尾如牛而头似龙。麒麟也和龙、凤一样，是经过人们的想象加以组合，是各种动物形象的优合体，到清代才基本定型。

麒麟送子，在我国流传极广。据说有位画师，老来膝下无子，整日与老伴为此忧愁。老画师麒麟画得很好，屋子里挂满了他画的麒麟。一个晚上，他梦见了一只麒麟，满身金光闪耀，背上驮着一个白胖可爱的男孩子，向他走来。老画师高兴地笑了，醒后知是一梦。但第二年他的老伴就生下一个胖小子，人称“麒麟童”。老画师以梦作画，并留下“麒麟送子”的典故。

“麒麟送子”这一典故在《拾遗记》中又说当源于孔子。传说孔子出生之前，有麒麟在其家院内，口吐玉书，说他是王侯种子，却生不逢时。此后，各种各样的麒麟送子图纷纷问世。

■ 名称：鸳鸯连子 ■ 年代：清 ■ 地点：佳县木头峪村

鸳鸯，也称“匹鸟”。雄为鸳，雌为鸯。唐代元稹《有鸟》诗：“有鸟有鸟毛羽黄，雄者为鸳雌为鸯。”崔豹在《古今注》中说：鸳鸯“鸟类，雌雄未尝相离，人得其一，则一必思而死，故谓匹鸟”。所以，我国民间自古以来就以亲密无间的鸳鸯比喻夫妻相亲相爱，永不分离。

鸳鸯和莲花、莲子在一图中，谓“鸳鸯连（莲）子”，用来祈求或祝愿夫妻双双忠贞不渝、永偕到老、子孙功成名就的幸福生活。

■ 名称：连生贵子

■ 年代：清

■ 地点：潼关县孟塬镇

莲是花与果实（莲藕）同时生长的植物，谓“华实齐生”。图上莲荷中站一男童，喻莲生贵子。“莲”与“连”同音，寓连生、早生子之意。

五子夺魁（参见 089 页）。图中左边的孩子举冠（官帽即魁）争夺戏耍便是此寓意。

■ 名称：连生贵子
■ 年代：清
■ 地点：米脂县姜氏庄园

■ 名称：葡萄多籽
■ 年代：清
■ 地点：西安市高陵区

葡萄、菊花、寿石放在一幅画中，为多子、长寿的寓意。

葡萄系西域引进之物种，肉丰多籽。葡萄树与菩提树近音，喻为吉祥藤蔓树。古人写作蒲桃、蒲陶和蒲萄。古时汉字使用方法有假借、形声等，这里的葡萄树是假借形声，即菩提树。因佛教创立者释迦牟尼曾在菩提树下悟道，故菩提树成为佛教徒心中的神圣之树。葡萄果实累累，籽多蔓长，“籽”与“子”、“蔓”与“万”谐音，民间用它寓多子，子孙万代之意。

菊花和寿石都寓“寿”意，是颂祝长寿的象征物。

■ 名称：玛瑙葡萄
■ 年代：明
■ 地点：西安回坊

葡萄原产于西域，由汉使张骞出使西域时带回内地种植。

葡萄属落叶木质藤本，果实以圆和椭圆形居多，色泽随品种而异。葡萄多实多籽，图题“珠连玛瑙胎□碎，星灿珊瑚□处圆”，即是人们求子，多子多福的一种象征。

■ 名称：鼠吃葡萄
■ 年代：清
■ 地点：合阳县甘井镇

葡萄，落叶木质藤本，果实也叫葡萄。葡萄果实累累，并且果中籽也多。这里借其果实多、籽多而用之。“籽”与“子”谐音，“子”即“儿子”。

松鼠是鼠的一种，十二生肖中为“子鼠”。鼠吃葡萄以求其果籽，且在陕西地区方言中，“鼠”与“福”谐音。古人以多籽多实的葡萄和“子鼠”来寓“多子多福”。

鼠吃葡萄

鼠吃葡萄是求子之意。

由于“葡萄系藤蔓”，“蔓”与“万”谐音。鼠吃葡萄籽，“籽”与“子”谐音，“鼠”与“福”谐音，葡萄多籽。放在一起，寓多子多福、子孙万代、美满享福之意。

名称：鼠吃葡萄 ■ 年代：清 ■ 地点：米脂县姜氏庄园

名称：鼠吃葡萄 ■ 年代：清 ■ 地点：三原县

名称：鼠吃葡萄 ■ 年代：清 ■ 地点：蒲城县林则徐纪念馆

■ 名称：渔 樵 松鼠吃葡萄 ■ 年代：清 ■ 地点：西安市临潼区

渔、樵是旧时四业“渔、樵、耕、读”中的两业。渔，为捕鱼之意，另一层意思为谋取或扶取。有“姜子牙钓鱼，愿者上钩”，这渔人便是姜子牙。

樵，樵夫，打柴人之称谓。古时樵夫学有成就的是汉朝的朱买臣，砍樵卖柴苦读不辍，终成大器；春秋时的钟子期亦是樵夫。宋代许月卿诗曰：“山屋莫道浑无用，留写樵歌入锦囊。”说的就是钟子期和俞伯牙听琴知音的故事。

松鼠吃葡萄是求子之意（参见 069、070 页）。

■ 名称：竹梅双喜
■ 年代：明
■ 地点：韩城市西王村

竹子、梅花组合成图。竹、梅寓夫妻，竹为君子、丈夫，梅为佳人、妻子。李白《长干行》诗：“郎骑竹马来，绕床弄青梅。同居长干里，两小无嫌猜。”生动地描写了一对孩童天真无邪、亲密嬉耍的情景。“青梅竹马”作为成语，喻男女之间在童年时就建立起来的情谊，“竹梅双喜”即为此意。

图中题词曰“风来花自舞，春天鸟能言”，充分体现了男女青年青春之际的欢乐心境。

■ 名称：菩提蒙恩 ■ 年代：清 ■ 地点：西安市长安区

■ 名称：平安如意 ■ 年代：清 ■ 地点：华县姜白村

这里的葡萄树是假借形声，即菩提树。因佛教教祖释迦牟尼曾在菩提树下悟道，故菩提树成为佛教徒心目中的神圣之树。葡萄树用到寻常百姓家，被喻为多实多籽的吉祥之物，承蒙佛祖恩惠，子孙延绵，有“子孙万代”之意。

平安如意：花瓶插上如意等物。“瓶”与“平”同音同声，寓“平安”。因此，花瓶内插上如意，即寓“平安如意”。

榴开百子：石榴房中多籽，“籽”与“子”同音。《北史》载，北齐安德王高延宗纳赵郡李祖收之女为妃，岳母以两个大石榴相赠。大臣魏收说：“石榴房中多籽，王新婚，妃母欲子孙众多。”图中左下角为“榴开百子”。

富贵长寿：牡丹花配两只绶带鸟。牡丹被誉为“富贵花”。吐绶鸟亦称绶带鸟、绶鸟。“绶”与“寿”谐音，绶鸟便成为长寿的象征物。图中右下角为“富贵长寿”。

■ 名称：因何得偶 ■ 年代：明 ■ 地点：西安回坊

荷花、莲房及藕组成的图。

荷花即莲花。一般植物都是先开花而后结实，唯独莲花是花、实同生，据此寓为“早生贵子”。

“荷”与“何”同音；“藕”与“耦”“偶”同音，意为喜结意料不到的姻缘，并祈求早生贵子。“莲”和“连”同音，亦是连续生子的吉祥寓意。

■ 名称：鹿梅和谐
■ 年代：清
■ 地点：西安市长安区

鹿，古人视白鹿为吉瑞。《太平御览》引："鹿寿千岁，满五百岁则其色白。"故视为瑞兽。《帝王世纪》说，黄帝使臣岐伯乘绛云之车，驾十二白鹿，尝味草木，典主医病，故有"《经方》《本草》《素问》之书咸出焉"。我国早在史前社会就有"佩鹿蜀，宜子孙"之风俗。《山海经·南山经》："杻阳之山……有兽焉……其名曰鹿蜀，佩之宜子孙。"郭璞注："佩谓带其皮毛。"即带鹿之皮毛能生男育女，子孙昌盛。

梅花，吉祥之花，五瓣，象征着五个吉祥之神。"梅"与"媒"谐音，媒寓婚姻。此图上梅花盛开，下边两只鹿，寓夫妻幸福和谐，生男育女，子孙昌盛。

■ 名称：子孙万代 ■ 年代：明 ■ 地点：合阳县路井镇

缠绕藤蔓的葡萄布满大部分画面。葡萄，《汉书》言，张骞使西域始得此种，至骞始传入内地。葡萄藤蔓绵延，结实累累，籽粒繁多，故被视为祈求“子孙万代”的吉祥物。葡萄蔓的“蔓”与子孙万代的“万”谐音，寓万代绵长。串串葡萄多实多籽，次年全部播种，其结果可成千百，即寓百子，子孙多。

雄鸡引颈高唱。雄鸡司晨，守夜有时，故古帝王“以鸡为侯”。《韩诗外传》称鸡有文、武、勇、仁、信五德。《花镜》亦云：“鸡……有具五德：首顶冠，文也；足搏距，武也；见敌即斗，勇也；遇食呼群，仁也；守夜有时，信也。”俗称公鸡，“公”与“功”谐音，又，公鸡天明啼鸣报晓，“明”与“名”谐音，公鸡便寓示“功名”。功名富贵是人们对官运财运亨通的企盼和祝福。

儒家典故

儒，是古代从巫、史、祝、卜中分化出来专为奴隶主贵族相礼的一些知识分子。孔子开始也从事这类职业，后来招收学生讲学，宣扬『仁、爱、仁者爱人』等思想。逐渐形成一个学派，是为儒家。

儒家始终未发展成为宗教，且未借助宗教的形式而得以普及和延续。

■ 名称：杨震“四知”拒收礼

■ 年代：清

■ 地点：白水县纵目乡纵目村

杨震为相以后，就有一些人想方设法讨好他，希望他能给予关照，以利于个人仕途发展。

传说，有一天夜里，学生王密向杨震报告了自己任官的情况以及自己学业中的长进。最后，看看四下无人，就把自己秘密携带的十斤黄金拿出来呈上，以示对老师的报答之意。

杨震见状大为吃惊，他恼火地说：“我是你的老师，非常理解你这个学生，而你这个学生怎么不理解老师呢？”王密说：“我很敬仰老师的清正廉洁，但这是半夜三更，又在您的书房，根本不会有谁知道这件事，不会有损于您的名望，您畏惧什么呢？”杨震说：“有四方知晓，难道你还不畏惧吗？”王密不理解此话的含义。杨震说：“眼前之事，苍天知道，大地知道，我知道，你知道，怎么能说谁也不知呢？”王密听到这义正辞严的话，感到非常惭愧。于是，他赶忙带着那十斤黄金告辞而去。

从此，杨震拒收礼金被传为佳话，世人怀着敬意称颂：“震畏四知，拒收礼金。”后来，有人劝杨震添置产业，留给子孙。杨震回答说：“让后世称他们为清官杨震的子孙，不就是我留给他们最好的遗产吗？”

■ 名称：邴春求学 ■ 年代：民初 ■ 地点：旬邑县唐家

邴春，魏末晋初时北海朱虚人，为东汉末年大儒邴原后代。

邴春年轻时就确立了自己的志向和节操，忍受着贫寒孤苦独自居住。成年后他常年背负行囊四处求学，从不在家停留，家乡的人都一致称赞他，认为他能继承先人邴原的衣钵。只有曹魏大臣王修的孙子王裒认为，邴春性格险诐，心胸狭隘，他的所作所为只是为求名气，最终定将一事无成。数年之后，邴春果真学业荒废，在远方四处漂泊。有识之士因此对王裒感到信服。

■ 名称：郦春负笈 ■ 年代：明 ■ 地点：大荔县许庄镇

负笈，即背着书籍，谓出外求学。《晋书·孝友传·王裒传》“北海邴春，少立老操，寒苦自居”，负笈游学。

■ 名称：春风得意 ■ 年代：清 ■ 地点：礼泉县

“红线凌空去，青云有路通”，旧时形容士子考中进士后得意的心情。放飞风筝，寓意气飞扬。在春天地气升腾之时，人们放风筝，把风筝做成燕子、蝴蝶之类的造型。这些在春天出现的物类，得益于春天的到来。唐代孟郊《登科后》诗句有：“春风得意马蹄疾，一日看尽长安花。”后人常用“春风得意”表示“进士及第”，也泛指在人生中功成名就、踌躇满志。

■ 名称：俞伯牙遇钟子期 ■ 年代：清 ■ 地点：西安市高陵区

中国很早就有高山流水遇知音的说法，这个传说就源于俞伯牙和钟子期。

俞伯牙，春秋时楚国人，善鼓琴。钟子期，樵夫。伯牙弹琴，大家都听不懂其中的意思，后在汉水之滨遇到钟子期，钟子期能听出伯牙琴声中高山巍峨、流水滔滔的意境。伯牙很高兴，便引子期为知音，二人约定，来年再在此地相会。谁知钟子期不久病死了，伯牙赴约没见到钟子期，就在钟子期墓前弹奏一曲，然后割断琴弦，终生不再弹琴。

■ 名称：山中宰相 ■ 年代：清 ■ 地点：西安市长安区南五台镇

南朝梁时陶弘景隐居句曲山（即茅山，在江苏省西南部），武帝时多次让人持礼物聘其出山为相，但陶弘景屡次谢绝，不愿出山为官。后来凡国家有大事，就去咨询他，时称“山中宰相”，简称“山相”。

■ 名称：郑玄传经 ■ 年代：清 ■ 地点：铜川市耀州区东街

郑玄（127—200），字康成，北海高密（今山东省）人，东汉末年伟大的经学家，大儒马融的学生。他遍注儒家经典，史称“经神”。他以古文为根本而兼容今文，一扫数百年来今古文学藩篱。作为一代学人，影响后世者极大，其《诫子书》见《后汉书》本传，颇有文学意味。汉献帝时，董卓举郑玄为赵相，未允。他居于徐州多年，后归乡里，病卒，年七十四。

■ 名称：朱买臣樵采勤读 ■ 年代：清 ■ 地点：澄城县善化乡

朱买臣，字翁子，汉朝吴人。家中十分贫寒，以打柴为生。但他十分好学，读书刻苦，利用砍樵卖柴闲暇之机吟诗诵书。他妻子说他：“你一个砍樵卖柴的樵夫，常天行歌诵书，不嫌别人笑话，能成什么气候！我都为你脸红。”朱买臣对妻子说：“我到五十岁就会有荣华富贵。我现在都四十多了，很快就会有富贵到来，到时候我再报答你。”妻子不信他的话，就离开了他，另嫁给一个种田人。

汉武帝时，有个叫严助的人，十分了解朱买臣，知道他知书达理，很有学问，就向汉武帝举荐。武帝让朱买臣做了会稽太守，他也治理得很好。有一次他去吴界视察，看到他的前妻和其后嫁的丈夫一起，在为迎接他这位官员来修路，便令随从人员将这对夫妻请到他的官宅中，派人精心照顾一个多月，他前妻又后悔又惭愧，就上吊自缢了。朱买臣后来官至丞相之职。

■ 名称：孙敬头悬梁（左）
■ 年代：清
■ 地点：旬邑县唐家

汉朝时儒学大师孙敬，小时候读书十分刻苦，经常读到深夜，怕自己睡着，就把头发用绳子系在屋梁上。战国时政治家苏秦到秦国游说失败，为博取功名就发愤读书，每天读书到深夜，每当要打瞌睡时，他就用铁锥子刺一下大腿来提神。这就是“头悬梁，锥刺股”的来历。

■ 名称：铁杵磨成针（右）
■ 年代：清
■ 地点：旬邑县唐家

相传净乐国太子真武来武当山修道，起初因意志不坚，欲下山还俗。遇一老妇在井旁磨铁杵，甚感好奇，问其何为。老妇曰：“欲磨成针。”真武更是不解，问道：“如此粗的铁杵如何磨成细针？”老妇乘机点化道：“铁杵磨成针，功到自然成。”太子听后顿悟，遂返身上山，重新修道。最后终于得道升天，成为真武大帝。今武当山有磨针井。

世间又相传李白在山中读书，还没有读完，就放弃离去了。李白路过小溪，看见一位白发老婆婆正在磨铁杵，感到奇怪，便问她为什么在磨铁杵，老婆婆回答：“我想要做针。”李白问道：“铁杵磨成针，能行吗？”老婆婆答道：“只需功夫深！”李白被她的毅力所感动，就回到了山上完成学业。磨针溪在眉州象耳山下。老婆婆说她姓武，现在磨针溪旁就有武氏岩。

■ 名称：桃园结义 ■ 年代：清 ■ 地点：澄城县

刘备、关羽、张飞三人结义的故事，出自小说《三国演义》。

刘备，字玄德，是中山靖王刘胜的后代，起初以贩鞋织席为生，后做了蜀国皇帝。

关羽，字云长，山西解州人，建安二十四年（219），拜为前将军，后追谥壮缪侯。

张飞，字益德，东汉末涿郡人，做卖酒屠猪的生意。章武元年（221）升为车骑将军，后谥桓侯。

三人相遇，饮酒间各述其志，心志相投，便在张飞庄后桃园内摆下了青牛白马等祭品，三人跪地焚香盟誓，愿齐心协力上报国家，下安百姓。后结为异性兄弟，刘备年长为兄，关羽、张飞次之为弟。这便是刘关张桃园三结义的故事。

■ 名称：三顾茅庐 ■ 年代：清 ■ 地点：富平县庄里镇

“三顾茅庐”是《三国演义》中，刘备三请诸葛亮的故事。

刘备听徐庶说诸葛亮很有学识，就准备了礼物与关羽、张飞到隆中卧龙岗找到诸葛孔明住的茅庐。刘备叩开柴门，小童说“先生今早出去了”，问何时归，小童说不知，刘备惆怅不已。

几天后，听说卧龙先生回来了，刘备便又与关羽、张飞冒雪赶去，却只见到孔明弟弟诸葛均，说哥哥和友人外出闲游了。刘备无奈，留下一封信离去了。

转眼过了新年，刘备选好日子，又要前往隆中请诸葛亮，关、张二人劝他不要去，刘备执意要去，最终见到诸葛亮，并和他讨论天下大事（这便是《隆中对》的故事）。刘备对孔明敬服至极，孔明见刘备如此诚恳，极为感动，便随刘备出山。

刘备称帝于成都，以亮为丞相，谥为忠武侯。

■ 名称：举案齐眉 ■ 年代：明 ■ 地点：合阳县百良镇

“举案齐眉是孟光。”案，古时有脚的托盘，原指孟光送饭给梁鸿时，把托盘举到和眉毛齐，表示对丈夫的尊敬。语出《后汉书·梁鸿传》：“（鸿）为人赁舂。每归，妻为具食，不敢于鸿前仰视，举案齐眉。”后人以此形容夫妻互敬。

■ 名称：夫唱妇随 ■ 年代：明 ■ 地点：合阳县百良镇

李清照（1084—1151）南宋女词人，号易安居士，济南人。夫赵明诚为金石考据家。早期生活优裕，与名诚共同致力于金石、书画的搜集整理。夫妻感情特别好，经常一起吟诗、谈史、做游戏；一起欣赏书画、古董；常在晚饭后便点灯观赏，研讨，直到蜡烛燃尽方才休息。二人可谓志同道合、夫唱妇随。《关尹子·三极》：“天下之理，夫者倡（同‘唱’），妇者随。”

■ 名称：雪中赏梅 ■ 年代：清 ■ 地点：三原县孟店村周家

■ 名称：踏雪访梅 ■ 年代：清 ■ 地点：三原县孟店村周家

此图系三原县鲁桥镇孟店村，清乾隆年间刑部员外郎周梅村府第中的一副砖雕图案。据说这幅图是宅主周梅村特意让雕刻艺匠为他雕刻的两件作品。因他本人对梅花情有独钟，特别喜欢腊梅傲雪怒放，加之他的名字中有一“梅”字，故特雕此“雪中赏梅”图，聊以自慰。

周梅村对腊梅有“独先天下春”的情缘，他喜欢在天寒地冻、大雪纷飞之时，寻访雪中盛开傲雪迎春的腊梅，崇尚梅寒而秀、琼姿玉骨物外佳人的幽香，所以他将专属艺匠为他特制的两块长宽各尺余的正方形砖雕“雪中赏梅”“踏雪访梅”图案镶嵌在过厅房东边的墙上，随时观赏。

■ 名称：孔子拜师（左）
■ 年代：清
■ 地点：旬邑县唐家

牛，是老子骑青牛的象征物，是神仙家给附会的。这里的牛便作为老子的表述符号。

孔子年轻的时候，就已经是远近闻名的老师了，但他总觉得自己的知识还不够渊博，三十岁的时候便离开家乡曲阜，去洛阳拜大思想家老子为师。

曲阜和洛阳相距上千里，孔子风餐露宿，日夜兼程，几个月后，终于走到了洛阳。在洛阳城外，孔子看见一驾马车，车旁站着一位七十多岁的老人，穿着长袍，头发胡子全白了，看上去很有学问。孔子想：这位老人大概就是我要拜访的老师吧！于是上前行礼，问道："老人家，您就是老聃先生吧？"老人见这位风尘仆仆的年轻人一眼就认出了自己，有些纳闷。孔子连忙说："学生孔丘，特地来拜见老师，请收下我这个学生。"老子说："你就是仲尼啊，听说你要来，我就在这儿迎候，研究学问你不比我差，为什么还要拜我为师呢？"孔子听了再次行礼，说："多谢老师等候，学习是没有止境的，您的学问渊博，跟您学习，一定会大有长进的。"

从此，孔子每天不离老师左右，随时请教。老子也把自己的学问毫无保留地传授给他。

■ 名称：匡衡凿壁借光（右）
■ 年代：清
■ 地点：旬邑县唐家

西汉经学家匡衡，幼年勤奋好学，但家中没有蜡烛照明。邻家有灯烛，但光亮照不到他家，匡衡就把墙壁凿了一个洞引来邻家的光亮照在书上来读。

同乡有个大户人家姓文，家中有很多书。匡衡就到他家去做雇工，又不要报酬。主人感到很奇怪，问他为什么这样，他说："我希望能将你家的书通读一遍。"主人听了，深为感叹，就把书借给他读。最终匡衡成了大学问家。

■ 名称：五子夺魁
■ 年代：清
■ 地点：大荔县户家

由五个童子争夺一顶象征魁元的官帽，称“五子夺魁”。五代后周窦禹钧，生有五子，入宋后皆中进士，各争魁元，不肯落后，号称“夺魁”。

《辞源》：“魁，犹首也。”凡为首者皆称魁。古代科举制度分五经取士，每经第一名称经魁，又殿试第一名称大魁。

将相门
两小儿辩日

■ 名称：莲花中都
■ 年代：近代
■ 地点：西安关中民俗艺术博物院

一幅图中雕刻了“莲花中都”“两小儿辩日”“孔子拜师”三个故事。

莲花中都：在儒家文化中没什么特定意义，只是在雕塑创作与美学创作上，取八的倍数。八是吉祥数字，是中国人的风俗习惯。佛教最大的莲座最底层128个莲花瓣，最上层八瓣，中心莲花上供金佛。莲花中都用在此即表示对孔子的尊敬之意。

两小儿辩日：《列子·汤问》中讲到孔子东游，见两小儿辩争，问其故。

一儿曰：“我以日始出时去人近，而日中时远也。”

一儿以日初出远，而日中时近也。

一儿曰：“日初出大如车盖，及日中则如盘盂，此不为远者小而近者大乎？”

一儿曰：“日初出沧沧凉凉，及其日中如探汤，此不为近者热而远者凉乎？”

孔子不能决也。

两小儿笑曰：“孰谓汝多知乎？”

孔子拜师（参见088页）。

■ 名称：杏坛讲学
■ 年代：近代
■ 地点：西安关中民俗艺术博物院

一幅图中雕刻了“杏坛讲学”“陈蔡断粮”“困顿之鲁”三个故事。

杏坛讲学：在孔庙主体院落大成门内，有一棵挺拔高耸的桧（贵）树，相传这是孔子亲手栽下的。坛前有四棵杏树，相传这是孔子当年坐在坛上弦歌讲学、弟子读书的地方。

陈蔡断粮：楚昭王聘孔子，孔子往拜礼焉，要经过陈国和蔡国的边界，陈国蔡国大夫共同商谋，曰孔子圣贤，其所刺讥皆中诸侯之病，若用于楚，则陈蔡危矣。遂使徒兵距孔子，即拒绝孔子从陈蔡通过。孔子被困住走不动了，官兵围着孔子及学生，他们带的干粮都吃完了，饿了七日。虽然断粮七日，但是孔子仍然慷慨讲诵平天下大同之道。这便是陈蔡断粮的故事。

困顿之鲁：孔子的祖先是宋国的贵族，曾祖父为避难才到了鲁国，父亲做过鲁国陬邑的大夫。孔子很小的时候父亲就去世了，母亲带着他搬到离陬邑不远的鲁国都城曲阜，过着贫穷的生活。

帝王师
松下讲学
陈留断粮

■ 名称：柳母和丸 ■ 年代：清 ■ 地点：铜川市耀州区

唐朝柳公绰的妻子韩氏善于教育子女，家法严格整肃，是当时官宦人家的楷模。她为了让儿子柳仲郢深夜学习，便将苦参、黄莲、熊胆研成粉末制成药丸，让柳仲郢含在口里提神，夜咀咽以助勤，培养他吃苦耐劳的精神。后仲郢进士及第，官至礼部侍郎兼史绾修撰等职。事亲孝谨，人皆称赞（见《新唐书·柳仲郢传》）。

■ 名称：独占鳌头
■ 年代：民国
■ 地点：西安关中民俗艺术博物院

鳌头，是指皇帝宫殿门前台阶上的鳌鱼浮雕。科举时代，录取进士发榜时，状元站此迎榜。原指中了头名状元为独占鳌头，后来泛指第一名、冠军。

■ 名称：黄粱一梦 ■ 年代：清 ■ 地点：旬邑县唐家

唐沈既济《枕中记》里说，卢生在邯郸旅店住宿，入睡后做了一场享尽一生荣华富贵的好梦。醒来的时候小米饭还没有熟，因而大彻大悟。

后世说的“黄粱梦”或“邯郸梦”，都从此而出。之后一再被人续写改编，唐代有《南柯记》《南柯太守传》；元朝马致远作《邯郸道省悟黄粱梦》；明朝汤显祖改编《邯郸记》；清代蒲松龄作《续黄粱》。“黄粱一梦”的成语流传至今，用来比喻荣华富贵如梦一场，短促而虚幻。

■ 名称：水榭观荷 ■ 年代：清 ■ 地点：旬邑县唐家（左） 铜川市阿庄镇（右）

水榭是建筑在水边或水上的亭阁。《旧唐书·裴度传》：“东都立第于集贤里，筑山穿池，竹木丛萃，有风亭水榭。”

宋代梅尧臣诗：“竹映红蕖水榭开，门闲乳雀下青苔。”

水木清华，山光水色。水，池水，溪水清幽；华，美丽有光彩，景色宜人。晋代谢混《游西池》诗：“景晨鸣禽集，水木湛清华。”水波泛出秀色，山上景物明净，形容山水秀丽。元代范子安《竹叶舟》第三折：“一叶逡巡送客归，山光水色自相依。”整幅画面寓示主人希望自家庭院风光景色华丽富贵。

■ 名称：逍遥图 ■ 年代：清 ■ 地点：西安市长安区

图中雕有一垂钓者，身披蓑笠，逍遥自在地垂钓于荷塘。水波亭榭中一些身着长衫，风流倜傥的士子正在观荷吟诗、论经叙典，与渔者形成强烈的反差。图旁一副对联曰："吾今尚自披蓑笠，尔等何须读典坟。"寓意为洞彻红尘，自得其乐。"典坟"即"三坟五典"。三坟：指伏羲、神农、黄帝的书；五典：指少昊、颛顼、高辛、唐、虞的书，相传为我国最早的古籍。此图与水榭观荷图的内容相同，只是雕法、景物、人物有些不同，这就反映出民居中砖、木雕因地域和工匠各自的理解、手艺的不同而出现不同，它与宫殿、道观、寺庙等有明确规范的图式、固定的内容、模式等的区别也在于此。这便是民居雕刻图案的随意性和灵活性，同时也为研究各地民俗的演变提供了参考。

■ 名称：问字
■ 年代：清
■ 地点：旬邑县唐家

问字，是反映西汉刘棻向著名学者扬雄学习，请教古文奇学知识的故事。后人称此为“问字”。

扬雄（前53—18），字子云，西汉文学家、哲学家、语言学家，蜀郡成都（今四川省）人。好学深思，博览群书，善为辞赋，以文章名世。成帝时，扬雄初为待诏；王莽时，校书于天禄阁，官至大夫。早年酷好辞赋，以沉博绝丽闻名于世。晚年研究哲学，仿《论语》作《法言》，又续《仓颉篇》作《训纂篇》，著《方言》，记载西汉各地方言，为研究古代语言之重要资料。

■ 名称：苏东坡外出访友
■ 年代：清
■ 地点：户县苍游镇

苏轼（1037—1101），北宋文学家、书画家，字子瞻，号东坡居士，眉州眉山（今四川省）人。嘉祐进士，历任翰林学士兼侍读、龙图阁学士等。与父洵弟辙合称“三苏”，共同列入“唐宋八大家”。苏轼诗文汪洋恣肆，明白畅达，所作《念奴娇·赤壁怀古》传诵甚广。善交友，与北宋高僧佛印等人交往颇深。

宋仁宗嘉祐六年（1061），时年二十六岁的苏轼任职大理寺评事、签书凤翔府判官，这位千古奇才便是从凤翔这片黄土地迈开了出仕的第一步。

■ 名称：平安富贵（一）琴、棋 ■ 年代：清 ■ 地点：大荔县朝邑镇

这两幅砖雕图案，从画面上看同是花瓶上插着牡丹花，寓“平安富贵”，并将“琴、棋、书、画”四艺图案分别刻在两幅图上，一是琴、棋，一是书、画。这是寓示后人：仕途险要，应多以“四艺”而为之，平淡就是奇，以求平安富贵。

图中题词分别为：“洽水清亮照日月，梁原正气奠乾坤。”

该物主阎敬铭是陕西朝邑（今大荔县）人，曾任清朝户部尚书、东阁大学士，以善理财著称于世，被称“救时宰相”，为国家建过功勋业绩。他因国库空虚，拒支慈禧太后议修颐和园款，遭太监李莲英谗言诬陷，奏劾罢官。他深感朝廷昏庸、事不可为，遂辞官回乡。题词中“照日月”“奠乾坤”有所隐示。

■ 名称：平安富贵（二）书、画 ■ 年代：清 ■ 地点：大荔县朝邑镇

词中的“洽水”“梁原”，据史书记载为合阳、韩城之地也。

洽水，《辞源》：“洽水古水名。也作‘合’。”源出合阳县北，今称金水。《诗经·大雅·大明》：“在洽之阳，在渭之涘。”《集传》：“洽，水名。本在同州合阳夏阳县。今流已绝，故去水而加邑，渭水亦经此入河也。”洽水是在合阳之地，今洽川是也。

“梁原”即“少梁”，春秋时的梁国，为秦所灭，后又为晋所并。《左传·文公十年》：“晋人伐秦，取少梁。”即此，战国时为魏邑，后归秦。汉因置夏阳县，故城在今陕西韩城县南。故“梁原”借代“少梁”为今韩城。

■ 名称：清标君子品 逸气野人心 ■ 年代：明 ■ 地点：韩城市

这幅图，就其雕刻的物品天竺、鹿、兰、寿石、莲花、鹤等而言，是“天鹿祝寿”“君子一品”“路路清廉”的祝颂词。图上题词：“清标君子品，逸气野人心。”这“君子品”“野人心”指的是商代开国重臣伊尹。

伊尹，名伊，尹是官名。原为夏末有莘氏部落家奴，后随有莘氏女陪嫁到商汤处，被用为司厨。一说伊尹处士，汤使人五次聘，乃从之。伊尹帮助汤攻灭夏王朝，被汤尊为“阿衡”（相当于宰相）。此处以“野人”指出身卑微的布衣平民，说伊尹先为无官职的平野乡民，后凭自己的才能，成为先后辅佐五代商王的一品君子，被后人尊崇为中国历史上第一位贤相。据说伊尹活了一百多岁，所以图中表述的“天鹿祝寿”“路路清廉”“君子一品”都非常到位。

■ 名称：百般皆如意　万事庆吉祥
■ 年代：现代
■ 地点：西安关中民俗艺术博物院

图中一瓶一鼎，瓶上插着戟、磬、鱼、如意；鼎中飞出五只蝙蝠。“戟”与“吉”谐音，“磬”与“庆”谐音，“鱼”与“余”谐音，“蝠”与“福”谐音，五只蝙蝠寓五福。五福，《尚书·洪范》云：“一曰寿，二曰富，三曰康宁，四曰攸好德，五曰考终命。”

图中题款“百般皆如意，万事庆吉祥”，是吉祥如意，家业兴旺，人寿年丰之意。（图中有简化字“万”“庆”，说明它是1956年以后生产的现代砖雕作品。）

■ 名称：歌舞社火组图 ■ 年代：金 ■ 地点：甘泉县

这组反映古代民间传统文化娱乐盛况的砖雕，系金代时民间阴宅墙壁上的装饰品。疑是陕北地区的富豪、商贾人家的墓室用品，并非皇室、官宦的墓葬用物。其因有四：一、从用材质来看，是陶砖而非青石雕刻作品，陶刻易而石刻较难，故陶雕价格廉于石雕。二、从雕刻工艺及展示内容来看，图案以反映民间乡俗文化活动和孝道为主，而无豪华庭堂、宫廷歌舞、官场生活等画面。三、画面构图多以窑洞轮廓为主，带有尖顶的造型，且有游牧民族毡包象征，所以说它是女真文化和汉文化交融期——金代陕北地区的墓葬砖雕。四、也是最重要的一点，这些砖雕少有细节，没有修饰，没有个性表达，也没有主观抒情。它的突出特点是高度夸张的形体姿态，是手舞足蹈的大动作，是异常单纯简洁的整体形象，是一种粗线条粗轮廓的图景形象。有魏、唐造型艺术遗留在民间艺匠中的传统遗风。

这些砖雕图片拍自古玩市场，其从何处出土，墓主人是谁，其身份家世等信息不得而知。

打花棍

打花棍，又叫打连钱、霸王鞭，是一种用一米多长的竹竿，缠上彩条，拴上麻钱或铃铛，手舞花棍，不停打击自己的头、肩、胸、背、臂、膝腿、足等身体各部位，使花棍发出悦耳动听的碰击声的艺术表演形式。这种民间集体活动可进行男女对打，形式活泼，和秧歌类似。现今在铜川市宜君县的节庆活动中仍在使用和表演。

扭秧歌

扭秧歌主要是陕北的民间舞蹈形式，舞者手持扇子、彩绸带，持伞者带领扭秧歌变换队形，称伞头。主要是在年节时进行秧歌窜村、秧歌入户拜年的民间欢乐场面。游牧民族能歌善舞，在军营中也可作为一种集体的娱乐活动。

彩绸舞

莲花落

彩绸舞是一种手持十余米长的彩色绸带，翩翩起舞的舞蹈表现形式。挥动彩绸似彩虹在天，似龙飞凤舞，缥缈潇洒夸张的各种美丽造型，如敦煌中的飞天女神。

莲花落是一种说唱兼有的艺术表演形式，起源于唐、五代时的“散花乐”，宋代始流行于民间。表演者手持两块系着小铜铃的牛扇板骨，双手扭动敲击，边敲边唱。可多人同时表演或单人表演。

彩灯舞

耍狮子

彩灯舞，是民间正月十五元宵节的玩灯表演形式。表演时用手端着或提着灯，成群结队地在元宵夜活动。后来，陕北的彩灯舞又有延伸，形成了“转九曲”的灯烛迷阵，今日的陕北神木、佳县等地仍在盛行这一活动。

耍狮子，也叫狮子舞，是一种传统的民间舞蹈。通常由两个人扮成狮子的样子，另一个人持绣球，逗引狮子追随为乐，表演各种技巧，是人们各种喜庆时的一种表演活动。

手鼓舞

手绢舞

手鼓，也叫达甫，维吾尔族乐器，早在公元四到六世纪就已传入内地。舞者边舞边唱，形式活泼。

手绢舞是类似东北二人转的手帕舞，是古代一种用手帕作为演出道具的舞蹈。可对舞或多人舞，动作欢快，边舞边唱，又称“对花舞”。

■ 名称：羲之爱鹅 ■ 年代：金 ■ 地点：甘泉县

羲之爱鹅，《晋书·王羲之传》曰："山阴有一道士，养好鹅。羲之往观焉，意甚悦，固求市之。"为写《道德经》毕笼鹅而归。

这个故事说的是晋代书法家王羲之非常喜欢鹅，山阴有一道士养了一笼好鹅，羲之前去观看，很高兴，要买这些鹅。道士说："你把《道德经》给我写了，我就把这群鹅送给你。"王羲之欣然写毕，带着鹅笼回家，十分快乐。

孝道

百善孝为先。孝者，德之本也，教之所由生也。

孝，是中华民族几千年来所传承的一种美德。『乌反哺、羊跪乳』，禽兽尚知孝亲，何况人乎！

中华民族作为礼仪之邦，讲文明、懂礼貌、尊老爱幼之优良传统应发扬光大，『老吾老，以及人之老』。

■ 名称：虞舜孝感动天 ■ 年代：清 ■ 地点：西安关中民俗艺术博物院

虞舜姓姚，名重华，号有虞氏，史称虞舜，生于姚墟（今山西省永济市）。

相传舜的父亲瞽叟及继母、异母弟象，多次想害死他：让舜修补谷仓仓顶时，在谷仓下纵火，舜手持两个斗笠跳下逃脱；让舜掘井时，瞽叟与象却下土填井，舜掘地道逃脱。事后舜毫不嫉恨，仍对父亲恭顺，对弟弟慈爱。他的孝行感动了天帝，舜在历山耕种，大象替他耕地，鸟代他除草。帝尧听说舜非常孝顺，有处理政事的才干，把两个女儿娥皇和女英嫁给他，经过多年观察和考验，选定舜做他的继承人。舜登天子位后，去看望父亲，仍然恭恭敬敬，并封象为诸侯。

■ 名称：黄庭坚涤亲溺器

黄庭坚，字鲁直，号山谷道人，北宋分宁（今江西省修水县）人，著名文学家、书法家。他虽身居高位，侍奉母亲却竭尽孝诚，每天都亲自为母亲洗涤溺器（便桶），从不忘记儿子应尽的职责。

■ 名称：丁兰刻木事亲

丁兰，东汉河内（今河南省武陟县西南）人。幼年丧父母未得奉养，常思念养育之恩，便用木头刻双亲像供奉着，凡事都和木像商议，每日三餐先敬亲而后自食。出外必告，返回必面安，终年如此，孝行朝野闻名。传说邻人张叔向兰妻借物，兰妻问木像不答，张叔怒骂以杖击木像。恰好丁兰回来了，见木像色不怿（欢喜），乃问其妻，妻具以告知，兰即奋剑杀张叔，并哭泣着向木像请罪。

■ 名称：江革行佣供母

江革，东汉临淄（今山东省淄博市）人。少年丧父，事母甚孝，时致年荒兵乱民不聊生，背母四处奔逃避难，路上遇到了劫匪欲杀他，他跪求有老母年迈无人奉养，贼念其孝不忍杀他。定居客乡后，他就做雇工供养母亲，自己贫穷赤脚，而将所得全部供养母亲。战乱荒年过去了，乡邻称江革为巨孝，后母丧，于坟守制三年。于永丰年初举孝廉，后拜谏议大夫之职。

■ 名称：崔妇乳姑不怠

崔山南，唐朝人，官至节度使之职。曾祖母长孙夫人年寿高，口中没一颗牙齿了。祖母唐夫人有孝行，每日栉洗，并用自己的奶水喂曾祖母，曾祖母数年都以她的奶水为食。一日曾祖母病笃，便说："无以报新妇，愿汝孙妇亦如新妇孝敬可矣。"后山南贵显，与妻子一如长孙夫人之言孝敬祖母唐夫人，贤名流芳。

■ 名称：王祥卧冰求鲤

王祥，晋朝临沂（今山东省临沂市）人，字休徵。他早年丧母，继母体弱多病，王祥对继母很孝顺。继母想吃鲜鲤鱼，时值天寒地冻，哪有鲜鲤鱼，王祥便脱掉衣服躺在冰上化冰，忽听冰开之处有鲤鱼跃出，王祥携回奉母，母吃鱼后果然病愈，此乃孝感天神之故也。武帝即位感其孝行，拜祥为太保等职。

■ 名称：杨香扼虎救父

杨香，晋朝杨丰之女。杨香年十四岁，随父田间割稻，忽来一只猛虎将父扑倒田间，命在旦夕。杨香临危不惧，只知有父不知有己，手无寸铁，猛扑向前，用力卡住老虎的咽喉不放，虎难以呼吸致死，父亲幸免于难。杨香胆识过人、机智勇敢、舍身救父之事名留千古。

■ 名称：吴猛恣蚊饱血

吴猛，晋朝豫章（今江西省南昌市）人，八岁之时就能对父母至孝。因家贫，父母床上买不起蚊帐，蚊子叮咬使父母不能安睡。每到夏季来临，猛赤身坐在父母床前，任蚊叮咬不去驱赶，让蚊吃饱而不再去叮咬父母，爱亲之心至矣。

邑人丁义授以神方，尝渡江值风，以羽扇一划江水，水即断开一条路让其通过，观看的人都认为他成神仙了。后来，吴猛死了，还没来得及入殓，其尸体便不见了。

■ 名称：王裒闻雷泣墓

王裒，晋朝营陵（今山东省乐昌市）人，字伟元，博学多能。父仪为司马昭所杀，他隐居山中，教授于人，终身不向西坐，表示永不为晋臣。母亲在世时畏雷，卒后葬于山林，每遇雷雨之时，裒即到母坟头，跪告母亲：“裒在此，母勿怕。”以示安慰母亲。读书时，每读到《诗经·小雅·蓼莪篇》则泪涕下，思念父母，可见孝之虔诚矣。

■ 名称：董永卖身葬父

董永，西汉千乘（今山东省高青县）人。少丧母，奉父避兵乱，父又病死途中，无钱买棺入殓。为葬父卖身，以贷钱葬之。道遇一女子，求为妻，永遂与其同住于贷钱主家为奴。钱主令织缣三百匹以偿债，永妻织一月便成。主惊，遂放夫妻二人而去。行至初次相逢之处，乃谓永曰："本天上织女，奉天帝命，助永偿债。"说完便凌空而去。

■ 名称：陆绩怀橘遗亲

陆绩，东汉末年人。六岁时，随父亲陆康到九江谒见袁术，袁术拿出橘子招待，陆绩往怀里藏了两个。临行时，橘子滚落地上，袁术嘲笑道："陆郎来我家作客，走的时候还要怀藏主人的橘子吗？"陆绩回答说："母亲喜欢吃橘子，我想拿回去送给母亲尝尝。"袁术见他小小年纪就懂得孝顺母亲，十分惊奇。

后人有诗云："孝悌皆天性，人间六岁儿。袖中怀绿橘，遗母报乳哺。"

■ 名称：庾黔娄尝粪心忧

庾黔娄，南齐高士，任孱陵县令。赴任十天，忽觉心惊意乱，预知家中有事，即弃官返里探亲。父亲已重病两日，经医诊治疗效甚微。郎中临走时嘱曰：“预知吉凶未，尝粪味苦则佳。”黔娄尝之则味甜，甚忧心，夜拜北斗求佑。数日父卒，安葬守制三年，此非大孝之人所不能为也。

■ 名称：姜诗涌泉跃鲤

姜诗，东汉广汉（今四川省广汉市）人。娶庞氏为妻，夫妻孝顺，其家距长江六七里之遥，庞氏常到江边取婆婆喜喝的长江水；婆婆爱吃鱼，夫妻就常做鱼给她吃；婆婆不愿意独自吃，他们便请来邻居老婆婆一起吃。一次因风大，庞氏取水晚归，姜诗怀疑她怠慢母亲，将她逐出家门。庞氏寄居在邻居家中，昼夜辛勤纺纱织布，将积蓄所得托邻居送回家中孝敬婆婆。其后，婆婆知道了庞氏被逐之事，令姜诗将其请回。庞氏回家这天，院中忽然喷涌出泉水，口味与长江水相同，每天还有两条鲤鱼跃出。从此，庞氏便用这些供奉婆婆，再也不必远走江边。

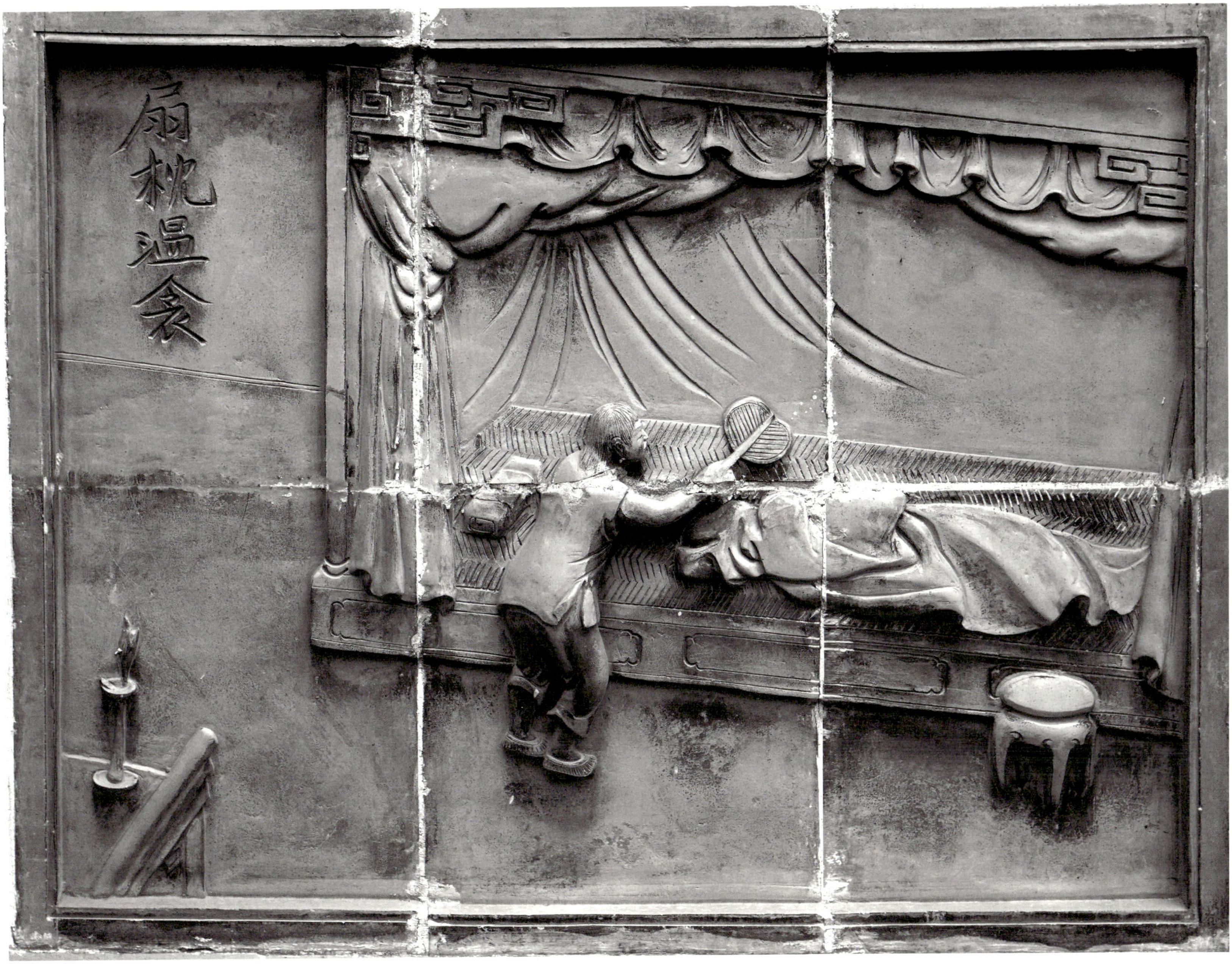

■ 名称：黄香扇枕温衾

黄香，东汉安陆（今湖北省安陆市）人，字文强。九岁丧母，对父亲至孝。夏天给父亲扇凉枕席，冬则以身温衾。成年博通经典诗文，京师号曰“天下无双，江夏黄香”。和帝时官至尚书。曾任魏郡太守，忧公如家，曾赈济灾民，受到东汉太守刘护旌表。

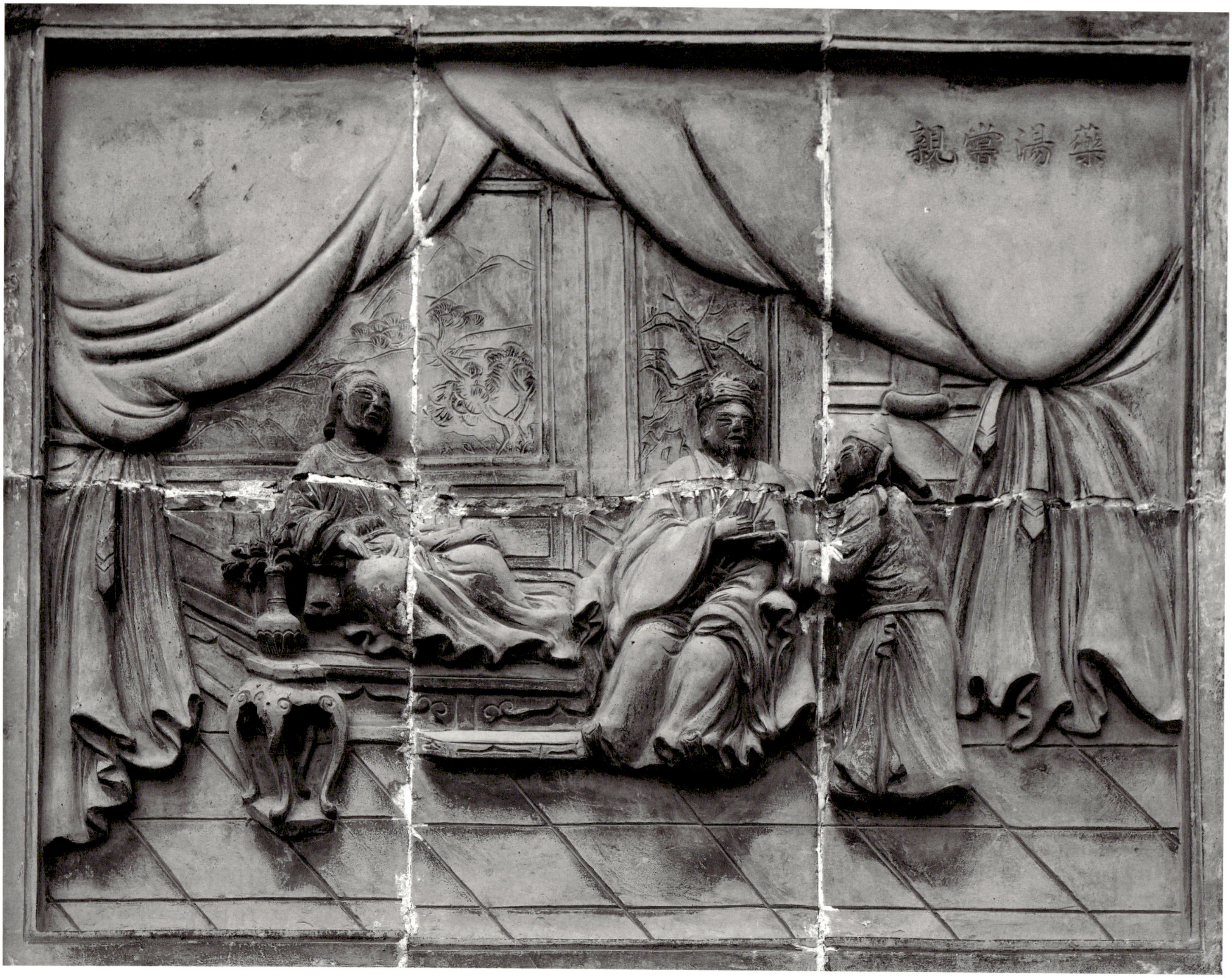

■ 名称：汉文帝侍疾尝药

汉文帝刘恒，高祖第三子。母薄后，梦苍龙而生帝。帝劫笃于孝道，尊薄后为皇太后。帝事太后甚谨，奉食不怠。太后尝卧病三年，帝朝夕侍侧，目不交睫，衣不解带，汤药非亲口尝弗进。当时天下咸称颂帝之仁孝。

■ 名称：蔡顺拾葚供母

蔡顺，汉朝人，少年丧父，事母甚孝。当时正值王莽之乱，又遇饥荒，柴米昂贵，只得拾桑葚母子充饥。一天，巧遇农民起义军赤眉军，士兵厉声问他："为什么把红色的桑葚和黑色的桑葚分开装在两个篓子里？"蔡顺回答说："黑色甜桑葚供老母食用，红色酸桑葚留给自己吃。"赤眉军怜悯他的孝心，送给他两斗白米、一条牛腿，让他带回去供奉他的母亲，以示敬意。然蔡顺未接受。

■ 名称：仲由负米奉亲

仲由，字子路，春秋时鲁国人，孔子的门生。子路生长在非常贫穷的家庭里，吃得不好，穿得也不好。他怕父母营养不够，为了让父母能吃到米饭，要到百里之外才能买到米，背回家奉养父母。虽然辛苦，但子路甘之如饴，孝敬之心始终没有间断和停止过。后来子路发达了，很想要报答父母之恩，然而父母已经先后过世了，所以他非常痛心。

■ 名称：曾参啮指痛心

曾参，春秋鲁国武城（今山东省费县）人，字子舆，孔子的大弟子，世称曾子。他少时家贫，以打柴卖柴为生，奉养母亲，孝行在当时为人称道。他是孔子的门生，“吾日三省吾身”（见《论语·学而》）的修身方法，就是他提出的。他认为“忠恕”是孔子一以贯之的思想，提出“慎终追远，民德归厚”的理念。相传他著《大学》，被尊为“宗圣”。

“啮指心痛”是说少年时曾参家贫，常进山打柴。一天家中来了客人，母亲不知所措，就用牙咬自己的手指，曾参忽然觉得心痛，知道母亲在呼唤自己，便迅速返回家去见母亲。

■ 名称：闵损单衣顺母

闵损，字子骞，春秋末鲁国人，孔子著名弟子。他的母亲去世较早，父亲娶了后母，又生了两个弟弟，后母常常虐待他。一年冬天，后母用芦花给他做衣服，而给他的两个弟弟做的是棉衣（芦花做衣服看起来很蓬松，但是不保暖）。父亲让他驾马车一起外出，因为天寒地冻，冷风飕飕，衣服又不保暖，他冻得直发抖。父亲很生气，认为衣服已经穿得这么厚了还在发抖，很没出息。一气之下，就拿起鞭子抽打闵损，结果鞭子一打下去，棉衣破了，芦花飞出来，父亲这才明白，原来是自己的孩子受到后母虐待，很是生气，回到家里，当下就要把他的后母休掉。

可是闵损对后母并不记恨，他跪下来对父亲说："父亲，请你不要赶后母走，因为毕竟还有两个小弟弟呀！有母亲在的时候，只有我一个人寒冷，如果母亲走了，我和两个弟弟都会挨饿受冻。母在一子单，母去四子寒。"父允诺，后母也因此悔改。难怪孔子赞曰："孝哉闵子骞！人不间于父母昆弟之言。"

■ 名称：朱寿昌弃官寻母

朱寿昌字康叔，宋朝天长（今安徽省天长市）人，年七岁，生母刘氏为嫡母所妒忌，后来外出嫁人，五十年母子不相闻。神宗时在朝居官，决心寻母。曾刺血写《金刚经》行四方寻之，发誓不见母永不返回，行至陕州遇母和二弟欢聚同归。

■ 名称：老莱子娱彩侍亲

老莱子，春秋末年楚国隐士。七十岁的时候他的父母还健在。二老见儿子日渐老去，自觉也时日无多了，很悲伤。老莱子便想了一个办法，把自己打扮成个孩童模样，蹦蹦跳跳地在父母面前嬉笑，做出各种滑稽动作，逗他们开心。老人又如见幼时的老莱子，天真顽皮，怪态可掬，自己好像也回到年轻时代，都乐得呵呵大笑，把烦闷全都忘记了。

楚王听其贤，请他做官，他辞而不就。曾著书十五篇，言道家的奥妙。后不知所终。

■ 名称：郯子鹿乳奉亲

郯子，春秋时期郯国国君，品性至孝。郯子父母年老，且双目都患有眼疾，需喝鹿的乳汁，方可治愈。郯子就披上鹿皮，前往深山，伪装在群鹿中，取鹿乳来供养双亲。一次取乳时，看见一个猎人正要射杀他这只麂鹿，就急忙掀起鹿皮站起，将挤取鹿乳为双亲治病的实情告知猎人。猎人敬他孝顺，以鹿乳相赠并护送他出山。

■ 名称：郭巨为母埋儿

郭巨，西汉隆虑（今河南省林州市）人。家境贫困，妻子又生一男孩。郭巨的母亲非常疼爱孙子，总是把自己的食物留给孙子吃。郭巨因此担心养孩子会影响供养母亲，遂和妻子商议：“家中贫困无法供养母亲，儿子又总是分得供养母亲的食物，不如埋掉儿子，儿子可以再有，母亲死了不能复活。”妻子只好同意了。当他们挖坑时，在地下三尺处忽见一坛黄金，上书“天赐孝子郭巨，官不得取，民不得夺”。夫妻得到黄金，得以回家孝敬母亲，并兼养孩子。从此，郭巨一家不仅过上了好日子，而且“孝顺”的美名传遍天下。

■ 名称：郭巨为母埋儿
■ 年代：民初
■ 地点：西安关中民俗艺术博物院

这是一幅典型的将人们的心理密码物化和外化的艺术作品，表述准确完美。图中二人，系郭巨与妻，行将为母埋儿尽孝。

图中刻着山石、杜鹃鸟、杜鹃花、风竹、竹笋、桂花枝等物，这些物件将故事发生的时间、地点及人物心理的变化等全部予以寓示：图右侧山石上刻着杜鹃花，杜鹃花又名映山红，春季开红花。杜鹃树枝上一只杜鹃鸟，又名子规鸟。李白《宣城见杜鹃花》：“蜀国曾闻子规鸟，宣城还见杜鹃花。”白居易《琵琶引》诗句：“其间旦暮闻何物？杜鹃啼血猿哀鸣。”

杜鹃花开春季，青黄不接，家中断粮，郭巨和妻子在山坳处商议埋儿孝母之事。以“杜鹃啼血”来寓示郭妻对将要失去儿子那撕心裂肺之痛苦。

图中一丛竹子被西北风（示冬天）吹得倾倒欲断，但又一硕大竹笋破土而出，这是表现孝道中“孟宗哭竹求笋奉母”的写照，更是激励郭巨夫妇孝母之心。

竹丛的后边，雕了一枝桂花树枝，“桂枝”谐“贵子”，寓郭巨说的“儿可再有，母不可复得”。

砖雕以图说话，表述充分，彰显艺匠的文化修养和艺术造诣之高超。

（郭巨埋儿，属愚孝，孝心可嘉，但事不可为也！）

■ 名称：颜应佑万里寻母 ■ 年代：清 ■ 地点：旬邑县唐家

金门有户人家，母子二人：母亲颜氏，儿子颜应佑。母子相依为命，日子非常艰难。此时又生战乱，母子俩从金门外逃，正在赶路，忽然身后冲来一大队人马，母子俩惊恐奔跑，应佑年岁小，一步没踩稳，摔倒在路旁，晕了过去。母亲又被大群逃难人流拥走了。母子就这样失散了。

颜应佑醒来时，天色已黑，找不到母亲，只好自己往前走。

从此颜应佑开始了乞讨寻母的生活，他一年又一年，历经二十六年，几乎走遍了江南，饥时吃野果，渴时喝山泉，披星戴月，昼夜不停。一天他走到云南山高路险、人烟稀少的蜻蜓岭，在一家店门口，因饥困交加晕倒，店中走出一老婆婆，端来肉汤喂他，他又恢复了力气，感谢老人家。老婆婆问他来历，他说了情况，老婆婆惊奇地说："孩子，我就是你要找的娘呀。"皇天不负有心人，颜应佑凭着一颗爱母之心，终于找到了母亲，成为一段人人传诵的佳话。

■ 名称：孟宗哭竹求笋 ■ 年代：清 ■ 地点：山阳县漫川镇

孟宗，字恭武，三国时吴国江夏（今湖北省武昌市）人。孟宗很小的时候父亲就死了，母亲又生了病，想吃竹笋。当时正值严冬季节，不是竹笋生长的时候。孟宗无计可施，就来到竹林中，双手抱竹痛哭，一边哭一边祈祷。忽然，地上裂出一条缝，迸出几棵鲜嫩的竹笋。孟宗采下来拿回家，做羹给母亲吃，母亲的病立刻痊愈了，人们都说是孟宗的孝心感动了上天。有诗曰：“泪滴朔风寒，萧萧竹数竿。须臾冬笋出，天意报平安。”

砖雕图边刻对联曰：“泣竹生笋尽孝道，为政清廉声誉起。”

■ 二十四孝组雕

■ 名称：虞舜孝感动天 ■ 年代：元 ■ 地点：富县

（参见 110 页）

■ 名称：汉文帝侍疾尝药

（参见 124 页）

■ 名称：姜诗涌泉跃鲤

（参见 122 页）

■ 名称：闵损单衣顺母 ■ 年代：元 ■ 地点：富县

（参见 128 页）

■ 名称：老莱子娱彩侍亲

（参见 130 页）

■ 名称：黄香扇枕温衾

（参见 123 页）

■ 名称：董永卖身葬父 ■ 年代：金 ■ 地点：甘泉县

（参见 119 页）

■ 名称：黄香扇枕温衾

（参见 123 页）

■ 名称：王祥卧冰求鲤 ■ 年代：金 ■ 地点：甘泉县

（参见 115 页）

■ 名称：郭巨为母埋儿

（参见 132 页）

■ 名称：吴猛恣蚊饱血 ■ 年代：金 ■ 地点：甘泉县

（参见 117 页）

■ 名称：孟宗哭竹求笋

（参见 135 页）

■ 名称：王裒闻雷泣墓 ■ 年代：金 ■ 地点：甘泉县

（参见 118 页）

■ 名称：丁兰刻木事亲

（参见 112 页）

戏曲故事

古时候，戏剧在乡间人们的文化生活中占据着重要地位，通过演员高超的演技，把优秀的故事传送给广大受众，起到宣传教化的作用。

戏剧舞台，人称『高台教化』。观众从戏曲故事中汲取了历史、文化知识，以丰富自己的精神生活。

■ 名称：《双官诰 》 ■ 年代：清 ■ 地点：神木县城南街

现在舞台上演出的《三娘教子》或《双官诰》（又名《忠孝牌》《忠孝节义》），是一出生、旦、唱、做兼重的戏。许多人只知道《三娘教子》而不知道有《双官诰》之名，其实，《三娘教子》是《双官诰》中的一折。这出戏源于明人《双官诰》传奇，描写士人薛广赴镇江，托朋友带银回家，其友吞没银钱，假造棺木，报说薛病死外乡。薛妻张氏、妾刘氏和王春娥得信十分惊痛，命老仆薛保运回灵柩安葬。张、刘两人先后改嫁，抛下儿子倚哥由三娘春娥织布抚养。倚哥不肯勤学，春娥加以教训，倚哥不服，春娥怒，用刀砍断机布以示决绝。薛保再三劝解，母子终于和好。后来倚哥得中状元，薛广也得功名回家，一家团圆，父子二人回乡祭祖，王春娥终获父子之双官诰，圣赐“忠孝节义”牌匾，受封为贞节夫人（这是一个版本的剧情）。

■ 名称：《劈山救母》
■ 年代：清
■ 地点：旬邑县唐家

《劈山救母》是个神话故事。民间传说，汉士子刘向（秦腔戏剧中称刘彦昌）进京赶考，路过华山神庙，题诗庙中，戏弄庙神华岳三娘子。三娘子怒欲杀之，得太白金星之告，谓其与刘有三宿姻缘之份，遂与刘结为夫妻。三宿后，刘以“沉香”一块赠别，并嘱，他日若生子，便以此为名。三娘既孕，其兄二郎神察之，怒提华山，压三娘于山下穴中。三娘于穴中产子，乃名“沉香”，又遣夜叉送与其父。

沉香长大了，父亲告诉他母亲被压在华山下的事由。沉香立志救母。后来遇何仙姑授以仙法，又窃得萱花神斧，劈开华山救出母亲。此图所示的是刘向告诉沉香其母亲被压华山下的情节。

■ 名称：水淹七军 ■ 年代：民国 ■ 地点：西安关中民俗艺术博物院

“水淹七军”是历史上以少胜多的著名战役。故事发生在三国时期，关羽率兵攻取樊城，曹操遣于禁、庞德救援。庞德预制棺木，誓与关羽死战，于禁嫉庞之功，移七军转屯城北罾口川，关羽乘襄江水涨，放水淹七军，生擒于禁、庞德。

据《三国志·蜀书·关羽传》：“二十四年……是岁，羽率众攻曹仁于樊。曹公遣于禁助仁。秋，大霖雨，汗水泛溢，禁所督七军皆没。禁降羽，羽又斩将军庞德。”

所谓“七军”，《三国志·魏书·赵俨传》：“太祖征荆州，以（赵）俨领章陵太守，徙都督护军，护于禁、张辽、张郃、朱灵、李典、路招、冯楷七军，盖以襄阳重镇，故特留重兵以守之。”

■ 名称：千里走单骑 ■ 年代：民国 ■ 地点：西安关中民俗艺术博物院

徐州之战，刘备兄弟三人失散，张飞在古城做了县官；刘备投奔袁绍；关羽与曹操约法三章，降汉不降曹，他与曹操约定，一旦有刘备的消息，必定离开曹操去投刘备。白马之战后，关羽得知刘备在袁绍处，便过五关斩六将，千里走单骑，去投刘备。

据《三国志·蜀书·关羽传》：“建安五年，曹公东征，先主奔袁绍。曹公擒羽以归……及羽杀（袁绍将领）颜良，曹公知其必去，重加赏赐。羽尽封其所赐，拜书告辞，而奔先主于袁军。”

■ 名称:《打金枝》■ 年代：明 ■ 地点：韩城市西王村

郭子仪，唐代华州（今陕西省华县）人，唐玄宗时为朔方节度使。平安史之乱，封汾阳王。代宗时，只身进入回纥军中，说退回纥十万围兵，立了大功，赐号“尚父”，世称“郭令公”。

郭子仪过六十大寿时，七子八婿都来为他叩头拜寿，唯三儿媳升平公主认为自己是公主身份，不能跪拜，恐有失君臣之礼。驸马郭暧十分生气，就打了妻子升平公主，公主回皇宫向代宗告状。郭子仪感到不妙，犯了欺上之罪，就在打了三子郭暧后，自己进宫请罪。代宗了解了事情原委后，给升平公主和驸马郭暧做工作，缓解了矛盾，使小两口重归于好。戏剧《打金枝》演的便是此事。

■ 名称：《昭君出塞》（左）
■ 年代：清
■ 地点：旬邑县唐家

昭君出塞是我国历史上的一个真实故事。王昭君，名嫱（音 qiáng），字昭君，原为汉宫宫女。公元前 54 年，匈奴呼韩邪单于被他哥哥郅支单于打败，南迁至长城外的光禄塞下，同西汉结好，曾三次进长安入朝，并向汉元帝请求和亲，王昭君听说后请求出塞和亲。她到匈奴后，被封为“宁胡阏氏”（阏氏，音焉支，意思是“王后”），象征她将给匈奴带来和平、安宁和兴旺。后来呼韩邪单于在西汉的支持下控制了匈奴全境，从而使匈奴同汉朝和好达半个世纪。

■ 名称：《文成公主》（右）
■ 年代：清
■ 地点：旬邑县唐家

文成公主（625—680），唐朝皇室远支。她聪慧美丽，自幼受家庭熏陶，学习文化，知书达理，并信仰佛教，公元 640 年奉唐太宗之命和亲吐蕃。在吐蕃被尊称甲木萨（藏语中“甲”的意思是“汉”，“木”是“女”，“萨”为神仙），为吐蕃赞普松赞干布的王后。

唐蕃自此结为姻亲之好，两百年间，新赞普即位，必请唐天子“册命”。

■ 名称：《木兰从军》 ■ 年代：清 ■ 地点：旬邑县唐家

北魏末年，柔然、契丹等少数民族日渐强大，经常派兵侵扰中原地区，抢劫财物。北魏朝廷为了对付他们，常常大量征兵，加强北部边境的驻防。

木兰从军讲的是当时一位巾帼英雄的故事。木兰据说姓花，商丘（今河南省商丘市南）人，从小跟着父亲骑马射箭，练得一身好武艺。有一天，衙门里的差役送来了征兵的通知，要征木兰的父亲去当兵。但父亲年纪老迈，又怎能参军打仗呢？木兰没有哥哥，弟弟又太小，她不忍心让年老的父亲去受苦，于是决定女扮男装代父从军。木兰父母虽不舍得女儿出征，但又无他法，只好同意她去了。

木兰随着队伍到了北方边境，她担心自己女扮男装的秘密被人发现，故处处倍加小心。白天行军，木兰紧紧地跟上队伍，从不敢掉队；夜晚宿营，她从来不敢脱衣服；作战的时候，她凭着一身好武艺总是冲杀在前。从军十二年，木兰屡建奇功，同伴们对她十分敬佩，赞扬她是个勇敢的好男儿。

战争结束后，皇帝召见有功的将士，论功行赏。但木兰既不想做官，也不想要财物，她只希望得到一匹快马，好让她立刻回家，皇帝欣然答应，并派使者护送木兰回去。

木兰的父母听说木兰回来，非常欢喜，立刻赶到城外去迎接。弟弟在家里也杀猪宰羊，以慰劳为国立功的姐姐。木兰回家后，脱下战袍，换上女装，梳好头发，出来向护送她回家的同伴们道谢。同伴们见木兰原是女儿身，都万分惊奇，没想到共同战斗十二年的将军竟是一位漂亮的女子。

此图所展示的是木兰回到家时，老父迎接女儿的场景。

国内有多个地方自称是木兰故里，其中之一是陕西延安。延安万花山附近有木兰故宅、木兰墓。

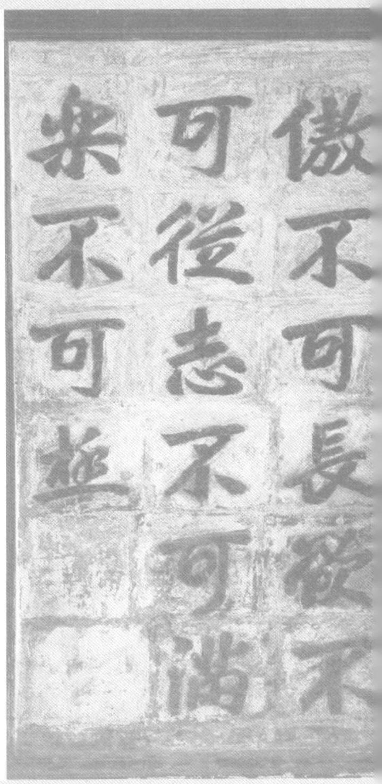

家训

家训，是一个家庭的先人留给其子孙后人的处世格言和警句，含有生活哲理，是中华民族传统文化的亮点，是人们为人处世应遵循的准则，体现了社会的正能量。

民居四合院建筑为一家一户的住所，在陕西，许多四合院的照墙上、门两侧的墙壁上、歇檐厅山墙上等醒目之处，都很讲究地题刻家训，以教育子孙后代。这是为子孙创造物质财富的同时，遗留给子孙的精神财富。

门庭家训

陕西省韩城市的党家村，门庭家训之多，内容之丰富，保存之完好，让人敬佩。党家村的先人们留给子孙的处世格言与警句，闪耀着中华传统文化、儒家思想的精华之说，其书法考究、雕工精美，堪称一绝。

党家村人的祖先从元、明时期以种田经商为业，明成化十五年（1479），党姓与贾姓联姻，贾姓入住，并合伙经商，创立“合兴发”商号，生意兴隆，成为当地巨商。党贾二姓都注重培养后人，他们设立学堂，培养子孙读书成才，创造浓郁的文化氛围。他们在村里建“惜字楼”，专为焚烧有字之纸而设，因其形如楼，故名“惜字楼”。这是古代崇尚文字的产物。古人认为“字”和“文”是圣人创造的，带有文字之纸入厕是对圣人的不尊敬，也是对文人的不尊重，因而在清扫房间庭院之后，将有字之纸专拣出来拿到惜字楼内烧之。

由于他们崇文尚字，尊师重教，明永乐十二年（1414）党恕轩的长孙党真中举，清雍正三年（1725）党蒙成进士，先在翰林任职，后为云南临安知府。贾家的贾乐天在清光绪年间中举不仕，热心教育，创办学堂，由此可见党家村人为何热衷在墙上题刻家训。

党家村的墙刻家训内容丰富多彩，有教益之效。这些家训题刻可归纳为“四勿”“四要知”“四悔”“六有六欲”“四莫四不”“四养”。它虽然题刻于封建时代，但是就其内容来看，富有人生哲理，是为人之道，处世之理，修身之德，养性之规，大有古为今用之效，充满了正能量。

受其教义影响，明代党孟辆是党家村富户，明嘉靖十六年（1537），千谷里各村村民无力交纳赋税，他慷慨解囊拿出 300 两银子代交了田赋；嘉靖三十四年（1555），庄稼受灾，又遇地震，贫困人家借贷他家粮食 200 余石（音 dàn，十斗为一石），无力偿还，他不忍逼债，当众将所有借据焚毁。故，人称党义翁，其事迹广为传颂，成为佳话。这就是“处富贵之地要知贫贱人的苦恼，居安乐之场要知患难人的痛痒”的案例。

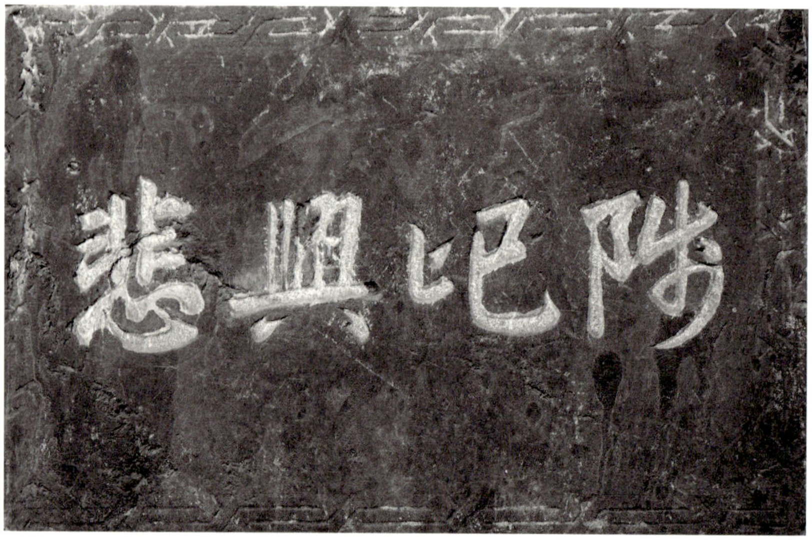

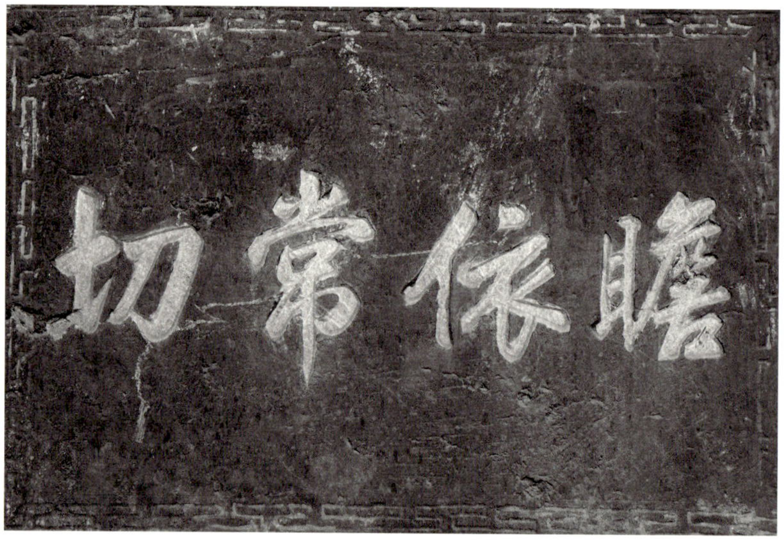

■ 名称：“四知”家训 ■ 年代：明 ■ 地点：韩城市党家村党启智家

在少壮之时要知老年人的心酸，当旁观之境要知局内人的景况。处富贵之地要知贫贱人的苦恼，居安乐之场要知患难人的痛痒。

■ 名称：耕读勤俭家训 ■ 年代：清 ■ 地点：韩城市党家村贾福胜家

遵祖宗二字格言曰勤曰俭，教子孙两行正路惟读惟耕。
古今来多少世家无非积福，天壤间第一人品还是读书。

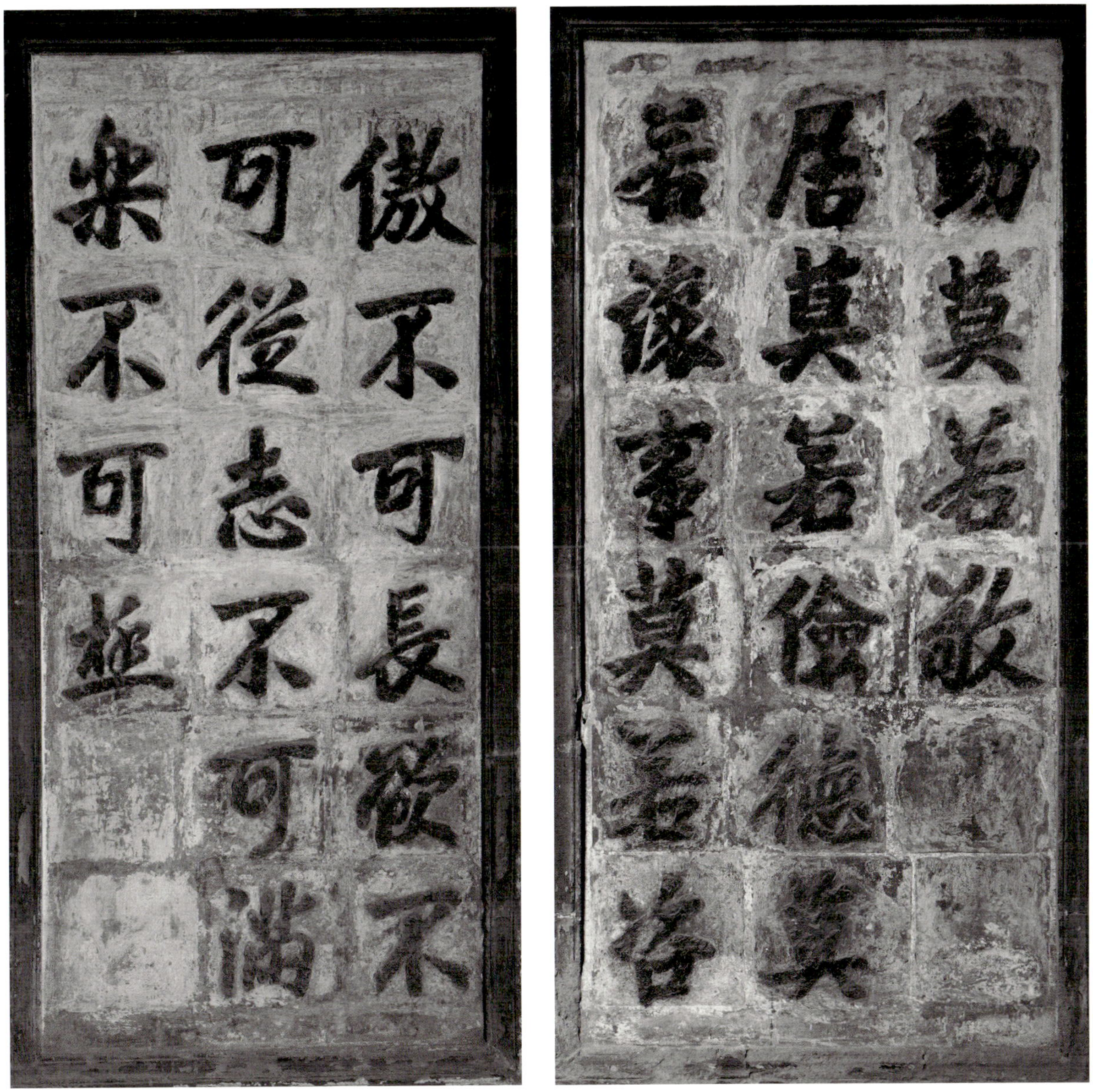

■ 名称：“四若四不”家训 ■ 年代：清 ■ 地点：韩城市党家村贾福胜家

动莫若敬，居莫若俭，德莫若让，事莫若咨。
傲不可长，欲不可纵，志不可满，乐不可极。

■ 名称：“六有六欲”家训 ■ 年代：明 ■ 地点：韩城市党家村党鉴泉家

言有教，动有法，昼有为，宵有得，息有养，瞬有存。
心欲小，志欲大，智欲圆，行欲方，能欲多，事欲鲜。

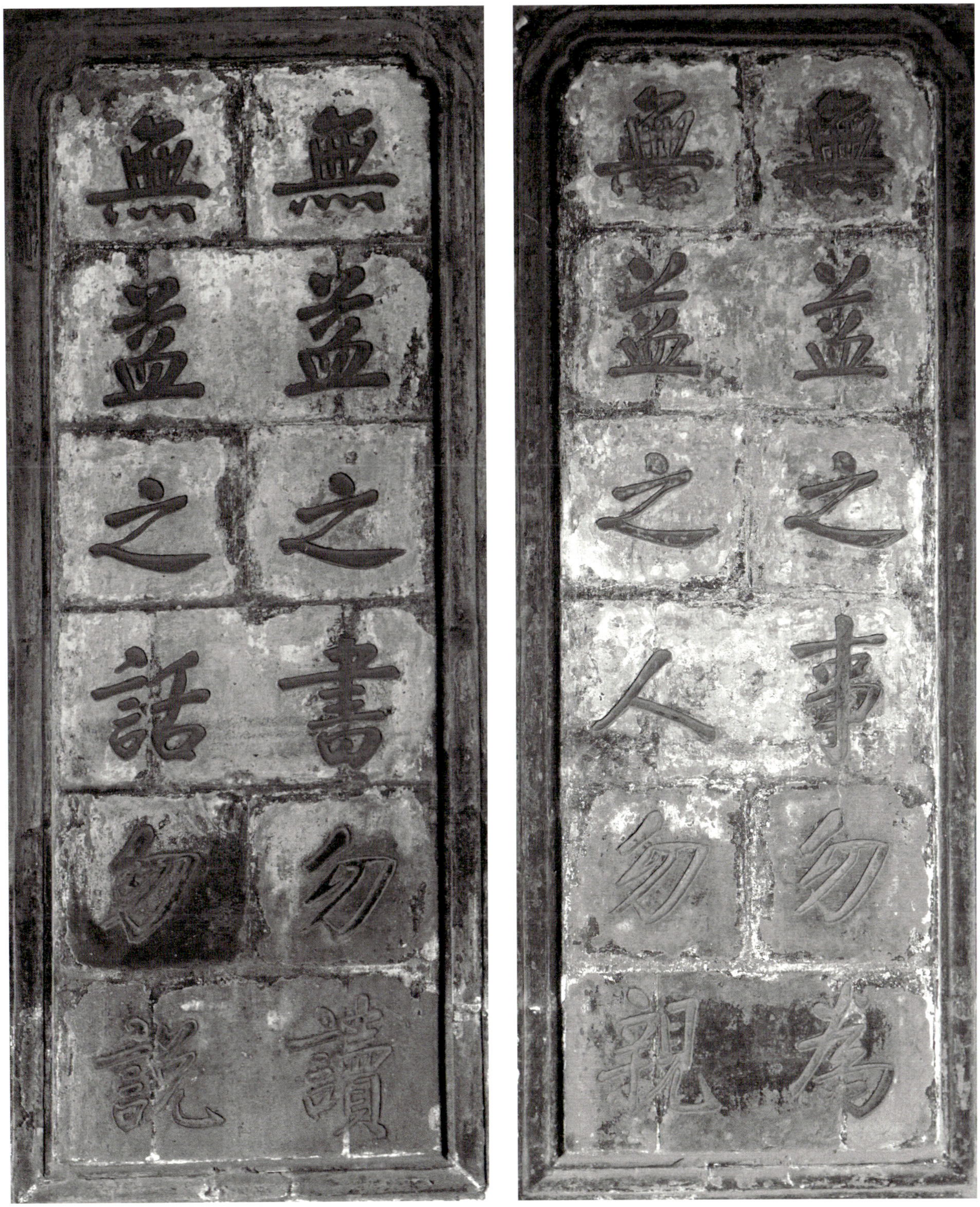

■ 名称："四无"家训
■ 年代：清
■ 地点：韩城市党家村党启智家

无益之事勿为，无益之人勿亲。
无益之书勿读，无益之话勿说。

■ 名称：“四悔”家训
■ 年代：明
■ 地点：韩城市党家村党宗华家

富时不俭贫时悔，见时不学用时悔。
醉后失言醒时悔，健不保养病时悔。

■ 名称：对联
■ 年代：清
■ 地点：澄城县北窑头村

学孟母三迁教子，
习张公九世同居。

■ 名称：“四之”家训
■ 年代：明
■ 地点：韩城市党家村贾福存家

读书成家之本，循理保家之根。
勤俭治家之本，和顺富家之因。

- 名称：处事家训
- 年代：明
- 地点：韩城市党家村贾福胜家

行事要谨慎谦恭节俭，择交友。
存心要公平孝弟忠厚，择邻居。

书法 题词

中国书法作为中国文化的组成部分，历史悠久，有着鲜明的自足性。

中国书法重视线条，但一个伟大的书法家追求忘掉线条，从线条中解放出来，以表现书法家心情境遇之悲喜怒忧，展露其有意识和无意识的内心秩序和失序。

■ 名称：福
■ 年代：民国
■ 地点：蒲城县杨虎城纪念馆

这个“福”字，是后人仿宋代陈抟老祖书写的“福”字，砖雕在杨虎城公馆的看墙上。其字左偏旁上点被有意夸张，形如一只昂首翘尾、振翅欲飞的凤凰。凝视该字，温馨秀美，回味无穷，该字雕在此处，含有为杨母及全家祈福并旌表杨母教子有方之意。

■ 名称：寿 ■ 年代：清 ■ 地点：韩城市党家村

这是党家村贾福存祖宅门外照壁墙上的砖雕“寿”字。此字为清代陕西韩城人，乾隆二十六年（1761）考中的头名状元，三朝宰相（乾隆、嘉庆、道光）王杰所书。

■ 名称：寿 ■ 年代：清 ■ 地点：韩城市党家村

这个“寿”字是仿左边寿字的复制品。

■ 名称：寿 ■ 年代：明 ■ 地点：绥德县党氏庄园

党氏庄园位于绥德县城东二十千米处的白家硷乡贺一村。在村子对沟口处立一“寿”字影壁，寓示祝颂全村人长寿。

■ 名称：戬谷罄宜 ■ 年代：明末 ■ 地点：凤翔县周家

“戬谷罄宜”，旧时因以为吉祥之语。戬谷，即福禄。一说尽善。《诗经·小雅·天保》：“俾尔戬谷。”朱熹注引闻人氏曰：“戬与剪同，尽也；谷，善也。”秦观《代回吕吏部启》：“宜戬谷之骈臻。”《方言》第七：“福禄谓之祓戬。”

罄：所有；宜：适合。罄宜，意为一切都好。

■ 名称：行笃敬 ■ 年代：明末 ■ 地点：凤翔县周家

行，行为，品行。笃，忠实厚道。敬，尊敬、恭敬。

“行笃敬”是赞颂词，意为做人要行为端庄，忠实厚道，对人要恭敬尊重。

■ 名称：双福拱喜 ■ 年代：清 ■ 地点：米脂县姜氏庄园

这幅“双福拱喜”是清同治年间，陕北米脂县刘家峁村大财主姜耀祖庄园中的砖雕之一。其构图雕刻很有寓意，以“团寿”的框架勾勒两个“喜”字，有别于他处“团寿”的传统雕法，是显现一片心境，可谓：“求工于一笔之内，寄情于点画之间。”

姜氏庄园建筑主体及局部设置无不蕴含期盼平安吉祥、耕读传家和风水理念的传统道德风范，是中华民居建筑文化的瑰宝（现为全国重点文物保护单位）。

■ 名称：和为贵 ■ 年代：清 ■ 地点：西安回坊

“和为贵”是儒家倡导的道德实践原则，出自《论语·学而》“礼之用，和为贵”。就是说，礼的作用，贵在能够和顺，意思是按照礼来处理一切事情，就是要人和人之间的各种关系都能够恰到好处，都能够调解适当，使彼此都能融洽。孔子认为，过去明君圣王，在调整人和人关系中最重要的地方，就在于使人们之间能够根据礼的要求，做到和谐。

■ 名称：忠 ■ 年代：清 ■ 地点：大荔县羌白镇

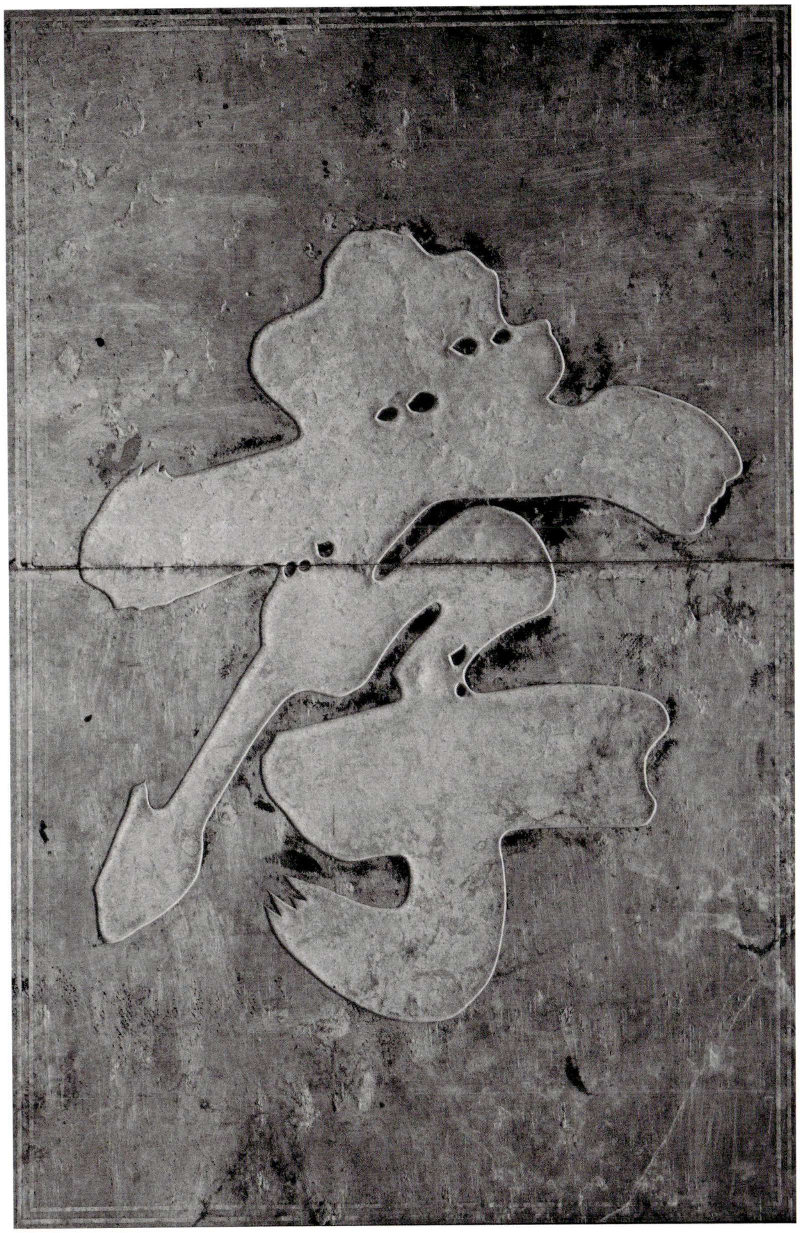

■ 名称：孝 ■ 年代：清 ■ 地点：大荔县羌白镇

忠，忠诚。古时特指忠君。如：忠臣、忠良。亦指尽心竭力。如：忠于祖国，忠于人民。《左传·庄公十年》：“公曰：‘小大之狱，虽不能察，必以情。’对曰：‘忠之属也……’”

孝，善事父母者。人之伦理观念之一，百善孝为先。对长者孝亲顺敬。《毛诗·关雎序》：“先王以是经夫妇，成孝敬，厚人伦，美教化，移风俗。”

■ 名称：为善最乐 ■ 年代：清 ■ 地点：礼泉县

■ 名称：为善最乐 ■ 年代：清 ■ 地点：澄城县

“为善最乐”语出《后汉书·东平宪王苍传》：“日者问东平王处家何等最乐？王言为善最乐。”意谓做善事是最快乐的事。常用作劝人多行善事的格言。

福禄寿禧

福，是诸事皆吉的总称。如富贵寿考等统称为『福』。

禄，财富，俸禄。官高禄厚。禄星司富贵。

寿，健康长寿，百福寿为先。人在一切在，长寿才是人生最重要的追求。

禧，幸福吉祥，鸿禧临门。

■ 名称：福禄寿星 ■ 年代：明 ■ 地点：神木县城曹家

这幅图案中雕有寿星人物、鹿、鹤、松树、祥云、石山等物，寓意谓“松鹤遐龄”“鹤寿松龄”，都是祝颂人长寿的吉祥物。但是，图中有题字曰：“寿同山岳永，福共海天长。戊辰菊月。”依此看图寓“福禄寿星”之意。这种象征长寿、荣登仕途意义的画面，自然是体现宅主人的心理与追求。

■ 名称：福 禄 寿 ■ 年代：清 ■ 地点：米脂县姜氏庄园

寿星老人的手中持着竹杖，倚着衔灵芝的鹿，空中飞着蝙蝠。“蝠”和“福”同音。“鹿”和“禄”同音，鹿是吉祥的仙兽。

寿星，即南极老人星，在现代天文学中称为“船底座 α 星”，在黄河流域很难见到。古人认为，见到它就会天下太平，因此古来就祭之，乞求福寿。《史记·天官书》曰：“狼比地有大星，曰南极老人。老人见，治安；不见，兵起。常以秋分时候之于南郊。”

福是财宝，禄是高位，寿是长命。

这幅图是典型的陕北手工雕刻，它以粗犷、纯朴的表现手法，给人以厚重之感。

■ 名称：福 禄 寿 ■ 年代：明 ■ 地点：铜川市黄堡镇梁家塬村

福、禄、寿在道教传说为天上三位吉神。福，头戴官帽，手持玉如意或手捧小孩为天官一品大帝，“天官赐福”由此而来；禄，手捧如意，寓意高官厚禄（因被民间形象化，所以现在的禄神都变成捧小孩的），此图以“鹿”示“禄”；寿，白色的胡髭，手持龙头杖，手捧寿桃，意为长命百岁。民间喜欢把福、禄、寿三星作为生活中象征幸福、吉利、长寿的祝愿。

■ 名称：福 禄 寿 ■ 年代：清 ■ 地点：大荔县许庄镇

图中所雕为“蝙蝠翻飞临松树，白鹿仰头探仙草”。

蝙蝠飞临，寓示“福到了”。松树下白鹿抬头欲探食仙草（兰花、灵芝）。皆为吉祥之物，松为寿的象征。以祈福、禄、寿。

■ 名称：福 禄 寿 ■ 年代：清 ■ 地点：蒲城县林则徐纪念馆

图中牡丹、鹿、松柏，树端又有一“日”。
牡丹富贵，寓福。
“鹿”是“禄”。鹿衔灵芝，寓吉祥。
松柏加“日”必定为寿。

■ 名称：福禄寿三星高照 ■ 年代：清 ■ 地点：西安市长安区

福星、禄星、寿星三位一体，明清时已盛行民间。在传统图案中，中间是赐福天官，手执笏或如意符；右为禄星，为员外打扮；左为寿星，执仙杖或棒寿桃。这前后四幅同为福、禄、寿内容的图案，其表现形式各异，充分展示了传统民俗在各个地域，人们会以各自想象的艺术手法来表现同一命题，我们祖先的高超智慧和技艺令人惊叹。

■ 名称：三星并曜福禄寿 ■ 年代：清 ■ 地点：西安市长安区

将福、禄、寿组成个圆团，构图巧妙，气势不凡。“天上日月星，人间福禄寿。”传说福、禄、寿为天上三吉星，专管人间祸福：福星司幸福，禄星司富贵，寿星司生命，三星并曜，齐照人间。福，寓幸福美满之意；禄，寓高官厚禄之意；寿，寓健康长寿之意。

■ 名称：百龄食禄 ■ 年代：清 ■ 地点：蒲城县林则徐纪念馆

两匹鹿寓“路路顺利”，因“鹿”与“路”同音。但柏树下有两头鹿就是“百龄食禄”。柏树之“柏”与“百”同音，柏也是长寿之树。“鹿”又与福、禄、寿的“禄”同音。禄是福，是善。《礼记·王制》云：“位定然后禄之。”禄是位的附属物，位高禄也多。

■ 名称：天官赐福禄禧
■ 年代：清
■ 地点：铜川市耀州区

“天官赐福”。图中有“鹿”和“竹”。“鹿”与“禄”谐音，禄，《论语》有“人有命有禄，命者富贵贫贱也，禄者盛衰兴废也”之说。禄位高升，是人之所求也。

竹子，青竹刚出土名“笋”，“笋”与“荪”“孙”谐音。故有“青竹送孙”之说。

“竹报平安”，爆竹起源于竹在火中爆裂之声，后来束纸，入火药以代竹。据传说，西方山中有身长丈余之山魈，人若逢之必患病。有村民异常恐惧之，诸处逃匿，朝夕投竹于火中，使之爆裂。山魈惊其响，惧而遁去，渐得逃灾。后来人们争相效仿，烟花爆竹很快传播推广开来。

鬼魅邪恶遁去，人皆平安了，故谓“竹报平安”，“爆”与“报”同音。竹能送子孙，又能报平安，人之大喜是也。

■ 名称：天官赐福禄寿
■ 年代：清
■ 地点：铜川市耀州区

“天官赐福禄”同上。图中将竹子变为松树，松树是长寿的象征。

■ 名称：天官赐福 ■ 年代：清 ■ 地点：米脂县姜氏庄园

天官，即天官大帝，指尧；地官大帝，指舜；水官大帝，指禹。道观中的“三官殿”，祭祀的就是这三位大帝。

天官头戴如意翅丞相帽，五绺长髯，身穿红龙袍，扎玉带，手指“日”，有小童在身旁侍立。天官是授人福禄的神人。

“天官赐福”，语出《梁元帝旨要》。

■ 名称：天官赐福
■ 年代：清
■ 地点：绥德县党氏庄园

■ 名称：平安富贵
■ 年代：清
■ 地点：千阳县城

图中瓶上插牡丹花，“瓶”与“平”同音，故瓶喻平安，牡丹喻富贵，即“平安富贵”。

高高的博古架上立一尊三角鼎。“鼎”与“定”谐音，鼎为国之重器，故寓“一定高升”之意。

■ 名称：一定平安富贵
■ 年代：清
■ 地点：户县苍游乡

图中一尊鼎与一只插着牡丹的花瓶，寓一定平安富贵之意。

鼎，古之礼器，国之重器，有“一言九鼎”之说。“鼎”与“定”谐音，“一鼎”即“一定”。瓶寓平安，牡丹寓富贵。

■ 名称：鹤鹿祝寿 ■ 年代：清 ■ 地点：蒲城县林则徐纪念馆

鹤为羽族之长，有“一品鸟”之称。《养生要论》云：“龟鹤寿有千百之数。”鹿，“千年化为苍，又五百年化为白，又五百年化为玄”，被当作极其长寿的仙兽。“竹”与“祝”谐音，这里用“竹”代“祝”之意。

松，长青不老，以静延年，为“寿”之意。

四物组合即“鹤鹿祝寿”。祝人们延年益寿，长命百岁。

■ 名称：富贵长寿 ■ 年代：明 ■ 地点：西安回坊

白玉兰花，晶莹清丽，犹如玉树于雪山排空而出，称为“玉树临风”。

牡丹，荣容华贵，即富贵之象征。

太湖石即寿石，寓“寿”之意。

玉兰、牡丹、寿石组为一图，寓富贵长寿之意。

■ 名称：齐眉祝寿 ■ 年代：清 ■ 地点：西安市碑林区

梅、竹、寿石组图，寓齐眉祝寿。

“齐眉”之词出于《后汉书·梁鸿传》：梁鸿与妻孟光隐居霸陵山。梁鸿“为人赁舂。每归，妻为具食，不敢于鸿前仰视，举案齐眉”。将饭菜盘举到与眼眉齐的位置，表示敬意。“举案齐眉是孟光。”“齐眉祝寿”是恭恭敬敬地向人祝贺寿诞的吉祥语。

竹、梅喻夫妻，寿石喻寿，同时“竹”与“祝”谐音取意，以示夫妇和美、长寿吉祥。

■ 名称：梅花耄耋 ■ 年代：清 ■ 地点：米脂县姜氏庄园

■ 名称：梅花耄耋 ■ 年代：清 ■ 地点：米脂县姜氏庄园

耄耋，八十、九十岁，统指年纪很大的人。语出曹操《对酒歌》："耄耋皆得以寿终，恩泽广及草木昆虫。"

图中雕以猫扑蝴蝶戏要，又有梅花。"猫"谐"耄"，"蝶"谐"耋"，猫蝶即"耄耋"。传统图案中应是猫、蝴蝶、牡丹花或菊花，寓"久居耄耋""耄耋富贵"。但陕北的雕刻图案，雕成梅花。梅花代表春天的到来，图寓老人遇到春天，焕发青春，别有创意。总之都是祝颂老年人精神焕发、健康长寿的吉祥寓意。

■ 名称：喜报三元 ■ 年代：清 ■ 地点：米脂县姜氏庄园

■ 名称：喜报三元 ■ 年代：清 ■ 地点：米脂县姜氏庄园

传统的“喜报三元”是喜鹊和三个桂圆。喜鹊是报喜之鸟，民间有“晨闻其声，其日有喜事”的俗说，俗称喜鹊，寓以为 “喜”。

但这幅图上的“三元”却是桃子、梅李和沙果三个圆形水果，这是北方地区较多见的圆形果实。三个圆形表示“三元”。“三元”是指解元、会元、状元，寓意“连中三元”，是科举考试及第之意。

■ 名称：福禄寿星
■ 年代：清
■ 地点：潼关县老城

蝠、鹿、寿石，“蝠”与“福”、“鹿”与“禄”谐音，寿石寓“寿”。福、禄、寿三星高照。福星，古称木星为岁星，所在有福，故又称“福星”。禄星，《论语》：“人有命有禄，命者富贵贫贱也，禄者盛衰兴废也。”所以，古人常以“三星”作为合家多福、长寿不老、禄位高升的幸福象征。

松、竹、石与松、竹、梅同，皆称“岁寒三友”。

“三友”出自《论语》“益者三友”，谓与正直之人、忠实之人、有见识之人为友是有益处的。清代赵翼《陔馀丛考》：“元次山《丐论》云：古人乡无君子，则与山水为友；里无君子，则以松竹为友；坐无君子，则以琴酒为友。”苏轼则有“风泉两部乐，松竹三益友”诗句。松、竹、梅在冬季万物凋零之时，能各守其节，寓人之友情不因祸福而动，能永葆情谊。

■ 名称：仙桃献寿 ■ 年代：明 ■ 地点：西安市北院门高宅

仙桃即寿桃，别名蟠桃。作为水果，甜、鲜、纤维素含量高，抗氧化、抗衰老。民间早有“桃养人”之说。

《神农本草经》上有“玉桃服之、长生不死”的说法。《神异经》说：“东方树名曰桃，令人益寿。”王祯《农书》认为桃为“五木之精”，驱邪必自扶正，用桃祝寿也就有了祝颂的意思。

仙桃献寿也源于传说。鬼谷子在孙膑给母亲祝寿时送给他一个桃子。孙膑让母亲吃了这桃子，容颜就变得年轻了，全家人都非常高兴。后人知道后都效仿之。送寿桃祝寿是中国人的传统习俗之一，这也源于西王母蟠桃宴的神话传说。西王母赐汉武帝五个大桃，并告诉他“这是三千年才结一次的仙果”，这里就含着增寿的意思。

■ 名称：素食益寿 ■ 年代：明 ■ 地点：西安市北院门高宅

这是从明崇祯十四年（1641）至清同治十年（1871）的 230 多年间，家人先后七代为官，并在同治十年又被皇帝钦点为榜眼的高岳崧家，中院南边山墙上的一帧砖雕图案，图上雕着大白菜、萝卜及寿石。作为官宦人家雕此菜蔬图案，初看，让人费解。但如果和北边山墙上的“仙桃献寿”连起来看就明白了，大白菜、萝卜这两种人们居家过日子的大众菜，是和延年益寿有关。《本草纲目》中说萝卜“可生可熟，可菹可酱，可豉可醋，可糖可腊可饭，乃蔬菜中之有益者”，具药补价值。

大白菜谐“百财”，是吉祥的象征，也是宫廷席宴及大众百姓餐桌上不可或缺的“菜王”。古人也提倡素食，也知常食白菜、萝卜会对人的身体健康有益。故雕菜蔬于院墙上，意告诫后人，不管官至何阶，都应勿贪酒肉山珍，常宜饮食俭朴，素食益寿。

■ 名称：仙寿无极 ■ 年代：清 ■ 地点：西安市北院门高宅

此图由桃树、松树、青竹、寿石、东方朔组成。

桃树，象征王母的仙桃树，三千年开花，三千年结果，为长寿仙桃。

松树，常青不老，岁寒不凋，寓长寿。

竹子，四季常青，冬守其节，“竹瘦而寿”。

寿石，自然是寓寿。

东方朔是汉朝人。王母娘娘在给汉武帝祝寿时指着东方朔说：“我的桃熟了三次，每次他都偷，是个坏小子。”这样算一下，东方朔活了一万八千岁。因此这幅图寓“仙寿无极”之意。

■ 名称：久居长寿 ■ 年代：明 ■ 地点：铜川市印台区高楼河镇

菊花在深秋季开放，菊与旧历的九月关系密切，又有“九菊”之称。“菊”与“居”同音，而“九”与“久”同音，所以菊花也用来象征长寿和长久。唐代杜牧有关于中秋节诗句：“尘世难逢开口笑，菊花须插满头归。”

石头与山、岩石一样，也是长寿的象征，故称为寿石。一幅图画中有石头矗立于水中，指的是东海中的极乐仙境，意寓“寿比南山，福如东海”。

■ 名称：双菊拱寿 ■ 年代：民国 ■ 地点：城固县上元观镇

双菊拱寿，两朵菊花拱着一个“团寿”。陶渊明诗：“秋菊有佳色，裛露掇其英。汎此忘优物，远我遗世情。”
团寿，圆形的篆书寿字叫“团寿”。图的边框上又刻有“卐”字纹，寓延长无疆。
此图寓延年益寿，长生无极，千秋未央。

■ 名称：安居耄耋 ■ 年代：清 ■ 地点：紫阳县城

蔓带缠枝菊花，两只鹌鹑，四角各雕以蝴蝶，意为“安居耄耋”。“蔓带”和“万代”谐音，“鹌”与“安”同音，“菊”与“居”同音，“蝶”与“耋”同音，人至八九十岁称为“耄耋老人”。寓意老人长寿，子孙万代，安居乐业。

■ 名称：欢天喜地 ■ 年代：清 ■ 地点：泾阳县安吴镇

图中雕以喜鹊（已缺残）和貛。

欢天之“貛”与“欢”谐音，借喻欢乐、高兴。貛是哺乳动物，亦名猪貛，头长耳短，前肢爪特长，便于掘土。毛灰色，头部有条宽白纹。杂食昆虫、鸟雀、果实等，有冬眠现象。其为一般野生动物，与喜庆吉祥本无涉，仅因“貛”“欢”谐音而见于吉祥图中。

喜地之“喜”与喜鹊之“喜”相谐。喜鹊鸣叫之声渲染喜庆气氛。喜鹊翔于天而看地，貛立于地而望天。二者组合曰“欢天喜地”。吉祥之词也。

■ 名称：富贵吉祥 ■ 年代：清 ■ 地点：泾阳县安吴镇

牡丹、珊瑚、玉兔、蝙蝠、兰花组合而雕，寓富贵吉祥，幸福天降。

牡丹为富贵的象征符号；珊瑚为吉祥之物，皇宫中常有珊瑚装饰品以寓吉祥华贵。兰花被誉为“香相”，“香”与“幸”谐音。玉兔谓月。晋代傅玄《拟天问》：“月中何有，白兔捣药。”故世以玉兔为月之代词。蝙蝠谐福，飞向玉兔，月本在天上，蝙蝠又从高处飞来，表示更高贵之福从天而降。

■ 名称：东昕迓祥

■ 年代：民国

■ 地点：黄陵县

图为黎明即起之意。东方的太阳将要喷薄而出，红遍东方的吉祥好运要在晨曦中迎接，寓纳福集祥也。

■ 名称：梅兰双喜
■ 年代：元
■ 地点：礼泉县北屯村

梅花、兰花比喻夫妻。兰为君子，梅为佳人。《花镜》称梅为天下尤物、群芳之首。

兰有君子之誉。春兰，品质高洁、风姿绰约、花香芬芳，为春花之首。

喜鹊俗称报喜鸟，古代人们认为喜鹊具有感应预兆的特异本领，预示客人要到来。五代王仁裕《开元天宝遗事·灵鹊报喜》云："时人之家，闻鹊声皆以为喜兆，故谓灵鹊报喜。"两只喜鹊，上下翻飞鸣叫，两只登在梅枝，"喜鹊登梅"寓意双喜，即喜上加喜。

月季花又称“月月红”“长春花”等，四季开花，一般为红色或粉色。

喜鹊俗称报喜鸟，古人们认为喜鹊具有感应预兆的特异本领。喜鹊之“喜”同喜事之“喜”。喜鹊在月季花中鸣叫，月季四季开花，故谓“喜从四季”，全年皆有喜事降临。

■ 名称：喜从四季 ■ 年代：清 ■ 地点：蒲城县林则徐纪念馆

■ 名称：海水江崖 ■ 年代：清 ■ 地点：蒲城县林则徐纪念馆

图中雕有波涛翻滚的水浪，水浪中立有山石，称为“海水江崖”。其吉祥寓意为一统山河，天下归一。

海水江崖的两边刻着富贵牡丹花，意谓国家一统，国富民强。

■ 名称：海水江崖 ■ 年代：清 ■ 地点：铜川市耀州区

■ 名称：举家欢乐
■ 年代：清
■ 地点：柞水县叶家湾村

上部由菊花和黄雀组合，“菊花”与“举家”谐音，“黄雀”与“欢乐”谐音，合起来为“举家欢乐”。

菊花，不只被称为长寿之花，而且作为花中隐逸者，亦被誉为君子。唐代元稹诗作：“秋丛绕舍似陶家，遍绕篱边日渐斜。不是花中偏爱菊，此花开尽更无花。”清代陈淏子《花镜》：“菊有五美：圆花高悬，准天极也；纯黄不杂，后土色也；早植晚发，君子德也；冒霜吐颖，象贞质也；杯中体轻，神仙食也。”

水仙，为水中仙子，花发幽香，素称香供佳品。

寿石，即太湖石，玲珑剔透，用其“寿”字。

下部为土地爷的神龛。土地神俗称“一家之主”。

整图寓意家庭美满幸福，仙寿无疆，和睦安康。

恭贺颂祝

恭：肃敬、谦虚、有礼貌，恭敬诚挚地祝贺。

贺：庆祝、道喜、祝颂、祝贺。

祝：对亲朋好友表示良好愿望。

颂：赞扬别人的好处，以颂扬为内容的诗文图案。

■ 名称：玉堂富贵 ■ 年代：明 ■ 地点：西安回坊

牡丹、海棠、玉兰花组合成图。玉兰有“玉”字，海棠的“棠”和“堂”谐音。玉堂是汉代的宫殿，《三辅黄图·汉宫》云“建章宫南有玉堂……阶陛皆玉为之”，后用为宫殿的通称。也有指神仙所居之处。

牡丹又名“富贵花”。玉堂、牡丹组合成“玉堂富贵”，即赞颂府邸辉煌富贵，象征福运通达，富贵荣华。

■ 名称：玉堂富贵 ■ 年代：明 ■ 地点：西安回坊

■ 名称：玉堂富贵 ■ 年代：清 ■ 地点：西安市碑林区

■ 名称：玉堂富贵 ■ 年代：清 ■ 地点：兴平市

■ 名称：玉堂富贵 ■ 年代：清 ■ 地点：西安市曲江新区

■ 名称：久居因缘 ■ 年代：明 ■ 地点：西安西羊市

由玉兰花、海棠花、牡丹花、菊花、香橼组成的图案，寓意玉堂富贵、久居因缘。

玉兰花冰清玉洁，素净莹润，硕美名贵。

海棠，花多果多，喜庆吉祥，“玉”“棠”谐音“玉堂”。“玉堂”是封建时代翰林院的雅称。

牡丹是富贵之花。玉兰、海棠、牡丹组合为“玉堂富贵”，象征富运通达，富贵荣华。

菊花，“花中隐逸者也”。菊花在农历九月开花，俗称“九菊”，“九菊”谐“久居”之音。香橼是常绿乔木，其果实圆形，寓圆满、缘分之意。白居易《与元九书》云“仆宿昔之缘，已在文字中矣”，其中“宿昔之缘”即生来的缘分。

“久居因缘”是祝颂长寿长久，富贵圆满的吉语。

■ 名称：鹤鹿同春

■ 年代：清

■ 地点：平利县双阳乡

梧桐树、鹤、鹿雕在同一个画面中谓“鹤鹿同春”，用来祝颂健康长寿，永享天年。

鹤为羽族之长“一品鸟”，俗称长寿仙禽。

鹿为中国常见动物，别名“班龙”，人们视鹿为长寿仙兽。《述异记》云：鹿“千年化为苍，又五百年化为白，又五百年化为玄。”“玄鹿为脯，食之，寿二千岁。”鹿，音同“禄”，而禄是古代官员的俸给，所以鹿象征官爵，“鹿”与“禄”“路”谐音，表达广泛，如“福、禄、寿”“路路顺利”等。

梧桐树的“桐”字与“同”谐音。梧桐树是桐树的一种，古时民间视为“灵树”，有种异特性。宋代邵博《邵氏闻见录》曰：“梧桐百鸟不敢栖止，避凤凰也。”

又，“桐”与“铜”谐音，古代用铜制作钱币，故象征财富。

■ 名称：鹤鹿同春
■ 年代：清
■ 地点：大荔县

奔鹿、飞鹤、苍松、峻石寓意长寿福禄。

鹤，古代道士将丹顶鹤神化，视为仙人的坐骑，故名“仙鹤”。这种看法传入民间，成为民间视仙鹤为灵物的原因。

另外，古人误以为仙鹤的寿命极长，故将其当成长寿的象征。其实，据科学家观察，仙鹤的寿命远低于人类，最多只能活三四十岁。

松以静延年。《花镜》：“松为百木之长……皮粗如龙鳞，叶细如马鬃，遇霜雪而不凋，历千年而不殒。”

鹿，吉瑞仙兽。《太平御览》引《抱朴子·内篇》：“鹿寿千岁，满五百岁则其色白。”《山海经·南山经》：“杻阳之山……有兽焉……其名曰鹿蜀，佩之宜子孙。”即带鹿之皮毛能生男育女，子孙昌盛。

松、鹿、鹤都是长寿之物，组成一图谓祝贺长寿的“松鹤遐龄”等吉祥用语。

■ 名称：鹤鹿同春 ■ 年代：清 ■ 地点：三原县孟店村

鹤、鹿、梧桐树、梅花组为一图为“鹤鹿同春”（参见 199 页）。

■ 名称：英雄封侯 ■ 年代：清 ■ 地点：三原县孟店村

一只鹰、一只熊、一对猴子，组合图谓“英雄封侯”。
“鹰”谐“英”，“熊”谐“雄”，“猴”谐“侯”音。封为侯爵，侯爵即官位。寓英雄必有侯爵高官高位，享荣华富贵之意。

■ 名称：茶柳同春
■ 年代：清
■ 地点：西安市雁塔区

山茶花又名茶花、耐冬、曼陀罗海榴。山茶花树姿优美，枝叶繁密，终年常青，花朵硕大，色彩明丽，是著名的观赏植物。山茶花常用来表示春意，寓生机勃勃，葱郁长青。

柳树也是春天的象征。民谚："五九六九，河边看柳。"唐代贺知章《咏柳》诗："碧玉妆成一树高，万条垂下绿丝绦。不知细叶谁裁出？二月春风似剪刀。"文人墨客对柳树的赞美很多，以柳枝比作美女的腰，以柳叶比作她的眉弯，将少女称为"嫩柳鲜花"。总之人们赋予柳树以春天情欲苏醒、英姿勃发之赞颂。

古代有个风俗，给远行人送行时，送给他一根柳枝。这是由于"柳"谐音"留"。折柳送别，是希望对方留下。当一个人去远方赴任时，朋友和亲人们就送他以柳枝。"灞柳送别"，临别赠柳，意为让他别忘了家乡。

传说柳有辟邪等功效，过去人们把柳枝编成圈，戴在头上，向苍天求雨。

■ 名称：一路连科 ■ 年代：清 ■ 地点：西安市雁塔区

一丛莲荷，花、叶、莲房俱全。一枝芦苇，叶、花突出。芦苇在水中丛生，即为连棵植物。“莲”与“连”同音，“棵”谐“科”音，“芦”与“路”同音异声。

“一路连科”是科举时代对应试考生的颂祝之词，有此行赴考、每试必中之意（乡试、会试、殿试三试都会中第）。

芦苇茎顶抽大穗而开细花，寓意科举高中第一名。

合欢大树顶天立地。整图寓意：每试必中，一路连科，夺得状元，顶天立地，合家欢乐。

■ 名称：一路连科 ■ 年代：明 ■ 地点：西安关中民俗艺术博物院

白鹭、莲花、芦苇、荷叶组合在一起，谓“一路连科”，是科举时代对应试考生的祝颂之词，即此行赴考每试必中之意。鹭鸶又称白鹭，单称鹭，它们飞行有序，旧时以鹭序喻百官班次。“鹭”谐“路”音，“莲”谐“连”音，“荷”谐“科”音。

■ 名称：一路连科 ■ 年代：清 ■ 地点：西安关中民俗艺术博物院

■ 名称：一路连科 ■ 年代：明 ■ 地点：三原县

■ 名称：一路连科
■ 年代：清
■ 地点：黄陵县

"科"，科举。唐代开始以考试取士，其科目仅存其名，涉及五十余科；至宋神宗时，采纳王安石的建议用帖括；清、明又用八股论策。不同朝代，都有变化，但总称之为科举。

鹭、莲组合成图。"鹭"与"路"同音，"莲"与"连"同音。一只鹭站在莲荷下，称"一路连科"，表示院试、乡试、殿试各科考试都顺利通过。

"凤戏牡丹"为一只凤鸟飞向牡丹，在枝头上跳跃戏耍的图案。凤为百鸟之王，牡丹为百花之王，被誉为富贵花。在唐朝时，凤凰与牡丹蔓草就配成帝王富贵吉祥的象征。后流传于民间，寓意夫妻恩爱和谐。

■ 名称：一路连科 ■ 年代：明 ■ 地点：西安市高陵区

■ 名称：一路连科 ■ 年代：清 ■ 地点：西安市临潼区

一枝芦苇、一丛莲花，串串水草组图。虽没有鹭鸶，但仍为一路连科的寓意。这只是另一种雕法。

■ 名称：一路连科 ■ 年代：清 ■ 地点：永寿县关头乡

■ 名称：一路连科 ■ 年代：清 ■ 地点：泾阳县安吴镇

■ 名称：松鹤长春 ■ 年代：清 ■ 地点：铜川市印台区

松树生命力极强，立于岩石之上，不惧冰冻风寒，终年葱郁。因此，松树被人们视为长青之树，寓意延年益寿。

鹤，民间俗传为长寿仙禽。《淮南子》云："鹤寿千岁，以极其游。" 在传统观念中，鹤为长寿之王，故世人常以鹤寿、鹤龄、鹤算为颂人长寿之词。如："霄汉鹏程腾九万，锦堂鹤算颂三千。"

■ 名称：富贵满堂
■ 年代：清
■ 地点：户县祖庵镇

“牡丹，花之富贵者也”，语出周敦颐《爱莲说》。唐宋时牡丹即因花冠丰腴硕大、艳丽雍容的姿容而成为倾国倾城的富贵之花。民间艺术中，牡丹纹饰更为绚丽多彩，富贵吉祥是其主要寓意。此图中牡丹与寿石组成花朵满盈的图案，石头在此表示长寿，“寿比南山”，寓长命富贵、富贵满堂、十全富贵。

■ 名称：夫贵妻荣
■ 年代：清
■ 地点：户县祖庵镇

由芙蓉花与桂花树枝组合成图。“芙蓉”与“大荣”谐音，整图中芙蓉花几乎占取了整个画面，而在上方只略露两枝桂花树枝的七个叶片，“七”片树叶寓“妻”意。既不失男尊女卑，又能显示夫贵妻荣的含义，可谓巧妙之作。此图寓意夫妻之间荣辱与共、比翼双飞。

- 名称：天地同春
- 年代：清
- 地点：铜川市印台区广阳镇

天地同春：两个孩子手持天竹，分立于梧桐、梅花树下。天竹，即南天竹，借其“天”字。“桐”与“同”谐音，梅花、桐树花开在春，合为“同春”。春者四季之始，生机盎然。

洞天一品：米芾，宋代书画家。他非常喜欢石头，家里最珍贵的一块石头叫作“洞天一品”，每天清晨，他都要端正衣冠，对着此石三拜九跪。（中国很早就有玩赏天然石的风习，其中太湖石、英石、建石都是具备“皱、瘦、透”三点，而为人珍视。古语有云“山静似太古”“寿同金石”，将画中的石头称为太古石或寿石。）

喜上眉梢：喜鹊是报喜之鸟，有“晨闻其声，其日有喜事”的说法。俗称喜鹊，寓意为喜。梅花，花开五瓣，象征“五福”。喜上眉梢，寓意喜福双至。

■ 名称：本固枝荣
■ 年代：清
■ 地点：洋县黄安镇

这是一幅繁缛的土地神龛画面。刻有莲荷一丛，其枝、叶、花繁荣茂盛，故寓“本固枝荣”，用以祝颂世代绵延，家道昌盛。又雕着松鼠吃葡萄。鼠即子鼠，“子”与儿子的“子”同义，葡萄多子，寓“多子多福”。

青松蔽天，寿石在地，松树常青。寿石寓寿，青松与寿石为“青松长寿”。

■ 名称：十全富贵 ■ 年代：清 ■ 地点：岐山县蔡家坡镇

寿石上牡丹盛开，“石”与“十”同音，寓十全富贵，意同长命富贵。

■ 名称：路路顺畅 ■ 年代：明 ■ 地点：大荔县

两只鹭鸶在涛涛江水中戏耍，“鹭”与“路”同音，水流潺潺，寓“路路顺畅”。莲花是根、枝、叶、花一并茂盛，示“本固枝荣”。莲花与佛教有着极密切的关系，“弥陀之净土、以莲花为所居”即指佛国，并喻之为“莲花藏界”，赋予莲花以神圣之意。

莲花亦是佛教的象征物，佛教常以莲花为喻。佛教有“莲教”之称。佛教中有所谓“莲花三喻”：为莲故华、华开现莲、花落莲成，比喻佛教的发展与兴盛，并赋予莲花以神圣的含义，因而莲花亦成为佛教的标志之一。

■ 名称：连科高中
■ 年代：明
■ 地点：旬阳县蜀河镇

一丛芦苇、一片莲花，芦苇生长时往往是连棵成片，“连棵”与“连科”谐音，取其“连科”。莲花朵朵，取其“连连”。旧时科举考试有乡试、院试、殿试，连续考中，称为“连科”。芦苇，秋天时茎顶抽大穗而开细花，高高在上，寓意每科高中第一名。

■ 名称：君子一品 ■ 年代：清 ■ 地点：铜川市印台区

图中题字：“污泥不染君子风。”

莲花为“花中君子”的称谓，来自宋代周敦颐《爱莲说》：“予独爱莲之出淤泥而不染，濯清涟而不妖，中通外直，不蔓不枝，香远溢清，亭亭净直，可远见而不可亵玩焉……莲，花之君子者也。”

古人将莲花与君子品德相提并论，特别是文人逸士将莲花作为重要的艺术题材来映衬自我的品性、人格。

■ 名称：福禄地天长 ■ 年代：明 ■ 地点：西安市长安区

鹭鸶亦称白鹭。唐代王维诗：“漠漠水田飞白鹭，阴阴夏木转黄鹂。”“鹭”与“路”“禄”同音，因此有鹭与莲荷在一起的画面，意为“路、禄连连向上”。禄寓官阶俸禄，官运畅通。

苍松在天，江水在地，青松竖立水旁，水寓财富与天地共长。画中题字“福禄地天长”便是此意。

■ 名称：仙祝长生 ■ 年代：清 ■ 地点：韩城市西王镇

水仙花、青竹、鹤舞莲荷之中。“水仙”字面的意思为“水中的仙人”，由于它正好在春节前后开花，因此就成为来年走好运的一个喜庆标志。水仙、竹子、石头同出现在一幅图中，可以理解为“仙祝长生”。

鹤是长寿的象征物之一。一鹤在高处飞舞，一鹤在莲荷、竹中抬头仰望，寓连（莲）连高升。（鹤也作为智慧的象征，道家的道上死去称“羽化”，即变成了有羽毛的“鹤”）。

■ 名称：松鹤延年 ■ 年代：清 ■ 地点：西安市长安区

■ 名称：君子之风 ■ 年代：清 ■ 地点：铜川市耀州区

松树生命力极强。不惧冰冻风寒，终年葱郁。松树被人们视为长青之树，寓意延年益寿。《汉武内传》曰：“药松柏之膏服之可延年。”

鹤为羽族之长，被称为“一品鸟”。《淮南子》曰：“鹤寿千岁，以极其游。”在传统观念中，鹤为长寿之王。为表长寿之意，人们多以松鹤组合为“松鹤同春”“松鹤遐龄”“鹤寿松龄”来祝颂人们长寿。

花瓶上插莲（荷）花，立于寿石之旁，并题有“出淤泥不染，濯清莲不妖”之款。寓平安长寿，君子之风。

“瓶”是民间的吉祥物，佛教有“宝瓶”，道教有“甘露瓶”，故寓吉祥。“瓶”与“平”谐音，寓意“平安”。

■ 名称：一品当朝
■ 年代：清
■ 地点：户县大王镇

一鹤立于水中石上，回首眺望，为一品当朝。《国语·周语》："外官不过九品。"皇帝以下文武百官共分九级，是为九品。一品是最高一级，一品文官的服饰补子上为鹤。鹤是羽族之长，地位仅次于凤。故一品官当居人臣之极。朝阳（日）或湖水以示"朝廷"，寓意位居最高官阶。

由松、鹤、绶带鸟、鹿组合成图。鹤为长寿仙禽，松为长青之树，绶带鸟取其"寿"意；鹿，是祥瑞之兽，取其"禄"意；梅花、水仙花都是春天开花，示"同春"之意。

整幅图案组合起来表达三层含义：一品当朝、鹤鹿同春、松鹤延年，即官品品高、俸禄厚、延年益寿。

- 名称：玉树临风
- 年代：清•乾隆元年（1736）
- 地点：铜川市耀州区

图中题曰：“富贵花三春灿烂，红莲蕊六月芬芳。”

富贵牡丹，凤，鸟中之王。牡丹配凤凰，称“凤戏牡丹”。即为大吉祥富贵，夫妻美满和谐也。

莲，六月开花，为花中君子。

玉兰，别称白玉兰、望春树、望春花。初春开花，晶莹清丽，花白似雪，称“玉树临风”。其花型如荷，香味似兰。

■ 名称：鹤寿松龄
■ 年代：清
■ 地点：铜川市王益区

松，长青不老，松以静延年。

鹤，《养生要论》云：“龟鹤寿有千百之数。”故为鹤寿松龄。

鹿，据说鹿“千年化为苍，又五百年化为白，又五百年化为玄”。鹿被当作极其长寿的仙兽。图中两只鹿在一起，题为“路路顺利”，因为“鹿”与“路”同音同声，寓各种事情都顺畅之意。

■ 名称：富贵无欲圣贤广 ■ 年代：清 ■ 地点：西安关中民俗艺术博物院

牡丹、寿山石、凤鸟组合成图，题词“富贵无欲圣贤广”。

“牡丹，花之富贵者也。”寿山石，空灵剔透，立于牡丹花丛中。凤鸟是鸟中之王，却在牡丹、寿石之下。这样的安排，则寓“无欲”的圣贤，豁达不争高下之君子之风。

■ 名称：春光贺寿 ■ 年代：清 ■ 地点：凤翔县城

■ 名称：松鹤遐龄 ■ 年代：清 ■ 地点：蒲城县林则徐纪念馆

梅，报春之花。毛泽东《咏梅》：“俏也不争春，只把春来报。”梅花示春，即春光。荷，君子之风，“荷”与“贺”谐音。寿石，寓寿。荷、梅、寿石组合一图，寓君子一品，春光贺寿。

松树、飞鹤皆向深山中一修行者倾飞，青松蔽日，仙鹤云游，深山幽静，道观处坐一仙人，静心修炼，一派人间仙境。静以延年，松鹤遐龄是也。

■ 名称：松鹤遐龄

■ 年代：清

■ 地点：西安关中民俗艺术博物院

双鹤对舞，示鹤善舞者也，故雕以两鹤相对之形。《相鹤经》云：“鹤阳鸟也。因金气，依火精。火数七，金数九，故十六年小变，六十年大变，千六百年形定而色白。”《养生要论》说：“龟鹤寿有千百之数。”

松，为长青之树，树皮多为鳞片状。“松乔”，指古代传说中的仙人赤松子和王乔，后因以指隐遁出世的人。《南史·刘善明传》：“今朝廷方相委待，讵得便学松乔邪？”《旧唐书·魏徵传》：“可以尽豫游之乐，可以养松乔之寿。”白居易《早冬游王屋》：“若不为松乔，即须作皋夔。”都是指长寿之人。

■ 名称：富贵长寿
■ 年代：清
■ 地点：宜君县五里镇

孔雀，毛羽艳丽，多带金属光泽，声音清亮，细颈隆背，头戴三毛以为冠，尾有金翠，展开时形如锦屏，金碧辉煌，自古以来被视为“富贵鸟”。

明、清时代帝王举行寿宴、祭礼大典时的礼服上有苏绣“孔雀羽彩绣图”。图的左下角雕着孔雀立于寿石，右边刻着富贵牡丹、玉兰和寿石。由富贵鸟孔雀、富贵花牡丹、白玉兰花及两块寿山石组成的图画，寓富贵长寿之意。

■ 名称：富贵长寿
■ 年代：清
■ 地点：西安回坊

牡丹、玉兰、绶带鸟、寿石组合一图，寓意富贵长寿。玉兰树，牡丹花为富贵的象征，寿石和绶带鸟的“绶”与“寿”谐音，都有一个“寿”字，所以此图是祝颂人们富贵长寿的寓意。

■ 名称：松鹤延年 ■ 年代：明初 ■ 地点：富平县宫里镇

松树为常青之树，寓延年益寿。《汉武内传》曰："药松柏之膏服之可延年。"

仙鹤独立潮头，泰然处世，寓意权高位重，万人景慕，可见仙鹤的尊贵。

鹿，古人亦视为"人才"的象征。《诗经·小雅·鹿鸣》："呦呦鹿鸣……我有嘉宾，鼓瑟吹笙。……德音孔昭，视民不恌，君子是则是效。"这是描述周天子、诸侯贵族宴飨群臣宾客时的乐歌。词意是说，呦呦群鹿鸣，我有佳客贵宾，助兴弹瑟吹笙。美名远近昭昭，示范众人不可苟且，君子也有典型仿效，表示对人才的珍视。

■ 名称：松鹤长春 ■ 年代：清 ■ 地点：西安市长安区

松树生命力极强。立于岩石之上亦丰姿雄态流传千古，不惧冰冻风寒，终年葱郁。松树为常春之树，用以寓延年益寿。

鹤为羽族之长，被称为"一品鸟"。《淮南子》中说："鹤寿千岁，以极其游。"

鹿，别名"班龙"，人们视鹿为长寿仙兽。

故"松鹤长春""鹤鹿长寿"，都是用来祝人健康长寿、永享天年的颂词。

■ 名称：天仙拱寿 ■ 年代：清 ■ 地点：西安关中民俗艺术博物院

天上阴刻一片祥云，凹部又一圆形浮雕，谓“日”；日和玄鸟重叠，玄鸟飞向松树；松树下又刻寿石、苍鹿；鹿前雕一丛水仙花。

玄鸟即燕子。《楚辞·离骚》王逸注：“玄鸟，燕也。”玄有黑色的意思。《史记·秦本纪》记述了秦的先祖大业，是玄鸟降生的故事：“女修织，见玄鸟陨卵，女修吞之，生子大业。”后来大业又生子大费，协助夏禹兴修水利，又协助舜调训鸟兽，舜赐大费姓嬴氏，大费成为嬴秦的始祖。

水仙花雅称“凌波仙子”，清秀优雅，仪态超俗，花开于春节之际，寓新春瑞兆。从图中组合来看为“天仙拱寿”，寓祝颂长寿、富贵荣华之意。

■ 名称：松鹿添寿
■ 年代：清
■ 地点：洋县城关镇

松为“百木之长”，自古以来，即为文人墨客所咏赞，亦是朝野普遍珍视的吉祥物。松树凌霜不凋、冬夏常青，被人们赋予延年益寿、常青不老的吉祥富贵寓意，即百福寿为先。

鹿，被看作地位、权力和吉祥的象征。视“天鹿”“白鹿”为灵兽，其出现是“嘉瑞”之象。《宋书·符瑞志下》曰：“天鹿者，纯灵之兽也。”

“鹿”与“禄”谐音，禄即福，福是财宝，禄是地位的体现，位高则禄厚。

南天竹即天竹，“天”与“添”谐音。太湖石亦称寿石，寿石之“寿”寓长寿。

松树、鹿、天竹、寿石组合一图，谓“松鹿添寿”，祝颂人长寿富贵之意。

■ 名称：一品清廉 ■ 年代：明 ■ 地点：长武县东街

花瓶上插着一茎莲花，莲是花中君子，又称一品花。“青莲”和“清廉”同音。一茎青莲即“一品清廉”。

花瓶旁边放着戟和磬，“戟”谐“吉”，“磬”谐“庆”，花瓶的“瓶”与平安的“平”同音，组合谓“吉庆平安”，颂祝之语也。

■ 名称：孔雀牡丹合家欢 ■ 年代：清 ■ 地点：西安市临潼区

孔雀，自古以来被视为“富贵鸟”，《增益经》称它有“九德”。而《逸周书·常训》谓其有“九德”：忠、信、敬、刚、柔、和、固、贞、顺。古人看来，孔雀是一种具有大德大贤的文明品质的鸟，因此被誉为“文禽”，是吉祥、文明、富贵的象征。

牡丹，百花之王，国色天香，花之富贵者也。

合欢树，祥云缭绕，寓吉祥富贵、阖家欢乐。

莲花，出淤泥而不染，君子之风也。太湖石，寓为寿山，图中的石为寿石。明代刘基《寿山福海图》诗：“寿比南山，福如东海。”

■ 名称：锦堂富贵
■ 年代：清
■ 地点：蒲城县甘村

两只锦鸡在寿石与牡丹中戏闹，寓“锦堂富贵”。

锦鸡，富贵之鸟，形状和雉相似，雄的头上有金色的冠毛，颈橙黄色，背暗绿色，染有紫色，尾巴很长；雌的羽毛暗褐色（多饲养来供玩赏）。牡丹，富贵之花。寿山石寓长寿，百福寿为先。这三样吉祥物放在一起，表示锦堂富贵。

■ 名称：苏武牧羊
■ 年代：清
■ 地点：西安关中民俗艺术博物院

苏武牧羊：苏武（前140—前60），西汉杜陵（今陕西武功）人，字子卿。武帝天汉元年以中郎将出使匈奴，被留。匈奴单于胁迫其投降，武不屈，被徙至北海，使牧公羊，俟羊产子乃释放。武啮雪食草籽，持汉节牧羊十九年，节旄尽落。昭帝即位，与匈奴和亲，武得回汉，拜为典属国。宣帝时赐爵关内侯，图形于麒麟阁。《汉书》中有《苏武传》。

松鹤延年（参见218页）。

鹤鹿同春（参见199页）。

■ 名称：高风亮节

■ 年代：清

■ 地点：西安关中民俗艺术博物院

竹，在文人墨客心中是高尚的。有一种说法："它的名字会存之竹帛"— 这与竹子可做毛笔杆，又可制纸有关。"再高也有节，出土心亦空。"空心则相当于虚心。节，即节操，所以竹象征着谦虚、守节的美德。苏东坡曾写道："宁可食无肉，不可居无竹。"白居易则说："人各有所私，我早忧松竹。"郑板桥说竹："唯有竹枝浑不怕，挺丝相斗一千场。"

牡丹，百花之王；凤凰，百鸟之王，皆为富贵的象征。

寿石借以象征长寿，寿考意为年高长寿，语出《诗经·大雅·棫朴》"周王寿考"。《笺》曰："（周）文王事时九十余矣，故云寿考。"

■ 名称：鹤寿松龄
■ 年代：清
■ 地点：合阳县福山村

鹤，《养生要论》云："龟鹤寿有千百之数。"《花镜》称：鹤，"一百六十年则变止，千六百年则形定，饮而不食"。

鹿，《太平御览》引："鹿寿千岁。"

松，《花镜》称："松为百木之长……遇霜雪而不凋，历千年而不殒……"松与鹤，为动物与植物中的长寿之王，故常谓"鹤寿松龄"。

■ 名称：封侯挂印

■ 年代：清

■ 地点：韩城市党家村

图中寿石上有只手捧印盒的猴子，朝着松树上的一个蜂巢。“蜂”和“封”同音，“猴”和“侯”同音。印盒示当官的印绶，寓“封侯挂印”之意。《汉书·朱买臣传》：“拜为太守，买臣衣故衣，怀其印绶，步归郡邸。”“封侯挂印”意为加官晋爵。

图中又雕有参天松树植根于寿石之上，两只绶带鸟翻飞其中，图下一只雄鹿口衔仙草，寓“松鹿遐龄”之意。松，凌寒不凋、冬夏常青，历千年而不损。鹿，在传统吉祥文化中，既是长寿仙兽，又是“禄”的象征。绶带鸟的“绶”与“寿”谐音。松、鹿、绶带鸟、寿石组合一起，寓“松鹿遐龄”，极其长寿之意。

■ 名称：封侯挂印 ■ 年代：清 ■ 地点：蒲城县林则徐纪念馆

图中有两只猴子，一只在捅蜂窝（头部残缺），另一只猴子提印盒。“蜂”与“封”谐音（残缺掉了印盒和前肢）。猴作为吉祥物，主要在于与“侯”谐音。

侯为我国古代的爵位之一。《礼记·王制》曰：“王者之制禄爵，公、侯、伯、子、男，凡五等。”自此以后，五爵虽然有变化，如汉朝有王、侯二等，明代有公、侯、伯三等，但历代皆有侯爵。人们希望加官封侯，为表达这种心愿，便选择“猴”为“侯”的象征。印是做官的凭证物，“挂印”表示掌握权力。

■ 名称：吉祥富贵 ■ 年代：清 ■ 地点：蒲城县林则徐纪念馆

“鸡”与“吉”谐音。雄鸡司晨，守夜有时，故古帝王“以鸡为候”。雄鸡鸡冠高耸、火红，故视其为吉祥。《韩诗外传》称，鸡有文、武、勇、仁、信五德。雄鸡作为吉祥物，作用之一是避邪。《花镜》称：“雄鸡角胜，目能避邪。”《风俗通》也说除夕“以雄鸡着门上，以和阴阳”。

雄鸡站在牡丹花中，寓吉祥富贵之意。

■ 名称：丹凤朝阳
■ 年代：清
■ 地点：富县交道镇

此为土地爷神龛的一方砖雕。图中一只凤朝着太阳翱翔鸣唱，一只在下，头朝着太阳，双凤对鸣。牡丹花在右，杜鹃花在左，好一幅丹凤朝阳、富贵吉祥的图画。

丹凤朝阳，寓高才得明主，前途光明。又象征仕途升迁、蒸蒸日上的美好前程。寓示着主人对理想生活的祈望。

■ 名称：一路荣华
■ 年代：清
■ 地点：永寿县甘井镇

图中的“一鹭”为“一路”，芙蓉花，（为莲花之别称）“蓉”为“荣”，“花”为“华”。

玉兰树上站着一只鸟，寓高高在上，荣登科甲第一。玉兰之“玉”与玉堂的“玉”同，“玉堂”乃古翰林院之雅称。

一路（鹭）荣（蓉）华，“鹭”与“路”、“蓉”与“荣”谐音，意为古时科举考试乡试、会试、殿试皆能中第，一直连登科甲。

■ 名称：连年有余 ■ 年代：清 ■ 地点：乾县临平镇

儿童怀抱鲤鱼。“莲”与“连”，“鲶”与“年”谐音。背景上的大莲花与儿童头上戴的、手中拿的小莲花共喻“连年”；大鲤鱼也是吉祥物，“鱼”与“余”谐音，表达了追求年年幸福、岁岁有余的美好愿望。

此处的鲤鱼应为鲶鱼，因鲶鱼没有鲤鱼好看，再有“鲤鱼跳龙门”之说，所以在木、砖、石雕、剪纸等艺术创作中都以鲤代鲶而用之。

■ 名称：四喜娃娃 ■ 年代：清 ■ 地点：乾县临平镇

以两个小儿组成的“立、倒、仰、卧”四种造型，好像是四个孩子在戏耍娱乐，寓示一个“四”。《春秋繁露·四时之副》：“天有四时，王有四政，若四时，通类也，天人所同有也。”又源于“天圆地方”，大地有四个角的观念。每角都表示一“方”，中间为中央，使之成为“五”方：东、南、西、北、中，泛指各方。由于图案有儿童构成戏耍之状，故俗称“四喜娃娃”。

■ 名称：春光富贵 ■ 年代：清 ■ 地点：泾阳县安吴镇

图中雕刻梅花、牡丹，谓春光富贵。

腊梅在冬春之交开花，“独先天下而春”，有报春花之称。宋代陈亮《梅花》诗云：“一朵忽先报，百花背后香。欲传春消息，不怕雪里藏。”故，春光以梅花为寓。

牡丹亦是春天开花。人赞为花中之王、富贵之花。在中国传统观念中被视为繁荣昌盛、富贵、吉祥的象征。唐代李正封诗句：“国色朝酣酒，天香夜染衣。”依此，人称牡丹“国色天香”。人们以牡丹祝颂既富且贵的意愿。“春光富贵”谓人们幸福地生活在明媚的春光里。

■ 名称：富贵平安 ■ 年代：清 ■ 地点：户县祖庵镇

牡丹，花之富贵者也。花瓶上插一束牡丹花，“瓶”谐“平”音；瓶身刻一丛青竹，“竹报平安”，寓富贵平安。图上题款“富贵平安如意多”。图中有鼎、佛手、如意等是佛教的八宝，亦称八吉祥。圆形外的四角各雕蝙蝠，谓“四福齐至”。整幅图体现了“富贵平安如意多”的寓意。

■ 名称：富贵平安 ■ 年代：清 ■ 地点：洛川县永乡乡

花瓶上插着牡丹花，瓶的左边有戟、磬、绶带，图右下角雕着一丛兰、菊。牡丹为富贵之花；“瓶”和平安的“平”同音，即“富贵平安”。“戟”与“吉”、“磬”与“庆”谐音，如果与绶带、兰花、菊等组合在一起谓“吉庆长寿”“延寿平安”之意。

■ 名称：春光双喜 ■ 年代：清 ■ 地点：铜川市印台区城关镇

梅花，在冬春之交开花，“独先天下而春”，有报春花之称，故以梅花喻春光。春天阳光明媚，阳气上升，万物复苏。喜鹊双双嬉于梅树，预示春光来临，向人间报喜。喜鹊之“喜”，借为喜事之“喜”，喜鹊在梅枝上和梅树下各有一只，寓喜事盈门，欢天喜地。

■ 名称：喜上眉梢 ■ 年代：明 ■ 地点：白水县冯原镇

两只喜鹊站在梅枝头上，寓“喜上眉梢”。

“喜鹊”之“喜”借为“喜事”之“喜”，“梅梢”谐音“眉梢”。“喜上眉梢”是形容人逢喜事时的欢喜、高兴之表情，也即“眉开眼笑”的开心之情。喜鹊在梅枝上鸣唱，也有“喜树早春”“喜报春光”之寓意。

■ 名称：孔雀和鸣
■ 年代：明
■ 地点：合阳县福山村

两只孔雀飞舞和鸣，老树蔓藤，山高水长，风光优雅，歌舞升平，别具一番情趣。

此图应是寓“吹箫引凤”的故事。被誉为“百鸟之王”的凤凰，实际上就是孔雀和锦鸡的优化体。自古以来，孔雀就被当作爱情的使者和歌舞升平的象征，留下许多美丽动人的传说。《列仙记》《东周列国志》都有记述“吹箫引凤”的故事：秦穆公有爱女名弄玉，姿容绝世，聪明过人，擅长吹笙，其声如凤鸣，决意要寻一善吹箫的男子为婿。秦穆公遂把女儿弄玉嫁给箫史。两人笙箫和鸣，当吹奏到第三曲的时候，见白鹤成对，翔舞于空中；孔雀数双，栖集于林间；百鸟和鸣，并引来紫凤和赤龙，双双乘龙跨凤升仙而去。

■ 名称：状元祝寿 ■ 年代：清 ■ 地点：西安市雁塔区

图中一塔、一松、一丛竹及太湖石（寿石），寓“状元祝寿”。“雁塔题名”是唐朝韦肇及第后，在长安慈恩寺的雁塔题名开始的。有的图案用一肥猪，用“蹄”谐“题”，谓“状元题名”。竹子的“竹”与“祝”谐音。苏东坡诗中有：“风泉两部乐，松竹三益友。”松为长寿之树，终年常青，又为“岁寒三友”之一。与寿石同寓为“寿”，组成“状元祝寿”的吉祥颂语。

■ 名称：荣祝富贵 ■ 年代：清 ■ 地点：西安市长安区

画面上的绒仙树、青竹、牡丹组合为“荣祝富贵”。

绒仙花，学名合欢花，又叫马缨花，落叶乔木。花淡红，可供观赏。民间的俗称为“绒仙花”。“绒”与“荣”谐音。

青竹是我国普遍生长的绿色植物。由于它“心空、有节”而被历代文人墨客称颂，“竹”与“祝”同韵异音。

牡丹，富贵之花。人们以牡丹寓富贵。

“荣祝富贵”是颂祝人们吉祥如意、富贵荣华的吉语。

■ 名称：和合如意 ■ 年代：明 ■ 地点：西安回坊

瓶中插着谷穗、荷花，瓶身系着如意纹绶带。

谷穗即“禾”。“禾”与“和”同音，“荷”与“合”同音。和、合亦指唐代诗僧寒山、拾得。他们被皇帝封为“和圣”“合圣”，俗称“和合二仙”。“和合如意”是深受民间喜爱的吉利语，图案表述美满如意，人们更多把它用作对婚姻美满的祝颂。

■ 名称：富贵平安 ■ 年代：明 ■ 地点：西安回坊

牡丹花插在花瓶中，优雅人气。牡丹为百花之王，雅称富贵花，是富贵的象征。

花瓶的“瓶”与平安的“平”同音，寓意平安。“富贵平安”寄托了人们对美好生活的向往。

■ 名称：君子之交 ■ 年代：清 ■ 地点：西安市长安区

松，严寒不凋，四季常青；梅，凌寒吐蕊，冰肌玉骨；兰，花清香，有“香祖”之称。

兰交，《易·系辞上》：“二人同心，其利断金；同心之言，其臭（同“嗅”，音 xiù）如兰。”旧因以“兰交”比喻意气相投的友人，古人常以兰比喻君子。

松、竹、梅能各守其节，人称“岁寒三友”，喻人之友情长存。我们认为松、梅、兰三者组合亦是君子之交，绝不逊色于松、竹、梅也。

■ 名称：鹤菊延年 ■ 年代：清 ■ 地点：永寿县关头乡

鹤为羽族之长，被称为“一品鸟”，《淮南子》曰：“鹤寿千岁，以极其游。”传统观念中，鹤为长寿之王，故后世常以鹤寿、鹤龄、鹤算为颂长寿之词。

菊花，周敦颐《爱莲说》中写道：“予谓菊，花之隐逸者也。”菊为长寿之花。文人对菊极为欣赏。唐代元稹诗曰：“不是花中偏爱菊，此花开尽更无花。”

香橼，为芸香科柑橘属植物，又称“香圆”。《千字文》曰：“祸因恶积，福缘善庆。”“橼”与“缘”谐音，“福缘善庆”表示“积善之家必有福庆”之意。香橼、菊花、仙鹤组图，寓吉祥团圆、福缘善庆、长寿延年等。

■ 名称：吉庆如意 ■ 年代：明 ■ 地点：西安关中民俗艺术博物院

戟是古代的一种兵器，常用于装饰艺术母题，象征着幸运与幸福。“戟”与“吉”“及”“即”同音，也可以表示祝人科举及第。

磬是一种古老的乐器。“磬”与“庆”同音，象征好运来临。

如意是佛具之一。最早是人们挠背上发痒而用手够不着的地方来挠痒痒的用具，痒痒除后，人便舒服如意了。后来又有用玉石来做扶手、把玩之器物，为了美观、吉祥，故如意端头多用灵芝形、云形，故称灵芝如意纹。

图中瓶上插着戟、牡丹、拂尘三件器物，瓶下左边为磬，右边为如意，画面表现的应为富贵吉祥、平安如意之意。但，图中刻有“古庆如意”四字，因而局限了图中寓意的展示。

■ 名称：太师封侯 ■ 年代：清 ■ 地点：蒲城县林则徐纪念馆

此图为中国近代民主革命序幕时期的政治家、爱国名相王鼎族弟王仲山的故居 —— 蒲城县王家大院（现为林则徐纪念馆）中的砖雕。

王鼎，陕西蒲城人。清嘉庆元年（1796）中进士，历任礼、户、吏、工、刑等部侍郎，户部尚书，直隶总督，军机大臣，东阁大学士等。王鼎由于反对割让香港协议的签订，怒斥妥协派首领、首席军机大臣穆彰阿为当代秦桧、严嵩。由于道光皇帝妥协求和的主意已定，所以王鼎在廷谏、哭谏均告失败的情况下，决心以“尸谏回天听”。1842 年 6 月 8 日深夜，怀揣“条约不可轻许，恶例不可轻开，穆不可任，林不可弃也”的遗书，自缢于圆明园，享年 74 岁。

图中的松树上有两只猴子，下面一头雄狮。“狮”谐“师”音，“猴”与“侯”同音。名相王鼎家中雕此“太师封侯”图是再合适不过的了。

■ 名称：五谷丰登
■ 年代：民国
■ 地点：西安市长安区

五谷：稻、黍（黄米）、稷、麦、菽（豆）的总称，泛指谷物。登：成熟，指粮食丰收。元代马致远《汉宫秋·楔子》：“四海平安绝士马，五谷丰登没战役。”这正是百姓企盼的国泰民安、风调雨顺、五谷丰登、人物康阜的升平世界。

■ 名称：凤鸣高岗 ■ 年代：清 ■ 地点：周至县马召镇

凤鸣高岗：《诗经·大雅·卷阿》："凤凰鸣矣，于彼高岗；梧桐生矣，于彼朝阳。"喻位高而志远，还喻贤才遇时而起，或稀世之瑞。

河清海晏：荷花的"荷"与"河"谐音。荷花为花中君子，深受人们喜爱。《拾遗记》说"黄河千年一清"，古人认为黄河之水清则圣人出。"海晏"指海波不扬而趋稳，寓意天下太平。

华封三祝：青竹一丛，祥云缭绕，寿石嶙峋，三个放在一起，意为"华封三祝"。《庄子·天地》载：唐尧游于华（今华州），华封人祝其寿、富、多男子。遂有"华封三祝"之典。"竹"与"祝"谐音，华封人献给尧帝的颂祝词是最吉祥的词。

■ 名称：九世同居 ■ 年代：清 ■ 地点：铜川市宜君县

菊花在农历九月开花，采菊最好是九月九日这一天。“菊”与“居”谐音。菊花经霜不凋，用来象征花期长久。“九”与“久”又同音。

寿石，即太湖石，玲珑剔透，形状奇异。“石”与“世”谐音。

绶带鸟，亦称寿带鸟。“绶”与“寿”谐音，绶带鸟为长寿的象征物。

整图寓意：九世同居，长寿无疆。

■ 名称：九世同居 ■ 年代：明 ■ 地点：西安回坊

菊花在农历九月开花，据说采菊花做茶，在九月九日这一天为最好。菊花也用来象征长寿和长久。《太平广记·草木九》称："荆州菊潭，其源傍，芳菊被涯澳，其滋液极甘。深谷中有三十余家，不得穿井，仰饮此水，上寿二三百，中寿百余，其七十八十，犹以为夭。"

芦苇，多年生草本植物，多生在水边，根茎丛生，为连棵生长。这里的连棵是子孙连生、多子多孙之意。

太湖石又称寿石，是石中珍品。

九月菊，以九菊、九头菊为多，以"九"字做头。寿石的"石"与"世"谐音，"菊"又与"居"同音。图中有芦苇、菊花、寿石同雕在一起，谓"九世同居"，是家庭长者长寿、祖辈不分家、团结和睦、九代人居住在一起不分家、九世子孙欢聚一堂之意。

■ 名称：松菊犹存
■ 年代：清
■ 地点：西安市灞桥区

“松菊犹存”源于陶渊明《归去来兮辞》：“三径就荒，松菊犹存。”松与菊皆为长寿花木，故又称“松菊延年。”

松树凌霜不凋，冬夏常青，被人们赋予延年益寿、长青不老的吉祥寓意，广泛用于祝寿的题材中。

菊花被誉为长寿之花，每年农历九月开花，傲寒凌霜，“此花开尽更无花”，优美多姿而又清秀素雅。

“松菊犹存”寓意吉祥长寿、永驻青春活力。

■ 名称：吉祥富贵
■ 年代：清
■ 地点：旬邑县唐家

双鱼瓶上插牡丹，谓“吉祥富贵”。“鱼”和“余”同音，汉朝的脸盆底画有一对鱼，旁边写“大吉羊”（大吉祥）三字。据此，后人有对联：“晋砖五鹿宜子孙，汉洗双鱼大吉羊。”所以，画一对鱼，叫双鱼吉祥。

牡丹，称富贵之花。此图双鱼作瓶，上插牡丹花，寓吉祥富贵。

吉祥瑞兽

瑞兽，即吉祥之兽。中国传统雕刻图案中，以鸟、兽等自然物作为象征符号的十分广泛。如：龙、凤、麒麟、狮、虎、马、鹿、蝙蝠、鹤、喜鹊等，都属于人们赋予某种寓意的吉祥鸟、兽。它们分别代表着人们的理性思维、思想情感，为不同对象、不同环境中祈求某种吉祥的象征物。

■ 名称：正龙图 ■ 年代：明 ■ 地点：西安市北院门高宅

龙为中国传统中的神物，是万灵之长。《龙经》上讲虬龙，能使群龙进退，兴云注雨以救苍生，故传说中谓：龙识宝，能兴云作雨，能降妖伏魔，是英勇、权威和尊贵的象征。

龙的图纹从古至今，一直被视为吉祥图案，在构造特色上有：行走的行龙、云气绕身的云龙、盘成圆形的团龙、头部呈正面的正龙、尾上头下的降龙、尾下头上扬的升龙等。

中华民族传统文化中龙是独特的象征物，其意义和作用，一是表示祝贺、祝愿，希望接受祝贺的人能够吉祥安康，好上加好，表达了善良和美好的愿望。二是祈求、祈望，期冀自身和家庭平安康宁，顺达和畅，反映着人的本能需求，如“双龙送喜”“龙凤和鸣”“龙凤呈祥”“苍龙教子”等。

■ 名称：九龙治水 ■ 年代：明•正统年间 ■ 地点：神木县

神木县城边的窟野河常发大水冲毁农田及两岸百姓房屋财产，当时的县令为了治服窟野河的洪水，让人雕刻此“九龙治水”图，立碑于二郎山下。据说从此后，窟野河水被镇住了，再也没有泛滥成灾。

■ 名称：龙凤呈祥 ■ 年代：清 ■ 地点：蒲城县林则徐纪念馆

“龙凤呈祥”是龙与凤相戏。龙凤结合一起为新婚佳配的美好象征，夫妻和谐被誉为“龙凤呈祥”。龙在中国古代神话传说中是中华民族始祖伏羲和女娲“蛇身”形象演变的，上古图腾时代，就被华夏生民视作始祖而被尊崇供奉，现代中国民间仍把龙视为神圣吉祥之物。

凤是凤凰的简称，在远古时代就被视为神鸟而受崇拜。凤居百鸟之首，是象征美好与幸福的瑞鸟。

■ 名称：升龙
■ 年代：明
■ 地点：神木县城

《易·乾》曰“云从龙”，向上飞腾的称升龙。

龙为中华民族所独有的神圣之物。从秦汉时期起，它便成为帝王的代名词：皇帝为“真龙天子”，衣服为“龙袍”，坐的为“龙椅”，睡的为“龙床”，身躯为“龙体”。据《山海经·海内东经》，再造人类的始祖伏羲、女娲，乃“龙身而人首，鼓其腹”。唐代司马贞《史记索隐·三皇本纪》说伏羲女娲为雷神之子，蛇身人首，有圣德，这大概是龙的原始形象。

■ 名称：行龙吐珠 ■ 年代：清 ■ 地点：蒲城县林则徐纪念馆

龙从动态上分为云龙、团龙、坐龙、行龙、升龙、降龙。

《述异记》卷上云："凡珠有龙珠，龙所吐者……越人谚云：'种千亩木奴，不如一龙珠。'"（木奴为柑橘之别名）《太平御览》又曰："东海龙王第七女掌龙王珠藏。"可见龙珠为宝物。

■ 名称：青龙吐水 ■ 年代：清 ■ 地点：华阴市

青龙吐水。龙腾如意云，海水江崖、红日东升等辅饰，是帝王之象征。此图中的龙头向上，尾又在祥云之中，是行龙之象矣。而行龙有升、降龙形象，升为“承天意”，降为“察下民”，意为民之君主，奉天承运，俯仰天地间。

■ 名称：二龙戏珠 ■ 年代：民国 ■ 地点：西安市红庙坡

■ 名称：二龙戏珠 ■ 年代：清 ■ 地点：旬阳县

龙是古代传说中的吉祥物，是华夏图腾文化的产物。远古时的三皇五帝以龙为图腾，炎黄子孙是龙的传人，龙在中国被尊为至高无上的神。据说龙珠为龙所吐，可避水火。“二龙戏珠”源于民间要龙灯，有庆丰年、祈吉祥之意。

- 名称：鲤鱼化龙
- 年代：清
- 地点：泾阳县安吴镇

鲤鱼善跳跃。《本草纲目》称："鲤鱼为诸鱼之长，形状可爱，能神变，常飞跃江湖。"鲤鱼跳龙门讲的是"鱼化龙"的故事，传说鲤鱼跳过龙门就可变为龙。清代张澍辑《三秦记》云："（黄河）河津一名龙门，水险不通，鱼鳖之属莫能上。江海大鱼薄集龙门下数千，不得上。上则为龙，不上者鱼。"唯鲤鱼能跳跃而过。鲤鱼化龙，后世以作高升的比喻，祝颂高升、幸运。

■ 名称：鲤鱼化龙 ■ 年代：明 ■ 地点：三原县

■ 名称：鲤鱼跳龙门 ■ 年代：明 ■ 地点：铜川市老城

鲤鱼化龙，是鲤鱼跳龙门的另一种称谓。鲤鱼化龙主要用于士子科举。科举殿试第一名为状元，谓之跳龙门成龙。

自古就有“鱼化龙”之说，作为升腾变化的吉语。鲤鱼化龙之说，最早见于北魏郦道元《水经注·河水》。

鲤鱼居560种鱼类之首。《埤雅·释鱼》：“鲤鱼之贵，俗说鱼跃龙门，过而为龙，唯鲤或然。”

古人云：江海大鱼溯黄河到龙门山，数千不得上。其中最具神灵、最有力气的只有一条，它一跳上龙门，立刻变原形为龙。上者为龙，不上者为鱼。成龙者腭下逆生36片变形的鳞，万物触此即为粉碎（触怒天子叫“触逆鳞”，原出于此。）

古时科举考试，不独殿试，会试、乡试、院试的考场入口处都会有“龙门”二字，为士子成功之门，鼓励有志之士奋进。

■ 名称：苍龙教子 ■ 年代：明 ■ 地点：三原县

■ 名称：苍龙教子 ■ 年代：民国 ■ 地点：西安市碑林区

一大一小，一上一下两条龙，为龙升天图。人云“望子成龙”，表达了父母盼子成才的心情。

图中的大小二龙意为父子二人。上边大龙翻腾起舞，教化下边的小龙学习增长本事，即为苍龙教子，亦可谓“教子升天”。苍龙为春天之龙，在春分升天，秋分入渊，表达了望子成材的意愿，比喻高升，或祝颂高升、幸运。

《龙经》云：“夔龙为群龙之主，饮食有节。不游浊水，不饮浊泉。所谓饮于清，游于清者。”将其配于壁，叫“夔龙拱壁”。

■ 名称：麟吐玉书 ■ 年代：清 ■ 地点：合阳县

由麒麟、八宝、珠宝组合成图。据《拾遗记》："（孔）夫子未生时，有麟吐玉书于阙里人家。"

《说文解字》称麒麟为仁兽，孔子在梦中曾为受伤的麒麟治疗，因此得到三卷天书，成就了一代伟业。《孔子家语·辨物》曰："麟之至为明王也。出非其时而见害，吾是以伤哉。"

■ 名称：麒麟图 ■ 年代：明 ■ 地点：铜川市耀州区

麒麟，是传说中的瑞兽。古籍中称：“麟、凤、龟、龙，谓之四灵。”《史记·索隐》：“雄曰麒，雌曰麟。”

《诗经·周南》中有此句：“麟之趾，振振公子，于嗟麟兮。麟之定，振振公姓，于嗟麟兮。麟之角，振振公族，于嗟麟兮。”麒麟的形状在汉代与鹿和马相差无几，后经过几百年的演变，才大致定型为麇身、牛尾、狼蹄、独角、鱼鳞。《礼记·礼运》：“山出器车，河出马图，凤凰麒麟，皆在郊椒。”

古人认为，麒麟含仁载义，步中规矩。不践生虫，不折生草，不食生蚁，不饮污池，不入坑井，不行网罗，明工动静有仪则见。故，毛虫三百六，麟为之长，完全是仁兽。仁义之世麒麟才会出现。

■ 名称：麒麟朝日 ■ 年代：明 ■ 地点：白水县灵高乡

麒麟回首向着太阳，象征光明。

麒麟，是传说中的神兽。《说文》释：“麒，仁兽也，麇身牛尾一角。麟，牝麒也。”麒麟“设武备而不为害”：“有足者宜踢，有额者宜抵，有角者宜触，惟麟不然，是仁也。”所以麒麟被称为“仁兽”“仁德之兽”，是儒家所倡导的“中庸”“礼乐”“仁慈”思想的人格化身。

■ 名称：麒麟

■ 年代：清

■ 地点：西安市长安区

传说中的仁兽名。《礼记·礼运》：“凤凰麒麟，皆在郊棷。”《史记·司马相如列传·上林赋》：“兽则麒麟角端。”《索隐》引张揖：“雄曰麒，雌曰麟，其状麇身，牛尾、狼蹄、一角。”多借喻杰出人物。《陈书·徐陵传》曰“（徐）陵年数岁”，即被称为“天上石麒麟也”。后因以“麒麟儿”为颂人幼子聪颖的美称。

■ 名称：贪婪兽 ■ 年代：清 ■ 地点：富平县孙丕扬宅

相传这是一种像麒麟但又非麒麟的怪兽，是人们想象中的贪婪之兽。它虽已拥有所有的宝物，但它并不以为足，还想去吃日（太阳），张口伸舌、贪噬之态彰然。

此兽刻在宅院的照壁中央非常醒目的地方，让出入宅院之府人随时可见之，以时刻告诫、警示家人不要贪赃枉法。

孔子府上的照壁上画的就是这个贪兽，这个砖雕图案很有可能是从那里引申来的。此宅是吏部尚书、太子太保孙丕扬的官宦宅第，他告诫家人勿贪，秉承儒家之道。

■ 名称：独角兽 ■ 年代：清 ■ 地点：富平县庄里镇

独角兽，即獬豸。中国古代传说中的异兽，体大如牛，类似麒麟。全身长着浓密黝黑的毛，四足一角，俗称独角兽。帝尧的刑官皋陶曾饲有獬豸，凡遇疑难不决之事，悉着獬豸裁决，均准确无误。所以，在中国古代的法律文化中，獬豸一向被视为公平正义的象征。

■ 名称：镇邪獬豸 ■ 年代：清 ■ 地点：宜君县五里镇

獬豸，是古人创造的一种神兽，亦称“解尘”“一角兽”。《述异记》卷上云：“獬豸者，一角之羊也。性知人有罪。皋陶治狱，其罪疑者，令羊触之。”古人创造的“獬豸”形象，在于辨忠奸，明法理，企盼法治公正，社会清明。

唐代以后，獬豸形象以狮、虎、麒麟、马等为模样，则更具神威，能镇邪。人们遂雕在墙壁上以作镇宅瑞兽来保护自家平安。

■ 名称：狮子 ■ 年代：清 ■ 地点：铜川市广阳镇

狮，狮子，食肉目豹属猫科哺乳动物。原产非洲、西亚，汉武帝派张骞通西域时引入中国。

狮子成为中国的瑞兽神物，始于东汉，先在陵墓中出现，而后被广泛应用在衙门、宅第、宗教、工艺美术等领域。因此，它是除了龙、凤以外极具影响力的神兽，具有守护、辟邪、镇宅的作用，表示官阶品级、富贵、财源，是平安、高贵、富裕、威武、勇猛与佛教法力的象征。

镇门狮为蹲状，一般为成对分置在大门两侧，其一为大狮抚小狮（雌性），另一为狮足抚绣球（雄性），分别象征禄位和财富。人民大众对石狮十分钟爱，将其作为镇门狮普遍使用，在海外的唐人街等都摆置镇门狮。这种文化传统一直流传至今，可见狮子在人们心中的喜爱程度。

■ 名称：狮子 ■ 年代：清 ■ 地点：铜川市广阳镇

■ 名称：狮子滚绣球 ■ 年代：清 ■ 地点：米脂县姜氏庄园

■ 名称：狮子滚绣球 ■ 年代：明 ■ 地点：三原县

双狮戏绣球，表示吉庆。俗传雌雄二狮相戏时，它们的毛缠在一起，滚而成球，小狮子便从其中产出。此处的绣球便为吉祥之物，它有各种变形图，称“绣球绵绵”“绣球纹”。

古时称狮为百兽之王。狮子以其在百兽中的地位，被人们借喻为人间的权势，并被用作镇宅神兽。门前蹲狮多为一对，寓意镇宅驱邪。狮子在佛教中为神兽，象征神圣吉祥。

■ 名称：狮子滚绣球 ■ 年代：明 ■ 地点：礼泉县袁家村

狮子滚绣球，据著名学者沈从文考，舞狮起源于汉，唐宋时十分盛行。狮子和绣球象征“统一寰宇”，狮衔“钱纹”绣球寓财源滚滚。雄狮与雌狮相对戏，滚在一起，会生出活泼可爱的小狮子，寓生儿育女，其乐融融。尤其逢年过节，人们祈求吉祥平安，舞狮渐渐成为了一种时尚和习俗。《广雅・释诂一》：“太，大也。”因“大”与“太”通义，“狮”与“师”谐音，故象征“太师少师”。“太师”“少师”为古代官名，周代始置，为辅佐帝王的官，分列“三公”（太师、太傅、太保）之首和“三孤”（少师、少傅、少保）之首，寓意官位显赫，地位崇高。

■ 名称：虎 ■ 年代：明 ■ 地点：神木县城

虎，俗称老虎，猫科哺乳动物，听觉和嗅觉都很灵敏，性凶猛，力气大。图中题款：“虎啸龙吟百魔消。”《说文》曰：“虎，山兽之君也。”《易·乾》：“云从龙，风从虎。”成语有“虎啸风生”。

在民间，虎为“四灵物”或“四神物之一”，受道教影响，白虎被视为西方之神。人们画虎挂于中堂，端午节画虎贴于门上，以避五毒之邪气。小孩子戴虎帽、穿虎鞋，都寄托着人们为辟邪、驱疫、禳灾、纳福的美好祈望。

■ 名称：八骏图
■ 年代：清
■ 地点：旬邑县唐家

此图为周穆王游昆仑山时为之驾车的八匹良马。

关于八骏的名目，各书记载不同。晋代王嘉《拾遗记》中记载八骏之名，一曰绝地，二曰翻羽，三曰奔霄，四曰越影，五曰逾辉，六曰超光，七曰腾雾，八曰挟翼；《穆天子传》中记载为：华骝、绿耳、赤骥、白义、渠黄、逾轮、盗骊、山子（柳宗元的《观八骏图说》即采用这种说法）。后来，有许多著名的作家、诗人写了不少有关《八骏图》的诗文，著名的就有白居易《新乐府》中的《八骏图》、元稹的五言古诗《八骏图》、李观的《周穆王八骏图序》，等等。

■ 名称：六骏图 ■ 年代：明 ■ 地点：富县交道镇

“六骏”即为唐太宗李世民征战疆场、统一大唐江山而立下赫赫功绩的六匹战马。因雕刻在唐昭陵北麓祭坛两侧的庑廊，故又称“昭陵六骏”。

六骏分别名为“特勤骠”“青骓”“什伐赤”“飒露紫”“拳毛騧”“白蹄乌”。唐太宗为心爱的六匹战马写了赞语，给“飒露紫”赞语是“紫燕超跃，骨腾神骏，气讋三川，威凌八阵”；给“拳毛騧”的是“月精按辔，天驷横空，弧矢载战，氛埃廓清”；给“白蹄乌”的是“倚天长剑，追风骏足，耸辔平陇，回鞍定蜀”；给“特勤骠”的是“应策腾空，承声半汉，天险摧敌，乘危济难”；给“青骓”的是“足青电影，神发天机，策兹飞练，定我戎衣”；给“什伐赤”的是“缠涧末静，斧钺申威，朱汉骋足，青旌凯归”。

这几幅砖雕是富县交道镇人家照壁墙上部的“六骏图”，由于时日太久，坏了一块，只有五幅了。从造型上看和“昭陵六骏”相差甚远。因当时的艺匠们可能根本就没见到过“昭陵六骏”雕刻的是何种模样，只是以自己的想象中的“六骏”来雕刻，其形态倒似仿周穆王的“八骏图”。

■ 名称：室上大吉 ■ 年代：明 ■ 地点：富县交道镇

■ 名称：室上大吉 ■ 年代：清 ■ 地点：泾阳县安吴镇

这是延安富县交道镇的一块已经破损的砖雕。图中雄鸡引颈高歌的姿态，雕得活灵活现，栩栩如生。虽经几百年的风雨洗礼，仍然能看出雕刻艺师的娴熟技艺和高超的刀笔表现力。富县地处陕北和关中的中间地带，从这幅作品上可看到它既有陕北砖雕的纯朴、大气、厚重的韵味，又有关中砖雕所具有的灵秀、精巧、细腻之美，是一幅难得的有地域特色的好作品。

“石”与“室”，“鸡”与“吉”谐音，寓意为室上大吉。周亮工《书影》云：“正月一日贴画鸡。今都门剪以插首，中州画以悬堂，中州贵人尤好画，大鸡于石，元旦张之。盖北地类呼‘吉’为‘鸡’，俗云室上大吉也。”正月初一，即鸡日。《韩诗外传》称鸡有文、武、勇、仁、信五德。“室上大吉”寓意为家庭幸福吉祥。

■ 名称：三阳开泰 ■ 年代：清 ■ 地点：西安关中民俗艺术博物院

上古炎帝族以牛、羊为图腾。炎帝，为羌族，姜姓。羊、羌、姜，一音之转，这是炎黄子孙把羊作为美好的象征之根源。

“三羊”和“三阳”同，“羊”和“阳”同音。

三阳是《易经》的泰卦，即初九、九二、九三的三爻。九是阳数，这三爻是三个阳数相连，为吉运之兆。开泰即开运。

“羊”“祥”通假。东汉许慎《说文》云：“羊，祥也。”

古人把羊作为美好的象征，一切美好的事物，都用羊来形容。“美”字亦是“羊大”组字，这也许与羊的形体肥美、性格温顺、叫声悠扬婉转有关，足见羊隐含着美好、和善、吉祥之意。

■ 名称：鹿衔灵芝 ■ 年代：金 ■ 地点：甘泉县

鹿衔灵芝，有很多种传说版本。早在汉代，“商山四皓，渴饮山泉，饥食灵芝，隐居山野，胸怀天下”。灵鹿衔芝，表现高士们的仙风道骨，引申为长命百岁，万寿无疆。

■ 名称：梅花鹿 ■ 年代：明 ■ 地点：佳县木头峪村

梅花鹿为鹿的一种。

鹿为灵兽，汉代多有乘鹿车升天之石雕。仙人亦多骑鹿。

据《崖州志》载，黎族民间传说云：“海南五指山下有一黎寨，住一对老夫妇以狩猎为生。生一子，亦承父业。年十八，入山猎无所获，闷卧山中。有老者杖之醒，见梅花鹿，迳起南追，至天涯海角，鹿回头，变为仙女，与少年结婚，乃定居于此，生子繁衍，遂为黎族一支。”

《山海经·南山经》：“杻阳之山……有兽焉……其名曰鹿蜀，佩之宜子孙。”郭璞注：“佩谓带其皮毛。”即带鹿之皮毛能生男育女，子孙昌盛。

■ 名称：梅花鹿 ■ 年代：清 ■ 地点：泾阳县安吴镇

雄鹿在梅花树下，口衔梅枝拽动梅树，使梅花落在背上，装点成梅花鹿，非常美丽。传说，从此，鹿身上便长出白色梅花。

鹿，为我国盛产之动物。鹿形体矫健，四肢修长，雄鹿生有枝角，善奔跑，机敏而灵动，性情温顺，因此，自古以来被视为祥和瑞兽，又被看作帝位和权力、吉瑞的象征。《宋书·符瑞志下》云“天鹿者，纯灵之兽也。五色光耀洞明，王者道备则至”，“白鹿，王者明惠及下则至”。

■ 名称：麟凤呈祥
■ 年代：清
■ 地点：泾阳县安吴镇

麟凤对视图。凤翔麟跃，吉祥欢乐，呈现天下太平之祥兆。

麒麟为古代传说中神奇动物，被视为仁兽。《说文》曰："麒，仁兽也，麋身牛尾一角。麟，牝麒也。"品德仁厚。

凤凰为传说中之瑞鸟，百鸟之王，被作为神鸟而受到崇拜。

《吴越春秋》中说："禹养万民，凤凰栖于树，麒麟步于庭。"传说麒麟蹄不踏青草和昆虫。凤凰不啄活虫，不折生草，非梧桐不栖，非竹食不食，饮灵泉，飞则百鸟从之。

凤凰双飞喻贤士齐集。人们把麟、凤放在一起，视为天下太平之象征。

吉祥花鸟

花卉在民间艺术中，装饰纹饰绚丽多彩，形式多样，其主要寓意是人们赋予花卉以人文化的品格气质，如莲花、牡丹、海棠、梅花、菊花、兰花等。人们见到以它们组成的图案，便会引发一种爱物惜物、移情寄爱的思想。

- 名称：竹兰
- 年代：民初
- 地点：蒲城县杨虎城公馆

兰、竹图，并雕对联。上联“勤俭持家和平处世”，下联“吉祥出语敬慎存心”。横批为：“聊蔽风雨”。

■ 名称：梅 菊
■ 年代：民初
■ 地点：蒲城县杨虎城公馆

“四君子图”一般搭配为梅、兰、竹、菊，此公馆内的这两幅砖雕画面却把阔叶的梅、菊和长叶的竹、兰分别作画雕刻，有些个性。两边的对联分别为：上联“心澈冰壶神凝秋水”，下联“堂开绿野室接青云”。横批：“吾爽爱庐”。

梅

兰

竹

菊

■ 名称：梅兰竹菊 ■ 年代：清 ■ 地点：三原县孟店村

■ 名称：喜鹊牡丹 ■ 年代：明 ■ 地点：佳县木头峪村

灵鹊报喜，富贵牡丹。陕北的雕刻表现手法是厚重、拙美。图中一枝粗壮的枝条，硕大直硬的花朵，给人以另一种美的感受 —— 朴实、粗犷、奔放、大气。

■ 名称：牡丹 ■ 年代：明 ■ 地点：西安回坊

牡丹花在唐时代盛产于都城长安，宋代以后又以河南洛阳的牡丹闻名于世。因为牡丹花朵密而茂盛，色彩艳丽，花瓣丰硕，品种繁多，每年春季，花开连片，故有“花王”之称。此花象征着富贵与吉祥，在砖雕石刻的装饰中常见牡丹的形象。

唐代白居易《惜牡丹花》二首其一：“惆怅阶前红牡丹，晚来唯有两枝残。明朝风起应吹尽，夜惜衰红把火看。”其二：“寂寞萎红低向雨，离披破艳散随风。晴明落地犹惆怅，何况飘零泥土中。”

- 名称：天下无双艳 花开第一香
- 年代：明末
- 地点：西安市长安区

凤凰戏牡丹，凤为“鸟王”，牡丹为“花王”，二“王”相戏，又，太湖寿石之上。富贵荣华，天下如此胜景难得也。“天下无双艳，花开第一香”这里指牡丹花色香俱佳，“国色天香”。牡丹在春天开花，花朵硕大，雍容华贵。明冯梦龙《醒世恒言》卷四：“水仙冰肌玉骨，牡丹国色天香。”

■ 名称：竹兰一品
■ 年代：清
■ 地点：铜川市耀州区

太湖石为石中珍品，人称寿石，寓意长寿吉祥。宋代书法家米芾，喜欢画山水人物，又非常爱石，他将最爱的一块称为“洞天一品”。每日晨起，整衣之后对其三叩九拜，视为“寿石”。所以，后来图中出现太湖石即称寿石或“洞天一品”（“一品”是封建时代朝廷大臣中的最高职位）。

竹子四季常绿，可做纸和毛笔的笔杆，是文人墨客所喜欢的。竹心是空的则相当于“虚心”，竹子再高都是有节的。“虚心、有节”更是人们所推崇的人生境界。

兰花，兰花的象征意义主要来自它的香味，人称兰为“香祖”。陈毅元帅诗：“幽兰在山谷，本自无人识。只为馨香重，求者遍山隅。”兰，古人比作君子之花，常以盆栽养在家室之中。夫妻恩爱称“生结金兰”。

■ 名称：花中四君子
■ 年代：清
■ 地点：富县

菊花、莲花、牡丹、芍药合称“花中四君子”。

菊花：长寿之花。宋代周敦颐称：“菊，花中隐逸者也。”

莲花：佛教的标志之花。宋代周敦颐称：“莲，花之君子者也。”

牡丹：“国色天香”富贵之花。唐代皮日休赞牡丹“佳名唤作百花王”。

芍药：自古就被作为爱情之花，被誉为“花仙”和“花相”，又被称为“五月花神”。

■ 名称：梅兰
■ 年代：清
■ 地点：澄城县王庄镇

岁寒三友“松、竹、梅”。而“梅、兰、竹、菊”被称为“四贵”。

梅有腊梅，不畏严寒，冒雪开花，被称作“冰肌玉骨”。红梅又是报春之花，它的开花意味着春天到来。梅花五瓣，象征着五福和五位吉祥之神。梅花的“梅”与“媒”同音，和婚姻生殖有关。梅花多籽，又喻为“梅花送子”。

陆游咏梅词曰：“无意苦争春，一任群芳妒。零落成泥碾作尘，只有香如故。”为梅称赞。

兰花幽香淡雅，有“香祖”之称。“兰室”指年轻姑娘的住处或新婚夫妇的卧室，因而兰花象征着爱情与美丽。金兰，旧谓友情契合、深交。语出《易·系辞上》“二人同心，其利断金；同心之言，其臭如兰”（臭：气味，音 xiù，同“嗅”）。成语有义结金兰、契若金兰等。

《孔子家语》载：“孔子曰：与善人交，如入芝兰之室，久而不闻其香，即与之化矣。”说明与君子交往能学习其美德。

■ 名称：竹 菊
■ 年代：清
■ 地点：澄城县王庄镇

竹，多年生常绿木质长杆植物，杆直多节，节间中空。幼芽即竹笋，鲜美可食。竹叶向下垂是因为内面（心）是空的，而空心则相当于虚心，“谦虚、有节”便成为竹的美德，为历代文人墨客赞赏。苏东坡曰：“宁可食无肉，不可居无竹。”

竹子可报平安，因竹子在火中燃烧会发出爆炸声，古人以“爆竹”驱鬼邪。因“爆”与“报”同音，所以称“竹报平安”。

菊，通称菊花。“梅、兰、竹、菊”称谓“四贵”。菊在农历九月开花，“菊”与“居”谐音，“九”与“久”同音，所以菊花也用来象征长寿、长久居住。唐代元稹《菊》诗：“不是花中偏爱菊，此花开尽更无花。”菊花不只是长寿之花，而且作为花中隐逸者，亦被喻为君子，源于周敦颐《爱莲说》中“予谓菊，花中隐逸者也”。

■ 名称：兰花 ■ 年代：清 ■ 地点：铜川市耀州区

兰花，中国传统名花。

宋代陶谷《清异录》：“兰虽吐一花，室中亦馥郁袭人，弥旬不歇，故江南人以兰为香祖。”

兰花被称为观赏花中的状元，形象高洁、清雅。它特有四清，即气清、色清、种清和韵清。花素而不艳，亭亭玉立，幽香清远，有“国香”之别称。

■ 名称：白玉兰 ■ 年代：清 ■ 地点：铜川市耀州区

玉兰，树干高数丈，叶倒卵形，三四月间开花，花九瓣，均着枝末，每枝一花。色白微碧，其香如兰，故名玉兰。别称白玉兰、望春树、望春花。《花镜》曰：玉兰“绝无柔条。隆冬结蕾，一干一花，皆着木末，必俟花落后，叶从蒂中抽出”。

玉兰身躯伟岸，在吐叶前便开花，晶莹清丽，犹如玉树于雪山排空而出，气势壮观。这种气势、风格很为古人所称道：“玉树临风”。杜甫《饮中八仙歌》有“皎如玉树临风前”之佳句。

■ 名称：玉兔 白菜 水仙
■ 年代：清
■ 地点：西安市长安区

玉兔，俗传月中有兔，故多以白兔、玉兔喻月。白居易《劝酒》诗：“天地迢迢自长久，白兔赤乌相趁走。”明冯惟讷《古诗纪》有：“茕茕白兔，东走西顾。衣不如新，人不如故。”

白菜与“百财”谐音，寓财富。

水仙花雅称“凌波仙子”，冰肌玉骨，清秀优雅，仪态超俗，花开于新春佳节之际，寓意新春瑞兆。

朱熹《韵水仙花》诗：“水中仙子来何处，翠袖黄冠白玉英。”

■ 名称：四君子图 ■ 年代：清 ■ 地点：潼关县老城

画中刻诗一首：“问余何事栖碧山，笑而不答心自开。桃花流水香然去，别有天地非人间。”

四角雕竹、菊、莲、牡丹图案。竹，临寒不凋，是高风亮节、虚心向上的象征；菊，素雅留芳，是高洁情操、坚贞不屈的象征；莲，出污泥而不染，不枝不蔓，内空外直，而香气扑鼻，有君子之风；牡丹，百花之王，雍容华贵，象征富贵。精湛的雕刻配上优美的诗句，君子之风跃然其上。

■ 名称：香远益清 亭亭净直 ■ 年代：清 ■ 地点：丹凤县曹家

唐代王昌龄的《采莲曲》和宋代苏轼描写西湖“接天莲叶无穷碧，映日荷花别样红”的诗句脍炙人口。宋代周敦颐《爱莲说》：“予独爱莲之出淤泥而不染，濯清涟而不妖，中通外直，不蔓不枝，香远益清，亭亭净直，可远观而不可亵玩焉。……莲，花之君子者也。”将君子的品德与莲花相比拟，从而赋予莲花以人文化的品格与气质。它不仅仅是一种具有自然生命力的花卉，还是中华民族传统精神理念、审美观念、价值尺度、道德标准的象征。

■ 名称：花中君子 ■ 年代：元 ■ 地点：蓝田县普化镇

“花中君子”来自周敦颐《爱莲说》。

周敦颐（1017—1073），字茂叔，宋朝道州营道（今湖南省道县）人，宋朝理学的开山鼻祖，人称赞他“胸怀洒落，如光风霁月”。

《爱莲说》云：“予独爱莲之出淤泥而不染，濯清涟而不妖，中通外直，不蔓不枝，香远益清，亭亭净直，可远观而不可亵玩焉。……莲，花之君子者也。”“出淤泥而不染”是说莲花的性状如此，所以称它为花中君子。文章结尾“牡丹之爱，宜乎众矣”八个字，是对世间争名夺利的人表示厌恶，不明说而暗讽，更显意味深长。

■ 名称：四福高照 ■ 年代：清 ■ 地点：泾阳县安吴镇

佛手，俗称佛手柑。因原产于印度，故人们便将其与佛祖相联系。佛手相助诸事顺遂，吉祥如意。佛手还因“佛”与“福”的谐音，寓示福运，故为吉祥。图中四颗佛手果高悬枝头，寓“四福高照”，大吉大利。

■ 名称：岁寒三友 ■ 年代：明 ■ 地点：西安西羊市

松、竹、梅与梅、竹、石组合成图，都称“岁寒三友”。

苏东坡为其好友文与可的画题诗中有：“梅寒而秀，竹瘦而寿，石丑而文，是三益之友。”

松：长青不老，以静延年，“岁寒，然后知松柏之后凋也”。

竹：有君子之称，“有君子之道四焉”，因虚而受益。

梅：“冰肌玉骨，乃梅萼之清奇”，琼姿玉骨，物外佳人，群芳领袖。

“三友”之组合还有石、兰、水仙与兰、竹、菊等，只是以个人之所爱好组合而已。

■ 名称：岁寒三友 ■ 年代：清 ■ 地点：西安市雁塔区

■ 名称：岁寒三友 ■ 年代：明 ■ 地点：西安西羊市

“岁寒三友”松、竹、梅，这三友意在“岁寒”二字，谓隆冬初春之时，万物凋零，唯松、竹常青，梅花开放，傲严寒斗风雪，人们称赞其精神。“益者三友”出自《论语》，谓与正直之人、忠实之人、有见识之人为友是有益处的。苏轼诗中有“风泉两部乐，松竹三益友”之句。

“岁寒三友”之说始于南宋。南宋的马远画《岁寒三友图》所绘松、竹、梅，乾隆帝还为此画题过诗。人们之所以喜欢称颂“岁寒三友”，其意应是在人际交往中，要向松、竹、梅学习，在任何困境下都能恪守其节，不因祸福而动，永葆情谊。

■ 名称：松 竹 梅
■ 年代：清
■ 地点：丹凤县峦庄镇

岁寒三友：松、竹、梅，又梅、竹、石。“三友”的出现最早从《论语》开始，《论语》云：“益者三友。损者三友。友直、友谅、友多闻，益矣。”

图中雕着松、竹、石，亦是“岁寒三友”的一种表现手法。

关于“岁寒三友”，清代赵翼的《陔徐丛考》云：“元次山《丐论》云：‘古人乡无君子，则与山水为友；里无君子，则以松竹为友；坐无君子，则以琴酒为友。’”

“岁寒三友”多以松、竹、梅来组图，其实这三种组合只是体现“寒”意，与“三友”无关紧要。如白居易有诗写道：“所亲惟三友，三友者为谁，琴罢辄饮酒，酒罢辄吟诗。”亦是三友之说。灵芝、水仙、兰花组合称“芝兰三友”。

■ 名称：本固枝荣 ■ 年代：明 ■ 地点：西安回坊

莲是盘根植物，其枝、叶、花、实繁荣茂盛，所以寓意“本固枝荣”，表示根底坚实、枝繁叶茂，用以祝颂世代绵延、家道昌盛之意。

■ 名称： 一品清廉 ■ 年代：明 ■ 地点：西安西羊市

莲花为君子之花。它出于污泥而不染，濯清涟而不妖，中通外直，亭亭玉立，形象雅洁，常以之喻君子。又因“青莲”与“清廉”音同，谐音取意，以莲之高洁比喻为官清廉。

■ 名称：菊花
■ 年代：民国
■ 地点：蒲城县

■ 名称：菊花
■ 年代：明
■ 地点：西安西羊市

菊花，据《晋书·文苑》云："罗含致仕还家，阶前忽兰菊丛生。人以为德行之感焉。"

又《太平广记·草木九》云："荆州菊潭，其源傍，芳菊被涯澳，其滋液极甘。深谷中有三十余家，不得穿井，仰饮此水，上寿二三百，中寿百余，其七十八十，犹以为夭。菊能轻身益气令人久寿有征。"文人墨客对菊花多有赞美诗作，如唐孟浩然《过故人庄》"待到重阳日，还来就菊花"；唐元稹《菊花》诗曰"不是花中偏爱菊，此花开尽更无花"；还有黄巢《菊花》的诗曰"冲天香阵透长安，满城尽带黄金甲"，《题菊花》"他年我若为青帝，报与桃花一处开"，唐太宗《赋得残菊》"阶兰凝暑霜，岸菊照晨光"，等等。

■ 名称：九菊 ■ 年代：明 ■ 地点：南郑县

菊花开于农历九月，古人九月九日有登高赏菊之俗，故有“九菊”之称。王如亭《菊城吟》诗曰：“淡巷农街香满地，案头九月菊花肥。”菊花被誉为长寿之花。郦县的北部有一片尽是芳菊的水面，其水颇香。据说，湖广人久患麻风，常饮此水可痊愈，保百岁长命。还有朱儒子饮甘菊花和桐子后，仙化而去。

菊不仅被称道为长寿花，而且作为“花中隐逸者”，被喻为君子。

■ 名称：关中八景图
■ 年代：清
■ 地点：西安关中民俗艺术博物院

关中八景之一：华岳仙人掌托天；
关中八景之二：咸阳古渡几千年；
关中八景之三：草堂烟雾凌霄端；
关中八景之四：灞柳风雪别意绵；
关中八景之五：雁塔晨钟隆古寺；
关中八景之六：骊山晚照壮秦川；
关中八景之七：曲江流饮千年胜；
关中八景之八：太白积雪六月天。

■ 名称：西域美景 ■ 年代：明 ■ 地点：西安回坊

这两幅砖雕作品是阿拉伯文化和汉文化的融合题材，是回族同胞对祖籍西域故乡的赞美图景。在他们的想象中，西域葡萄遍野，柳绿花红，珍奇异草，荷花飘香，青竹丛丛，水碧山青，奇石嶙峋，白云飘荡。葡萄是汉臣张骞出使西域时带回内地的珍果，使人们可以引以为自豪。

■ 名称：西域美景 ■ 年代：明 ■ 地点：西安回坊

两图中各题诗一首：“曾传西域美，恰逐汉臣来。拟作含桃荐，清芬几费猜？”“叶垂堤上翠，花放水中馨。宛是西方境，莲花贮净瓶。”

凤戏牡丹

（参见 059 页）

喜上眉梢

（参见 245 页）

一路连科

（参见 203 页）

杞菊延年

（参见 250 页“鹤菊延年”）

- 名称：花联四帧
- 年代：清
- 地点： 三原县孟店村

用文字点亮“砖雕”

——品评《陕西民居砖雕集》

弹指一挥间，又一个六年过去了。

六年前，王山水的《陕西民居木雕集》出版了，且进入了“陕西民间文艺山花奖·艺术著作特别奖”的序列。

人的思维往往存在一种惯性，着迷了就成了癖好。记得那本书集他十八年之心血才出版，怎么这本《陕西民居砖雕集》五年的时间就出笼了？经过我们近距离叙谈，方知他在收集木雕的同时，亦在收集砖雕，只是手头里的砖雕分量不够，在他心中仍然牵挂着那个砖雕。我们知道，一个民族的历史遗存，也都有一个积累过程，随着不断积累，资料增多了，个人见识也逐渐丰厚了。从秦砖汉瓦到明、清时期的砖雕，在整个文化积累过程中，还要有所选择，只有顺从历史文化脉络相吻合的人文记忆，方可被选入其中，才有可能把这些聚集的砖雕进行分类编撰。对这些砖雕上的图文进行深层次的挖掘，引经据典，一图一典故，分别以“宅第构筑”“儒家典故”“二十四孝”“福禄寿禧”“吉祥瑞兽”“祝贺颂扬”道出，使读者在“把玩”中进行一种“创造性的观看”，从而引发今天的人们从博大精深的传统文化中得到教益，同时也触摸到王山水美好的精神世界。

每一个人的人生就像一本书，大多数人从书的封面了解王山水，因我俩是深交，故而，我从他的内页读到他的人生精神追求。山水，鲁人秦语，性耿直，语调高，直来直往，不掩不藏，心态悠闲。他乐中作苦，喜砖雕，走遍秦地古镇民居，向当地老住户请教，向专家请教，寻访查询资料，将砖雕中的典故及各种文化信息都一一加以考证，用平实简练的文字，诠释出砖雕所传达出的内涵，便于更多的读者深入浅出地了解到一座座古民居院落的砖雕图案所散发出历久弥香的味道。过去不少照壁上都装饰着教化的内容，其题材丰富，寓意深刻，如“杨震‘四知’拒收礼”就是告诫讽喻奢淫逸的警世良言，同样有着现实教育意义。如今，不少贪官利用手中之权，成为谋权奢华的工具，如果我们的一些官员能在自家门庭上设置这样一尊有警示名言的砖雕，也不会“后人哀之而不鉴之，亦使后人而复哀后人也”。今人若常以“杨震‘四知’拒收礼”为镜鉴，也绝不会踏上同一条以权谋私的老路。近几十年来，受一切“向钱看”及洋文化的冲击，一些人将我们传统的尊老爱幼的美德淡忘了。所以“二十四孝”的典故更能成为我们这个时代的经典，我们应世代相传，使之成为国民行孝之楷模。

然而，20 世纪 60 年代中以“破四旧”为名，不少有价值的精品也终遭毁弃。王山水以文浅释了多年来拍摄的砖雕，为更多的人以图为索，用文字解读，使千百年来的砖雕“复活”，使这些砖雕在时间上和空间上得到延续。我相信会说话的“砖雕”会告诉未来的人们：砖雕文化像一面镜鉴，常照常新，常扫自己心灵的灰尘，将会永远成为一个圣洁的人。

西安电子科技大学教授
摄影评论家
赵硅

陕西出版传媒集团重大出版项目
铜川市文广局保护传统文化推介图书

陕西传统民居雕刻文化研究

陕西民居石雕集

罗哲文题

王山水 著

陕西新华出版传媒集团
三 秦 出 版 社

序

《陕西民居石雕集》

序　赵碓

继王山水编著《陕西民居木雕集》出版后，又一部力作《陕西民居石雕集》也已脱稿。作者嘱我寫序，我既非名人，亦不是学者，难当此任。推诿未了，在"说你行，你就行，不行，亦行"的铁定下，才勉强硬着头皮应承下来。山水为我挚友，在多年淡如水的交往中，深知他为人豪爽、诚实，办事执着、认真。尤其是在他编著《陕西民居木雕集》時，着实地让我領教了。六年的時光又过去了，在此期间，他不停地对"石雕"进行打磨，竟然"成器"，我拿在手中，玩味再三，越看越有看头。其图文调动了我的想象，用心灵抚摸着这些石头，感受到了它的"温度"。

永不褪色的记忆

石雕的特点具有永久性、以静示动、以无声示有声，具有触摸感。当你触摸時，就会感到它的"温度"，瞬间就会打开你尘封的记忆：孩童時代的我，有钱家的大门口拴马桩上拴着宝馬，个头高，毛色鲜，大人小孩争先观望，那稀罕程度不亚于现在的宝馬汽車。待人散去，我盯着那拴馬桩出神，那淘气的狮子甚为可爱。长大后，一旦触及那拴馬桩依然感受到它的"温度"。一次，我在省群众艺术馆院内看到许多拴馬桩，让我十分震撼，那些雕刻精美的狮子、猴子等，颇具民间风采；之后在西安美院又看到除拴馬桩以外的建筑构件门墩石、柱基石、墙带。还有生活用品石磨、石碾、石槽、鱼缸等。这些云集至此的石雕，在它们立体的身躯里潜藏着多少民族瑰宝，有待开发利用。

石雕以它坚硬的石料为材質，故而历史传

承的文物中最具永久性，随着岁月的更替也难以破损。我常想，如果中国传统文化最具形象的建筑老房子都不复存在的话，那么围绕老子的门楣、门墩、柱基石、下碱石也会出来说话，它们也会“忠实”地再现那个历史时代的民情民俗的文化形态和诠释各个历史时代的变迁情状。它是一个永不褪色的历史见证者，为我们提供了永不褪色的记忆。

《陕西民居石雕集》图文并茂地向读者叙述着远去的历史情状，为人们提供了颇为珍贵的照片资料，使这些石头变得通体有灵气，真可谓精美的石头会唱歌。

石雕本真的意趣美

意境作为中国传统美学的一个重要范畴，已深深地扎根于民，真善美历来都是人们追求的朴素之美，用平淡本真来营造一种意趣美。不少石雕呈现的时代特征以及石雕上的刻录年代均可成为石雕衍化过程记忆参照，形成了独特的人文历史见证。在不同的地域里，沉淀和凝聚了本地区的民间审美，民众心里倾向以及地域文化交叉融合的痕迹，在这里都得以体现。不少石雕依据物主的喜好来决定雕刻内容，成为主人生活中的一个重要组成部分。那墙带、照壁上的“忠孝传家”“清廉一品”“安乐延年”和“二十四孝图”等题材，记载了人们的精神追求，意志情趣，心里祈祷的审美观念。如三原县孟店村的周梅村府邸墙内镶的青石装饰带，以寓意深邃的图案，造型精美的制作，采取传统文化的内容：历史典故、孝道文化、动物图像，这些内容不仅有教化功能，而且很接地气，使观者看后亲切从而意趣横生。当然也有一些名门望族，门庭院内装饰森严，就连门口雕刻的石狮子"霸气"十足，所有这些皆与主人喜好息息相关。那些宅主人除了用寓意深刻的石雕装璜门面，更重要的是将这些身边的石雕内涵向家人、子孙释意，言传身教，以惠泽子孙万代。

留住珍贵的怀旧

《陕西民居石雕集》的著者将散落于民间的石雕用摄影的方式将它们"定格"下来。我以他历时二十余年，在陕西境内走村窜户~~拍摄~~、寻访、发掘、拍摄。他力从这些石雕表象中，透视出寓意深邃的"象外空间"。在调查研究的基础，学习了解石雕的背景资料，做了许多有益的工作，使读者对这些充满记忆的石雕，有了更为立体鲜活的理解，重新唤起久远的记忆，留住珍贵的怀旧。抑或会感受到古国文明的厚重，一种文化自豪感油然而生；或许被灰飞烟灭战事毁损的石雕而伤感悲痛；也许为一种精神传承而崛起的新文化而兴奋不已……

王山水长期致力于"文化遗产"的收集、整理研究，且做了大量考证工作。虽说"定格"不易，"爬格子"更难，加之他做了大手术，仍在病床上再度通读通改，偶尔触发了新的构想，也会苦中作乐。

本图集为传承文化，教化国民素养，促进各地域文化交流发展的珍本。我以为山水对石雕文化内涵的解读，不仅别开生面，更是一种创新。当我们在观赏研究这些石雕时，不仅为我们提供了学习研究石雕的依据，也会让我们从中得到教益。还会幻化出王山水像一位凿石老石匠，在一锤一锤地镌刻着《陕西民居石雕集》似的映像，那嘡嘡有力的回声犹如在耳；聆听精美石头的歌……

2015年7月25日于道无穷斋

赵　硅
西安电子科技大学教授
著名摄影评论家

作者简介

RESEARCH ON CARVING ART OF TRADITIONAL DWELLINGS

王山水，1944年生，山西省闻喜县人（祖籍山东省蒙阴县），供职于铜川市自来水（集团）公司，经济师。铜川市民俗摄影协会会长，陕西民俗摄影协会常务理事兼理论部部长，陕西省民间文艺家协会会员，中国民俗摄影协会博学会士，中国摄影家协会会员，西安市文史研究馆、西安市文史艺术研究院研究员，西安市群众艺术馆民俗文化研究员，铜川市历史文化研究所高级研究员、陕西黄河摄影艺术研究院顾问。2008年出版《陕西民居木雕集》一书，荣获陕西省文学艺术界联合会，陕西省民间文艺家协会首届『陕西民间文艺山花奖 • 学术著作特别奖』。该书被国家图书馆、北京故宫博物院、北京大学、清华大学、中国人民大学、西安美院等数十所大学图书馆及陕西省档案馆收藏。

石雕集

目录 /Contents

门墩石雕刻
CARVING ON THE BEARING STONE

拴马桩雕刻
CARVINGS ON THE STONE POST

上马石雕刻
CARVINGS ON THE HORSE MOUNTING STONES

柱础石雕刻
PILLAR BASE STONE CARVING

石雕器物
STONE CARVING IMPLEMENT

阴宅石雕
GRAVE STONE CARVING

三秦石雕　汉韵唐风

汉 • 茂陵石雕马踏匈奴

陕西之名，出现于公元前 11 世纪。西周初年，因周武王胞弟周公和大臣召公的封邑以陕原（今河南省陕县境内）为界，周召二公分陕而治，由此，后人称陕原以西的地区为“陕西”。

陕西又称“三秦”。公元前 221 年秦始皇嬴政建立了中国历史上第一个统一的中央集权制的封建王朝——秦朝。秦朝以咸阳为都城，建立郡县制，统一货币，统一度量衡，统一律令等，史称“秦王扫六合”。陕西成为秦国腹地，故后人将陕西简称“秦”，又称“三秦”。

这“三秦”之称源自项羽。公元前 206 年项羽领导的军队在刘邦之后也来到咸阳，杀了已经归降的秦王子婴，并火烧咸阳城，焚毁阿房宫，自立为西楚霸王。以中国最高统治者自居，大封诸侯，将刘邦封汉王，都为南郑，辖陕南及巴蜀之地；为防刘邦势力扩张，封降将章邯为雍王，都废丘（今兴平市东南），辖咸阳以西及甘肃东部地区；封董翳为翟王，都高奴（城址富县），辖陕北。故后世泛称陕西为“三秦”。其实当年三秦之地并不完全包括今日之陕南，只是后来人们概念性理解的“三秦”，即将陕北，关中、陕南统称“三秦”。

三秦的石雕文物，现存最早的当属两千多年前的汉代霍去病墓，也就是茂陵博物馆中的石雕群。经国家文物局专家鉴定为国家级的

汉 • 茂陵石雕怪兽吃羊

汉 • 茂陵石雕跃马

12件文物，也就是被中外雕刻美学界称为“千古绝品”的“马踏匈奴”“卧马”“跃马”“石人”“人与熊”“怪兽吃羊”“野猪”“伏虎”“卧牛”“卧象”“蛙”“蟾”，这批石雕文物是风味超逸的艺苑珍品，耐人寻味。“马踏匈奴”是茂陵汉代石雕中的主体雕刻，其主题含蓄而意境博大，可视为一尊有代表性的纪念碑式的杰作。它以写实主义与浪漫主义相结合的手法，用一人一马对比的形式，构成一个高与低的悬殊的抗衡场面，深刻地揭示了正义力量坚不可摧的主题。

雕刻艺匠把马的形象刻画得坚实有力，姿态威武，气宇轩昂，喻示着汉王朝军事实力的强大，气势磅礴。马腹下的匈奴人仰卧在地，左手握弓，右手拿箭，双腿蜷曲呈狼狈挣扎状，须发散乱蓬松，惊慌失措，声嘶力竭，更显其无可奈何之表情。这生动细腻的刻画、构图，显然是用以歌颂霍去病这位英雄人物的赫赫战功，并昭示着来犯者必得的可悲下场，构思耐人寻味。

该石雕在表现手法上，依附于石之原形，稍微雕饰，了然于形。运用了圆雕、浮雕、线刻的综合方式，使作品显得朴实、浑厚，题材处理大胆而巧妙，有着丰富的表现力和高度的概括性。

茂陵的这些石雕，以混沌、执拙、古朴的表现手法，对我国古代的大型石雕艺术的发展，产生了极大的影响。艺匠们依石造型的巧妙构思，寥寥数刀即可使作品形神兼备，风格简练，并以横空出世的雄浑气势，彰显古人发扬艺术个性和创作自由的石雕艺术的体现，真乃璞玉浑金之美，朴实大方之风。

从这些石雕作品中，我们不难看出汉代石雕艺术家们不拘一格、求得自然的思想，把自己对生活的理解和日常所见所想，都情不自禁地融入其中。他们求得自然之趣，灵活运用各种雕琢手法，依天

汉 • 茂陵石雕野猪

汉 • 茂陵石雕卧牛

然石材的本貌因材施艺，许多部位都以石料原貌借用，效果更趋于整体而不拘于枝末。它开辟了“借石拟形”的创作途径，对石雕艺术的发展有着深远的影响。郭沫若说：“霍去病墓石刻是国粹。”鲁迅先生参观茂陵时对石刻做出“唯汉人石刻气魄深沉雄大”的高度评价。

唐乾陵的翼马雕刻细腻，手法柔和，它以优质巨型墨玉青石精琢而成，腹下镂空，筋骨坚实，体态结构清晰，姿态雄伟俊逸，表情生动刚烈。从外形看，马头雕刻细腻，昂首、突目、鼻口扩张，额部一犄角直刺当空，鬃毛成绺，披于颈右侧。双翼雕刻成优美的卷纹浮雕图案，紧贴马肩两侧向后上部飘逸。四蹄蹬地，坚实有力，强悍而自豪的性格非常突出。这种洗练而有力的刀法，使马的神态潇洒自如，英姿焕发。这种风格，是汉魏以来我国传统的石刻艺术与外来的雕刻技法（犍陀罗式雕刻风格）相结合而产生的一种新的雕刻类型。

陕西有着无比深厚的历史积淀，自汉朝起便不断有文物发现。特别是其核心关中地区，属于广义的中原文化圈，可以说是中国文明的破晓之地，对中原文化乃至华夏大地有着极大的影响力。

习近平总书记说：“陕西作为中华民族和华夏文化的重要发祥地之一，有蓝田猿人、半坡遗址、轩辕黄帝陵等远古历史，有秦、汉、唐等十多个政权上千年的建都史……对历史文化，要注重发掘和利用，溯到源、找到根、寻到魂，找到历史和现实的结合点，深入挖掘历史文化中的价值理念、道德规范、治国智慧。”

陕西民居中的石刻文化亦是中华民族传统文化的一个有机组成

汉 • 茂陵石雕蟾

汉 • 茂陵石雕人与熊

部分，它的雕凿者以各种民间艺术与手工形式所承载展现，从小到大不断累积，分化而重组共性，形成了民族文化与民间艺术。陕西民居建筑的木、砖、石雕刻艺术题材来源于本地区、本民族的历史信仰和生活。工匠们在对材料本质的发现中，在材质朴素美和原始趣味意识里，发挥最佳和高超的驾驭能力，奏成了一曲由人的心、脑、眼、手、精神统一而产生的对高度完美的最好诠释的千古颂歌。这种“艺术是纯天然生命的表现，是能够全然脱离了外界的压抑和强制，站在绝对自由的心境上，表现出个性来的唯一世界”。

了解中国民间传统文化的人都会有这样的感受，中国文化最有价值和活力的部分其实在民间。中华民族的精神血脉绵延流淌了几千年，起关键作用的就是渗透于民间文化中的优秀部分。充分挖掘和保护这些民族、民间的文化遗产，需要更大的气魄，需要更多的人投入保护，政府更应以强有力的手段，保护祖先留下的灿烂文化遗产。

每个民间文化工作者都不能忘记人民是民间文艺创作的母亲，民俗文化是取之不尽的文化源泉。我们只有不断地增强文化自觉，涵养民族文化元气，成为优秀民间文化的阐释者、宣传者和传播者，才能使中华民族传统文化“光复旧物，独立于世界民族之林”。

任何一个国家的文化，都有其既有的传统、固有的根本。抛弃传统，丢弃根本，就等于割断了自己的精神血脉，就会丧失文化的特质。中华民族有上下五千年的历史，有悠久的传统文化和丰富的历史文化，这些文化博大精深。我们应该守住我们的传统，把根留住。守住我们的本位文化，就守住了我们的根。

唐 • 昭陵六骏

唐 • 乾陵翼马

近年来，随着中国综合国力的增强和世界地位的提高，文化交流也开始出现“东风西去”的双向交流热潮。这就更需要中西文化的深层交流、研究、会通和创造。可是在近几年来，中华民族的传统文化被一些亲西方的所谓的“精英”所歪曲，他们搞历史虚无主义，一味崇洋媚外，鼓吹现代文化产品、休闲娱乐设施是多么丰富。他们不是为了展现和追求真善美的传统文化，而是热衷于一些外国的恶搞剧，引导假恶丑，使一些年轻人根本不愿去了解我们民族传统文化的经典与高深，一味追求洋味而数典忘祖。有鉴于此，我们有义务将传统民居中的木、砖、石雕的民俗文化收集起来，编辑成册，展示给广大读者。

缘于这些原本很接地气的身边古民居正在失落，随之而失的就是建构民舍中的木、砖、石雕，其丢失的正是我们传统文化的魂灵，我们必须将它们找回来。我们有义务把高深的传统民俗文化通俗化、大众化，使更多的人能读懂它。只有大家都对传统文化了解了，对传统文化产生了兴趣，特别是年轻一代人，才能共同关心、保护传统文化。我们要让更多的青年感受历史，体验文化，同时了解自己民族的历史，了解自己民族的文化，弘扬民族精神，让传统文化焕发新的活力，让更多的人了解中华民族传统文化的厚重和经典，从而对中国文化保持自信心。对中国文化的自信心就是对中华民族的自信心，文化的自强，就是民族的自强。在经济全球化和文化全球化的今天，文化自强应是我们必然的坚守和选择。

唐 • 乾陵石雕翁仲

唐 • 乾陵石雕狮子

牌坊 牌匾 题词

石牌坊，形状像牌楼的石雕建筑物。旧时用来纪念有忠孝节义的人物。

牌匾，横挂在门楣上或墙上，为有题字或雕刻图案的大块木板、石板。以木板居多。

题词，为表示纪念或勉励而写下的语句。

■ 名称：御史牌坊 ■ 年代：明末 ■ 地点：铜川市耀州区

御史坊为四柱三间五楼式石雕牌坊，为明代山东道监察御史、广西巡按兼管湖南的左永图奉旨所建。明末左永图受朝廷旌表奉旨建坊，构件雕刻完成，但因逢战乱未安装，清乾隆十三年（1748）由其曾孙左翻安装竣工。

这是一座旌表性牌楼，为主人左永图（今铜川市耀州区人）在朝廷立了功，奉旨建造的牌楼，上雕麒麟、狮子、仙鹤、鹿等瑞兽，并用“卐”字、绶带、卷草作底纹。

在旌表纪念性牌楼上雕刻这些动物为题材，表现主人的文才武功，显示主人亦智亦勇，以炫耀门第。

■ 名称：忠义牌坊
■ 年代：清
■ 地点：旬邑县唐家

古时建立牌坊，主要是用以褒奖忠孝节义的人物，如贞节牌坊、功德牌坊、忠义牌坊等。

这是旬邑县唐家村“诰授武德骑尉”的忠义石牌坊。建于清咸丰年间，为三门四柱、亭阁式斗拱建筑，并雕刻鸟兽、人物、狮子等。它是一座纪念性的牌楼，显示出主人的官阶，以炫耀门第。

■ 名称：石牌楼夹杆石
■ 年代：清
■ 地点：韩城市党家村

这两块石牌楼夹杆石是已和石牌楼分离的孤品。但从它的精美度来看仍不失为一对艺术品。

夹杆石上部雕胡人驭狮，中部又雕胡人训狮。两面各雕刻着孝道图案及蔓草花卉、青竹等纹饰，给人以繁彩华丽之感。

■ 名称：门柱楹联
■ 年代：明末
■ 地点：西安市湘子庙街

家积图书规北郭，
门容驷马壮西安。

这是明代末年的一对石门柱。由于原建筑物已被拆毁，西安丰苑画廊将其收购，现重新竖立在丰苑画廊的大门前。

■ 名称：鹤（左） 谢定柱打虎救母（中） 鹿（右） ■ 年代：清 ■ 地点：富平县庄里镇

此为过门石图案。

鹤，为羽族之长，被称为“一品鸟”。《淮南子》曰：“鹤寿千岁，以极其游。”在传统观念中，鹤为长寿之王。为表长寿之意，人们多以松鹤组合为图，以作“松鹤同春”“松鹤遐龄”“鹤寿松龄”，来祝颂人们长寿。

谢定柱，明朝广昌（今山西省大同市一带）人。在他十二岁那年，家中耕牛走失，他随母亲抱着年幼的弟弟追赶。母子追进深山，忽然跃出一只猛虎，向母亲扑去，母亲吓得摔倒在地，弟弟甩出好远，谢定柱毫不犹豫地举起牛鞭，向老虎打去。受伤的老虎向林中逃窜，谢定柱赶快抱起弟弟，扶起母亲，向返回

的路上走去。不久，老虎又从林中跃出，再次向母亲发起袭击。谢定柱抓起大棍，再次把老虎打退。谁知，老虎第三次袭来，并死死咬住母亲的脚不放。谢定柱越战越勇，举起石头照准虎头猛击，受伤的老虎这才逃入林中，母子三人均得保全。永乐十二年（1414）皇帝下诏表彰谢定柱打虎救母的英勇事迹。

鹿，被看作是地位、权力和吉祥的象征。民间视“天鹿”“白鹿”为灵兽，其出现是“嘉瑞”之象。《宋书·符瑞志下》曰：“天鹿者，纯灵之兽也。”“鹿”与“禄”谐音，禄即福，福是财宝，禄是地位的体现，位高则禄厚。

■ 名称：门额牌匾 ■ 年代：清 ■ 地点：西安市大车家巷

瑞涵翠凝

■ 名称：门额牌匾 ■ 年代：民国 ■ 地点：杨朝先生收藏品

■ 名称：门额牌匾 ■ 年代：清 ■ 地点：杨朝先生收藏品

旗门遗荫

■ 名称：门额牌匾 ■ 年代：清 ■ 地点：西安市湘子庙街

- 名称：三星高照
- 年代：清
- 地点：洛川县杏子现村

石刻神牌。福星、禄星、寿星三位一体，在明、清时已盛行于民间。在传统吉祥图案中，中间为赐福天官，手执朝笏或如意等；他的右边为禄星，作员外打扮，多是怀抱婴儿；左边为寿星，高额长须，执仙仗，捧寿桃。

三星分别象征幸福、禄位、长寿。

■ 名称：土地神龛牌匾 ■ 年代：清 ■ 地点：私人收藏品

这是一户巨富人家供奉土地爷的石刻牌匾（原件 1.5 米 ×0.8 米）。中间以高浮雕刻土地神位牌：“中宫土府神位，招财童子，进宝郎君。”两边刻画轴式楹联：“土能生白玉，地内出黄金。”虽然石牌匾的石质不甚好，但以如此大块石板雕刻土地神匾额的人家在当时还是不太常见的。

■ 名称：一品清廉 ■ 年代：清 ■ 地点：华县瓜坡镇

这是民居大门额上的石雕牌匾，为一茎莲花。

一茎莲花喻一品，“莲” 与“廉”谐音，五莲圣洁为“清”。“一品清廉”寓意虽官居极品，却清正廉明。《群芳谱》：“凡物先华而后实，独此华实齐生，百节疏通，万窍玲珑，亭亭物华，出于淤泥而不染，花中之君子也。”

■ 名称：鹤鹿同春 ■ 年代：清 ■ 地点：潼关县老城

鹿、鹤、梧桐树、水仙花，谓“鹤鹿同春”，寓天下太平，欣欣向荣。

“鹿”谐“六”音；“鹤”谐“合”音；梧桐的“桐”谐“同”音。另水仙花、梧桐树都在春天开花，为“六合同春”。春者四季之始，生机盎然。

《庄子·齐物论》：“六合之外，圣人存而不论。”《疏》：“六合，天地四方。”泛指天下。

■ 名称：团寿 ■ 年代：宋 ■ 地点：长武县东街

宋代人雕刻的门墩石团“寿”字图案，现保存在长武县博物馆中。

■ 名称：团寿 ■ 年代：元 ■ 地点：铜川市印台区

■ 名称：团寿 ■ 年代：明 ■ 地点：永寿县

■ 名称：香炉寿

■ 年代：清

■ 地点：合阳县

图中以鼎状古香炉型雕刻的“寿”字，加上四边的回型纹，寓“长寿无疆”之意。

■ 名称：潏水绕祥 ■ 年代：清 ■ 地点：西安市长安区

“潏水绕祥”是颂扬潏河之水流经长安地区，为长安人民带来的吉祥、丰收和润泽。

潏（音 yù）河古称泬水，今亦称决河。发源于秦岭北麓，源流为大峪河，是西安地区最负盛名的河流。出峪后，流经引镇、王莽、杜曲、韦曲、郭杜、兴隆、滦镇、太乙、子午、五台、黄良、王曲等街办、乡镇，于秦镇沣惠渠渠首汇入沣河，由河源大峪河至入沣口。河道全长 64.2 千米，流域面积 687 平方千米，平均比降 I=0.0063，多年平均径流量 2.105 亿立方米。

潏河原是渭河的一级支流，多年来横向变动不大。唐代以前，潏河是樊川沿今皂河流向，经申店、韦曲、下塔坡、西安郊区的杜城、丈八沟、鱼化寨，北绕汉长安城西入渭河；后潏河改道入交河汇入沣河，今属沣河的主要支流之一，系渭河的二级支流。

■ 名称：福 寿 ■ 年代：清 ■ 地点：米脂县姜氏庄园

这是清代陕北书法家书写的“福”字。左边上部像是婴儿在母亲的怀抱中吮奶，右边似层层锦衣堆叠成“富”字。该字一气呵成，别有情趣。

清代人雕的寿字，由一笔写成，人称“一笔寿”。“笔”与“百”谐音，百岁之寿可谓长寿也，很有韵味。

- 名称：福 寿
- 年代：清
- 地点：蒲城县林则徐纪念馆

陈抟（871—989），唐末、五代、宋初著名道士，有说为亳州真源人，又有说为普州崇龛人。

相传他在华山修炼期间，榜书“福”“寿”二字，成为“天下第一福”“天下第一寿”。

陈抟书写的榜书“福”“寿”二字，笔力雄健，造型独特，内涵丰富，寓意无穷。后人将它用石雕的方式雕刻在蒲城县王仲山宅院（现为林则徐纪念馆）的看墙上。

“福”字左边，起笔一点，笔饱蘸墨，泼墨而出，造就了一个凤凰展翅图，栩栩如生。右上角的笔画很像“多”字，下面为“田”字，而左偏旁极似“子”和“才”字，又像“寿”字，故整个福字又可分解为多子、多才、多田、多寿、多福之意。右边的造型恰似闲云野鹤奔走于田间农舍，含有祈求五谷丰登、福如东海之意。

这个“寿”字亦是出自陈愫老祖之手。砖雕在蒲城县王仲山宅院的看墙上，和“福”字相对，一左一右。

此“寿”字更是造型奇特，意境深邃。其造型似“林”似“佛”，像“福”像“寿”，合起来为“林富佛寿”。既像金龙绕玉柱，又像弥陀悟禅机。明朝武当创始人张三丰曾用一副对联赞扬二字：“寿状青龙蟠玉柱，福伏百鹤踏登田。”

■ 名称：福 ■ 年代：清 ■ 地点：三原县孟店村周家

这是周家男人上马石上刻的盘龙篆体“福”字。该字是以龙头起笔，笔迹挺劲、光滑，以龙头落尾，称龙头龙尾。

福，古称富贵寿考等为福。降福，保佑。《尚书·洪范》说“五福”为：“一曰寿，二曰富，三曰康宁，四曰攸好德，五曰考终命。”用现代话说就是：长寿，富裕，健康，积德，善终。

■ 名称：福 ■ 年代：清 ■ 地点：三原县孟店村周家

这是三原县鲁桥镇孟店村，刑部员外郎周梅村府邸中周家女人上马石上刻的“福”字，为清乾隆年间所刻，笔迹云纹花，为凤头起笔，凤头落笔，以改变人们常说的“凤头鸡尾”的造型。

■ 名称：寿 ■ 年代：清 ■ 地点：三原县孟店村周家

这是周家男人上马石上刻的“寿”字。

寿，长久。百福寿为先。《诗经·小雅·天保》：“如南山之寿，不骞不崩。”《庄子·人间世》：“是不材之木也。无所可用，故能若是之寿。”屈原《楚辞·天问》：“延年不死，寿何所止。”

■ 名称：寿 ■ 年代：清 ■ 地点：三原县孟店村周家

这是周家女人上马石上刻的盘龙篆体“寿”字。

■ 名称：喜 ■ 年代：清 ■ 地点：三原县孟店村周家

这是周家男人上马石上刻的“喜”字。

喜，欢悦。吉庆的事。《诗经·小雅·彤弓》：“我有嘉宾，中心喜之。”《周礼·秋官·大行人》：“贺庆以赞诸侯之喜。”

■ 名称：喜 ■ 年代：清 ■ 地点：三原县孟店村周家

这是周家女人上马石上刻的盘龙篆体“喜”字。

■ 名称：林则徐题词 ■ 年代：清 ■ 地点：蒲城县

林则徐（1785—1850），福建省侯官（今福州市人），字元抚，又字少穆、石麟，晚号俟村老人、俟村退叟、七十二峰退叟、瓶泉居士、栎社散人等，是清朝时期的政治家、思想家和诗人。官至一品，曾任湖广总督、陕甘总督和云贵总督，两次受命钦差大臣。因其主张严禁鸦片，在中国有“民族英雄”之誉。

■ 名称：楚图南题词 ■ 年代：现代 ■ 地点：西安关中民俗艺术博物院

楚图南（1899—1994），云南文山人，别名介青、高素、高寒。彝族。曾任暨南大学、云南大学、上海法学院教授。新中国成立后历任北京师大教授、西南文教委员会主任、对外文化协会会长、民盟中央主席等职。作家、翻译家、书法家。

■ 名称：孙中山题词 ■ 年代：民国 ■ 地点：西安关中民俗艺术博物院

■ 名称：康有为题词 ■ 年代：清末

孙中山（1866—1925），名文，字载之，号日新，又号逸仙，幼名帝象，化名中山樵，常以中山为名。生于广东香山翠亨村的农民家庭。革命家、政治家。

他于1905年组建成立中国同盟会，推翻晚清政府，结束封建帝制，建立共和体制，建立中国国民党，创建黄埔军校和中山大学；领导护国运动和护法运动，建立中华民国，出任中华民国临时大总统；提出“三民主义”和五权分立思想，创立中华革命军。

著有《民权初步》《孙文学说》《三民主义》《实业计划》等。

康有为（1858—1927），原名祖诒，字广厦，号长素，又号明夷，更甡、西樵山人。广东南海县丹灶苏村人，人称康南海，中国政治家、思想家、教育家，光绪二十一年（1895）进士，曾与弟子梁启超合作进行戊戌变法，后事败、出逃。辛亥革命后，于1913年回国。

著有《康子篇》《新学伪经考》等。

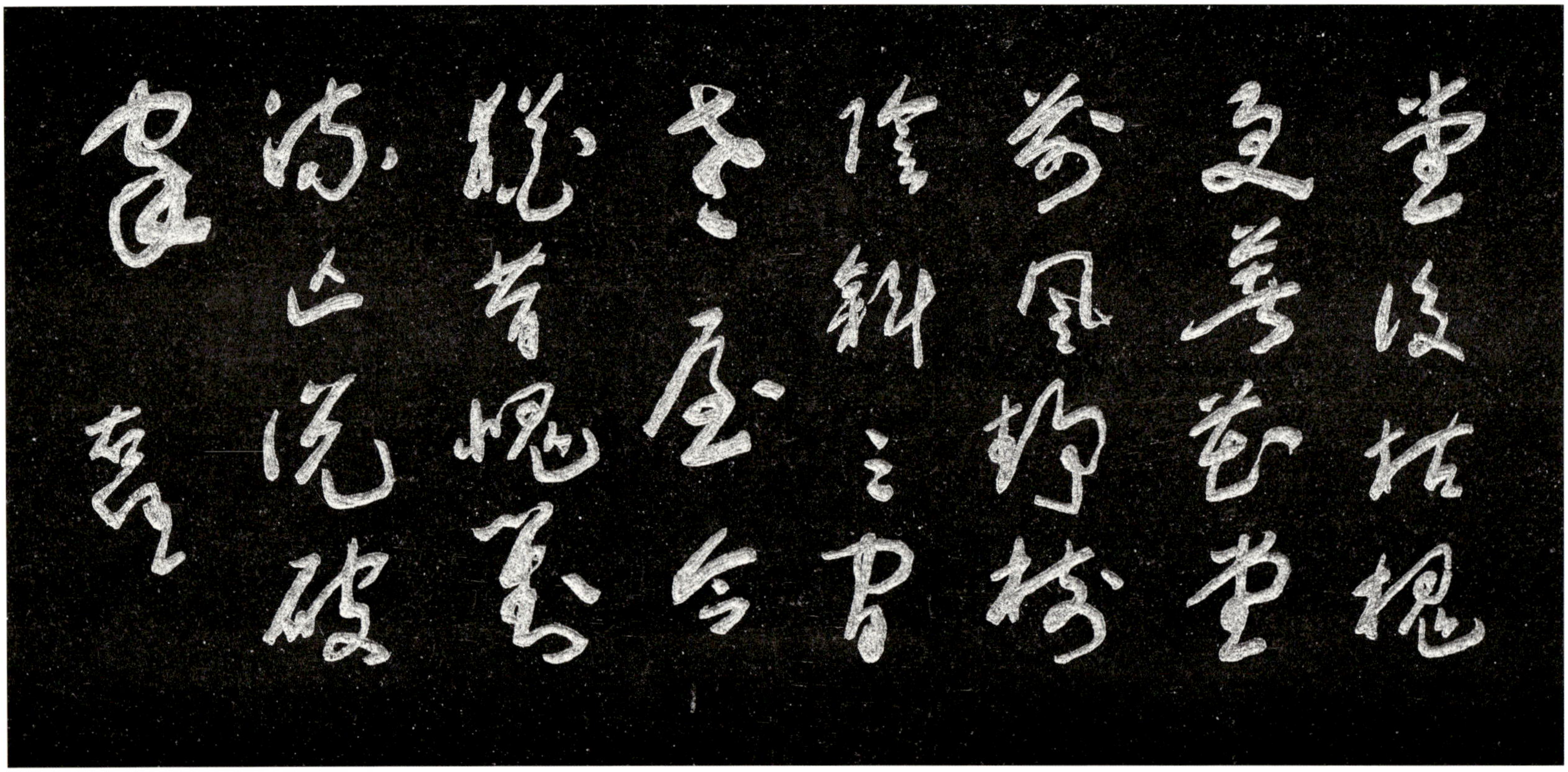

■ 名称：于右任《家诗》 ■ 年代：民国 ■ 地点：三原县于右任故居

堂后枯槐更著花，堂前风静树阴斜。三间老屋今犹昔，愧对流亡说破家。 ——右任

于右任（1879—1964），陕西三原人，名伯循，笔名大风、半哭半笑楼主、太平老人等。民主革命的先驱者，著名诗人、书法家。曾在反对清廷腐败时立下誓言：“换太平以颈血，爱自由如发妻。”

于右任不仅是我国现代民主革命先驱，而且是著名诗人和书法艺术家，被世人尊为“草圣”。他经过长期钻研，创立了“标准草书”，成为我国文化史上一大瑰宝。

于右任先后任中华民国政府审计院院长、监察院院长等职。1949 年 11 月被迫去了台湾。他思念家乡，暮年时写了爱国思乡的诗篇《望大陆》：“葬我于高山之上兮，望我故乡。故乡不可见兮，永不能忘！葬我于高山之上兮，望我大陆。大陆不可见兮，只有痛哭。天苍苍，野茫茫，山之上，国有殇。”爱国思乡之情溢于言表。

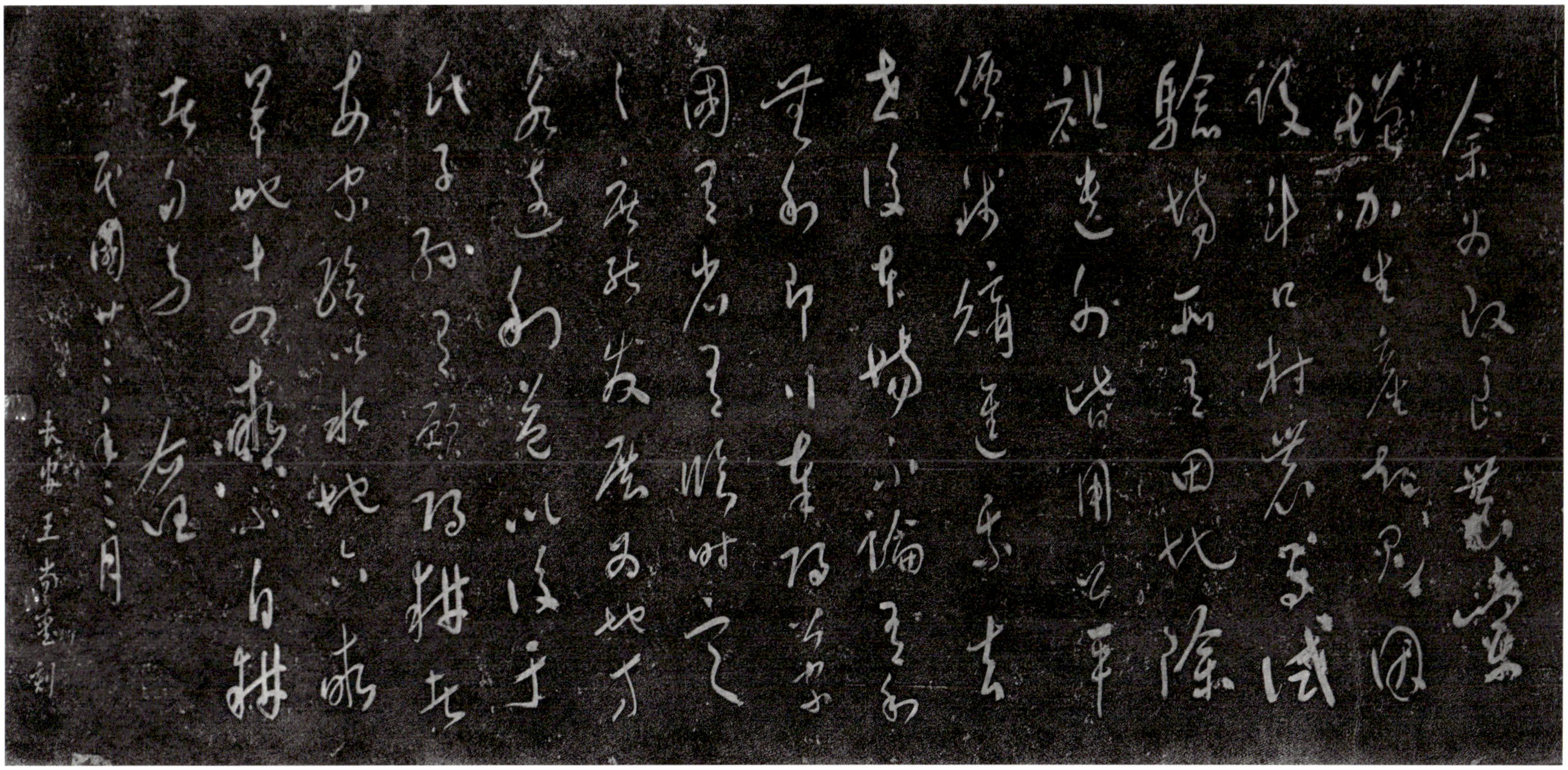

■ 名称：于右任亲笔遗嘱 ■ 年代：民国 ■ 地点：泾阳县斗口农场

民国十八年（1929）陕西遭遇旱灾，景象凄惨：田土龟裂，连年颗粒无收，饥饿的人们挖草根树皮充饥，饿殍遍野，有的地方甚至发生人吃人的惨状。当时的民国政府在南京会议上竟称三秦没有灾情。于右任悲愤交加，慷慨拿出自己的存款作为救济费救济百姓。

斗口农场是于右任祖上留下的田地，加上他以公平价格购买的千亩田地，举办农事试验场，用以实验农事改良，救民于水火。购买土地时，于右任进退两难：如果买，怕其他人学他的样子，抢购贫民的土地扩充自己，让贫民失去生活的最后依靠，给国家和社会埋下隐患；如果不买，农场将不能自养，农场的工人就难以糊口。思忖再三，他决定先立遗嘱，后买土地，规避土地集中的隐患。

于右任亲笔书写遗嘱："余为改良农业，增加生产起见，因设斗口村农事试验场。所有田地，除祖遗外，皆用公平价钱购进。我去世后，本场不管有利无利，即行奉归公家，国有省有，临时定之，庶能发展为地方永远利益。以后于氏子孙愿归耕者，每家给以水地六亩，旱地十四亩，不自耕者勿与。右任民国二十三年三月。"这份遗嘱他曾请长安王尚玺刻石，立于农场第二办公室前面。

■ 名称：凝瑞 ■ 年代：清 ■ 地点：铜川市黄堡镇

瑞：吉祥，祥瑞。凝：凝聚，聚集。

凝瑞：凝聚瑞气。聚集祥瑞，为凝结祥瑞之气的意思。

匾面上刻着五只蝙蝠和一个香炉“寿”字，示五福拱寿。再加上“凝瑞”二字，意为百福寿为先。福、禄、寿，祥瑞常春，如春长在此、吉祥顺利的寓意。

廊心墙石雕

两座有檐廊的房屋，两头山墙和两房檐中间的墙，称廊心墙，俗称檐槽墙，也称廊墙。因它的位置在檐廊的两端，光线又比较明亮，所以多加以装饰处理。

廊心墙的上端多用砖雕表现出近似梁枋上的纹饰，常用龙、狮和植物花卉表现出一定的人文内涵。

普通的廊心墙只是简单地用方砖斜砌，磨砖对缝，表面平整，具有一种简单的形式美。而讲究的富商大户、名门望族就在此处雕刻精美的石刻艺术品，更显高贵典雅。

■ 名称：牡丹 杜鹃
■ 年代：清
■ 地点：旬邑县唐家

牡丹是中国传统名花，牡丹花大而香，故有“百花之王”之美称。在中国传统观念中被视为繁荣昌盛、富贵、吉祥的象征。据传，有一次唐玄宗在内殿赏牡丹时，问及牡丹之诗何者为首，陈修已以李正封之诗“国色朝酣酒，天香夜染衣”上奏。唐代皮日休又有诗咏牡丹：“落尽残红始时芳，佳名唤作百花王。”在清代末年，牡丹曾被当作中国的国花。

杜鹃花，又名映山红，中国十大名花之一。相传古有杜鹃鸟，日夜哀鸣而咯血，染红遍山的花朵，因而得名。白居易赞杜鹃花诗曰：“闲折二枝持在手，细看不似人间有。花中此物是西施，芙蓉芍药皆嫫母。”所以，杜鹃花又有“花中西施”之称。

■ 名称：竹 梅

■ 年代：清

■ 地点：旬邑县唐家

竹是中国重要的物产，被誉为“花中四君子”之一。唐代张九龄咏竹诗称：“高节人相重，虚心世所知。”竹以淡泊、清高、正直、虚心为中国文人的人格追求。元代杨载《题墨竹》：“风味既淡泊，颜色不斌媚。孤生崖谷间，有此凌云气。”在中国传统文化中，竹子象征生命力、长寿、幸福和精神。

竹笋的“笋”谐“孙”音，故有“青竹送孙”之说。

“爆竹”是指竹子在火中爆裂时发出的“呼叭”之声，人们认为此声可驱鬼邪之气，故又有“竹报平安”。

梅，“花中四君子”之一。梅以它高洁、坚强、谦逊的品格，给人以立志奋发的激励。在严寒中，梅开百花之先，独天下而开。

梅和松、竹被称为“岁寒三友”。梅花被称作“冰肌玉骨”。王安石有诗：“墙角数枝梅，凌寒独自开。遥知不是雪，为有暗香来。”梅花又称报春花，它开花了，预示着春天就要到了。毛泽东《咏梅》诗曰：“俏也不争春，只把春来报，待到山花烂漫时，她在丛中笑。”

■ 名称：玉兰 海棠
■ 年代：清
■ 地点：旬邑县唐家

玉兰花，别称白玉兰、望春树、望春花。其花形如荷，香味似兰。《花镜》云：玉兰“树高而坚；……绝天柔条。隆冬结蕾，一干一花，皆着木末，必俟花落后，叶从蒂中抽出”。玉兰在吐叶前便开花，晶莹清丽，犹如玉树于雪山排空而出，气势壮观。其气势、风格很为古人称道，被概括为“玉树临风”，杜甫有“皎如玉树临风前”之佳句。

海棠花，中国的特有植物。为落叶小乔木，花5朵—7朵簇生，伞形总状花序，未开时为红色，开后渐变为粉红色，多为重瓣，果球形，黄绿色。海棠花素有“国艳”之誉。陆游有诗赞海棠：“虽艳无俗姿，太皇真富贵。”“玉”“棠”谐音“玉堂”，“玉堂”是封建时代翰林院的雅称。

■ 名称：菊 兰
■ 年代：清
■ 地点：旬邑县唐家

菊花在中国十大名花中排名第三位，为“花中四君子”（梅、兰、竹、菊）之一，亦为世界四大名花（菊花、月季、康乃馨、唐菖蒲）之一，产量居首。因菊花具有清寒傲雪的品格，才有陶渊明的“采菊东篱下，悠然见南山”的名句。中国人有重阳节赏菊和饮菊花酒的习俗。唐孟浩然《过故人庄》：“待到重阳日，还来就菊花。”在古神话传说中菊花还被赋予吉祥、长寿的寓意。

兰花是珍贵的观赏植物，被列入到中国十大名花之首。中国兰花主要为春兰、蕙兰、建兰、寒兰、墨兰五大类。孔子曾说：“芷兰生幽谷，不以无人而不芳；君子修道立德，不为穷困而改节。”这句话流传至今，足以证明中国兰和伞形科白芷在历史文化中所占的地位。

■ 名称：老子骑青牛
■ 年代：清
■ 地点：凤翔县周家

汉刘向《列仙传》云：“老子西游，关令尹喜望见有紫气浮关，而老子果乘青牛而过也。”

老子骑青牛，是神仙家给的附会。牛是一种性情温和、柔顺服从的动物，且有忍辱负重、坚韧不拔的特点。《易传》曰：“天行健，君子以自强不息。”“地势坤，君子以厚德载物。”这是乾、坤两卦所体现的精神，也是我们中华民族的精神。牛所代表的坤卦所发生的“地势坤，君子以厚德载物”的精神，则合乎道家创始人老子的思想主旨。所以后世附会者编造了老子骑青牛的神话，应当说是有其深意的。

■ 名称：凤凰传诏

■ 年代：清

■ 地点：凤翔县周家

图上方凤凰从空中飞来，天上祥云飘逸，一童子双手高举一莲花形大盘，迎接凤凰传来的诏书。

图下方有两位老者，其中一位头戴官帽站立在亭台上，双双抱手拱拳，仰视凤凰的飞临，以示迎接诏书。

诏书，特指皇帝颁发的命令文告。《史记·秦始皇本纪》：“命为制，令为诏。”李贤注引《汉制度》曰：“帝之下书有四五福……三曰诏书。”“诏书者，诏告也。”

诏书又称“凤诏”。古人多以凤凰来寓示皇上的圣旨，因凤凰为百鸟之王，它传递的当为皇帝诏书。如在清代，皇上的诏书在天安门上，以木凤凰口衔诏书垂下来，颁往有关地点，称为凤诏。

耀县药王山有一牌楼匾额曰“义辞凤诏”，是赞扬孙思邈谢绝唐太宗邀他入朝为官的颂语。

■ 名称：五福捧寿（左）
■ 年代：清
■ 地点：凤翔县周家

■ 名称：五福献寿（右）
■ 年代：清代
■ 地点：旬邑县唐家

《尚书·洪范》："一曰寿，二曰富，三曰康宁，四曰攸好德，五曰考终命。"用现代的话讲即长寿、富有、快乐平安、乐于行善、老得善终。

左图为手捧寿桃如意的老寿星，旁边有两童子手持荷花，一位手捧宝盒，是和合二仙，象征和气相合；身后飞有口衔灵芝的仙鹤，右边有手持仙杖药葫芦的梳髻童子和梅花鹿，象征长寿，吉利和利禄。这样，"和、合、寿、禄、吉"围着老寿星，意为"五福捧寿"，这正是中国人对"福"的祈求和意欲。

右图以圆形的篆书写寿字，周围排列五只蝙蝠，称作"五福献寿"。

■ 名称：八仙图 ■ 年代：明 ■ 地点：西安市长安区

八仙即吕洞宾、汉钟离、铁拐李、张果老、蓝采和、韩湘子、何仙姑、曹国舅。在两块半米见方的青石板上浮雕八仙图案，镶嵌在墙体上，既别致又典雅，这种创意雕刻，颇为少见。

■ 名称：松鹤延年 ■ 年代：民国 ■ 地点：凤翔县周家

松树、仙鹤组图为“松鹤延年”。松树为常青之树。《汉武内传》曰：“药松柏之膏服之可延年。”鹤为羽族之长，被称为“一品鸟”。《淮南子》曰：“鹤寿千岁，以极其游。”

■ 名称：福禄同春 ■ 年代：清 ■ 地点：凤翔县周家

蝙蝠、鹿、梧桐树组图。

“蝠”同“福”，“鹿”同“禄”“路”“陆（六）”，梧桐的“桐”与“同”“童”都是同音。

梧桐树是桐树的一种，古时民间视为“灵树”，有异特性。宋代邵博《邵氏闻见录》曰：“梧桐百鸟不敢栖止，避凤凰也。”童，儿童。返老还童，是长寿的颂祝语。一对鹿，也可称“路路顺利”“六和同春”等。

“福（蝠）禄（鹿）同春”寓事业顺利、健康长寿、永享天年之意。

■ 名称：清廉一品
■ 年代：清
■ 地点：凤翔县周家

莲花，周敦颐在《爱莲说》中称："莲，花之君子者也。""青莲"和"清廉"同音同声。

"一品"，官之高位。清廉一品，是说只有为官清廉，才能做到一品高官。

■ 名称：安乐延年

■ 年代：清

■ 地点：凤翔县周家

鹌鹑，古人认为“鹌”与“鹑”是相似但不相同的两种鸟。《本草纲目》载：“鹌与鹑两物也，状相似，但无斑者为鹌也。”又说：“鹑大如鸡，雏头细而无尾，有斑点，雄者足高，雌者足卑。”《现代汉语词典》作“鹌”释义时为“鸟，头小，尾巴短，羽毛赤褐色，不善飞，也叫‘鹑’”。因此人们将它们合称“鹌鹑”。

菊花素以临霜不惧，更显高雅圣洁，为君子及长寿的象征。“鹌”与“安”同音，“菊”与“居”同音。《后汉书·仲长统传》有云：“安居乐业，长养子孙，天下晏然，皆归心于我矣。”安乐延年，是人们之企盼与所归。至今仍然有现实意义。

■ 名称：加官受禄
■ 年代：清
■ 地点：西安关中民俗艺术博物院

这是石雕影壁的正面图案。

图中的水浪、海棠花、寿石、猪、鹿、梅花、竹子、蝙蝠等七个物种，各代表一个寓意：

加官受禄：图中部左边和猪相对雕了一只雄鹿，鹿头高扬，寓示官位高升。“鹿”与“禄”音韵相同，借指官吏的俸禄。鹿、猪相对，旧时民间对青年士人外出有赠送猪蹄之风习，在年节赠送者较多，称之为“肥猪拱门”，借祝福运。

雁塔题名（金榜题名）：图中部右边和左边的鹿相对，刻了一头猪，古人借以猪之“蹄”与“题”谐音。头名状元，进士及第者称之为“雁塔题名”。此典故源于唐代。据唐代韦绚《刘宾客嘉话录》称，唐代科考在长安举行殿试，新进士张莒考取后，曾到慈恩寺大雁塔石上题名，此后逐为故事。宋代钱易又在《南部新书》中说，此事始于韦肇。后来以“雁塔题名”喻为高中，夺取全国第一。

海水江崖：图下方有波涛翻滚的水浪，水浪上有石山和海棠花叠在一起，谓“海水江牙”。海棠的“海”和滚滚水浪，其吉祥寓意为一统山河，天下归一。

寿山福海：水浪上的海棠花和玉寿石，石块借代为寿石、寿山，以山喻寿之高。海棠花在宽阔的水浪上，喻示福海无边。“寿山福海”是明代初期刘基诗歌中“寿比南山，福如东海”压缩而成。

梅花送子：梅花是五个花瓣，象征着五个吉祥之神。“梅”通“媒”音，据称梅花又多籽，与婚姻、结婚生子有关。“梅花”在旧时多用于丫鬟和侍女的名字，隐含着性愉快的意义，婚则生子。

青竹送孙：竹子生长旺盛，嫩竹笋是黄色的，谓“竹笋”。但顶是尖尖的，它因此被比作古代裹脚女人的尖脚，有时也比作女人们细长娇嫩的手指。“笋”与“孙”谐音，也与竹荪的“荪”谐音，故有青竹送孙之意。

五福流云：几只蝙蝠在空中飞舞，似祥云飘逸。五只蝙蝠代表着传统中的五福。《尚书·洪范》称：“一曰寿，二曰富，三曰康宁，四曰攸好德，五曰考终命。”用现代话说就是：“一是长命，二是富贵，三是健康，四是乐善好德，五是平和善终。”俗语称“五福”即指此。

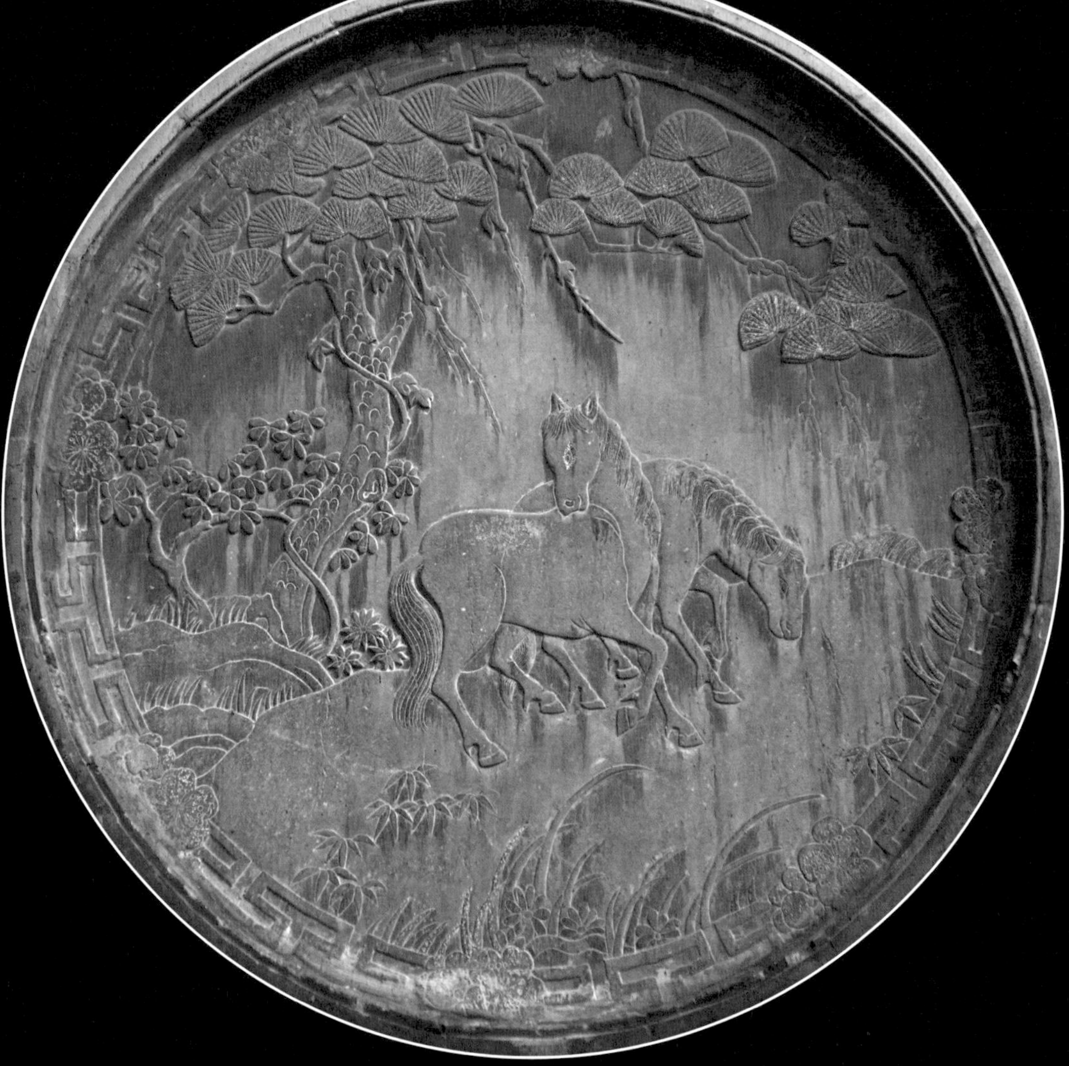

■ 名称：骏马图 ■ 年代：明末 ■ 地点：富平县庄里镇

马，体魄强健，性情温顺，是人类的亲密朋友，因此被视为吉祥之兽。《易·说卦传》曰“乾为马”，《春秋说题辞》又云“地精为马”。这些都说明，马为天地之精灵，为吉祥之物，能与人类和谐相处。

马，是古代战争的重要装备，甚至对战争胜负起关键性作用。《史记·平准书》载：“天子为伐胡，盛养马，马之来食长安者数万匹，卒牵掌者关中不足，乃调旁近郡。”唐杜甫诗《房兵曹胡马》：“胡马大宛名，锋棱瘦骨成。竹批双耳峻，风入四蹄轻。所向无空阔，真堪托死生。骁腾有如此，万里可横行。”

在吉祥装饰中，以马作寓意的题材广泛，有“马到成功”“马上封侯”“八骏马”等。

■ 名称：独坐幽篁图 ■ 年代：清 ■ 地点：富平县庄里镇

此图是依唐王维《竹里馆》诗“独坐幽篁里，弹琴复长啸。深林人不知，明月来相照”的意境而雕刻的。

王维晚年隐居蓝田辋川，由于他思想超脱，又因仕途坎坷，不惑之年就常常以半官半隐的生活方式，独自坐在幽深的竹林之中弹琴吟唱，心灵清静，意兴清幽，正如他自己所说：“晚年惟好静，万事不关心。”图中郁郁葱葱的青松翠竹之中有一间小屋，一人独坐其中，体现出清幽宁静、高雅绝俗的境界。

■ 名称：李广骑射图 ■ 年代：清 ■ 地点：澄城县

此图是依《李将军列传》中描写的故事而雕刻的图案。据司马迁《史记·李将军列传》云：“广出猎，见草中石，以为虎而射之。中石没镞，视之，石也。因复更射之，终不能复入石矣。广所居郡闻有虎，尝自射杀之，及居右北平射虎，虎腾伤广，广亦竟射杀之。”

以今人之语说，就是李广将军夜晚外出巡逻，见树林处有风吹草动，以为是老虎，便拉弓猛射，天亮了一看，箭竟射进一块石头中去了。这体现了李广将军的力大无穷和武艺高强。

■ 名称：木兰买马图 ■ 年代：清 ■ 地点：澄城县

此图是依《木兰辞》中描写花木兰从军前在集市购买出征马具“东市买骏马，西市买鞍鞯。南市买辔头，北市买长鞭”而雕刻的图案。

《木兰辞》写于南北朝时期，当时实行的还是形成于北魏时的府兵制，该制度的主要特点是兵农合一。府兵平时为耕种土地的农民，农闲时操练兵训，战时从军打仗。当时规定，府兵参战的兵器和马匹都是自备的，故而有了木兰买马之说。

■ 名称：百龄食禄 青竹白鹅

■ 年代：清

■ 地点：西安关中民俗艺术博物院

百龄食禄：两匹鹿在一起，因“鹿”与“路”同音同声，为“路路顺利”；松柏常青，鹿为长寿仙兽，鹿和松柏放在一起，寓百岁之寿，都是长寿之意，“鹿”又与“禄”同音同声，如《礼记》所说：“位定然后禄之。”故长寿、位高，食禄则幸福久长。

青竹白鹅：竹称君子，竹有君子之道四焉。竹因虚受益，绿竹生笋，“笋”同“孙”音，祝多子多孙之意。竹报平安，“爆竹声中一岁除”，“爆”与“报”谐音。《酉阳杂俎》云：“卫公言：北都惟童子寺有竹一窠……相传其寺纲维每日报竹平安。”

鹅为吉祥之禽，从商周青铜器、秦砖汉瓦就有其图案矣。晋代王羲之爱鹅的故事至今被传为佳话。《晋书·王羲之传》：“山阴有一道士，养好鹅，羲之往观焉，意甚悦，故求市（买）之。道士云：‘为写《道德经》，当举群相赠耳。’羲之欣然写毕，笼鹅而归，甚以为乐。”

孝道

孝道文化，就是关爱父母长辈，尊老敬老的一种文化传统。孝道是中国古代社会的基本道德规范，是社会要求子女对父母应尽的义务，包括尊敬、关爱、赡养老人，为父母长辈养老送终。

古人将『二十四孝』的典型人物故事图案雕刻在墙面上，使人耳濡目染，时时刻刻潜移默化，传承效仿，充分体现着中华民族倡孝道、遵礼仪的优良美德。

孝道

中国最早的一部解释词义的著作《尔雅》为孝下的定义是："善事父母为孝"。汉代贾谊的《新书》界定孝为"子爱利亲谓之孝"。东汉许慎在《说文解字》中解释："善事父母者，从老省，从子，子承老也。"许慎认为，"孝"字是由"老"字省去右下角的形体，和"子"字组合而成的一个会意字。从这里我们可以看出，"孝"的古文字形与"善事父母"之义是吻合的，因而孝就是子女对父母的一种善行和美德，是家庭中晚辈在处理与长辈的关系时应该具有的道德品质和必须遵守的行为规范。

孝的起源

"孝"作为一个伦理观念正式提出是在西周。在西周，孝的含义有：

一、尊祖敬宗。施孝（尽孝）的方式主要是祭祀，在宗庙通过奉献供品祭祀祖先，尽孝的对象是死去的人，这带有一定的宗教形式。

二、传宗接代。在周朝的人们看来，祖先是我辈的生命之所生。因此，崇拜祖先就是把祖先的生命延续下去，生生不息。《易经》："先祖者，类之本也，无先祖，恶出？"总之，西周时期的孝是一种封建宗教伦理。

孝的内涵

对孝道最权威的说法来自孟子。"不孝有三，无后为大"是孟子在评价舜结婚的事情时说的，原话是："不孝有三，无后为大。舜不告而娶，为无后也，君子以为犹告也。"从原文里能看出，这里的"无后"，指的是没有后代之意（此处为误译，正确应为：不孝有多种，以不守后代之责为大。舜没有告知父母就结婚了，这就是无后，但他的目的是传后，所以君子以为，和告诉父母差不多。"不守后代之责"即没有将结婚的事告诉父母，并不是"没有后代"）。本来娶妻是应当告知父母的，但是舜帝娶妻却没有告知。舜帝是古代的圣人，他这样做对不对呢？孟子认为，这是可以理解的行为，因为他娶妻的目的是传后，而传后是最大的孝。所以尽管没有告知父母，但是在贤明的君子眼中，就是犹如告诉了一般。

孔子论孝

春秋战国是我国奴隶制走向灭亡、封建制逐步确立的时期。随着宗法奴隶制的日趋瓦解，"礼崩乐坏"。当时孔子认为要稳定社会秩序，必先稳定家庭，如果不树立父母家长的权威，就无法实现家庭的稳定，进而也就无法实现社会的稳定。

孟子论孝

一般认为，孔门以曾子最能传孝道，而子思是曾子的学生，孟子又是就学于子思的门人，所以孟子对孝的重视程度也自然超过了其他儒者。

曾子论孝

在孔子以后的儒学发展中，曾子可以说是儒家孝理论的集大成者。孔门中曾子不仅以其孝著称，而且在孝道理论方面无论从广度还是深度方面都继承和发展了孔子的孝道思想。曾子思想以孝为核心，开创了儒家的孝治派。

荀子论孝

荀子并不以孝道而著名，由于他坚持性恶论的人性说，其思想以"隆礼"为核心，因此，他把孝道仅仅看作表现家庭伦理的一般道德。

■ 名称：二十四孝组雕 ■ 年代：近代 ■ 地点：三原县盐店街

芦衣順母
周。閔損。字子騫。早喪母。父娶後母。
生二子。衣以棉絮。閔損。衣以蘆花。一
日。父令損御車。體寒失鞭。父察知其故
欲出後母。損曰：母在一子單。母去三子
寒。後母聞之。卒悔改。系詩頌之。詩曰
閔氏有賢郎。何曾怨後娘。車前留母在。
三子免風霜。

埋兒奉母
漢，郭巨家貧。有子三歲。母嘗減食與
之。巨謂妻曰：貧乏不能供母，子又分父
母之食，盍埋此子。及掘坑三尺，得黃金
一釜，上云官不得取，民不得奪。有詩為
頌。詩曰：郭巨思供親。埋兒為母存。黃金
天所賜，光彩照寒門。

湧泉躍鯉
漢。姜詩。事母至孝。妻龐氏。奉姑尤
謹。母性好飲江水。妻出汲而奉母。又嗜
魚膾。夫婦常作之。召鄰。母。供食之
後舍側忽有湧泉。味如江水。日躍雙鯉
詩時取以供母。有詩為頌。

扇枕溫衾
漢。黃香。年九歲。失母。思慕惟切，鄉
人稱其孝。香躬執勤苦，一意事父。夏天
暑熱。為扇涼其枕蓆。冬天寒冷，以身暖
其被褥。太守劉護表而異之，有詩為頌。
詩曰：冬月溫衾暖。炎天扇枕涼。兒童知子
職。千古一黃香。

嚙指心痛
周。曾參，字子輿。事母至孝。參曾採薪
山中，家有客至。母無措參不還。乃嚙其
指。參忽心痛。負薪以歸。跪問其母　母
曰：有客忽至，吾嚙指以悟汝耳。後人系
詩頌之。詩曰：母指方纏嚙，兒心痛不禁
負薪歸未晚，骨肉至情深。

棄官尋母
宋．朱壽昌七歲，生母劉氏．為嫡母所妒，
復出嫁。母子不相見者五十年，神宗朝棄官
入秦。與家人訣。謂不尋見母，誓不復還。
後行次同州得之。時母年已七十有餘，有詩
為頌。詩曰：七歲離生母，參商五十年。一
朝相見後，喜氣動皇天。

扼虎救父
晉。楊香年十四。常隨父豐往田間穫粟。
父為虎曳去。時楊香手無寸鐵，惟知有父
而不知有身。踴躍向前，搤持虎頸，虎亦
靡然而逝。父方得免於害，有詩為頌。詩
曰：深山逢白額，努力搏腥風。父子俱無
恙，脫身饞口中。

戲彩娛親
周。老萊子至性孝。奉養二親，備極甘
脆。行年七十，言不稱老。常著五彩斑斕
之衣，為嬰兒戲於親側。又常取水上堂，
詐跌臥地，作嬰兒啼以娛親，有詩為頌。
詩曰：戲舞學驕癡，春風動彩衣。雙親開口
笑，喜氣滿庭幃。

恣蚊飽血
晉。吳猛。年八歲。事親至孝。家貧。榻
無帷帳。每夏夜。蚊多攢膚。恣取膏。雖
多不驅之。恐其去以而噬親也。愛親之心
至矣。有詩為頌。詩曰：夏夜無帷帳。蚊多
不敢揮。恣取膏血飽。免使入親幃。

乳姑不怠
唐。崔南山曾祖母長孫夫人。年高無齒。
祖母唐夫人。每日櫛洗升堂。乳其姑。奶
不粒食。數年而康。一日病。長幼咸集。
乃宣言曰：無以報新婦恩。願子孫婦。如
婦之孝敬足矣。有詩為頌。詩曰：孝敬崔
家婦。乳姑晨盥梳。此恩無以報。願得子
孫如。

哭竹生笋
三國。孟宗，字恭武。少孤，母老病篤。多月思笋煮羹食，宗無計可得。乃往竹林中。抱竹而泣。孝感天地，須臾地裂。出笋數莖，歸持。作羹奉母，食畢疾愈。有詩為頌。詩曰：淚滴朔風寒。蕭蕭竹數竿。須臾冬笋出。天意報平安。

鹿乳奉親
周。郯子，性至孝。父母年老，俱患雙目。思食鹿乳，郯子乃衣鹿皮。往深山群鹿之中，取鹿乳供親。獵者見而欲射之，郯子俱以情告。乃免，有詩為頌。詩曰：親老思鹿乳，身穿褐毛衣。若不高聲語，山中帶箭歸。

懷橘遺親
後漢陸績，字公紀，年六歲。至九江見袁
術，術出橘待之。績懷橘二枚，及跪拜辭
墮地。術曰：陸郎作賓客而懷橘乎，績跪
答曰：吾母性之所愛，欲歸以遺母。術大
奇之，有詩為頌。詩曰：孝悌皆天性，人間
六歲兒。袖中懷橘實，遺母報深慈。

賣身葬父
漢董永家貧，父死，賣身貸錢而葬。及
去償工，途遇一婦，求為永妻，俱至主
家。主令織布三百疋，始得歸。婦織一
月而成，歸至槐陰會所，遂辭永而去。
有詩為頌。詩曰：葬父貸孔兄，
上逢。織布償債主，孝感動蒼穹。

百裏負米
周仲由，字子路，家貧，嘗食黍薯之食，
為親負米百里之外。親殁，南遊於楚。從
車百乘，積粟萬鍾，累褥而坐，列鼎而
食。乃嘆曰。雖欲食黍薯之食，為親負百
里之外，不可得也。有詩為頌。詩曰：負米
供甘旨，寧辭百里遙。身榮親已沒，猶念
舊劬勞。

行傭供母
後漢江革，少失父，獨與母居。遭亂，負
母逃難。數遇賊，或欲劫之去。革輒泣告
有母在。賊不忍殺。轉客下邳。貧窮裸
跣。行傭以供母。母使身之物，莫不畢
給。有詩為頌。詩曰：負母逃危難，窮途賊
犯頻。告知方獲免，傭力以供親。

拾葚异器
漢。蔡順少孤，事母至孝。遭王莽亂，歲荒
不給拾桑。以異器盛之。赤眉賊見而問之。
順曰：黑者奉母，赤者食。賊憫其孝。以白
米三斗。牛蹄一隻與之，有詩為頌。詩曰
黑桑奉萱幃，饑啼淚滿衣。赤眉知孝意，牛
米贈君歸。

嘗糞憂心
南齊。庾黔婁為孱陵令，到縣未旬日，忽
心驚流汗，及棄官歸。時父疾始二日，醫
曰：欲知瘉劇，但嘗糞，苦則佳。黔婁嘗
之，甜，心甚憂之。至夕，稽顙北辰，求以
身代父死。有詩為頌。詩曰：到縣未旬日，
椿庭遘疾深。願將身代死，北望起憂心。

臥冰求鯉
晉，王祥母喪。繼母朱氏，不慈，父前數
譖之，由是失愛於父母欲食鮮魚。時天寒
地凍，祥解衣，臥冰求之，冰忽自解，雙
鯉躍出，持歸供母。有詩為頌。詩曰：繼
母人間有，王祥天下無，至今河上水，留
得臥冰模。

親嘗湯藥
西漢文帝，名恆，高祖第三子。初封代
王。生母薄太后，帝奉養無怠。母嘗病
三年，帝目不交睫，衣不解帶。湯藥非
親嘗弗進。仁孝聞於天下。系詩頌之，
詩曰：仁孝聞天下，巍巍冠百王。母后
三載病，湯藥必先嘗。

滌親溺器

宋。黃庭堅。號山谷。元祐中為太史，性至孝。身體貴顯，奉母盡誠。每夕親自為洗滌溺器，未曾有一刻不供人子之職。有詩為頌。詩曰：貴顯聞天下，平生事孝親。不辭常滌溺，焉用婢生嗔。

刻木事親

漢。丁蘭幼喪父母，未得奉養。而思念劬勞之恩，刻木為像。事之如生，其妻久而不敬。以針戲刺其指，則出血。木像見蘭，又眼中垂淚。蘭問得其情，將妻出棄之。有詩為頌。詩曰：刻木為父母，形容如在時。寄言諸子姪，各要孝親幃。

墙带石雕刻

墙带石，是三原县鲁桥镇孟店村，清代乾隆年间，刑部员外郎周梅村府邸东西厢房、卧室、面墙中间，与窗户下沿平行的一条高十五厘米的青石装饰带。青石纹理细腻、光滑，与墙砖有明显反差。在青石带上，雕刻着各种有传统文化寓意的图案，既美观，又有文化内涵。这在陕西古民居中，是十分独特的一种建筑形式。

■ 名称：喜报三元 ■ 年代：清 ■ 地点：三原县孟店村周家

喜鹊落在桂元树枝上鸣叫，三枚桂圆挂在枝头。喜鹊为报喜之鸟。《易卦》称："鹊为阳鸟，先物而动，先事而应。"

三枚桂圆，"桂"与"贵"同音，含其"贵"，"三圆"与"三元"同音，合在一起谓"喜报三元"。

喜，"洞房花烛夜，金榜题名时"，是人生之大喜。

三元，是科举时的乡试、会试、殿试的头一名，合称为"三元"。

■ 名称：官极一品

花牡丹，山茶花的栽培品种。叶深绿，椭圆形，叶面上有黄斑、花鲜红底色，上洒白板块。花期为11月至翌年1月。

唐代司空图《红茶花》："景物诗人见即夸，岂怜高韵说红茶。牡丹枉用三春力，开得方知不是花。"

花牡丹上一对蝈蝈儿在戏耍。牡丹花被称为"百花之王"，唐代皮日休诗句"落尽残红始吐芳，佳名唤作百花王"，借此典故，寓一品官，即最高官位。"蝈儿"和"官儿"发音相似。所以，花牡丹和蝈蝈组图寓为"官极一品"。

■ 名称：喜上眉梢

喜鹊是报喜鸟，梅花为报春花。一年之计在于春，春天之喜是一年之瑞兆，年节春联有“红梅吐蕊迎新春，喜鹊登枝唱丰年”；男婚女嫁，是人在青春年华之大喜，喜联有“金鸡踏桂题婚礼，喜鹊登门报佳音”。

喜鹊之“喜”借为“喜事”之“喜”，“梅梢”谐“眉梢”。“喜上眉梢”是指人逢喜事时的欢喜、高兴之表情，亦称“眉开眼笑”。

■ 名称：新韶吉祥

山茶花、宝鼎、狮子组图。山茶花为正月开花，寓意新年、新韶；宝鼎、狮子象征吉祥。韶，意为美好，韶光、韶华为美好时光，新韶喻新春或新年。“新韶吉祥”表示新年伊始，吉祥如意。

■ 名称：花相芍药

芍药花，中国传统名花，耐寒、喜冷，与花中之王牡丹齐名。古人评花：“芍药花第一，牡丹第二。”谓牡丹为“花王”，芍药为“花相”。因开花迟，故又称为“殿春”。人们将芍药赋予友谊、爱情的象征意义。元代刘敏中《清平乐·张秀实芍药词》云：“牡丹花落，梦里东风恶，见说君家红芍药，尽把春愁忘却。隔墙百步香来，数丛为我全开。拚向彩云堆里，醉时同卧苍苔。”

芍药花、宝鼎、琴、剑组图，寓友谊、郑重、吉祥，琴心剑胆之意。

■ 名称：喜得连科

一只喜鹊落卧在莲蓬上，荷花（莲花）盛开，左边又雕一枝芦苇，谓“喜得连科”，即科举制度时，设科取士，每科都会中，连续获得进取，当然欢喜无比。

喜鹊，尾长、嘴尖，头背黑褐色，背有青紫色光泽，肩、颈、腹等为白色，鸣声清脆。人们以它的叫声为“鹊喜”，被看作喜兆。杜甫诗句“浪传乌鹊喜”；黄庭坚也有“慈母已占乌鹊喜”的诗句。

“莲”与“连”同音，莲花又称荷花，“荷”与“科”谐音。

芦，一名苇，生长在湿地浅水中。芦苇生长时，往往棵连棵成片。而“棵”与“科”同音。整图谓“喜得连科”。

■ 名称：安居乐业

鹌鹑在菊花叶上欢乐起舞。“鹌”和“安”同音，“菊”与“居”亦谐音。图寓意谓安居乐业。安于其居，乐于其业。《后汉书·仲长统传》曰：“安居乐业，长养子孙，天下晏然，皆归心于我矣。”

■ 名称：安居乐业

鹌鹑、菊花组合的图画，寓“安居乐业”。

《花镜》称：“鹌鹑一名罗鹑，一名早秋，田泽小鸟也……夜则群飞，昼则草伏。有常匹而无常居，遂地而安，故名鹌鹑。”“鹌”与“安”谐音。

菊花之“菊”与安居的“居”谐音，取安居、平安之意。人们生活安定了，居住稳妥了，事业才能发达，所以“安居乐业”是人们对美好生活的企盼。

■ 名称：四季平安

图正中的宝盘上放一硕大的苹果，右边饰一花瓶和宝剑，左边的方鼎盒旁一束蔷薇花，寓“四季平安”之意。

苹果的“苹”、花瓶的“瓶”，都与平安的“平”字同音，又有宝剑镇邪，真是平安到家了。

蔷薇花，《广群芳谱》云：每月开花，因此亦称月季花。以其四时不绝之意，又叫“长春花”。

■ 名称：福寿吉祥

佛手、宝鼎、杜鹃组图，寓“福寿吉祥”之意。

“佛手”与“福寿”谐音；宝鼎为国之重器，寓吉祥之物。

杜鹃花又名“映山红”，花红遍野，红红火火。国人以红色为吉利之色，故佛手、宝鼎、映山红组合一起，谓福寿吉祥。

■ 名称：夜莺女贞

夜莺的身体像麻雀般大，形态很美，毛羽棕褐色，两翅有光泽，尾儿较大，胸、腹、喉部作灰白色，两眼作暗褐色，炯炯发光。雄鸟与雌鸟调情时，就以歌唱来献媚，歌声婉转，好似珠走玉盘。夜莺外表美丽，雌雄常在一起交头接耳似作情话，因此有“恋鸟”之称。雌雄俩作对儿比翼双栖，依依不舍。

女贞子，《本草纲目》记载：“此木凌冬青翠，有贞守之操，故以女贞状之……近时以放蜡虫，故俗称蜡树。”

夜莺为“恋鸟”，女贞子四季常青，有贞守之操，放在一图中，喻爱情之树常青，夫妻忠贞一生，不离不弃。

■ 名称：喜鹊登梅

梅花，在冬春之交开花，“独先天下而春”，有报春花之称。宋代陈亮的《梅花》诗：“一朵忽先报，百花背后香。欲传春消息，不怕雪里藏。”

春光以梅花为寓意。春天阳光明媚，阳气上升，万物复苏。喜鹊嬉于梅树，预示春光来临，向人间报喜。图中喜鹊在梅枝上和梅树下各有一只（图中虽一只喜鹊，但头却向下，与地上之鹊互应，给人以想象空间），寓喜事盈门，欢天喜地。

■ 名称：瓜瓞绵绵

图中一个宝盘中叠着三个南瓜。左右各有宝盒，寓“和合美满”“瓜瓞绵绵”。

《诗经·大雅·绵》曰：“绵绵瓜瓞，民之初生，自土沮漆。”《疏》云：“大者曰瓜，小者曰瓞。”该诗是说周朝的先祖们像瓜瓞一样代代相续，历传到周文王才奠定了王业，后人以此比喻子孙旺盛。

民间又有俗，如遇清明节正好在农历三月初三这一天。这是百年难逢的吉日，称之为“真清明”。相传缺乏子嗣的人，买一个南瓜在“真清明”之日，把整个南瓜入锅煮烂，午时放在桌子上，夫妇并坐同时举箸，尽量去吃，能吃多少吃多少，不久便会得子。称为“吃瓜求子”之习俗。

■ 名称：贵寿无疆

四只蝙蝠翩翩起舞，飞临人间，以“卐”字纹构成的图形谓“贵寿无疆”。

“卐”字纹拐、回、绕构图，上为“贵”字，中间以“桃”为中心，桃子俗有“仙桃”“寿桃”之称，象征延年益寿；下面纹络不断头，喻无疆无尽头；四只蝙蝠寓“四福”都来了，“四福齐至”。四福意为知福、惜福、享福、福祉。百福寿为先，贵寿无疆，寓“富贵长寿、万寿无疆”之意。

■ 名称：榴开百子

石榴，是汉臣张骞出使西域时，从黄河源头的安石国带到内地的树木，所以也叫安石榴或海石榴。石榴房中多籽，“籽”与“子”同音双关。

图中宝盘上摆着三个石榴，皮开籽露，寓榴开百子，谓“求子”。

据《北史·魏收传》云：“齐安德王延宗纳赵郡李祖收之女为妃，后帝幸李宅宴，而妃母宋氏荐二石榴于帝前。问诸人莫知其意，帝投之。收曰：‘石榴房中多子，王新婚，妃母欲其子孙众多。’帝大喜，诏收：‘卿还将来。’仍赠收美锦二匹。”

从这个故事表明石榴寓意为榴开百子，多子多福。

■ 名称：五福捧喜（上） 富贵万代（下）

上图，流云中五只蝙蝠，围着“双喜”翻飞起舞，为“五福捧喜”，寓“福喜连连”。

下图，蔓草缠绕、蝶飞其中。凡蔓草缠绕为吉祥花草，伸展开来，图案叫“花草拐子”。“蔓”与“万”谐音，“拐”与“贵”谐音，意为“富贵万代”。蝴蝶之“蝶”与耄耋之“耋”谐音，意为“富贵寿考”“绵绵不断”，也叫“富贵不断头”。寓意富贵万代、子孙万代、富贵耄耋。

■ 名称：室上大吉

图中雄鸡站在石块上，“石”与“室”、“鸡”与“吉”谐音，寓意为“室上大吉”，谓家庭幸福吉祥。

周亮工《书影》云：“正月一日贴画鸡。今都门剪以插首，中州画以悬堂，中州贵人尤好画大鸡于石，元旦张之。盖北地类呼‘吉’为‘鸡’，俗云室上大吉也”。

雄鸡作为吉祥物，作用是避邪。《花镜》称“雄鸡角胜，目能避邪”。《风俗通》也说：除夕“以雄鸡着门上，以和阴阳”。

■ 名称：天仙拱寿

天竹、水仙花、绶带鸟组合成图。

天竹，又称南天竹、天竺。水仙花，雅称“凌波仙子”。它清秀优雅，仪态超俗，花开于新春佳节之机，寓意新春瑞兆、吉祥。

天竹取其“天”字，水仙取其“仙”字，绶带鸟之“绶”谐长寿之“寿”，合为“天仙拱寿”，祝颂长寿如意。

■ 名称：长春白头

图中为长春花、白头翁鸟组合，称“长春白头”。

长春花，是四季之花，寓四时不绝、永葆青春之意。

白头翁鸟，其头顶黑色，眉及枕羽白色，老鸟枕羽更为洁白，故名“白头翁”。白头翁与白发老人联系，遂成为“鹤发童颜、长春白头”的象征。

■ 名称：长春白头

■ 名称：一路荣华

芙蓉花，荷花的别称。鹭鸶为水鸟，羽毛洁白，脚高颈长，头顶、胸背毛长如丝，故称“鹭鸶”。

芙蓉花的“蓉”与“荣”谐音，“花”与“华”同音，借为“荣华”之意。鹭鸶的“鹭”与“路”音相同，一只“鹭”借为“一路”，合在一起即为“一路荣华”。这是美好的祝愿，也是中国传统习俗中人们最喜爱的吉祥语之一。

■ 名称：春光长寿

山茶花和绶带鸟组合，寓意“春光长寿”。

山茶花又名茶花、耐冬等。山茶花树枝优美，终年常青，花朵硕大，是著名的观赏植物。中国传统文化中，山茶花常用来表示春意，寓生机勃勃、葱郁长青。绶带鸟又名寿带鸟，产于巴峡及闽广山水。“绶”与“寿”相谐，谐音取意，绶带鸟便为象征长寿的吉祥物，用以祝颂长寿。

■ 名称：山茶蝴蝶

山茶花，在中国传统观赏花卉“十大名花”中排行第七位，古代文人骚客多有诗文赞赏。唐代白居易诗曰：“似有浓妆出绛纱，行光一道映朝霞。飘香送艳春多少，犹如真红耐久花。”宋代苏轼亦有诗赞曰：“山茶相对阿谁栽，细雨无人我独来。说似与君君不会，烂红如火雪中开。”

蝴蝶，“庄周梦蝶”是《庄子》中非常有名的一个故事。故事说庄周梦见自己变成了一只蝴蝶，“栩栩然蝴蝶”“不知周也”。他醒来后，惊奇地看到自己仍是庄周。他糊涂了，不知是自己做梦成蝴蝶，还是蝴蝶做梦成自己。这个故事说明，蝴蝶与庄周，物与我，本来就是一体，无法确切区分。此后，庄周梦蝶，就成了文人墨客借物言志的重要题材，蝶梦也就成了梦幻的代称。

山茶花叶常绿、花红，引蝶招蜂，寓青春常在，人与山茶，物我一体，何其乐哉。

■ 名称： 待考

由于不清楚图中是什么花，又雕着蝙簪（蚂蚱的一种，身子细且长，很像古代女人头饰中的一种长簪子，故方言称为“蝙簪”），无从考证、辨别其寓意，只好作“待考”了。

■ 名称：五福捧寿

图中心雕一团“寿”字，五只蝙蝠环绕周围飞舞，称“五福捧寿”。

《尚书·洪范》曰：“一曰寿，二曰富，三曰康宁，四曰攸好德，五曰考终命。”

■ 名称：万福流云

图中有众多蝙蝠在如意祥云中飞舞。“蝠”“福”同音，寓福分无疆、万事如意。

万福的“万”字除表示数量之多外，又和吉祥图案“卐”字纹通意。“卐”字是佛教表示“瑞相”的一种护符和标志。唐武则天时，指定此“卐”吉祥符读“万”，与万字含意相同。

流云为“祥云”。云是吉祥图案中的主要形象，它的表现形式丰富生动，有中国独特的意境美。“流云”是其中的一种形象造型，一般都是神仙、宝物、种禽等组合为吉祥纹图。“万福流云”是较为典型的一种。

下碱石雕刻

下碱为山墙的基座。山墙下端因接近地面，经常会受雨水、潮气等侵蚀，所以，讲究的房屋在下碱的正面用高一米左右的石板做正面角石，考究的人家在角石面上多有雕刻。

下碱石雕刻

下碱石上多雕山水、花鸟、丘山溪壑图案。如“山水四屏”“凤戏牡丹”“喜鹊登梅”“长春白头”等图案。这些在社会生活中与人们生活关系直接的艺术品，人与自然那种如悦亲和、牧歌式的宁静，都成为它的表现形式。“渡口只宜寂寂，人行须是疏疏。”“野桥寂寞，遥通竹坞人家；古寺萧条，俺映松林佛塔。”萧条寂寞不废颓，安宁平静非死灭，这才符合达官显贵、文人墨客的生活、理想和审美观念。

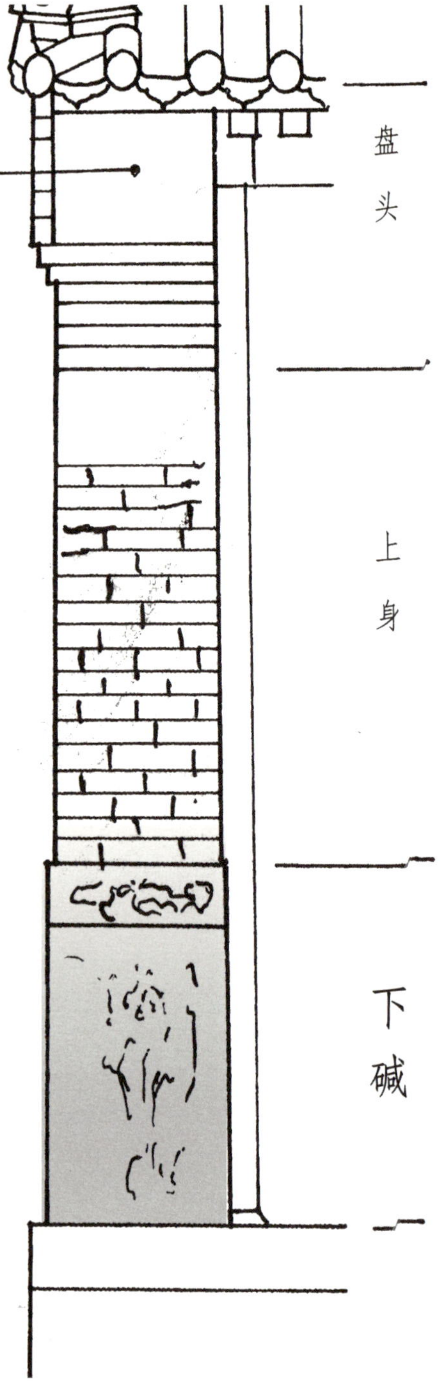

■ 名称：山水四屏 ■ 年代：清 ■ 地点：旬邑县唐家

“智者乐水，仁者乐山。”语出《论语·雍也篇》，子曰：“智者乐水，仁者乐山；智者动，仁者静；智者乐，仁者寿。”以山水形容仁者智者，形象生动而又深刻。朱熹在《论语集注》中说：“非体仁、智之深者，不能如此形容之。”

智者也就是聪明的人。聪明的人通达事理，反应敏捷而又思想活跃，性情好动就像水不停地流一样，所以用水来进行比拟。

仁者也就是仁厚的人。仁厚的人安于义理，仁慈宽容而不易冲动，性情好静就像山一样稳重不迁，所以用山来进行比拟。

■ 名称：水仙 ■ 年代：清 ■ 地点：旬邑县唐家

水仙花为传统观赏花卉，排名中国十大名花之十，别称凌波仙子、金盏银台、落神香妃等。它冰肌玉骨，清秀优雅，花开于新春佳节之际，寓意新春瑞兆、吉祥。

宋代刘邦直《水仙花》诗曰：“得水能仙天与奇，寒香寂寞动冰肌。仙风道骨今谁有？淡扫蛾眉簪一枝。”

■ 名称：牡丹 ■ 年代：清 ■ 地点：旬邑县唐家

牡丹原产于秦岭间和陕北等地，延安至今还有野牡丹生长。

牡丹花，《群芳谱》称：“唐开元中，天下太平，牡丹始盛于长安。”

宋代周敦颐《爱莲说》亦称：“自李唐以来，世人尽爱牡丹……牡丹，花之富贵者也。”

牡丹由于其雍容尔雅的姿容象征富丽华贵，被视为吉祥，从而由审美价值衍生为超越审美领域的祝颂与期盼富贵祥瑞的寓意、象征，渐渐成为一种象征“富贵”特定意义的艺术符号。

■ 名称：芙蓉
■ 年代：清
■ 地点：旬邑县唐家

芙蓉又名莲花、荷花等。古人称莲花为“花中君子”。唐代高蟾诗曰：“芙蓉生在秋江上，不向东风怨未开。”人们对莲花赋予人格化的品格与气质，特别是文人逸士将莲花作为重要艺术题材来映衬自我的品性人格。

■ 名称：柳浪闻莺 ■ 年代：清 ■ 地点：泾阳县安吴镇

垂柳依依，柔枝两面披散，柳叶串串叠叠，郁郁葱葱中蕴藏无限生机。黄莺飞舞，体型娇俏，高低错落，姿态各异。不由让人想起贺知章《咏柳》诗："碧玉妆成一树高，万条垂下绿丝绦。不知细叶谁裁出？二月春风似剪刀。"

■ 名称：柳浪闻莺 ■ 年代：清 ■ 地点：澄城县罗家洼乡

柳浪闻莺为杭州西湖十景之五，位于西湖东南岸清波门处，分友谊、闻莺、聚景、南园四个景区。南宋时，这里是京城最大的御花园，称聚景园，园内有会芳殿和三堂、九亭以及柳浪桥和学士桥。清代恢复"柳浪闻莺"旧景。有柳洲之名，其间黄莺飞舞、竞相啼鸣，故有"柳浪闻莺"之称。

■ 名称：凤穿牡丹 ■ 年代：清 ■ 地点：泾阳县安吴镇

一只凤穿飞牡丹花丛之中戏闹，称“凤穿牡丹”，寓夫妻恩爱和谐美满。从唐朝开始，牡丹被誉为“花王”，凤凰配牡丹，“鸟王”配“花王”，成为帝王的富贵象征。图中有一只或一对凤凰在牡丹花上飞舞、跳跃、戏闹，称“凤戏牡丹”，即为大吉富贵。后流传到民间称“凤凰于飞”“凤凰和鸣”，寓夫妻恩爱，夫唱妇和，相偕到老。凤寓丈夫，凰为妻子，牡丹寓富贵。

■ 名称：长春白头 ■ 年代：清 ■ 地点：泾阳县安吴镇

月季花与白头翁鸟组合。《群芳谱》称月季“一名长春花，一名月月红”。这里取其“长春”之意。白头翁鸟头部羽毛黑白相间，老鸟头毛全变白色，民间常用此鸟比喻夫妻和睦，白头偕老，长春白头。

■ 名称：喜鹊登梅 ■ 年代：清 ■ 地点：富平县

■ 名称：双喜临梅 ■ 年代：清 ■ 地点：泾阳县安吴镇

喜鹊落在梅树枝梢上。喜鹊之“喜”借为喜事之“喜”。

梅花又称报春花，“独先天下而春”。梅花的“梅”与“媒”谐音，梅花多籽，媒与婚姻有关，结婚生子，有“梅花送子”之说。

图右角雕一寿石，山茶花从石旁长出，山茶花常用来表示春意，故寓“春光长寿”之意。

喜鹊为报喜灵鹊，梅花为报春之花，“双喜临梅”寓意春光将至，一年好事将临。

《开元天宝遗事·灵鹊报喜》：“时人之家，闻鹊声皆以为喜兆，故谓灵鹊报喜。”楹联有“红梅吐蕊迎新春，喜鹊登枝唱丰年”。喜联有“金鸡踏桂题婚礼，喜鹊登梅报佳音”。

■ 名称：久居耄耋

■ 年代：清

■ 地点：泾阳县安吴镇

菊花，民间以菊花为长寿之花。《太平广记》云：“荆州菊潭，其源傍，芳菊被涯澳，其滋液极甘。深谷中有三十余家，不得穿井，仰饮此水，上寿二三百，中寿百余，其七十八十，犹以为夭。”

图上九朵菊花盛开，又有蝴蝶飞舞其上。“九”与“久”谐音，“蝶”与“耋”谐音，“菊”与“居”谐音，“久居耄耋”是长寿之家矣。

■ 名称：平安白头
■ 年代：清
■ 地点：长武县冉店乡

寿石、白头翁鸟、青竹组合在一起，寓意“平安白头”。寿石代表长寿，白头翁寓意白头发，竹子在火中燃烧会发出爆炸声，王安石诗：“爆竹声中一岁除，春风送暖入屠苏。千门万户曈曈日，总把新桃换旧符。”春节时燃放的烟花炮仗称“爆竹”。爆竹的响声人们认为可以驱邪，魔鬼去了，人们就平安了。“平安白头”寓意人们长寿平安，无祸无灾，颐享天年。

■ 名称：长寿圆满
■ 年代：清
■ 地点：西安西羊市

太湖石和香橼组合成图，寓意长寿圆满。

太湖石为石中珍品，又称寿石，寓长寿吉祥。

香橼的“橼”和“缘”“圆”谐音。香橼为常绿乔木，果实呈圆形，圆形的香橼寓意圆满、缘分。

寿石配香橼，祝颂长寿圆满吉祥。

- 名称：富贵长寿
- 年代：清
- 地点：西安回坊

牡丹为富贵之花，是人们公认的代表富贵的艺术符号。

寿石为石的雅名，在中国很古以来就有玩赏天然石的风习，其中，太湖石（江苏省太湖产）、英石（广东省英德县产）、建石（福建省产）最多，其漏、皱、透、瘦四点具备，而为人珍视。据古语“山静似太古”“寿同金石”。图画中刻上石头，称太古石或寿石，寓意为寿。

牡丹和寿石雕刻在一幅画中，谓之富贵长寿也。

■ 名称：和合平安

■ 年代：清

■ 地点：洛川县槐柏镇

花瓶中插一丛荷花，下雕一簇牡丹花。荷花，花中君子。花瓶旁立一宝鼎，寓“和合平安”之意。《周礼·地官·媒氏》：“使媒求妇，和合二姓。”“和合”一词有同心和睦、顺意合气等意（也谐和合二仙）。

一丛荷花，“荷”谐“合”，牡丹喻富贵。富贵和谐，顺心顺意。

- 名称：福 寿
- 年代：清
- 地点：西安关中民俗艺术博物院

这两块下碱角石的图案内容及表述形式应是满、蒙等少数民族的民俗象征图案。左图上部似毡包窗帘纹饰，中心刻一“寿”字；中部雕一大刀；下部雕一战马。是以刀、马寓征战得胜之意，还是有其他什么寓意有待考证。

右图上部窗帘纹饰中心刻一“福”字；中部雕一彩带系的旱烟包；下端雕一人头戴圆顶毡帽、身穿宽大长袍、脚蹬长统马靴，手持长柄旱烟袋。这两幅图案的具体寓意和传统文化内涵，有待进一步考证。故，暂以福、寿二字命名。

■ 名称：富贵平安（左）
■ 年代：清
■ 地点：铜川市陈炉镇

左图中瓶上插牡丹，图下雕海棠花，牡丹寓“富贵平安”之意。海棠花多花多果，寓“喜庆吉祥”。又“棠”与“通”谐音，海棠花配上富贵花——牡丹，象征福运通达、富贵平安。

■ 名称：春光如意（右）
■ 年代：清
■ 地点：洛川县槐柏镇

右图中雕着如意、花瓶，瓶上插着山茶花，又刻一宝鼎在旁，山茶花寓“春光”，宝鼎的“鼎”谐“定”。花瓶寓“平安”，整图意为春光如意，一定平安。

■ 名称：兰香寿喜
■ 年代：民国
■ 地点：太白县

图中寿石上兰花盛开，喜鹊飞临，寓“兰香寿喜”之意。

兰花被称为“香祖”，为观赏花中的状元。它形象高洁、清雅，特有四清，即气清、色清、种清、韵清。花素不艳，亭亭玉立，幽香清远，有“国香”之别称。

喜鹊为报喜之鸟，飞临香兰，示喜气洋洋。

寿石，代表长寿。“百福寿为先”，人们能长寿就是福喜。

此图祝颂人们生活在欢乐、祥和的幸福氛围中，能够益寿延年。

■ 名称：久居长寿
■ 年代：民国
■ 地点：太白县

图中菊花盛开，寿石上站一喜鹊，海棠花翘首其中。寿石突兀，象征长寿，用以祝颂长寿。

菊花在百花凋零的深秋九月开花，以素雅坚贞名冠群芳。九月之“九”和长久的“久”同音，菊花之“菊”与居住的“居”谐音。海棠花的“棠”与堂屋的“堂”谐音，“堂”为父母辈居住的正房。古训有“家有高堂，儿不可远游”之说，组合一起寓为久居长寿、喜庆吉祥。

■ 名称：耕
■ 年代：清
■ 地点：西安关中民俗艺术博物院

此图是讲舜耕于历山、教民稼穑的传说故事。

舜，相传为上古帝王。姓姚，名重华，号有虞氏，又称虞舜，生于姚墟（今山西省永济市），20岁时以孝闻名。尧年老，使其摄政。舜巡行四方，除去鲧、共工、欢兜和三苗“四凶”。尧死后，舜正式登帝位，建都于蒲坂（今山西省永济市西）。

由于舜的成长过程充满艰辛，使得舜帝在平民中有着很好的亲和力。他教百姓耕种稼穑。司马迁《史记》载：“舜耕历山，历山之人皆让畔；渔雷泽，雷泽上人皆让居；陶河滨，河滨器皆不苦窳。一年而所居成聚，二年成邑，三年成都。”所以，舜作为中国农耕文明的代表人物之一是当之无愧的。

舜是智慧的化身，其聪明才智令人信服。他不仅教人从事农业生产，而且开创和完善了最早的社会分工。

■ 名称：读
■ 年代：清
■ 地点：西安关中民俗艺术博物院

此图是讲战国时纵横家苏秦“锥刺股”苦读书的故事。

苏秦，东周洛阳（今河南省洛阳市）乘轩里人，字季子。苏秦在秦国将劝说秦王的奏折多次呈上，而他的主张仍未被实行。苏秦在秦国不被重用，钱尽衣破，只得离开秦国，返回家乡。他背着书籍、挑着行李，一脸羞愧之色。回到家里，妻子坐在织机上，不迎接他，嫂子不去给他做饭，父母不与他说话。苏秦深感难堪，于是便下决心苦读姜子牙的兵书。读到深夜，昏昏欲睡时，他就用针锥刺一下自己的大腿，继续苦读。一年后，他研究成功纵横之术并游说赵秦阳君，共谋发动韩、赵、燕、魏、齐诸国合纵。赵王拜苏秦为相，以百辆兵车，锦绣一千匹、白璧一百对、黄金一万镒来联合六国，瓦解连横，抑制强秦。后苏秦挎六国相印，地位显赫。

苏秦在去游说楚王时，路过洛阳。父母听到消息，收拾房屋，打扫街道，妻子不敢正面看他，嫂子趴在地上叩头谢罪。苏秦问嫂子：“过去你那么趾高气扬，而现在又怎么这样卑躬屈膝呢？”嫂子羞愧难当，无言以对。

■ 名称：凤戏牡丹 ■ 年代：清 ■ 地点：宜君县雷源镇

■ 名称：凤戏牡丹 ■ 年代：清 ■ 地点：澄城县

凤，亦称凤凰，古代传说中的鸟王。雄称凤，雌的叫凰，通称为“凤”或“凤凰”。凤凰来仪，指凤凰来舞而有容仪。古时用以比喻吉祥的征兆。

牡丹，被人们用作有富贵寓意的文化符号，称“富贵花、花王”。唐皮日休“落尽残红始时芳，佳名唤作百花王”之咏牡丹诗句而使牡丹得“百花王”之称。

凤凰配牡丹，是帝王的富贵象征。后流传到民间寓夫妻恩爱，夫唱妇和，相偕到老。

- 名称：双喜报春
- 年代：清
- 地点：宜君县雷源镇

一对喜鹊在梅树枝头鸣叫、戏闹。

喜鹊在中国传统民俗文化中有其鲜明的象征，其身姿有喜气，鸣叫之声明丽清亮，随时随处，可见可闻，人们常以喜鹊寓喜庆气氛。

梅花又称报春花，开花于冬春之交，“独先天下而春”。寒梅报春，寓意吉祥。

春天阳气上升，万物复苏，喜鹊鸣唱戏闹于梅花枝头，预示春光来临，向人间报喜。

■ 名称：萱菊祝寿
■ 年代：明
■ 地点：岐山县祝家庄

图中有萱草、菊花、寿石、竹叶，寓“萱菊祝寿”之意。

萱草，中国历代诗人视其为“勿忘草”，谓能使人忘忧消愁，怡养性情，为吉祥花卉。萱草亦有母亲的象征，如萱堂，即指母亲的居室，并借以指母亲，有“令萱大人”之称谓。

菊花开于深秋季节，百花凋零之时。古人视菊花为吉祥、长寿的象征。

寿石，顾名思义为“寿”。“海枯石烂”一词形容时间长久，故以寿石为“长寿”的寓意。

竹子，四季常青，生命旺盛，“竹”与“祝”谐音。此四物组合成图，即“萱菊祝寿”，寓忘忧消愁，高龄长寿，永享天年。

■ 名称：鹿梅和谐
■ 年代：明
■ 地点：岐山县祝家庄

鹿、梅花、竹子组合在一图，有“梅鹿和谐、竹梅双喜”之意。鹿，古人视白鹿为吉瑞。《山海经·南山经》云：“杻阳之山……有兽焉……其名曰鹿蜀，佩之宜子孙。”

梅花，吉祥之花，五瓣，象征着五个吉祥之神。“梅”与“媒”谐音，媒即寓婚姻。此图上边梅花盛开，下边一只鹿，翘首衔梅花，寓夫妻幸福和谐，生男育女，子孙昌盛。

竹和梅在此喻夫妻。竹为君子，梅为佳人。李白《长干行》云“郎骑竹马来，绕床弄青梅。同居长干里，两小无嫌猜”，描写一对孩童天真无邪、亲密戏耍的情景，所以“青梅竹马”衍生成为成语。

“竹梅双喜”寓喜庆吉祥，特别用于祝贺新婚吉祥。

■ 名称：莲鹭图
■ 年代：清
■ 地点：泾阳县安吴镇

一枝芦苇、一只鹭鸶、一丛荷花组图，谓“一路连科”，是科举时代祝士子每试必中的吉语。

■ 名称：杂宝博古图
■ 年代：清
■ 地点：兴平市西张村

古人所定一般有佛教八宝、道教八宝，除此之外，多于八宝的称为杂宝。宝珠、古钱、磬、祥云、方胜、犀角杯、书画、灵芝、鼎、元宝、羽毛、艾叶、蕉叶等图案组合或单独使用皆为杂宝。

宝珠象征祥光，古钱象征富庶，磬象征吉庆，祥云即祥瑞，方胜象征连续不断，犀角杯象征凯旋，书画象征智慧，灵芝象征仙寿，鼎象征太平，元宝象征财富，羽毛、艾叶、蕉叶均兆吉祥。

图中绘刻古器物，或以古器物图形装饰的均称博古图，寓吉祥无限之意。

■ 名称：九世同居

■ 年代：清

■ 地点：宜川县高柏乡

图中雕刻梧桐树、菊花、寿石、兰花的纹饰，寓“九世同居”之意。

《旧唐书·张公艺传》载，郓州寿张人张公艺，九世同居。北齐、隋、唐时朝廷皆旌表其门。“麟德中，（唐）高宗有事泰山，路过郓州，亲幸其宅，问其义由。其人请纸笔，但书百余‘忍’字。高宗为之流涕，赐以缣帛。”九辈人同居不分家，靠忍让来维持团结和睦。

菊花俗称“九菊”，九月开花。“菊”与“居”谐音，又与“聚”相谐。“桐”与“同”谐音，有和睦团结之意。“桐”又谐“铜”，古代钱币多用铜铸造，所以“铜”寓指金钱。

- 名称：官正清廉
- 年代：清
- 地点：宜川县高柏乡

图中鼎上的盘中端正地放三个南瓜，高颈花瓶上插一茎莲花，寓“官正清廉”。

南瓜的“瓜”与“官”字谐音，端正地放着三个南瓜，为“正”。

莲亦称“青莲”，和“清廉”同音。莲常以喻君子，“出淤泥而不染，濯清涟而不妖”。

高高的花瓶中插一茎莲花，寓官位再高亦应行为端正，清廉为官。

■ 名称：铁拐李渡海
■ 年代：清
■ 地点：武功县

图中是八仙之一的铁拐李站在自己的法器——葫芦上，扛着铁拐杖，使法过海。

相传，八仙在蓬莱阁饮酒，酒至酣时，铁拐李提议乘兴到海上一游，众仙齐表附和，并说定各自凭道法渡海，不得乘舟。

汉钟离率先把大芭蕉扇往海里一扔，袒胸露腹仰躺在扇子上向远处飘去。随后吕洞宾、张果老、韩湘子、何仙姑、铁拐李、蓝采和、曹国舅都各自将宝物抛入水中，借助宝物大显神通，游向东海。

图中的铁拐李，一改拐腿、蓬头垢面的形象，而是被雕成美貌青年。这就体现了民居雕刻中的随意性、不拘泥于严格规范局限的自由性等特点。

■ 名称：七真仙人图
■ 年代：清
■ 地点：永寿县

图为“全真道”中的七真仙人图。

全真道为道教主流教派，嗣老君遗教、秉东华演教、承钟吕传教，开宗于辅极帝君王重阳。以三教合一、全黄老之真和苦己利人为宗旨，去鬼道而归老庄，并逐渐包容，合并了太一道、真大道和金丹南宗，开启了道教的新篇章。开宗者王嚞，道号重阳子，陕西咸阳人，早年曾应武举为状元，入仕，后辞官归隐。正隆四年（1159），在甘河镇遇仙，为汉钟离和吕洞宾，得授金丹口诀，遂隐居终南山，修道三年。大定年间出关赴山东传教，招收马钰、谭处端、刘处玄、丘处机、王处一、郝大通、孙不二等七大弟子，世称全真七子。

明清以后，全真教为道教中坚骨干，是为开北宗龙门派的翘楚。全真道的学理与方法富有儒家与宋代新兴理学家的精神。他们生当衰乱之世，华夏丘墟，以民间讲学道的姿态，尽力保持国家民族文化的元气与精神，可谓用心良苦，功德无量。

■ 名称：一路连科（左）

■ 年代：清

■ 地点：武功县城

“科”，科举。唐代开始以考试取士，其科目仅存其名，涉及五十余科；至宋神宗时，采纳王安石的建议用帖括；清、明又用八股论策。不同朝代，都有变化，但总称之为科举。

鹭、莲、芦苇组合成图。“鹭”与“路”同音，“莲”与“连”同音。芦苇为连棵生长植物，取其“连棵”之音“连科”，称“一路连科”，表示院试、乡试、殿试各科考试都能顺利通过。

■ 名称：五谷丰登（右）

■ 年代：清

■ 地点：武功县城

五谷，一般指稻、黍、稷（高粱）、麦、菽（豆），泛指粮食作物。登，指庄稼成熟，形容年成好、粮食丰收。《六韬·立将》：“是故风雨时节，五谷丰登，社稷安宁。”

门墩石雕刻

『门墩石』在建筑学上称为『门枕石』，它是大门建筑的一种构件。陕西人称之为『门墩石』。它的位置在大门的两侧，垂直于门边框的下方。它的功能是承托门扇的转轴，使大门得以自由开关。因为它枕在大门的下面，所以称『门枕石』，俗称『门墩石』。

门墩石雕刻

门墩石，宋代称作“门砧”，在《营造法式》中有具体的形制：“造门砧之制，长三尺五寸，每长一尺，则广四寸四分，厚三寸八分。”门枕石为长条形的石块，前后两部分，一头在门内，一头在门外，中间一道凹槽，是安装门下槛的。在门内部分的上面凿有凹穴，叫“海窝”，是门轴旋转之处。

大门的建造反映出主人的地位和权势，一个家庭的名望被称为“门望”“豪门望族”，所以，一家大门的建筑形式和装饰就是十分重要的了。特别是门外的石墩，并列在大门两侧，位置显眼，很自然成了装饰的重点。

门墩石的装饰，陕西多以“狮子把门”“抱鼓石”“石基座”等形式。狮子把门门墩石，在大门两侧各雕一狮，左为雄狮、右为雌狮，雄狮足踩绣球，雌狮脚抚幼狮。狮子俗称兽中之王，性凶猛，佛教中狮子护法避邪，所以，以狮子作护卫大门之神兽，当属情理之中。民居中的狮子雕法自由，或立、或坐、或趴、或卧，狮子虽属猛兽，但在这里却多为驯服的、嬉笑的、顽皮的，神态各异。这便是民居雕刻区别于官府、衙门、寺庙、道观的特色。

圆鼓门墩石，是把门墩石雕凿成圆鼓形装饰，来源于古人传说中的“尧设谏鼓，舜立榜木”之说。说尧、舜二帝政治开明，在朝廷衙门外设一大鼓，百姓有事可击鼓要求进谏。后人多以此装饰于门侧，表示对来客的欢迎。为了增加文化内涵，在圆鼓的鼓面上又以浮雕、线刻的形式雕刻些有教化意义的历史典故，更显气派与典雅。

门墩石的种类与上面雕刻的纹饰有很多突出的特征。它生根于民间，适合民间的审美情趣；它雕刻的纹饰内容、体裁、题材是多种多样的，包括各个方面，均是吉祥多彩的。其纹饰图案都是传统文化的内容，体现文化的继承性、长久性。在文化艺术的发展中，趋向于世俗文化。门墩石的使用，都是富贵人家、名门望族，而雕刻它的人，都是民间艺匠，他们生活于农村、乡镇，其审美情趣属偏于民间的艺术风格，但使用它的都是一些有社会地位的人，包括官员、富商、文人等。所以，艺匠们会以使用者的欲望要求、心理期盼予以刻制，如“状元及第”“月中折桂”“麒麟朝日”“指日可待”“连升三级”等题材。艺术匠人们亦会以他们的细心观察及艺术能力，将自然界常见的情景加工、升华，成为既有较高雕刻工艺水平，形神真切的表现，又有社会性、精神性、意识性的表现。其风格有别于宫廷艺术，这便是民居雕刻文化艺术中特色之所在。

■ 名称：抱鼓石门墩 ■ 年代：明 ■ 地点：富平县庄里镇

■ 名称：石鼓门墩
■ 年代：清
■ 地点：麟游县

■ 名称：石鼓门墩 ■ 年代：清 ■ 地点：大荔县

■ 名称：石鼓门墩 ■ 年代：明 ■ 地点：扶风县

图为清朝户部尚书、东阁大学士闫敬铭家门前的抱鼓石门墩。左为“麒麟祥云”，右为“鹿衔灵芝”，是文官形象的体现。闫敬铭为官四十余年，清正廉洁，刚正不阿。在告病回乡休养期间，在山西永济虞乡客居。他奉命稽查山西赈务，严格执法，尽职尽责，灾民额手称庆。他以善理财著称于世，被称“救时宰相”。从这并不奢华的门墩石上，也可看见他为官的清廉之风。

圆鼓上雕着趴狮，鼓面上雕刻雄狮，寓镇宅、辟邪、保平安。

■ 名称：吴牛喘月 ■ 年代：清 ■ 地点：旬邑县唐家

吴牛，指产于江淮一带的水牛。吴地天气多炎暑，水牛怕热，见到月亮以为是太阳，故卧地望月而喘。形容因疑心而害怕，也比喻人遇事过分惧怕而会失去判断的能力。

《太平御览》卷四引《风俗通》："吴牛望见月则喘，彼之苦于日，见月怖喘矣。"

■ 名称：鹤鹿同春 ■ 年代：清 ■ 地点：旬邑县唐家

梧桐树、鹤、鹿雕在同一个图中，用来祝颂健康长寿，永享天年。

鹤为羽族之长，"一品鸟"，俗称长寿仙禽。

鹿为中国常见动物，别名"班龙"，人们视鹿为长寿仙兽。《述异记》云："鹿千年化为苍，又五百年化为白，又五百年化为玄。"玄鹿为脯，食之寿二千岁。鹿，音同"禄"，而禄是古代官员的俸给，所以鹿象征当官，"鹿"与"禄""路"谐音，表达广泛，如"福、禄、寿""路路顺利"等。

梧桐树的"桐"字与"同"谐音。梧桐树是桐树的一种，古时民间视为"灵树"。宋代邵博《邵氏闻见录》曰："梧桐百鸟不敢栖止，避凤凰也。"

又，"桐"与"铜"谐音，古代用铜制作钱币，又象征财富。

■ 名称：行龙吐珠 ■ 年代：元 ■ 地点：长武县城

龙从动态上分云龙、团龙、坐龙、行龙、升龙、降龙。

《述异记》卷上云：“凡珠有龙珠，龙所吐者……越人谚云：‘种千亩木奴，不如一龙珠。’”（木奴为柑橘之别名）《太平御览》又曰：“是东海龙王第七女掌龙王珠藏。”可见龙珠为宝物。

■ 名称：昭君出塞 ■ 年代：清 ■ 地点：旬邑县唐家

昭君出塞是我国历史上的一个真实故事。王昭君，名嫱（音 qiáng），字昭君，原为汉宫宫女。公元前 54 年，匈奴呼韩邪单于被他哥哥郅支单于打败，南迁至长城外的光禄塞下，同西汉结好，曾三次进长安入朝，并向汉元帝请求和亲，王昭君听说后请求出塞和亲。她到匈奴后，被封为“宁胡阏氏”（阏氏，音焉支，意“王后”），象征着她将给匈奴带来和平、安宁和兴旺。后来呼韩邪单于在西汉的支持下控制了匈奴全境，从而使匈奴同汉朝和好达半个世纪。

■ 名称：麒麟送子 ■ 年代：清 ■ 地点：旬邑县唐家

麒麟为古代传说中的神奇动物，是四灵之一，为仁厚和吉祥的象征。据说麒麟的外形和鹿相似，四蹄长颈，但头又生角，满身鳞甲，尾如牛而头似龙。麒麟也和龙、凤一样，是经过人们的想象加以组合，是各种动物形象的优合体，到清代才基本定型。

麒麟送子，在我国流传极广。据说有位画师，老来膝下无子，整日与老伴为此忧愁。老画师麒麟画得很好，屋子里挂满了他画的麒麟。一个晚上，他梦见了一只麒麟，满身金光闪耀，背驮着一个白胖可爱的男孩子，向他走来，画师高兴地笑了，醒后方知是一梦。但第二年他的老伴就生下一个胖小子，人称“麒麟童”。老画师以梦作画，留下了“麒麟送子”的典故。

“麒麟送子”这一典故在《拾遗记》中又说当溯源于孔子。传说孔子出生之前，有麒麟在其家院内，口吐玉书，说他是王侯种子，却生不逢时。此后，各种各样的麒麟送子图纷纷问世。

■ 名称：博古图 ■ 年代：清 ■ 地点：旬邑县唐家

鼓面为博古图案。《文选·张衡〈西京赋〉》：“雅好博古，学乎旧史氏，是以多识前代之载。”博古图多以杂宝而为之，杂宝雕于一图，为大吉祥也。

■ 名称：麒麟朝日 ■ 年代：清 ■ 地点：旬邑县唐家

■ 名称：麒麟朝日 ■ 年代：清 ■ 地点：长武县城

麒麟回首向着太阳，象征光明。

麒麟，是传说中的神兽。《说文》曰：“麒，仁兽也，麋身牛尾一角。麟，牝麒也。”麒麟“设武备而不为害”“有足者宜踢，有额者宜抵，有角者宜触，惟麟不然，是仁也”。所以麒麟被称为“仁兽”，“仁德之兽”，是儒家所倡导的“中庸”“礼乐”“仁慈”思想的人格化身。

在民间，人们崇拜麒麟，往往称赞女子讨得好丈夫，生得好儿子为“凤夫麟子”。因此，麒麟也成为祝贺他人能生养有贤才的子嗣之送子神灵，称“麒麟送子”。为求子孙贤达，在居家厅堂大门上描绘、张挂“麒麟口衔宝剑图”以寓避邪纳吉。由于麒麟不践生草，故描绘麒麟形象，一般不配画其他生灵植物，而绘祥云以喻吉祥，或因其为“五行之精”，故腿前辅以“火焰”而显示其神威。

■ 名称：麒麟朝日
■ 年代：清
■ 地点：澄城县南十甲沟村

图中门墩石圆鼓上雕趴狮，鼓面雕麒麟朝日，须弥座上亦雕狮子头，是武官宅第常用的表现形式。

清朝武一品官的服饰补子的图案就是麒麟，武二品的图案是狮子。这尊门墩石的主人是陕西省澄城县南十甲沟村，在光绪二十三年(1897)中举的武举人——耿元耀，所以，他家石鼓门墩上雕刻麒麟、狮子就是理所当然的了。并且，其子耿直亦是中华民国时期的革命军将领。

■ 名称：麒麟朝日 ■ 年代：清 ■ 地点：西安市红埠街

趴狮抱鼓门墩，多为有功名者的门墩雕刻。

以祥云纹托起圆鼓，鼓面雕“麒麟朝日”，寓吉祥、光明、宝贵之意。

■ 名称：麒麟望日 ■ 年代：清 ■ 地点：西安市长安区马厂村

■ 名称：行龙图 ■ 年代：清 ■ 地点：白水县

鼓面雕麒麟望日图，象征光明。

麒麟，是传说中的神兽，古人称龙、凤、麟、龟为“四灵兽”。

鼓面雕行龙图。椒图、行龙皆为龙的九子。椒图性好闭，雕在门墩石前，以守护门户；行龙好行，寓出门远行有行龙陪伴，护佑平安、一路顺利之意。

■ 名称：胡人驭狮 ■ 年代：清 ■ 地点：户县祖庵镇

鼓面刻狮，圆鼓石上雕胡人驭狮，谓招财进宝、辟邪、镇宅、守护之意。胡人驭狮谓招财进宝，是“八蛮进宝”的一种表现体裁。

■ 名称：东方朔偷桃 ■ 年代：元 ■ 地点：合阳县福山村

鼓面图案为东方朔偷桃，雕东方朔小孩模样，身体躺在王母娘娘的蟠桃树上，举手摘桃。

东方朔，西汉文学家，字曼倩。平原厌次（今山东省惠民县）人。武帝即位，征四方士人，他上书自荐，诏拜为郎。后任常侍郎、太中大夫等职，玩世不恭，宫中呼之为“狂人”。

传说汉武帝过寿，王母娘娘送七个蟠桃给武帝，东方朔只给了五个，自己留两个。王母娘娘说：“我的桃熟了三次，每次他都偷，是个坏小子。”王母的桃三千年开花，三千年成熟。三次偷桃，看来东方朔活了一万八千岁。柳宗元《摘樱桃赠元居士》诗曰：“蓬莱羽客如相访，不是偷桃一小儿。”

■ 名称：待考 ■ 年代：明 ■ 地点：彬县

由于时间长久，再是经过 20 世纪“破四旧”，图案已遭损毁，看不清其画图所展现的内容。据本人经验分析为一幅神话故事内容的雕刻。

■ 名称：花鸟门墩 ■ 年代：清 ■ 地点：铜川市城关北街

正面雕着孔雀，两侧刻着富贵牡丹等花卉的门墩石，方正直立，异于圆鼓石门墩及狮子门墩石的风格，是文官宅院的门墩石。

孔雀，自古以来被视为“富贵鸟”，《增益经》称它有“九德”，《逸周书·常训》谓其有“九德”为：忠、信、敬、刚、柔、和、固、贞、顺。古人看来，孔雀是一种具有大德大贤的文明品质的鸟，因此被誉为“文禽”，是吉祥、文明、富贵的象征。

狮子文化

狮子，虽不原产于中国，但中国人对狮子的喜爱不亚于狮子的原产地非洲、印度等地域。中国以木、砖、石、玉、铜、铁等雕刻铸造的各种造型的狮子，何止数以亿计。外国人称中国为“雄狮”，拿破仑说：“中国是一只沉睡的巨狮，当它醒来全世界都会震惊。”

狮子是汉使张骞通西域时带入中国的。《汉书·西域传》载：“巨象、狮子、猛犬、大雀之群食于外囿。殊方异物，四面之至。”

狮子成为中国的瑞兽神物，始于东汉，先用于陵墓，后来被广泛用应用在官府衙门、百姓宅第、宗教场所、工艺美术等领域。它是除龙、凤之外极具影响力的神兽，人们赋予它辟邪、守护、镇宅的含义，表示官阶品级、富贵、财源、吉祥，是平安、高贵、富裕、威武、勇猛，还有佛教法力的象征。时至今日，在海关、工商、税务、园林、银行、高级宾馆等大门前仍摆置石狮，海外的唐人街等处也都摆置镇门狮，象征护法和镇邪。《潜研堂类书》曰：“狮子为兽中之王，可领百兽，具有护法辟邪作用。”狮子文化已成为中华民族传统文化的一道亮丽风景。

《坤兴图说》云：狮为“百兽王，诸兽见皆匿影。……又最有情，受人德必报”。唐、宋以后，人们对狮子的象征意义更加崇尚。当代著名学者沈从文就考证了舞狮，称其始源于汉，唐宋时已十分盛行，因为人们相信狮子具有镇邪恶、驱妖魔的作用。尤其在年节之际，人们祈求吉祥如意，舞狮更受民众钟情，并成为一种时尚和习俗，即狮子和绣球象征“统一寰宇”；狮衔钱纹绣球寓财源滚滚；雄狮与雌狮相戏，滚在一起、争夺绣球表示会生出小狮子，寓生儿育女，其乐融融。

■ 名称：世世光明 ■ 年代：清 ■ 地点：旬邑县唐家

两只狮头，口衔石环，雕刻在过门石条的大门正中间，作为吊挂大门照明灯笼的吊环。狮子的“狮”和“世”同音，两只狮子代表“世世”；灯笼用来在夜间照明，代表光明，组合一起寓“世世光明”之意。

■ 名称：门墩石狮 ■ 年代：清 ■ 地点：三原县孟店村周家

■ 名称：门墩石狮 ■ 年代：清 ■ 地点：泾阳县安吴镇

■ 名称：门墩石狮 ■ 年代：清 ■ 地点：富平县庄里镇

■ 名称：门墩石狮 ■ 年代：清 ■ 地点：韩城市党家村

■ 名称：门墩石狮 ■ 年代：明 ■ 地点：扶风县

■ 名称：门墩石狮 ■ 年代：清 ■ 地点：西安市三民村

■ 名称：麒麟朝日 ■ 年代：清 ■ 地点：渭南市临渭区孝义村

■ 名称：龙狮 ■ 年代：明 ■ 地点：合阳县

门墩石正面雕刻的龙狮。

龙狮，是一种艺术的再造物。它体现了一种不屈不挠、勇于拼搏、知难而上的精神，更是一种崇尚群体、凝聚合力的象征。

■ 名称：麒麟门墩石 ■ 年代：清 ■ 地点：镇安县

束腰部位的高浮雕麒麟

■ 名称：炕头石狮 ■ 年代：元 ■ 地点：富平县

■ 名称：炕头石狮 ■ 年代：明 ■ 地点：黄龙县

■ 名称：炕头石狮 ■ 年代：清 ■ 地点：户县

■ 名称：炕头石狮 ■ 年代：明 ■ 地点：米脂县

■ 炕头石狮

炕，北方用砖、土泥坯等砌成睡觉的台子，下面有洞，连通烟筒，可以烧火取暖。炕上都铺以芦苇编制的席子。炕头狮，顾名思义，就是放在炕上的石狮子。其作用是用来点缀装饰、辟邪、吉祥、喜悦之玩物。由于石狮很重，它的具体实用价值是压炕席和拴小孩。所谓拴小孩，是孩子在半岁至两三岁时，白天睡在炕上，大人们要忙着干活，又照顾不上睡醒后在炕上玩耍的孩子。为了安全，母亲便用一根长长的布带子，一头系在孩子腰部，一头系在石狮上，以防孩子跌下炕而摔伤。

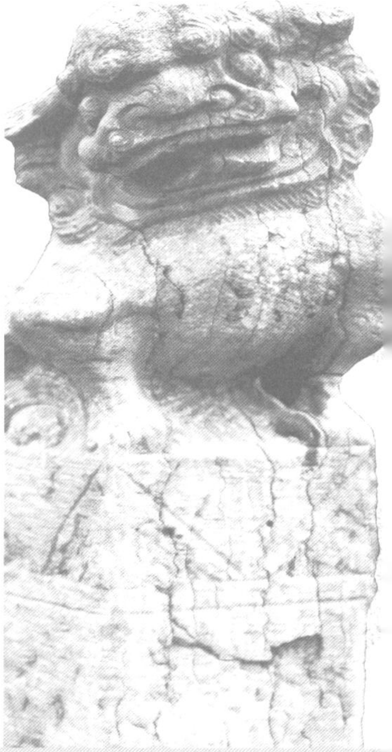

拴马桩雕刻

『拴马桩』的标准称谓是『石望柱（华表）』，『拴马桩』只是一个俗称。它是陕西关中地区数千年来多民族生存和历史文化交流的历史见证。

汉代以来，这种华表多立置在陵墓神道口以及宫苑、官署、寺庙、桥梁之前，具有标识、装饰、辟邪纳祥多重功能。

关中的庄户人家门口立置雕饰华美的石桩，主要是为标识和装饰宅门、辟邪纳祥，而拴骡马是其后衍生的功能。

拴马桩雕刻

拴马桩又称拴马石，是陕西渭北及关中地区民间的一道靓丽的历史遗存风景线，是我国北方独有的民间石刻艺术品。

拴马桩多见于富贵人家的大门两侧，古代富裕人家行走是以马为代步工具，来客因系拴所乘坐骑之便，将马匹拴于主家之门外的石望柱上，便衍生为“拴马桩”，供来客拴马之用。拴马桩以石头做桩柱，分为桩首、桩颈、桩体、桩足四部分。柱首为圆雕，多雕以狮子、猴子、胡人驭狮、寿桃、金瓜等物。桩颈四面多雕以花鸟、吉祥图案。寓有镇宅、辟邪及祈福炫富的意味。

陕西的拴马桩，有千年之久的存在史，是非常宝贵的石雕艺术品，有着很高的欣赏价值。

值得一提的是，这些艺术品都出自被达官显贵们称为“苦力”的石雕艺匠之手。他们以铁锤、钢錾为笔，以坚顽之石为料，创造出艺术性、观赏性都很高

澄城县博物馆将从各村镇收集来的720尊拴马桩列于广场，供人们游览参观。

的石雕艺术品。他们中的大多数是文化程度不高的人，但在他们心中，有的就是几千年来祖先流传下来的中国传统文化。

艺匠们充分发挥自己的艺术想象力，将世间百态、人之心理、情绪变化，以猴子、狮子的表现形态雕刻造型，反映了他们对社会现实的认知和自己心境的传达，创作出让人愉悦、让人深思、让人忍俊不禁的艺术品。猴子天性好动，不拘小节，生动活泼，精灵古怪，深得人们的喜爱。艺匠们通过自己的艺术手法，给人们带来轻松的生活空间。用坚顽之石，给人们创造美，揭示人世间的美与丑。

拴马桩在特定的历史时期，被人们视作富贵、身份、地位的象征，而随着时代的进步、科学的发展，它已渐渐失去了它的功能和荣耀。特别是在代步工具飞速发展的今天，它已成为人们对历史的记忆，成为收藏家的藏品。“拴马桩阵”“拴马桩林”的聚集就说明了拴马桩的历史演变。

■ 名称：华表楹联 ■ 年代：清 ■ 地点：私人收藏品

云横半岭亲何在，

石峙荒茔望独深。

拴马桩上的狮子雕刻

拴马桩为独立的一根石柱，柱身不高，柱头加柱身约 2 米。多在柱头上雕刻装饰，这里专介绍拴马桩上狮子的雕刻。

狮子以其凶猛、威武的特性，被称为兽中之王。象征着雄强博大、勇猛精进的狮子，从不食人间烟火到入世人间装饰，从宋代以后逐渐向着温顺和善、吉祥喜瑞演变。这些改变都是通过艺匠们的聪明才智想象创造出来的。现将不同地域、不同时代、不同形态的拴马桩上的石狮选用如下，供读者欣赏。

■ 名称：憨厚型 ■ 年代：宋 ■ 地点：三原县李靖故居

■ 名称：顽皮型 ■ 年代：明 ■ 地点：合阳县

■ 名称：欲扑状 ■ 年代：明 ■ 地点：永寿县

■ 名称：蕴怒状 ■ 年代：明 ■ 地点：礼泉县

■ 名称：警惕状 ■ 年代：明 ■ 地点：铜川市耀州区

■ 名称：顽皮状 ■ 年代：明 ■ 地点：潼关县

■ 名称：乜视状 ■ 年代：元 ■ 地点：蒲城县

■ 名称：挑逗状 ■ 年代：清 ■ 地点：丹凤县

■ 名称：欢乐状 ■ 年代：清 ■ 地点：兴平县

■ 名称：沉思状 ■ 年代：元 ■ 地点：武功县

■ 名称：嘲笑状 ■ 年代：明 ■ 地点：西安关中民俗艺术博物院

■ 名称：憨笑状 ■ 年代：清 ■ 地点：彬县

■ 名称：怒目状 ■ 年代：清 ■ 地点：华县

■ 名称：震怒状 ■ 年代：清 ■ 地点：西安市临潼区

■ 名称：无赖型 ■ 年代：清 ■ 地点：永寿县

■ 名称：凶悍型 ■ 年代：清 ■ 地点：渭南市

■ 名称：无奈型 ■ 年代：清 ■ 地点：蓝田县

■ 名称：冷笑状 ■ 年代：明 ■ 地点：白水县

■ 名称：凝视状 ■ 年代：清 ■ 地点：三原县

■ 名称：莫名状 ■ 年代：元 ■ 地点：长武县

拴马桩上的胡人雕刻

拴马石桩上首多雕以胡人（古时泛指除汉人以外的少数民族），在骑狮行进。狮子温顺服帖，胡人好骑射，英武潇洒，肩头立鹰或钱袋等物，头戴尖顶高帽，长须善目，面带微笑。它源于“八蛮进宝”“回回进宝”的传说，指古丝绸之路沿途各游牧民族臣服中原，或因经商而收益颇丰，多带有金银珠宝，来到长安向朝廷进贡献宝。胡人驭狮，意味着能带来财运。

各种各样的胡人面孔、神态的雕刻，反映着胡人的心理变化，惟妙惟肖，栩栩如生。为了展现各地拴马桩桩首胡人的艺术造型，作者选用了表情、神态有特色趣味的胡人雕刻，供读者鉴赏。

■ 名称：苦愁状 ■ 年代：明 ■ 地点：华阴县

■ 名称：沉稳状 ■ 年代：清 ■ 地点：澄城县

■ 名称：善目型 ■ 年代：明 ■ 地点：韩城市党家村

■ 名称：愤怒型 ■ 年代：明 ■ 地点：韩城市党家村

■ 名称：惊喜状 ■ 年代：明 ■ 地点：兴平县

■ 名称：沉稳状 ■ 年代：明 ■ 地点：陇县

■ 名称：无奈状 ■ 年代：清 ■ 地点：澄城县

■ 名称：发呆状 ■ 年代：元 ■ 地点：周至县

■ 名称：仇视状 ■ 年代：明 ■ 地点：合阳县

■ 名称：愤怒状 ■ 年代：明 ■ 地点：白水县

■ 名称：愤怒状 ■ 年代：明 ■ 地点：澄城县

■ 名称：冥思状 ■ 年代：清 ■ 地点：西安市临潼区

■ 名称：口呆状 ■ 年代：元 ■ 地点：澄城县

■ 名称：醒目状 ■ 年代：明 ■ 地点：铜川市耀州区

■ 名称：得意状 ■ 年代：清 ■ 地点：高陵县

■ 名称：怒目状 ■ 年代：明 ■ 地点：扶风县

■ 名称：沉稳状 ■ 年代：清 ■ 地点：澄城县

■ 名称：蕴怒状 ■ 年代：明 ■ 地点：合阳县

■ 名称：得意状 ■ 年代：清 ■ 地点：华阴县

■ 名称：随意状 ■ 年代：清 ■ 地点：潼关县

■ 名称：申辩状 ■ 年代：清 ■ 地点：华县

■ 名称：乜视状 ■ 年代：明 ■ 地点：渭南市

■ 名称：欢乐状 ■ 年代：元 ■ 地点：韩城市

■ 名称：为难状 ■ 年代：清 ■ 地点：永寿县

■ 名称：苦愁状 ■ 年代：清 ■ 地点：渭南市

■ 名称：怡然状 ■ 年代：明 ■ 地点：黄龙县

■ 名称：善目型 ■ 年代：清 ■ 地点：蒲城县

■ 名称：慈眉型 ■ 年代：明 ■ 地点：蒲城县

拴马桩上的猴子雕刻

拴马桩以整块青石雕凿而成，桩首处雕刻猴子的为数不少。猴子非“四灵瑞兽”，何以多雕它呢？晋干宝《搜神记》载：“赵固所乘马忽死，甚悲惜之，以问郭璞。璞曰：‘可遣数十人持竹竿，东行三十里，有山林陵树，便搅打之。当有一物出，急宜持归。’于是如言，果得一物，似猿、持归，入门，见死马，跳梁走往死马头，嘘吸其鼻。顷之，马即能起。奋迅嘶鸣，饮食如常。亦复不见向物。固奇之，后加资给。”

以此来看，民间谚语“死马当作活马医”，是依此而言的。“置狚（猴子）于马厩”可以趋避马瘟是有依据的。所以，拴马桩上首雕刻憨态可掬、狡黠俏皮、天真稚气、栩栩如生的猴子，应是理之所至，势所必然的了。

■ 名称：怡然自得 ■ 年代：宋 ■ 地点：西安市长安区

■ 名称：怒目而视 ■ 年代：明 ■ 地点：兴平县

■ 名称：相得甚欢 ■ 年代：明 ■ 地点：西安关中民俗艺术博物院

■ 名称：憨态可掬 ■ 年代：明 ■ 地点：澄城县

■ 名称：洋洋自得 ■ 年代：清 ■ 地点：永寿县

■ 名称：辈辈封侯 ■ 年代：清 ■ 地点：蒲城县

■ 名称：惊魂未定 ■ 年代：明 ■ 地点：西安关中民俗艺术博物院

■ 名称：思绪万千 ■ 年代：元 ■ 地点：周至县

■ 名称：食无求饱 ■ 年代：明 ■ 地点：咸阳市

■ 名称：沉吟不语 ■ 年代：清 ■ 地点：铜川市印台区

■ 名称：母子同乐 ■ 年代：清 ■ 地点：澄城县

■ 名称：深思远虑 ■ 年代：明 ■ 地点：蒲城县

■ 名称：母食子窥 ■ 年代：元 ■ 地点：乾县

■ 名称：怒不可遏 ■ 年代：明 ■ 地点：白水县

■ 名称：金猴献瑞 ■ 年代：元 ■ 地点：白水县

■ 名称：目瞪口呆 ■ 年代：明 ■ 地点：合阳县

上马石雕刻

上马石与拴马桩大都设在宅院的大门前。古代官吏与有权势的人家出行多以马代步，因此在一些大宅第的门前设有上马石和拴马桩，以便来客上、下马与拴马之用。

上马石除了上下马之外，还有多层含义。上马石和拴马桩都置于高墙大院的门楼前，显得气派，增加了门户的声望，成了身份地位的象征。

上马石雕刻

上马石一般设在一些大宅第的门前，以便来客上马、下马与拴马之用。

上马石为台阶形，多为上下两阶，普通的只是一块台阶形石材置放在地面，阶石垂直面上多有雕饰。讲究的石座底部有一层不高的须弥座，上置台阶石，除了垂直面上有突出的雕刻外，有的还在脚踩的平面上作浅浅的花饰雕刻。讲究的大门前左右各有一座上马石，它们像两尊石雕艺术品并列在门前路边。最具代表性的如三原县孟店村周家大院（也就是慈禧太后干女儿的娘家，周梅村的宅第）的上马石，在大门内、二门外设有左右两尊上马石，分男主人上马石和女家眷上马石，在上马石的正面和两侧刻有一气呵成的“福、寿、喜”三字，虽都是刻此三字，但男女字形有别，男主人的上马石刻着粗形笔迹，龙头起笔、龙头落笔的福寿喜；女眷上马石上的笔迹较细，并且“福”字笔迹带有云形花纹，以凤头起笔，凤头落笔，区别于人们常说的“龙头蛇尾，凤头鸡尾”。

此外，上马石上多雕刻以狮、麒麟、龙、鹿等吉祥瑞兽，用于避邪、镇宅、祈福。宋代王象之《舆地纪胜》说，张莆田，再兴县治，得一石，铭之为：“石敢当，镇百鬼，压灾殃，官吏福，百姓康，风教盛，礼乐张。”颜师古注：“敢当，谓所向无敌。”上马石正面雕兽面，在民俗信仰心理上，让其显神威，增添镇鬼邪之神力，保宅第之平安。

■ 名称：上马石 ■ 年代：清 ■ 地点：三原县孟店村

这是三原县孟店周梅村的宅第，也就是慈禧太后干女儿娘家的女眷上马石。下有须弥座，上部正面及左右侧雕刻凤头“福、寿、喜”三字，四边雕着回形纹，十分规正。

■ 名称：上马石 ■ 年代：明 ■ 地点：乾县

雕刻“天马奔日”图案的上马石。

这种三个台阶的上马石体积较长，阶台较矮，适于老年人上马之用，比较少见。

■ 名称：松鹤图 ■ 年代：明 ■ 地点：眉县城关镇

上马石正面图案为“松鹤图”，是寓长寿的祝颂。

松，傲霜斗雪，卓然不群，树龄长久，经冬不凋。松被用来祝寿考、寓长生。

鹤，道教赋予它高洁的内涵，民间视其为长寿仙禽。松鹤组合在一起，即是祝人如松鹤般的高洁、长寿。

■ 名称：孔雀图 ■ 年代：元 ■ 地点：白水县

孔雀属鸡形目，雉科。又名越鸟、南客。是最美丽的观赏鸟，也是吉祥、善良、美丽、华贵的象征。

■ 名称：灵鹿衔芝

■ 年代：明

■ 地点：白水县

上马石正面图中雕刻着一只鹿在回头用口衔身后的灵芝草的图案。

“鹿衔灵芝”其寓意很美。早在汉代，“商山四皓，渴饮山泉，饥食灵芝，隐居山野，胸怀天下”。“鹿衔灵芝”表达的是对高士们仙风道骨的赞颂。

■ 名称：鹿 马 ■ 年代：明 ■ 地点：韩城市西王村

上图雕鹿，下图雕马，组合一起谓“鹿马同居”。

鹿，是长寿、官阶品级的象征。

马，是驿马，即为国家奔走之意，与官禄同义。

■ 名称：骏马图 ■ 年代：明 ■ 地点：麟游县招贤镇

上马石雕刻骏马，寓马上平安，是一种吉祥寓意。雕以周穆王的八骏马，则寓“人之奇才”“催人奋进”之意。

■ 名称：八蛮进宝 ■ 年代：清 ■ 地点：渭南市田市镇

胡人驭狮图雕刻为“八蛮进宝”图案，表现中国历代王朝的帝王都雄心勃勃地为一统天下、国富民强而励精图治，以期四夷宾服，万国来朝的强盛愿景。

《隋书·音乐志》载：“每岁正月，万国来朝，留至十五日，于端门外，建国门内，绵亘八里，列为戏场。”唐玄宗“开元盛世”万国来朝的繁荣景象更是历史之高峰期。

《明史》记载，朱元璋“大宴仪”成为明朝的嘉仪之一，跳“八蛮进宝舞”“抚安四夷舞”，借以颂扬明代帝王四夷宾服、万国来朝的功绩。民间雕此图亦是对盛世太平的一种期望。

■ 名称：狮子绣球

■ 年代：清

■ 地点：韩城市党家村

狮子绣球为上马石正面雕刻图。左右各雕一狮戏绣球，其形态优美自然，上跳下扑，尽情戏耍，栩栩如生。钱纹丝带之绣球，寓财源滚滚、延绵不断之意。

■ 名称：双喜临梅
■ 年代：元
■ 地点：扶风县法门村

上马石正面雕刻图案。

一对喜鹊落在梅树枝上，谓“双喜临梅”。

梅寓佳人。“梅”与“媒”谐音，媒为婚姻之前奏，媒婆提亲，喜结良缘，结婚生子，喜上加喜。梅花多子，故有“梅花送子”之说。喜鹊为喜鸟，古人称为“报喜鸟”。五代王仁裕《开元天宝遗事·灵鹊报喜》云：“时人之家，闻鹊声，皆以为喜兆，故谓灵鹊报喜。”

两只喜鹊上下对鸣，寓意双喜，即喜上加喜。

■ 名称：双狮戏蛇
■ 年代：清
■ 地点：淳化县石桥镇

上马石正面雕刻图案。

图中一大狮一小狮和一条巨蛇相戏（人们称蛇为“小龙”），谓双狮戏龙，寓“太师少师”之意。古时“狮”“师”同音通假，后因字义而分为两字，民间以“狮”谐“师”，意表吉祥。古代官制有太师、少师。太师为“三公”之首，少师为“三孤”之首，都是辅弼天子为政的高官，官位显赫。

蛇，也是古人崇拜的一种神物，华夏民族的图腾物——龙，便是以蛇身演变而来的。史书记载的华夏始祖伏羲和女娲皆人首蛇身。龙与蛇互用，蛇是龙的原始形象，龙是天子的化身，称“真龙天子”。故狮蛇相戏，寓加官晋爵、飞黄腾达。

■ 名称：一定平安
■ 年代：清
■ 地点：铜川市印台区阿庄镇

上马石正面雕刻图案。

图中雕刻宝鼎和花瓶，瓶上有一幅画卷和一支羽毛，寓一定平安、吉祥聪慧之意。“鼎”谐“定”音，鼎喻社稷，为国之重器；画卷寓智慧，羽毛寓吉祥，皆为杂宝之列；“瓶”和“平”同音异义，寓平安之意。杂宝组合为吉祥图。

■ 名称：翼马
■ 年代：明
■ 地点：黄龙县

上马石的下台阶上雕着两匹长翅飞奔的马，称为翼马，也叫飞马，意即让马平稳快速地完成主人的使命。

■ 名称：大吉祥
■ 年代：明
■ 地点：勉县

上马石侧面雕刻图案。图中有宝盒、如意、花瓶、宝鼎盒、莲藕之物，系杂宝组合，谓大吉祥如意图。

■ 名称：鹿马同居
■ 年代：元
■ 地点：渭南市孝义镇

上马石侧下雕刻图案。

马，《汉书·武帝纪》曰："元鼎四年秋，马生渥洼水中作天马之歌。"生于马的产地西域大宛的千里马叫天马，生于渥洼水中的马称海马。

鹿，是长寿、官阶品级的象征。鹿和马同雕在一个器物上意为"鹿马同居"，即同为国家奔走之意，与官禄同义。

■ 名称：骏马图
■ 年代：元
■ 地点：渭南市孝义镇

上马石侧下雕刻图案。

马，体魄强健，性情温顺，是人类的亲密朋友，因此被视为吉祥之兽。《易·说卦》曰："乾为马。"《春秋说题辞》又云："地精为马。"这些都说明，马为天地之精灵，为吉祥之物，能与人类和谐相处。《史记·平准书》载："天子为伐胡，盛养马，马之来食长安者数万匹，卒牵掌者关中不足，乃调旁近郡。"马，是古代战争的重要装备，甚至对战争胜负起关键性作用。

■ 名称：鹿 ■ 年代：宋 ■ 地点：西安市长安区

上马石侧面雕刻图案。

图中两只鹿喻“路路顺畅”。“鹿”谐“路”音，上马石上刻双鹿谐“路路顺畅”，寓家人骑马外出办事会畅通无阻，一切顺意。

■ 名称：福禄双全

■ 年代：清

■ 地点：华阴市韦林镇

上马石侧面雕刻图案。

图上为“福禄双全”。鹿，人们视为长寿仙兽。“鹿”与“禄”谐音，以它来象征有福之快乐，有禄位之权力。

图下为“金榜题名（雁塔题名）”，入朝为官，得到俸禄，福禄双全。

猪蹄之“蹄”与“题”谐音（图中雕一肥猪，借用猪蹄之“蹄”，又寓“肥猪拱门”，富裕吉祥之意）。中头名状元、进士及第者称之为雁塔题名，此典故源于唐代。韦绚《刘宾客嘉话录》称，唐代科考在长安举行殿试，新进士张莒考取后，曾到慈恩寺大雁塔石上题名，此后遂为故事。后来人们遂以“雁塔题名”喻高中状元，夺得全国第一。

此上马石，下边雕肥猪，上面刻梅花鹿，即寓考取状元，用以祝福家人金榜题名，必得高官之位，位高则禄厚矣。

■ 年代：清 ■ 地点：岐山县

■ 年代：明 ■ 地点：武功县

■ 年代：清 ■ 地点：宜君县

■ 名称：椒图上马石 ■ 年代：清 ■ 地点：渭南市孝义镇

■ 名称：椒图上马石 ■ 年代：元 ■ 地点：渭南市孝义镇

■ 年代：宋 ■ 地点：泾阳县

■ 年代：明 ■ 地点：黄陵县

■ 年代：明 ■ 地点：潼关县

上马石正面雕刻图案。

这十个上马石正面雕刻的椒图图案，分别来自陕西的东、南、西、北、中的不同地域，宋、元、明、清的不同时期。属同一题材，但表现的形式各不相同，这就体现了民居雕刻中不拘泥于一种模式的多样性，灵活性，可看性。

明杨慎《升庵外集》卷九五所云：“龙生九子，不成龙，各有所好。”第九子叫椒图，形似螺蚌，性好闭口，作为门扉拉环装饰。大概似螺蚌触其必闭，不轻易张口。上马石大都设置在宅院大门的两侧，雕椒图把持门户，能恪尽职守，故作守门兽。

■ 年代：元 ■ 地点：紫阳县

■ 年代：元 ■ 地点：洛南县

■ 名称：龙虎斗
■ 年代：明末
■ 地点：合阳县福山村

上马石正面雕刻图案。

虎蛇相斗，俗称“龙虎斗”。龙的主要形貌特征是蛇身。东汉王充说：“世俗画龙之像，马首蛇尾。”这些共同特征是蛇身。因为龙的原型为蛇，所以民间至今仍有小龙、大龙之说。

虎衔蛇身，蛇缠虎身，称龙虎斗。龙虎在旧时比喻豪杰之士。李白《登金陵冶城西北谢安墩》：“沙尘何茫茫，龙虎斗朝昏。”

龙虎又出道家语，指水火，铅汞之属。《周易参同契考异》：“水火、龙虎、铅汞之属，只是互换其名，其实只是精气二者而已。”

■ 名称：行龙 ■ 年代：明 ■ 地点：西安市高陵区

上马石侧面雕刻图案。

东汉许慎《说文解字》，把龙界定为："鳞虫之长，能幽能明，能细能巨，能短能长，春分而登天，秋分而潜渊。"

《易》曰："云从龙。"云气绕身、露头藏身的是云龙；盘曲成圆的为团龙；正面的曰坐龙（正龙）；侧面的是行龙；向上飞腾的称升龙；向下俯降的叫降龙；尚未升天的是蟠龙；好栖于水的是虾蜻龙；喜火的名火龙。

行龙，意为行走的龙，可能与黄帝之子累祖的传说有关。《汉书·景十三王传·临江闵王荣传》颜师古注："昔黄帝之子累祖好远游而死于道，故后人以为行神也。"黄帝是龙，其子亦为龙子，行龙应为行神矣。

■ 名称：佛头牡丹 ■ 年代：明 ■ 地点：韩城市西王村

上马石正面雕刻图案。

牡丹花为富贵的象征符号，称为“花王”。牡丹花中雕一佛头（像个孩童）的雕饰，是化生的表现。化生乃变化孳生，《易·咸》：“天地感而万物化生。”古时有一种迷信习俗，于七夕弄化生，祝人生男。薛能《吴姬》诗：“芙蓉殿上中元日，水拍银台弄化生。”

■ 名称：仙鹤祥云 ■ 年代：清 ■ 地点：渭南市

上马石正面雕刻图案。

丹顶鹤，通称仙鹤，为长寿鸟，寿命可长达五六十年。头顶上裸无羽，呈朱红色，嘴长，呈淡绿灰色，故有“白羽黑翎，丹顶绿啄”之说。交配期，雌雄不断翩翩起舞，引颈高歌，此时鸣声特别洪亮，有“鹤鸣九皋，声闻于天”。

祥云为灵芝状的云朵，为中国传统吉祥图案，寓吉祥之意。“仙鹤祥云”为祝人吉祥长寿之颂语。

■ 名称：人物 花鸟 ■ 年代：清 ■ 地点：西安市北院门高宅

这是一对很讲究的上马石。左边正面雕“松鹤长春”图。松树生命力极强，它的丰姿雄态流传千年，不惧风寒，终年葱郁，寓意延年益寿。《太平御览》引《汉武内传》曰：“药松柏之膏服之可延年。”

右边正面雕“寿天白鹿”图。传说鹿“千年化为苍，又五百年化为白”，被当作极其长寿的仙兽。“鹿”又与“禄”同义，禄为官之薪俸，《礼记》云“位定然后禄之”，官位高禄也多。

两侧各雕以教子习文尚武图案。中部镂空，雕四根竹子形柱子，寓四季平安；下刻“卐”字回纹，表示福、禄、寿不断头之意。

■ 名称：鹤鹿同春 ■ 年代：清 ■ 地点：眉县汤峪镇

上马石正面雕刻图案。中有鹤、鹿、梧桐、竹子，为“鹤鹿同春”，祝颂人们健康长寿，永享天年。

鹤为羽族之长，有“一品鸟”之称，俗谓长寿仙禽。

鹿，被人们视为长寿仙兽。《述异记》云：鹿“千年化为苍，又五百年化为白，又五百年化为玄。”

梧桐树的“桐”字与“同”字谐音，古时民间视为“灵树”，有种异特性，能引凤凰。

■ 名称：鹤鹿同春 ■ 年代：元 ■ 地点：华阴县

上马石正面雕刻图案。

图中雕刻鹤、鹿、梧桐树，谓“鹤鹿同春”，即“天下同春”之意。

柱础石雕刻

柱础石在建筑学上称为石柱础，它的作用是：一、可以使柱子坐落在坚实的石材上，经过柱础将房屋的荷载传至土地；二、可以避免土地的潮湿直接侵蚀木桩，免其受损。

小小的柱础石，体现着中国封建社会里以礼治国的理念，等级制度便是礼制的中心，其装饰雕刻的差别，均因物主的地位高低而不同。

柱础石雕刻

据考古发现，在新石器时代的仰昭文化与龙山文化之间的时期，当时房屋的遗址上，就发现在室内木桩的底部有扁平的砾石相垫，这便是中国最早时期的柱础石。

古人将柱础石称“碵”“碣”“磉”。东汉班固《西都赋》：“雕玉碵以居楹。”东汉张衡《西京赋》：“雕楹玉碣。”磉，柱石下。《梁书·诸夷传·扶南国传》“（穿土）可深九尺许，方至石磉，磉下有石函。”碵和碣、磉都是柱下的础石，古人将洁白的美石称为玉，文人笔下的碵、碣并不是今人谓之玉，而是坚硬美好的石头。

柱础石虽然体积小，但它所处的位置却引人注目，所以它的装饰很重要。宋代《营造法式》中对柱础装饰的规定有：“其所造华文制度有十一品：一曰海石榴华；二曰宝相华；三曰牡丹华；四曰蕙草；五曰云文；六曰水浪；七曰宝山；八曰宝阶；九曰铺地莲华；十曰仰覆莲华；十一曰宝装莲华。或于华文之内，间以龙凤狮兽及文化生之类者，随其所宜，分布用之。”

■ 名称：菊花纹磉 ■ 年代：明 ■ 地点：华县赤水镇

磉，是房屋柱子下的石墩。上边圆形石鼓，中雕菊花纹饰，下以方正基底。寓天圆地方之意。菊为九月之花，人称九菊。“九”与“久”同音，菊花之“菊”与居室之“居”谐音，故谓“天圆地方，久居长安”。

柱础石可以避免土地的潮湿直接侵蚀木桩，免其受损。柱础石的雕刻体现着中国封建社会里以礼治国的理念，等级制度便是礼制的中心，其装饰雕刻差别，均因物主的地位高低而不同。

■ 名称：博古 婴戏图 ■ 年代：明 ■ 地点：礼泉县

图中的孩童争夺如意戏耍，一人夺得如意，右手高举，左手在按另一个孩子的头，表示如意得胜；另一个孩子拉扯其腿，极力争抢，孩童戏耍之稚气跃然其上，栩栩如生。

如意，即满意、如愿，称心如意是也。是一种用竹、玉、骨做成如灵芝或云叶形状，柄微曲，供指划挠痒或赏玩之用的把玩器物。《晋书·王敦传》曰："每酒后辄咏魏武帝乐府歌……以如意打唾壶为节，壶边尽缺。"

博古，雕绘古器物的画面，以古器物图形装饰的称为博古图。《文选·张衡〈西京赋〉》云："雅好博古，学乎旧史氏，是以多识前代之载。"

民居中的柱础石大多雕刻些人们喜闻乐见的博古器物、儿童戏耍图案，既美观大方又不失文雅之气。

■ 名称：博古 婴戏图 ■ 年代：明 ■ 地点：礼泉县

图中二人在踢鞠。蹴鞠，是中国古代的一种足球运动。蹴就是踢，鞠就是球，以皮为之，中实以毛（因当时无橡胶可作充气之球胆，用毛做圆球，利用毛之间空隙的弹性）。《史记·苏秦列传》裴骃《集解》引刘向《别录》云："蹴鞠者，传言黄帝所作，或曰起战国之时。"

《汉书·枚乘传》"蹴鞠刻镂"。颜师古注："蹴，足蹴之也；鞠，以韦为之，中实以物；蹴蹋为戏乐也。"

■ 名称：歌舞升平 ■ 年代：明 ■ 地点：礼泉县

柱础石束腰部六个面上雕人们击鼓娱乐，孔雀画瓶器物，喻歌舞升平的景象。元代陆文圭《〈词源〉跋》："淳祐景定间，王邸侯馆，歌舞升平，居生处乐，不知老之将至。"孔雀画瓶，孔雀在传统民俗中被视为爱情的使者和歌舞升平的形象。

■ 名称：梅竹双喜
■ 年代：清
■ 地点：澄城县王庄镇

梅花枝头两只喜鹊，左边有一竹子，图寓“梅竹双喜”。

竹、梅寓为夫妇。喜鹊和双喜的“囍”字相同，两只意为双，夫妇双方互敬互爱。古人把喜鹊说成“相思药”。所谓相思药，就是吃后会对某男或某女产生爱情。有的地方还认为喜鹊有灵性，传言吃了鹊脑，会促使男女结合，形成爱情之火。

圆鼓加基座形柱础石上，除圆鼓、基座上各施雕刻之外，在二者之间的角上添加狮子，须弥座、束腰上的角兽、包袱角，都是起承托立柱的作用。

■ 名称：马报平安
■ 年代：清
■ 地点：澄城县王庄镇

图中送信人骑马奔跑，带着信件，意为“家信平安”。

圆鼓上图谓家中有子弟科举得中，已入朝为官，快马信使向家人信报平安喜讯。

《名臣言行录》云：“胡安定读书泰山，十年不归，得家书，见‘平安’二字，即投涧中，不复展读。”古代交通不便，靠骑马驰送家书，故家书难得。杜甫诗曰：“烽火连三月，家书抵万金。”“马报平安”表达对亲朋的平安祝愿。

■ 名称：马上平安

■ 年代：清

■ 地点：澄城县王庄镇

骑马人手持令旗急奔，是古人传达边关军情公文的重要手段。古代有“五百里加急”之说，按唐朝官方规定最快传达公文一天要求日驰五百里。传递紧急文件时，每个驿站间隔二十里，到驿站换快马，但不换人。当级别达“八百里加急”之时，基本上是跑死马的结果，往往将消息送到目的地以后，送信人身体差的也会因劳累过度而亡。

“马上平安”意为边关大捷，战争获胜，马上（已经）平安无事了。“马上”是俗语“立马”“很快”“这就……”的意思。

■ 名称：行龙吐珠 ■ 年代：清 ■ 地点：白水县冯原镇

圆鼓加基座柱础石，柱础石圆鼓上雕的图案谓“行龙吐珠”。

龙在雕刻的动态图案中有云龙、团龙、坐龙、升龙、降龙、行龙之分。行龙为行走态势的龙。龙珠，为龙吐的宝珠。《述异记》卷上云：“凡珠有龙珠，龙所吐者……越人谚云：‘种千亩木奴，不如一龙珠。’”（木奴为柑橘之别名。）

■ 名称：狮子角兽柱础石 ■ 年代：清 ■ 地点：千阳县香泉乡

柱础石上的装饰用的最多的是狮子，须弥座与圆鼓之间的角兽也大多为狮子，覆斗表面有的围着一圈狮子，表现了独特的创意。狮子在佛教中为护法兽，在民间传统文化中狮子有辟邪功能，所以柱础石上多雕以狮。

圆鼓上雕刻着喜鹊落在长着三个桂圆的树枝上，谓“喜报三元”，寓科举考试的乡试、会试、殿试都中头名的“连中三元”之意。

■ 名称：久居长安 ■ 年代：清 ■ 地点：彬县张洪镇

圆鼓石上雕着鹌鹑和缠枝菊花，寓“久居长安”。覆斗四角雕刻卧狮，意为辟邪、镇宅。

■ 名称：钟鸣鼎食
■ 年代：清
■ 地点：西安市长安区郭杜镇

圆鼓形柱础石的束腰部雕有宝鼎盒图案，凿为八个小方龛，每龛一尊宝鼎盒，寓钟鸣鼎食。王勃《滕王阁序》曰：“闾阎扑地，钟鸣鼎食之家。”每角透圆雕一只倒飞的蝙蝠，口衔瓶子，寓“福到平安”。倒飞的蝙蝠，俗称“福倒了”之意。瓶子的“瓶”与平安的“平”同音，即寓平安之意。

■ 名称：花卉回纹
■ 年代：清
■ 地点：宜川县瓦子街镇

上以圆鼓形，下以四方平板基底，是典型的“天圆地方”说的表述。《辞源》称，圆，是中国道家通变、趋时的学问；方，是中国儒家人格修养的理想境界。“智欲其圆道，行欲其方正”。圆方互容，儒道互补，构成了中国传统文化的主体精神。

柱础石束腰雕成八个方块，花卉回纹，寓花香鸟语，八方四面，轮回久长，无尽无头。

■ 名称：花中四君子
■ 年代：清
■ 地点：宜川县瓦子街镇

梅、兰、竹、菊为“花中四君子”，是中国历代文人墨客、隐逸人士以其清雅淡泊的品质，作为自身的本性使然。把它们的自然属性和自己的道德情操、人格追求、价值观念融在一起，是托物言志、寓兴自我的绝佳题材。故，在中国画、雕刻、刺绣等领域使用广泛。

此柱础石上图中雕刻着梅、兰、竹、菊四种花卉，充分体现了主人托物言志的思想及隐喻自己崇尚清雅淡泊品质的理念。

■ 名称：上圆下方柱础石 ■ 年代：清 ■ 地点：城固县上元观镇

上圆下方，四层束腰回纹柱础石，寓天圆地方。束腰上的如意纹、蔓草纹、回纹意为吉祥如意、幸福万代、富贵无疆。

梅

兰

竹

菊

- 名称：鼓形柱础石
- 年代：清
- 地点：岐山县五丈原镇

鼓形柱础石上的四面雕刻“花中四君子”梅、兰、竹、菊（参见205页）。

■ 名称：狮身柱础石 ■ 年代：明 ■ 地点：潼关县老城

将整个狮子当作柱础石，立柱直接落在狮子背上。在这里，狮子不但起着护卫家院的作用，还承担起承托柱子的重任，真可谓充分发挥狮子之长，能者多劳，身负二职。

■ 名称：莲花圆鼓柱础石 ■ 年代：明 ■ 地点：陇县

圆鼓上雕莲花，寓“一品清廉”之意。

■ 名称：青牛圆鼓柱础石 ■ 年代：明 ■ 地点：汉阴县恒口镇

将牛雕于圆鼓石的正面，是牛崇拜的一种现象。牛性情温顺，任劳任怨地帮人耕地负重。过去，牛作为重要的农耕家畜，朝廷多次颁令禁杀耕牛，以发展农耕生产。

人们以道教“老子骑青牛”图，将其“青牛”作神物崇拜，有“牛工爷”之称。铜川市陈炉镇就有牛王神庙祭祀牛王爷。

神话故事“牛郎织女”中的老牛，为牛郎出谋划策，让勤劳善良的牛郎和天仙织女结缘，生儿育女，并嘱牛郎乘它的牛皮上天与织女相聚。这些都是人们对牛的精神的赞誉。

■ 名称：缠枝牡丹 ■ 年代：清 ■ 地点：丹凤县龙驹寨

缠枝牡丹，为富贵不断头的一种表达。牡丹为富贵花，缠枝为枝蔓延绵不断的象征。

■ 名称：四面八角柱础石 ■ 年代：清 ■ 地点：私人收藏品

柱础石四面上分别刻着“梅、兰、竹、菊”花卉四贵和“青龙、白虎、朱雀、玄武”四象图案。这种柱础石的形式较为少见。

■ 名称：六方束腰灯景式柱础石 ■ 年代：清 ■ 地点：麟游县招贤镇

柱础石雕刻成六方束腰灯景式，是一种类似宫灯式的装饰，六面分别雕刻婴戏、花卉、博古等图案，显得高贵典雅、富丽堂皇。

- 名称：六层圆鼓柱础石
- 年代：清
- 地点：商南县湘河镇

上圆鼓雕牡丹、香炉寿，四角雕雄狮，束腰雕骏马，下方形基座，六层柱础石。寓意富贵长寿、威武镇宅、马到成功，事事顺利。

■ 名称：狮身柱础石 ■ 年代：明 ■ 地点：西安关中民俗艺术博物院

柱础上覆斗表面雕着不规整的狮子浮雕。几条腿之间雕着狮子头，在多面几腿间，正面是狮子的头与前胸，背面却是狮子的尾和后背。多只狮子竟穿透础石而立于阶前，表现出独特的创意。

■ 名称：圆鼓基座柱础石 ■ 年代：清 ■ 地点：合阳县

圆鼓上雕钱串子和四季花卉，中雕狮子、猴子，下雕鹿和山水，上下共分五层图案，寓钱串不断、花开富贵、太师少师、辈辈封侯、江山一统、福禄久长、五世同堂之意。

■ 名称：圆鼓基座柱础石 ■ 年代：清 ■ 地点：大荔县

圆鼓上雕“梅鹊双喜”；中部束腰刻一圈狮子，为“雄狮镇宅”；下部雕着奔马，寓“马到成功”。

马，指“驿马”，即为国家奔走之意，与官禄同义。鹿，是长寿、官阶品级（禄）的象征，鹿和马同雕在一个器物上意为“鹿（禄）马同居”。

■ 名称：双喜登梅柱础石鼓 ■ 年代：清 ■ 地点：澄城县罗家洼乡

一对喜鹊落在梅树枝上，为“双喜登梅”。

梅寓佳人。“梅”与“媒”谐音，媒为婚姻之前奏，媒婆提亲，喜结良缘，结婚生子。两只喜鹊上下对鸣，寓意双喜，即喜上加喜。

石雕器物

古时候，由于物资的因素和使用原因，很多器物都用石头来雕凿，如石缸、石槽、石桌石凳、供案桌等。特别是民居宅院中的防火缸，绝大部分都是以巨型石头雕凿的，其上面雕刻以各种造型及花纹图案，既耐久，又稳妥，美观实用。

平安招财缸上的雕刻

平安招财缸，亦称“太平缸”，是前人利用一块巨石凿琢的盛水器物。石缸一般摆放于庭院中，靠堂厅房前的台沿下放置的为长方形，放在院子中间的为圆形，主要作用是常年蓄水于缸中，以防火灾。长方形槽缸一般高约 80 厘米，长 1 米～ 1.5 米，宽约 70 厘米。

偌大一个石缸放在院中，十分醒目。为美化装饰庭院，石缸多被做成前面凸起的半圆形元宝状，且多雕刻着附有教化寓意的故事或有内涵的花鸟虫鱼图案于其上。

用以防火盛水之石缸，被称为“平安招财缸”，是人们期盼发财求富的欲望体现。石缸以沉重的巨石雕之，意为“稳若泰山”。缸中常年盛水，以备火灾之用，保房院平安，取其“平安”之意，因此被称为“太平缸”。

水，在传统民俗中寓“财”，缸中经常蓄水，以视作添财。旧时商铺的楹联有“生意兴隆通四海，财源滚滚达三江”，今日春节仍在广泛使用。江、海皆水之汇集之处矣，故，续水于石槽缸中谓“招财”。

石槽缸的水中，讲究的人家多有育养观赏鱼类或水栽花卉，既不影响消防，又增添生活情趣，更象征花开富贵、连年有余（鱼）。

■ 名称：《西游记》太平缸 ■ 年代：明末 ■ 地点：宁强县毛坝河镇

太平缸前面的镶嵌石片雕刻图案为《西游记》火焰山的故事。唐僧师徒四人西天取经，行走在坎坷崎岖的山路上，脚下奇石嶙峋，喻示路途艰险，磨难众多。前边有一个山洞，洞中有一持扇妖精，为铁扇公主的丈夫牛魔王。防火水槽缸上雕此火焰山的故事，有镇妖防火之意。

《火焰山·孙悟空三借芭蕉扇》的故事为：唐僧师徒四人路过火焰山，由于山上一片火海，他们无法通过。孙悟空得知铁扇公主的芭蕉扇能灭火焰山的大火，就亲自前往借扇。铁扇公主误以为是孙悟空害死了他的儿子红孩儿，故而不愿借扇子给孙悟空。无计可施后，悟空变小，让铁扇公主喝进肚子，在肚中逼她交出扇子。悟空拿着铁扇公主给的芭蕉扇回到火焰山，可是火越扇越大，悟空才知道被骗了。悟空变成牛魔王的样子再次找铁扇公主要扇子，结果被识破。幸好观音菩萨让红孩儿回家解释事情的原委，铁扇公主才肯将芭蕉扇借给悟空，扇灭了火焰山上的大火，师徒四人才顺利通过了火焰山，继续走上西天取经之路。

■ 名称：麻姑献寿 ■ 年代：明 ■ 地点：宁强县毛坝河镇

图中雕着麻姑、鹤、鹿，寓献寿、长寿之意。

在传统民俗文化中，鹤为长寿仙禽，鹿为长寿仙兽，皆为祝人长寿的文化符号。

麻姑，为长寿仙女，有“麻姑献寿”之说。晋代葛洪《神仙传》卷七：“麻姑，建昌人，修道于牟州东南余姑山。三月三日西王母寿辰，麻姑在绛珠河畔以灵芝酿酒，为王母祝寿。”

■ 名称：沙和尚归佛 ■ 年代：明 ■ 地点：宁强县毛坝河镇

沙和尚，亦称沙僧，是《西游记》中唐僧师徒人物形象之一，原为天宫玉皇大帝的卷帘大将，因打碎了琉璃盏，触犯天条，被贬出天界，在人间流沙河兴风作浪，危害一方，专吃过路人。后来经过观音菩萨点化，赐法号悟净，一心归佛，同猪八戒、孙悟空一同保护唐僧西天拜佛求取真经。

沙和尚虽外貌丑陋，但个性憨厚，忠心耿耿。他一心跟随唐僧，正直无私，任劳任怨，谨守佛门戒律，踏踏实实，本本分分，最终功德圆满，被如来佛祖封为南无金身罗汉。

■ 名称：《封神演义》太平缸 ■ 年代：清 ■ 地点：镇安县青铜关镇

《封神演义》是一部中国古典小说，俗称《封神榜》。故事以姜子牙辅佐周文王、周武王讨伐商纣的历史为背景，描写了阐教、截教诸仙斗智斗勇，破阵斩将封神的故事。阐教是鸿钧道祖门下三友之一元始天尊所创（一友太上老君、二友元始天尊、三友通天教主）。阐教与截教之争，是贯穿《封神演义》全过程的主线，而所谓的阐教与截教这两大教派恰恰是作者的杜撰。《封神演义》中含有大量的民间传说和神话，有姜子牙、哪吒、杨戬等生动鲜明的人物形象。最后以姜子牙封神、周武王封诸侯结束。

图中雕刻有太上老君、元始天尊、通天教主、惧留孙、玉鼎真人、申公豹等。

■ 名称：《封神演义》太平缸 ■ 年代：清 ■ 地点：镇安县青铜关镇

■ 名称：五子夺魁 ■ 年代：民国 ■ 地点：洋县

五个孩子在争夺帽子嬉耍的太平缸图案，为“五子夺魁”。

五子夺魁是汉族民间传统吉祥图案。古时历行科举考试制度，父母皆希望孩子苦读诗书，中得状元。魁者，第一也。明代科举制度以五经取士，第一名为经魁，五经之魁为五经魁，亦称“五魁”。“魁”谐“盔”音，盔是作战时用来保护头部的帽子，故帽子亦称头盔。“头”亦称“首”，首领者也。《汉书·游侠传》：“闾里之侠，原涉为魁。”

■ 名称：龟形太平缸 ■ 年代：清 ■ 地点：西安市文艺路

龟，古人把龟看作是有灵性的神物，它和龙、凤、麟称为“四灵”或“四神”物。

龟，腹背有硬甲，甲有纹饰，寿命很长，俗语有“千年王八，万年龟”之说。《尔雅·释虫》：“十龟：一神龟、二灵龟、三摄龟、四宝龟、五文龟、六筮龟、七山龟、八泽龟、九水龟、十火龟。”

《述异记》说：“龟千年生毛，寿五千年，谓之神龟；万年曰灵龟。”它是王者有德的象征。

龟为吉祥之物，它与蛇合为“玄武”，能捍难避害。古人认为，龟有甲能捍难；蛇无甲，见人退之，是避害。

用以防火消防的太平缸以龟形凿石，恰当之至。

■ 名称：夸官游京街 ■ 年代：清 ■ 地点：富平县宫里镇

在科举时代，考取殿试第一，称头名状元。高中状元是件光宗耀祖的事，状元及第后骑马夸官游京街（在天子脚下的京城），这对新科状元和朝廷来讲都是件大喜事，值得人们称赞和羡慕。

■ 名称：荷叶形鱼缸 ■ 年代：清 ■ 地点：西安市莲湖区

图中是以一片收拢的荷叶为造型的鱼缸，外部叶脉纹络清晰，缸沿的荷叶波纹翻卷，参差错落，栩栩如生，是一件难得的精美石雕艺术品。

■ 名称：莲花招财缸

■ 年代：清

■ 地点：泾阳县安吴镇

放在院子中间的圆形石缸，以莲花瓣为基型，在每个花瓣上浮雕富贵牡丹及博古图案，显得雅致大方，既有为防火用水之便，又给庭院装点了招财、纳富、高雅的文化气息，可见前人的文明、智慧之高。

■ 名称：麒麟招财缸
■ 年代：清
■ 地点：陕西省艺术馆收藏品

以汉白玉雕刻凿琢的圆形石缸，缸体雕麒麟图案，取其祥瑞灵兽，吉祥平安之意。

青龙图

白虎图

朱雀图

玄武图

■ 名称：四象太平缸 ■ 年代：清 ■ 地点：私人收藏品

青龙、白虎、朱雀和玄武又称“四象”，是汉族神话中的四方之神灵。在汉族民俗文化中，四神有祛邪、避灾、祈福的作用。春秋战国时期，由于五行学说盛行，所以“四象”也被配色成为青龙、白虎、朱雀、玄武。两汉时期，四象演化成为道教所信奉的神灵，故而被称为“四灵”。

这个四面刻着四灵图的太平缸，放在院中，既有盛水防火的实用价值，又饱含主人祛邪、避灾、祈福、纳祥的企盼。

■ 名称：渔樵耕读 ■ 年代：民国 ■ 地点：略阳县史家院乡

渔、樵、耕、读即渔夫、樵夫、农夫和书生，是古时候汉族农耕社会的四个重要的职业，简称“四业”，是汉族劳动人民的基本生活方式。

渔，以东汉光武帝时的严子陵为代表。他一生不仕，隐于桐庐，垂钓终老。

樵，以汉武帝时的大臣朱买臣为代表。他出身贫寒，靠卖柴为生，但酷爱读书，后入仕为官。

耕，以舜帝为代表。他在历山下教民耕种稼穑。

读，以苏秦为代表。他埋头苦读，每天读书到深夜，打瞌睡时就用锥子刺一下大腿来提神再读，后为“六国相”。

■ 名称：崔妇乳姑招财缸 ■ 年代：清 ■ 地点：富平县宫里镇

崔山南，唐朝人，官至节度使之职。其曾祖母长孙夫人年事高，口中没有一颗牙齿了。祖母唐夫人崔家少妇有孝行，每日栉洗，并用自己的奶水喂曾祖母，曾祖母数年都以她的奶水为食。一日曾祖母病笃，便说："无以报新妇，愿汝孙妇亦如新妇孝敬可矣。"后山南贵显，一如长孙夫人之言孝敬祖母唐夫人，贤名流芳。

■ 名称：渔鱼招财缸 ■ 年代：清 ■ 地点：西安市高陵区

石缸面雕刻两幅图，左图有一人持渔杈，呈捕鱼之状为“渔”；右图有多条鱼在欢腾跳跃，生机勃勃。渔，为捕鱼之意，另一层义为谋取或获取，有“姜子牙钓鱼，愿者上钩”，这渔人便是姜子牙。“鱼”谐“余”，为连年有余（鱼），是人们期盼生活美满、富足安康的一种象征。

■ 名称：鲤鱼跳龙门太平缸 ■ 年代：清 ■ 地点：合阳县

太平缸正面雕以鲤鱼跳龙门之图，是顺理成章之举，且缸中还养鱼。图中雕以象征龙门图案，涛涛水浪中，鲤鱼跳跃，欲跃龙门之势彰然。

《本草纲目》称：“鲤鱼为诸鱼之长，形状可爱，能种变，常飞跃江湖。”鲤鱼跳龙门讲的是“鱼化龙”的故事，传说鲤鱼跳过龙门就变成龙。清代张澍辑《三秦记》曰：“（黄河）河津一名龙门，水险不通，鱼鳖之属莫能上。江海大鱼薄集龙门下数千，不得上。上则为龙，不上者鱼。”而鲤鱼多能翻越而过。后世常以此作高升的比喻，或祝颂高升、幸运。

■ 名称：凤麟呈祥太平缸 ■ 年代：明 ■ 地点：彬县太峪镇

凤，又名凤凰，雄为凤，雌为凰。周代师旷《禽经》曰："鸟之属三百六十，凤为之长。"

《宋书·符瑞志》更是集优秀品德于凤凰一身，称其"食有节，饮有仪，往有文，来有嘉，游必择地，饮不妄下。其鸣，雄曰'节节'，雌曰'足足'。晨鸣曰发明，昼鸣曰上朔，夕鸣曰归昌，昏鸣曰固常，夜鸣曰保长。其乐也，俳俳徊徊，雍雍喈喈。唯凤皇为能究万物，通天祉，象百状，达王道，率五音，成九道，备文武，正下国。"为祥瑞之鸟。

麟，麒麟也，雄曰麒，雌曰麟。凤、麟、龙、龟为"四灵兽"，又称"四神兽"。《大戴礼》曰："毛虫三百六十，而麟为之长。"麟为嘉瑞兽。

凤、麟在传统民俗文化中皆为祥瑞之兽，它俩组图是大吉祥矣，故曰"凤麟呈祥"。

■ 名称：石鱼缸 ■ 年代：清 ■ 地点：眉县

这是一座很讲究的养鱼石缸。上部雕刻人物图案，为两位老翁，抱一小儿（其寓意待考，疑似“天官赐福”的一种雕法）；中部束腰，四角各雕狮子；下部须弥座，造型美观大方。

■ 名称：《三娘教子》太平缸 ■ 年代：清 ■ 地点：澄城县

太平缸正面雕图《三娘教子》，是戏曲《双官诰》的一折戏。关于《三娘教子》，民间流传着几个故事版本，其中一个故事说，古时候有一个郎中叫薛子岳，家境富足，娶了两房妻子。三娘本是他家中一个使女丫头，由于薛子岳非常喜欢她，便收为第三房妻子，故称“三娘”。薛子岳纳娶三娘后，正房和二房妻妾受到冷落，由此家中争吵不休，薛子岳被闹得烦恼难耐，便独自外出游玩。他来到镇江后，由于银两用尽，便坐堂给人看病。由于他医术好，名声远扬，就有一个人想跟他学医，子岳就收其为徒。时愈半载，子岳又别了徒弟云游他处，而徒弟仍以他的名号行医，后来徒弟暴病身亡，人们便向薛家报丧说薛子岳亡故，家人薛保便到镇江搬回遗物和灵柩。这时，正房、二房妻妾看到遗物，认为薛子岳已死亡，就变卖薛的家产，各自另嫁他人。二房所生一岁多的孩子倚哥也不要了，留给三娘。薛家一时陷入凄凉之地。小妾三娘便挑起了生活重担，织布纺纱，教育孩子用功读书。中间，倚哥听人说他无亲生母亲，便和三娘吵闹，老家人薛保力劝三娘教育倚哥。后来倚哥高中状元，薛子岳也从武做了官，回到家中一家团圆。此事传到朝廷，皇上被三娘事迹感动，特封三娘为“双官诰命夫人”，好人得到好报。

■ 名称：六棱花纹太平缸 ■ 年代：清 ■ 地点：西安市红埠街

此缸为荷花五面扇形缸，以外形表露五个面命名。正面为出水芙蓉图，右雕喜鹊登梅，左刻松、梅之树，皆为吉祥图案。本为消防之用，同时用以装饰院落，亦可养观赏鱼。

■ 名称：六面形仕女图招财缸
■ 年代：清
■ 地点：大荔县

此缸为六面形缸，各面均雕仕女浮雕，尤显典雅华丽。

仕女，古时特指社会上有影响的贵族妇女，社会名流。以这些古时社会中上层妇女为题材的中国画，即称“仕女图”，如唐代画家周昉的《簪花仕女图》《挥扇仕女图》。画家在此注重写真求实，女子脸型圆润饱满，体态丰腴健壮，气质雍容高贵。

■ 名称：阴阳鱼太平缸 ■ 年代：清 ■ 地点：南郑县西河乡

两条鱼向珠而戏的平安招财缸，“鱼”谐“余”，寓连年有余，有富余之意。

珠，形圆，寓“浑元”。《汉书·叙传上》云：“浑元运物，流不处兮。”颜师古注：“浑元，天地之气也。”“浑元”一词来自道教。在中国传统文化中，“圆”占有特殊地位，古人认为，“圆”意味着圆融、圆满、和谐、完美、自（富）足、淳朴。而从宇宙论角度说，“圆”又被视作宇宙的起始状态，是万“有”本根，孕化万象的“太一”，生命灵气与活力的来源。

此图的双鱼是还寓道教“阴阳鱼”。一边的鱼，身宽体肥，鳞片清晰，示“阳鱼”；而另一边之鱼，身瘦且扁，身无鳞甲（非因时日旷久而消损），应是艺匠在雕凿时有意而为，示“阴鱼”。整图蕴道教意味。

■ 名称：戏剧故事太平缸 ■ 年代：清 ■ 地点：西安市长安区

用以消防蓄水的太平缸，为了装饰，正面多雕以戏剧故事场面。将戏剧的多个场面雕于一图，华丽美观，但大多数人很难解读其戏剧名目。因人物动作多形象化，说它是《西厢记》，但又像《花亭相会》，所以，只有雕刻者能说出自己想要表达的内容。

■ 名称：饮马石槽 ■ 年代：清 ■ 地点：黄龙县范家卓子乡

饮马石槽，顾名思义，是供骡马饮水用的石凿水槽。它的作用是将井水打上来，倒入此石槽中，使水在阳光照射下温度和气温相近，便于牲畜饮用而不致饮生冷的水而生病，保证牲畜健康。

这样的大石槽（长 178 厘米，宽 100 厘米，高 81 厘米）都是骡马成群的大户人家的用品，为了美观和富有寓意，多在正背两面雕刻一些蔓草花纹、莲花、缠枝牡丹花纹等，以示富贵、吉祥、连续恒久之寓意。

■ 名称：饮马石槽 ■ 年代：民初 ■ 地点：眉县汤峪镇

■ 名称：饮马石槽 ■ 年代：清 ■ 地点：眉县张先生收藏品

■ 名称：饮马石槽 ■ 年代：清 ■ 地点：私人收藏品

■ 名称：饮马石槽 ■ 年代：民国 ■ 地点：私人收藏品

■ 名称：太极八卦石桌 ■ 年代：清 ■ 地点：大荔县

石桌面上雕刻太极图的阴阳鱼及八卦图形，是件有道教寓意的石刻器物。

太极图是以黑白两个鱼形纹组成的圆形图案，称“阴阳鱼”。“太极”是中国古代的哲学术语，意为派生万物的本源。太极图形象化地表达了阴阳轮转、相辅相成是万物生成变化根源的哲理。

《易传》作者认为八卦各有三爻，乾、坤、震、巽、坎、离、艮、兑，主要象征天、地、雷、风、水、火、山、泽八种自然现象，并认为“乾”“坤”两卦在“八卦”中占特别重要的地位，是万事万物的最初根源。

■ 名称：太极八卦石桌 ■ 年代：清 ■ 地点：蒲城县罕井镇

人们看到的、印象最深的“太极图”，就是两条黑白的“阴阳鱼”，白鱼为阳，黑鱼为阴。白鱼中间一黑眼睛，黑鱼之中一白眼睛，表示阳中有阴、阴中有阳之理。

关于太极图之含义，一种认为：太极是指宇宙最初浑然一体的元气；再一种是“虚无本体为太极”，认为“一”为太极，此“一”不是数，而是“无”。还有一种，认为阴阳混合未分为太极，“天地阴阳，古今万物，始终生死之理，太极图尽之”。

八卦，即乾、坤、巽、兑、艮、震、离、坎。太极生八卦，八卦归太极，宇宙就是这样一个物质化、生命化、阴阳化、辩证化的太极八卦图。

■ 名称：鼓形石水盆 ■ 年代：清 ■ 地点：澄城县

石水盆，用作盛水之器。是供牲畜饮水之用。盆外作鼓形，一边刻马图，一边雕着苍鹿，盆底座四角雕四个狮子，为吉祥之物。

马，《汉书·武帝纪》曰：“元鼎四年秋，马生渥洼水中作天马之歌。”生于马的产地西域大宛的千里马叫天马，生于渥洼水中的称海马。

鹿，是长寿，官阶品级的象征、鹿和马同雕在一个器物上为“鹿马同居”，即“禄马同居”。

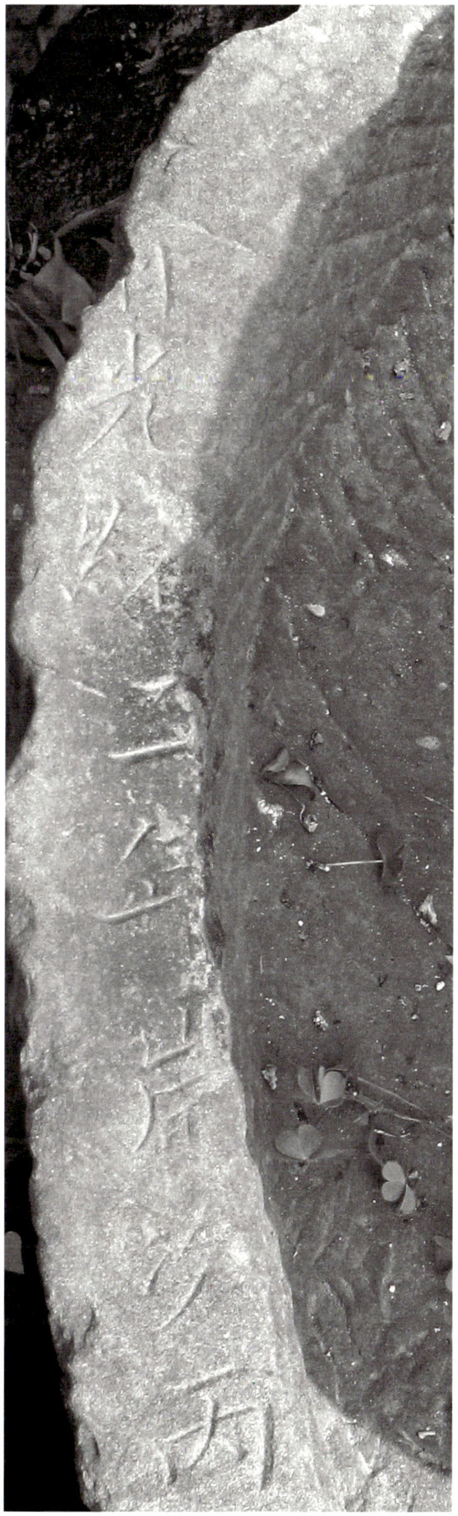

■ 名称：豆腐石磨 ■ 年代：民国 ■ 地点：南郑县

磨豆腐的石磨。这是本书中唯一的一个用自贫寒人家的石雕凿琢器物。它的特别之处在于这个磨盘是用一块断为半截的清代石碑凿成的。因左边凸沿上刻有“清光绪二年岁次丙子”的字样。

豆腐是我国最早发明的一种富含营养的食品，据说是刘邦的孙子刘安发明的。

这个豆腐石磨，让我想起了小时候，母亲给我讲的一个故事：有一个以做豆腐为生的贫寒学子，发奋苦读，入科考试，金榜题名的故事。说一个以做豆腐谋生人家的孩子经过殿试，成为新科状元，皇上听说此人家世贫苦，是卖豆腐人家的孩子，想试一下其才华，皇上故意问其出身，新状元答道：“家父，肩挑日月沿街卖；家母，手推乾坤圆上圆。”皇上一听确实才学不凡，钦点为头名状元。

因豆腐制作过程是先用石磨磨豆浆，将豆浆煮开后加入石膏或盐卤使其凝结，倒入圆筛子内的布单中包好，再用石头压制滤水而成。所以豆腐做成为扁圆型，故称“日月”。磨豆浆的石磨也是扁圆形的上下两扇，故称“圆上圆”。意思是父亲肩挑两个竹筛子的圆形豆腐沿街叫卖，母亲在家中手推石磨在磨豆浆做豆腐。

■ 名称：石雕八仙桌 ■ 年代：清 ■ 地点：泾阳县安吴镇

八仙桌，是指桌面四方四正，长、宽度一样的方桌。大方桌四个边，每边放条长凳，各坐两人，四面围坐八人。主人对客人的恭维，以八人为“八仙”，是谐“八仙”之意。

民间有说此四方大桌来自唐朝吴道子。因八仙到访画家吴道子家，由于人多，小桌子吃饭坐不下，吴道子灵机一动，画了个四角齐整的大方桌，让八仙就坐。吕洞宾问这桌子叫什么名字，吴道子说：“这桌子是为你们而画的，就叫‘八仙桌’吧。”这便是“八仙桌”称谓的来历。

■ 名称：元宝石祭案 ■ 年代：民国 ■ 地点：私人收藏品

图中将巨石雕凿成元宝形状，并在两面雕刻富贵牡丹等花卉纹饰，在两翘首上刻“招财进宝”四字。

元宝石祭案一般都摆放在正对着宅院大门的地方，和厅堂前的太平缸相对，一前一后两个石雕器物相互对应。

元宝石祭案寓示招财进宝，富贵荣华。每逢年节之时，主人在元宝石中间点上蜡烛，燃敬香火祭祀天地神灵，祈望本年发大财。

此物大多摆放在巨富商贾人家和旧时的银号院中，一般的富户人家是较少摆放的。

■ 名称：私家涝池围堰石雕 ■ 年代：民国 ■ 地点：渭南市临渭区孝义村

这是渭南市临渭区孝义村清代富商的一座私人家的涝池，占地一亩有余。四周全以青石砌筑，围堰上雕着不同花纹：水浪纹、莲鹭图、狮寿图、缠枝牡丹图、八宝图、如意纹饰等图案，工程宏大，气派壮阔。涝池，是用以收集全村街道上雨水的小型水库，它地处该宅院的西南角。

该富商是从风水的角度来修建这个小水库的，以期旺宅之用。在民俗文化中，以水寓财是具有鲜明特色的传统理念。主人用巨资修筑此水池，是将全村的天降雨水汇集于此，以补其宅院的风水，改善住宅的环境小气候，以聚财旺宅，昌盛家业。

水浪纹图案

莲鹭纹图案

双狮祝寿图

牡丹纹图案

■ 名称：二龙戏珠供案桌 ■ 年代：明 ■ 地点：澄城县罗家洼乡

石雕二龙戏珠供案桌，是用于祭祀祖先神位，摆放供品的长条案桌。两边雕着财神和天官图像。

龙是中华民族的图腾文化产物。据传，龙珠为龙所吐，可避水火。“二龙戏珠”为民间耍龙灯的表演形式，有庆丰年、祈吉祥之意。

阴宅石雕

大荔县八鱼乡八鱼村的清代（李怀瑾）家族的古墓雕刻，是迄今为止在陕西境内发现规模最大、等级较高、结构奇特的大型清代民间石墓葬。它选用大青石作为构件，墓室均被套合成一组院、庭、室的建筑形式。墓石构件上雕刻图案四百余幅，做工精细，内容考究，具有较高的学术价值和艺术价值。

阴宅石雕

大荔县八鱼乡八鱼村的清代（李怀瑾）家族的古墓雕刻，是迄今为止在陕西境内发现的规模最大、等级较高、结构奇特的大型清代民间石墓葬。在已发掘出的清代各类墓葬中，不管其等级多高，做工如何考究，但总是脱离不了作为墓葬所具有的一般构造特征。而这批石墓葬完全不同的是，它选用大青石作为构件，墓室均被套合成一组院、庭、室的建筑形式。

石构件上大部分都刻绘有装饰图案，数量多达 400 余幅。从表现手法上看，有圆雕、高浮雕、浅浮雕、减底刻、阴刻等；做工非常精细，表现出雕刻者精湛和娴熟的技艺，亦说明墓主人在当时除了富有以外，还有很高的文化水准。从内容上看，有人物、动物、山水、花草、建筑图案及文字楹联等，其中多数是按当时的名画佳作仿制，每幅图案均是按照墓主人生平事迹来对应选择的。这批石刻展示出我国古代劳动人民的智慧和灿烂优秀的民族文化，具有很高的学术研究和艺术鉴赏价值。

■ 名称：普天祝寿

这四屏图中刻着竹子、蒲公英、太阳。以寿石和青竹大量充溢画面，上刻太阳，下雕蒲公英。蒲公英的“蒲”与“普”谐音，太阳喻“天”，寿石为“寿”，竹子的“竹”与“祝”谐音，组合一起谓“普天祝寿”，寓寿长无比之意。此图刻于墓室墙壁，四屏刻在一面墙壁，真可谓用心良苦，“祝阴寿无疆”。

■ 名称：连科一品（左）

图中雕一丛芦苇，一棵青莲。芦苇为连棵生长，“连棵”与“连科”谐音，为科举应试制度时每科必中之寓。青莲为花中一品，有“君子”之称。整图寓连科必中，入仕为官，官居一品之意。

■ 名称：玉堂富贵（右）

图中玉兰挺拔，海棠花盛开，牡丹怒放。玉兰花的“玉”，海棠花中的“棠”谐“堂”，为“玉堂”，喻古时“翰林院”。牡丹为富贵花，三花组合谓“玉堂富贵”。

■ 名称：喜上眉梢

■ 名称：鸟语花香

■ 名称：长春白头

■ 名称：国色天香

■ 名称：秋高气爽

■ 名称：枯树新芽

■ 名称：凤戏牡丹

■ 名称：春光长寿

■ 名称：连升三级

主墓室壁石刻图案

■ 名称：琼楼玉阁

陪葬墓室壁石刻图案

■ 名称：天官赐福

■ 名称：路路顺畅

■ 名称：松鹤长春

图中青松伟岸，双鹤相戏，一副生气勃勃之景象。远处枯树，苍老衰亡，是阴宅雕刻一大特征，寓“病树前头万木春”之意，即：先人故去，寄后人也，后代亦是青春常在，仍兴旺发达，代代相传，生生不息。

■ 名称：玉宇仙境

■ 名称：群贤集庆

■ 名称：梅兰双喜 玉兔寿菊

图左边雕着一树盛开的梅花，梅枝中贯穿一片硕大的幽兰叶子；两只喜鹊相对而嬉，上面的喜鹊落在幽兰叶上，下面的喜鹊停在梅枝上，寓“梅兰双喜”。

兰花原生地在深山幽谷，性喜幽静，所以，也被称为幽兰。有诗云：“庭院幽兰思，花开二三枝。经春又历秋，客来不觉迟。”

由于此图是阴宅雕刻，故以幽兰穿插于梅花之中，喜鹊落在幽兰叶上。“幽”与“阴”意近，示阴宅之喜也。

图右边雕刻寿石、玉兔、菊花。玉兔为月亮的代称，日为阳，月为阴。寿石、菊花在民俗文化中有“寿”的寓意。

梅兰双喜，玉兔寿菊所寓之喜、寿，皆为对阴间的一种表述。

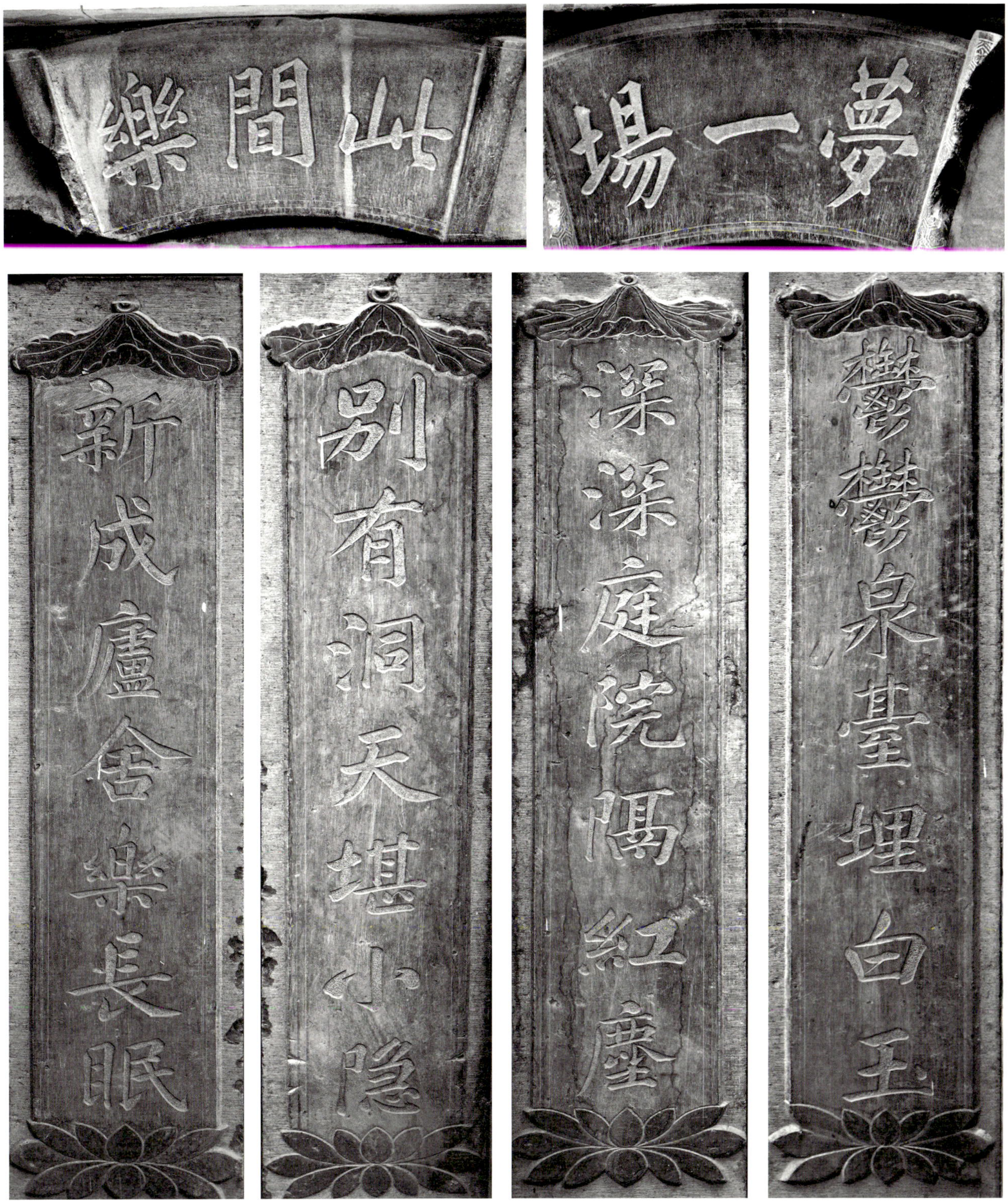

■ 名称：楹联二则

此两副楹联刻在大荔县八鱼乡李氏石墓中的两间椁室门上，很有意味。

它给人以启示，特别是对那些奸雄、贪官污吏、奸佞之徒，应是一剂促其警醒的有效良药。

在其贪得无厌、搜刮民脂民膏据为己有之刻；在其处心积虑、绞尽脑汁、算计他人之时，是何等地狡诈阴险、煞费心计，岂不知到头来，“机关算尽太聪明，反误了卿卿性命”。在“隔断红尘，身变白玉”之时，才知是“梦一场”。到了此时此刻，他那贪婪之心，才知“堪小隐”“乐长眠”，一切皆枉然了。

部分参考书目

袁珂校注，1980，《山海经校注》，上海古籍出版社。
李学勤主编，1999，《十三经注疏·毛诗正义》，北京大学出版社。
[东汉]应劭撰，王利器校注，1981，《风俗通义校注》，中华书局。
[晋]干宝撰，汪绍楹校注，1979，《搜神记》，中华书局。
[宋]张君房编，李永晟点校，2003，《云笈七签》，中华书局。
袁珂编著，1985，《中国神话传说词典》，上海辞书出版社。
[曹魏]王弼注，楼宇烈校释，2008，《老子道德经注校释》，中华书局。
[清]陈淏子，1957，《花镜》，中华书局。
陈建宪，1994，《神祇与英雄》，生活·读书·新知三联书店。
国家文物局编，2003，《中国名胜词典》，上海辞书出版社。
萧涤非、程千帆、马茂元等，1983，《唐诗鉴赏辞典》，上海辞书出版社。
蓝翔、张呈富、窦昌荣主编，1991，《华夏民俗博览》，陕西人民教育出版社。
唐圭璋主编，1986，《唐宋词鉴赏辞典》，江苏古籍出版社。
[美]W. 爱伯哈德，1990，《中国文化象征词典》，陈建宪译，湖南文艺出版社。
杨帆、毛国强，1983，《华夏英杰百人传》，战士出版社。
王向峰，1984，《古典抒情诗鉴赏》，春风文艺出版社。
张定亚主编，1992，《简明中外民俗词典》，陕西人民出版社。
月生选编，2004，《中国祥瑞象征图说》，王仲涛译，人民美术出版社。
马书田，2004，《全像中国三百神》，江西美术出版社。
钟基、李先银、王身刚译注，2009，《古文观止》，中华书局。
罗哲文主编，2001，《中国古代建筑》，上海古籍出版社。
[宋]司马光编著，[元]胡三省音注，1956，《资治通鉴》，中华书局。
[清]毕沅编著，1986，《续资治通鉴》，中华书局。
黄开国、李刚、陈兵等主编，1999，《诸子百家大辞典》，四川人民出版社。
臧励和等编，1921，《中国人名大辞典》，商务印书馆。
宁可主编，1996，《中华五千年纪事本末》，人民出版社。
郭磬、廖东，2002，《中国历代人物像传》，齐鲁书社。
[宋]李昉等编，1961，《太平广记》，中华书局。
[东汉]许慎，1963，《说文解字》，中华书局。
[汉]司马迁，1959，《史记》，中华书局。
潘鲁生编，2003，《传统工艺美术图案》，北京工艺美术出版社。
张道一、唐家路主编，2006，《中国古代建筑：木雕》，江苏美术出版社。
李典编著，2006，《中国历代名人图典》，京华出版社。
李典编著，2006，《中国传统吉祥图典》，京华出版社。
王瑛编著，1999，《中国吉祥图案实用大全》，天津教育出版社。
陕西省群众艺术馆主编，1988，《陕西民间美术研究》，陕西人民美术出版社。
宁锐、淡懿诚主编，2003，《中国民俗趣谈》，三秦出版社。
郑银河、郑荔冰编著，2005，《中华传统吉祥纹样画谱》，福建美术出版社。
夏风，2004，《民间木雕与图案》，浙江大学出版社。
楼庆西，2011，《中国古代建筑装饰五书》，清华大学出版社。
李泽厚，2006，《美学三书》，商务印书馆。
乌尔沁编著，2002，《中华民俗》，中国致公出版社。
谭均平编，1992，《木雕工艺》，中国林业出版社。
陶立璠，1987，《民俗学概论》，中央民族学院出版社。

后记

时光如梭，一转眼，27 年过去了。《陕西传统民居雕刻文化研究》一套三本书，终于可交稿付梓了。此时的我，是兴奋，是惆怅，还是酸楚，其五味杂陈，说不清也道不明。

缘于对民族传统、民间文化的钟爱，在拍摄传统民居时，看到古民居中的木雕、砖雕、石雕图案正在自然地、人为地衰亡、消逝，我着实感到心痛。我也曾为此奔走呼号过，然而，我人微言轻，一介草民，面对古居民中精美的“三雕”的传统民俗文化在渐行消失的现实，实在无力回天。作为一个热爱民俗文化的摄影人，良心促使自己用手中的相机将它们记录在胶片上，以真实地记录保存下它们的物象原貌，以留下古民居“三雕”图像记忆，既可作为后人研究、学习、观赏的资料之用，也可聊以自慰。

正因为这一信念的驱使，当 1988 年，改革春风吹遍大地，全民都在抓经济时，我却自费干起了“赔本的买卖”。一些同行戏说我干的是 “皇上不急太监急”的事。也的确是自己给自己设了个“套”。随着拍摄工作的进展，这“套”虽然越套越紧，但我乐此不疲，一发而不可收拾。因我个人条件所限，难免在寻觅古民居的道路上，生发出“黄连树下弹琵琶—— 苦中作乐”的滋味，而我却觉得在寻找、拍摄“三雕”时，享受到了难以形容的愉悦和欣慰。

先前几年，因还在职，只能逢周末、节假日扛起摄影器具，背起行囊出发，并有计划地从周边开始，由近到远，打问古民居所在地，收集资料，在拍摄木、砖、石雕图案中专注神往、乐在其中。

如今能留存下来的传统古民居，除国家特意保护的之外，留存的已凤毛麟角，即便留存下来的也大多在深山僻壤，相对守旧的一些村寨，更为七零八落，残败不堪。

当时由于交通很不方便，有的地方根本就不通车，所以我就经常边拍边搜寻下一个拍摄地。翻山越岭，徒步跋涉，风餐露宿，忍饥挨饿，其中的滋味一言难尽，至今仍历历在目。特别是拍摄木雕时，为征得物主的同意，免不了低三下四地给人递烟点火套近乎，有时还需出钱，对方才让拍摄。更让人心灰意冷的是，有时起早贪黑地赶路，乘车数百里，待赶到目的地时，却发现古民居早已被拆得一无所存，令人扼腕叹息。

就这样用了近十年时间，总算拍到了一些古民居中的木、砖、石雕碎片。此时却与当初的想法大相径庭。当我面对拍来的，觉得很有意味的几千幅精美图案，心中真感到木雕寓意的深邃、神秘。虽当时请教过房主，但由于年代久远，他们也是道不明图案所寓何意，我便从此对这些图案中所蕴含的深意感兴趣了。我深感中华传统文化的深奥，欲解其中意，但对于我这个外行来说却又成了个难题，亟待下工夫来学习研究。

既然酷爱这些传统民俗文化，就得先弄懂它所表述和蕴含的文化内涵。在欣赏图案的雕刻技艺和它的外在美的同时，必须要了解其文化的深意，弄明白先人们“高台教化”的寓意。于是，我便一边搜寻拍摄，一边向物主人、画家、民间雕刻的老艺人、民俗学者等有关人士请教。

民居中的雕刻内容大多是以物主当时的审美情趣做选择的，由于对传统文化的认知和对民俗风情的不同理解，他们会以各自的喜好，有目的地、自主地作出选择。因民间民居的装饰没有统一的规范要求，比如张家雕刻《西厢记》，王家想雕刻《花亭相会》，李家想雕刻儒家典故，赵家雕的是道教传说，各有所好，艺匠们便大多以其宅主所嘱进行雕制。而各地的艺匠们又因各门派传承雕刻技艺的不同，各自对故事的理解、表现手法存在差异，也有因年代的不同，对同一题材作品，在不同地域就会有所增减、变形、异化。因此，民间民俗文化的多样性、自由性、随意性、可看性就十分突出。正缘于此，我的拍摄、研究主题便选择了古民居“三雕”中的文化方向。这也给我弄清其文化内涵增加了难度，所以，必须认真查阅相关书籍资料去求证。

2002年退休后，我带上这些图片到北京国家图书馆、北京图书馆、商务印书馆、三联书店、珠市口古籍书店和一些大专院校图书馆等处查找相关图书资料，到国家文物局、中央工艺美院去请教专家、教授，历时一年零八个月。先后查阅书籍四千余册，对图案中的各种文化符号所代表的传统文化寓意、文化含意作以诠释，对其表述的历史典故、人物传说故事的渊源、出处均做了查证。有的图案的含义有多种说法，为了力求准确，避免以讹传讹，需从几种书中对比、校证，以获得较为正确的解释。

木雕的载体是木材，在古民居“三雕”中虽很精美，但处于“弱势”。本身易损、易腐、怕火、寿命短，保存下来的就少。所以，我就先把所拍到的四千余幅木雕图案筛选出了近500幅，一一给以简明诠释，编辑成册，在2008年元月由三秦出版社出版发行。

《陕西民居木雕集》的出版，首先要衷心感谢国家文物局古建筑专家组组长、中国文物学会会长罗哲文教授。罗老在对全国各地文物、古建、历史文化名城的繁忙评审工作中，挤出时间，认真审阅我的书稿，以八十余岁高龄为本书写序、题写书名，且不取分文报酬。罗老与我素昧平生、素不相识，但他对我的《陕西民居木雕集》书稿非常重视和关爱。他治学严谨、平易近人、诲人不倦的大家师长风范令我没齿难忘！

《陕西民居木雕集》出版后，得到国家及省级专家学者的肯定和赞赏。中国文物保护基金会于2008年6月在北京召开薪火相传研讨会年会时，将《陕西民居木雕集》一书作为会议礼品，赠予与会的各位代表；陕西省文学艺术界联合会和陕西省民间文艺家协会在2008年12月举办的陕西民间文艺山花奖活动中，给予这本书“首届陕西民间文艺山花奖·学术著作特别奖”的最高奖。此书还被北京大学、清华大学、中国人民大学、北京师范大学、西安美院等十多所大学图书馆收藏，《陕西日报》以《一个人对陕西民居木雕的普查》为题作了一个整版篇幅的报道，这些都给我以极大的支持、肯定和鼓舞。

得到了社会的认可和专家学者的肯定，我更加充满信心，继续对古民居中的砖雕、石雕进行搜集、拍摄、补充、汇编，以完成多年来对陕西古民居木、砖、石“三雕”文化的研究，并编著集册出版的心愿。

正在此时，妻子张月贤因突发心梗离我而去，这一突然打击，使我一蹶不振。回想起她为支持我完成陕西传统民居“三雕”文化的拍摄研究工作，因担心我的冠心病在外出拍摄途中意外发作，便拖着自己身患十多年糖尿病的瘦弱身体，陪着我一起奔波于山村乡野、峁梁沟壑，帮我扛摄影器材，一如既往地关心我的情形，我不禁泣不成声。她的故去，使我情绪陷入低谷，“三雕”的拍摄、探索、研究工作便处于停滞状态。

在我经受着研究、生活的双重失落，精神状态处于人生低谷之时，《陕西日报》的资深记者、编辑，多年的老朋友苏爱萍女士深表同情。她伸出援助之手，给我鼎力支持，与我携手并帮助我完成陕西传统民居雕刻文化研究的未竟之愿。

时任陕西省供销总社主任、现任陕西省林业厅厅长的李三原先生与我素昧平生，但在他看到《陕西民居木雕集》一书后，以一个酷爱保护民族传统文化的大家学者风范，从西安屈尊驭车亲临我在铜川的寒舍，热情关心、积极鼓励、真诚支持我继续把传统民居中的砖雕、石雕整理编撰成册，以保护这些渐行消失的民族民间传统文化符号。李三原先生的鞭策鼓励，使我重新鼓起了勇气。在这套书出版之际特向李先生致以崇高的敬意和感谢！

在当时以市场经济为主导的大环境下，铜川市人民政府的历届领导，都能从保护民族传统文化的高度，对我所作的民间传统雕刻文化的研究工作予以支持、多方关注。从2008

年《陕西民居木雕集》的出版，当时的铜川市委书记、市长亲自写序，主管文化的市长王省安给予全力支持，到今天对《陕西传统民居雕刻文化研究》出版的重视，体现了铜川市委、市政府的各届领导对民族传统文化的保护意识和文化自信的一贯性，这是难能可贵的。正如在《陕西民居木雕集》的出版发行研讨会上，与会的各位专家学者一致评价：“铜川市的领导在保护民族传统文化方面是独具慧眼的政府官员。”

时任铜川市人民政府市长、现任铜川市委书记的郭大为先生，副市长李彬先生，主管文化的市长刘德扬先生都从“对历史文化，要注重发掘和利用，溯到源、找到根、寻到魂，找准历史和现实的结合点，深入挖掘历史文化中的价值理念、道德规范、治国智慧”（习近平主席语）的高度，对《陕西传统民居雕刻文化研究》的成书给予了大力支持。刘德扬市长还提出：“要加强对此类事情的研究，形成制度安排，使政府支持和个人创造形成良好互动、互相促进。”

铜川市文化广电新闻出版局，多年来以“保护好历史文化遗产、民族文化风格、传统风貌，留得住文化根脉”的精神，十分重视和支持我的“三雕”文化研究工作。局长鱼福昌先生亲自过问，并为本书的出版排忧解难。副局长郭慧宁及局文化艺术科科长史峰先生经常交流指导，关注编著进展情况。铜川市财政局王昊局长出于对传统民间文化的热爱和强烈的保护意识，为本书的出版给予了极大的帮助。在此对以上各位领导致以衷心的感谢！

在这里我还要衷心感谢陕西师范大学张志春教授、西安电子科技大学的赵硅教授，他们在繁忙的讲学和科研工作中，挤出宝贵的时间分别为砖雕集、石雕集作序，并在整套书的编辑过程中给予了精心的指导和勘正。

感谢三秦出版社文化遗产编辑部主任贾云先生和编辑郭珍珍女士，将本书推荐为陕西出版资金项目时所做的巨大努力和对书稿认真的审阅、编辑和校对工作。

感谢著名学者、作家秦风岗先生多次对本书的指导、勘正、答疑解惑。

感谢北京先河集团董事长、党委书记张存鹏先生及李长海等朋友的支持与帮助。

感谢20多年来铜川市自来水（集团）公司的多届领导——刘广连、韩玉琢、仵空军、王玉川、纪占华等同志对我的支持和帮助。

感谢《陕西日报》理论评论部主任魏焱、专题新闻部主任耿翔、高级记者郃宗武及王天育先生、铜川市群众艺术馆馆长颜玉俊、铜川市民政局党组书记宋金钟、陕西民俗摄影协会主席孔正一、秘书长贾莉女士、陕西省摄影家协会秘书长仵晓中、耀州摄影家协会主席程和平、富县摄影家协会主席南洋、陕西师范大学外国语学院杨蕾女士、西安关中民俗艺术博物院主任刘鹏飞、中国古建学会孟樑先生、蒲城县林则徐纪念馆馆长高小明、甘泉收藏家王永岗先生、著名老摄影家戴德友先生、乔惠均女士及吴玉龙、杜青柏等都从不同方面给予了帮助。

感谢西安天翰文化产业有限公司总经理韩烨冬先生，为本书的精心设计所付出的心血。

对该书的编著，我的孩子们王薇、王珺、王冠、王吉华、尚婷婷、刘阳、秦大军、李一兵、杨海波都给予了关心和支持，特致谢意。

木、砖、石雕集三册终于出齐了，了却了我近30年的心愿。欣喜之中又有忐忑，皆因一己之力，对陕西古民居中的“三雕”资料难以搜寻齐全，请读者谅解。

由于水平所限，书中的错误和不足在所难免，恳请方家、读者不吝赐教、指正，我们将衷心感激。

王山水

2016年5月13日于西安